Heinz Friedrich
Erlernter Beruf: Keiner

Erinnerungen
an das 20. Jahrhundert

Herausgegeben von
Björn Göppl

Deutscher Taschenbuch Verlag

Von Heinz Friedrich
sind im Deutschen Taschenbuch Verlag erschienen:

Vom Gegenglück des Geistes (dtv 12949)
Weisheit für Übermorgen (dtv 30733)
Philosophie als Kunst (dtv 30735)

Originalausgabe
Februar 2006
Deutscher Taschenbuch Verlag GmbH & Co. KG,
München
www.dtv.de
© Heinz-Friedrich-Stiftung, München
© 2006 Deutscher Taschenbuch Verlag, München
Umschlagkonzept: Balk & Brumshagen
Umschlagfoto: © Felicitas Timpe/Bayerische Staatsbibliothek
München
Gesetzt aus der Garamond 10,5/13·
Satz: Greiner & Reichel, Köln
Druck: Wilhelm & Adam, Heusenstamm
Umschlagdruck und Bindung: Kösel, Krugzell
Gedruckt auf säurefreiem, chlorfrei gebleichtem Papier
(LuxoCream elfenbein)
Printed in Germany
ISBN-13: 978-3-423-24496-1
ISBN-10: 3-423-24496-8

Inhaltsverzeichnis

Anhang

»Es sind wenige Biographien, welche einen reinen, ruhigen, steten Fortschritt des Individuums darstellen können. Unser Leben ist, wie das Ganze, in dem wir enthalten sind, auf eine unbegreifliche Weise aus Freiheit und Notwendigkeit zusammengesetzt. Unser Wollen ist ein Vorausverkünden dessen, was wir unter allen Umständen tun werden. Diese Umstände aber ergreifen uns auf ihre eigene Weise. Das Was liegt in uns, das Wie hängt selten von uns ab, nach dem Warum dürfen wir nicht fragen, und deshalb verweist man uns mit Recht aufs Quia.«

Goethe in ›Dichtung und Wahrheit‹,
3. Teil – Elftes Buch

Was den Buch-Titel angeht…

Eine Vorbemerkung

Dem auf Anhieb vielleicht etwas merkwürdig anmutenden Titel dieses Buches liegt eine selbsterlebte Anekdote zugrunde. Vor einigen Jahren wurde ich als damaliger Präsident der Bayerischen Akademie der Schönen Künste für eine Zeugenaussage vor einen Ausschuß des Bayerischen Landtags zitiert. Die Vorsitzende, die mich kannte, fühlte sich zu kühler Sachlichkeit verpflichtet und fragte mich juristisch korrekt: »Name? Vorname? Geburtsdatum?« Ich antwortete wie ein braver Schüler ebenso korrekt. Aber dann kam die Frage, die das korrekte Frage- und Antwort-Spiel unterbrach: »Erlernter Beruf?« Und ich antwortete: »Keiner.« Verblüfft und auch leicht erbost sagte sie: »Aber Sie sind doch…« »Gewiß«, erwiderte ich, »ich bin, was ich bin. Aber ich habe alle meine Berufe dadurch erlernt, daß ich sie ausübte. Die Not hat meine Generation herausgefordert. Wer sich der Herausforderung stellte, konnte etwas werden.« Die amtliche Teilnahmslosigkeit wich aus den Zügen der Vorsitzenden: »Ich danke Ihnen. Keine weiteren Fragen zur Person.«

In der Tat: ich übte viele Berufe aus, aber erlernt hatte ich keinen. Was mich allein in puncto Ausbildung auswies, war mein Not-Abitur im Februar 1940. Das war nicht viel. Alle anderen Reife-Prüfungen mußte ich dem Leben selbst abtrotzen: Meine Kenntnisse, meine Urteile, meine geistigen Ansprüche und meine mitmenschlichen Orientierungen. Nichts wurde mir geschenkt, im Gegenteil: Manche Wege, die ich einschlug, kamen mir damals, als ich auf ihnen voranging, als Irrwege oder gar Rückwege vor. Im Rückblick erweisen auch sie sich eigenartigerweise als sinnvoll. Es waren doch stets *meine* Wege. Niemand gab sie vor. Von diesen Wegen berichtet dieses Buch.

Heinz Friedrich (1922–2004)

Leben als Geschichte – Geschichte als Leben

Der Einzelne wird hineingeboren in seine Zeit und in die Verhältnisse seiner Zeit. Er wird hineingeboren in einen Staat und in ein Volk, er wird hineingeboren in die sozialen Strukturen seiner Zeit – und er wird hineingeboren in die Geschichte, die in seine Zeit mündet. Diese Konstellation ist sein persönliches Schicksal. Mit ihm muß sich der Einzelne auseinandersetzen – ein ganzes Leben lang. Er muß einen Weg suchen, und sei er noch so verschlungen, auf dem persönliche Selbstbehauptung mit den Interessen, Ideen und Taten der Zeitgenossen so ineinander verschränkt werden kann, daß sich daraus eine Lebens-Gemeinschaft ergibt – eine Lebensgemeinschaft, deren labiler Zustand eine fortdauernde soziale Herausforderung darstellt, und zwar nicht nur bei den Menschen. Das Zusammen-Leben verschiedener Individuen einer Art ist ein ständiger Wechsel zwischen Solidarität und Konkurrenz, je nach Lebenslage oder Lebens-Not-Lage.

Jedes Lebewesen hat Geschichte – und sei es nur die seiner Evolution, seiner Herkunft. Aber nur der Mensch interessiert sich für seine Geschichte, weil er glaubt oder doch zumindest hofft, sie bestimmen und damit auch beherrschen zu können. Seit ungefähr zehntausend Jahren (das heißt: bis zu jener Zeit, zu der wir die Spuren geschichtlich-kulturellen Menschen-Verhaltens zurückzuverfolgen imstande sind) wird diese Hoffnung bestätigt und enttäuscht zugleich. Denn einerseits hat die menschliche Geschichte die Welt, in der sich nicht nur unser Dasein, sondern in der sich das Leben des Planeten überhaupt ereignet, grundlegend verändert zugunsten des Menschen. Zum anderen wird diese erdgeschichtlich winzige Zeitspanne menschlicher

Tat-Geschichte begleitet von der Hybris ihrer tatsächlichen oder auch nur vermeintlichen Erfolge. »Ungeheuer ist viel« tönt es aus der Antike, aus dem 5. vorchristlichen Jahrhundert im Chorlied der Tragödie ›Antigone‹ des Sophokles, herüber in unsere Tage, – »ungeheuer ist viel, doch nichts ist ungeheurer als der Mensch … Die Erde selbst, die allerhehrste Gottheit, ewig und nimmer ermüdend, er schwächt sie noch, wenn seine Pflüge von Jahr zu Jahr, wenn seine Rosse sie zerwühlen.« Rund 2500 Jahre später notiert Jacob Burckhardt in den ›Weltgeschichtlichen Betrachtungen‹: »Unser Ausgangspunkt (der Geschichtsbetrachtung) ist der vom einzig bleibenden und für uns möglichen Zentrum, vom duldenden, strebenden und handelnden Menschen, wie er ist und wie er immer war und sein wird; daher unsere Betrachtung gewissermaßen pathologisch sein wird.«

Das heißt: wer sich mit der Geschichte (und damit auch mit seiner eigenen) befaßt, befaßt sich zugleich auch mit einer Art Krankengeschichte der Völker im einzelnen und der Menschheit im allgemeinen. Kann doch selbst der ergriffene Bewunderer der Geschichte nicht leugnen, daß diese eine gewaltige Blutspur hinterläßt, gesäumt von den Trümmern ihrer kulturellen Großtaten. Denn grausam zerstört die Geschichte, oder sagen wir besser: zerstören die geschichtlichen Taten immer wieder, was sie ermöglichen, ja: herausfordern und anregen, nämlich den schöpferischen Prozeß der Kultur.

Diese Erfahrung der, nach Burckhardt, »pathologischen« Paradoxie der Geschichte, muß offenbar jeder Mensch, auf welcher Erkenntnisebene auch immer, stets neu machen. Denn offenbar lehrt, allen gegenteiligen Bekundungen zum Trotz, die Geschichte nur eines mit Gewißheit: daß sie nichts lehrt. Die Völker, sagt Leopold von Ranke, sehen ihr Verhängnis – und sie gehen hinein. Bei Thukydides kann man bereits Einschlägiges über solche geschichtlichen Verhängnisse nachlesen, wenn er die fatalen Verhandlungen zwischen den Athenern und den Spartanern vor Ausbruch des Peloponnesischen Krieges beschreibt. Sie ähneln beklemmend dem taktischen Hin und Her vor dem Beginn des Ersten und auch Zweiten Weltkriegs. Und auch der Völkermorde gab es übergenug, aus denen man Geschichtskonsequenzen für die Gegenwart und Zukunft hätte ziehen können. Moralische Beteuerungen sind wohlfeil. Im Ernstfall helfen sie weniger als die Tröstungen der Religion, die wenigstens über den geschichtlichen Fronten noch einen regenerierbaren Rest gemeinsamer seelischer Ozonschichten zu bewahren versuchen. Man muß sich diesen geschichtlichen Realitäten stellen, um aus ihnen zu lernen, daß jenseits der Vergeltungen, Schuldzuweisungen und Sühnezeichen im Menschen selbst jener genetische Knick, der ihn groß macht, zugleich auch Kräfte freisetzt, die sich gegen seine außerordentliche Existenz richten. In der christlich-jüdischen Religionstradition wird dieser Risiko-Faktor »Erbsünde« genannt. Sie lauert unentwegt hinter und in den menschlichen Handlungen.

Auf die jeweilige Gegenwart jedenfalls kommt die für den Historiker als Vergangenheit überschaubare und einschätzbare Geschichte als unbekannte Größe erst zu – und jeder, der jeweils in der Gegenwart lebt, erhofft natürlich das Bessere von ihr für sich und die Gemeinschaft, in der er lebt. Das klingt ziemlich primitiv oder gar naiv. Aber das klingt nicht nur so, sondern die Sache der Geschichte, so pompös sie sich auch drapieren mag, ist von solchen Hoffnungen auf eine bessere Zukunft, wie der Philosoph Karl Popper schreibt, meist viel stärker geprägt als von politischer Intelligenz. Je schwieriger die Zeiten, um so intensiver steigern sich diese Hoffnungen. Scheint Erfolg sie zu belohnen, nehmen sie irrationale Züge an. Die Anmaßung der Macht und die Sogkraft der Ideologien schwächt die geschichtliche Sehschärfe. Realistisches Augenmaß ist dann wenig geschätzt und auch kaum mehr möglich. Die Einsicht des Einzelnen wird okkupiert von der Hysterie der Massen, der nur die Katastrophe Einhalt zu gebieten vermag. Bereits 1930 hat Ortega y Gasset hellsichtig dieses Menetekel des 20. Jahrhunderts beschworen.

Betrachtet man unter diesen Vorzeichen die eigene Existenz im Schicksalsraum der Geschichte, in den man hineingeboren wurde, so muß man zunächst einmal zu vergessen versuchen, was man fünfzig, sechzig oder gar siebzig Jahre danach über den Verlauf der Geschichte weiß, zu wissen glaubt und von allen Seiten her bedenkt und analysiert. Nur dann stellt sich eine persönliche Plattform her, von der aus gesehen das Unbegreifliche durch das Zeugnis des eigenen Daseins in der Zeit begreifbarer wird, und zwar auch in seiner Trivialität oder gar Absurdität.

Simplicius nennt Grimmelshausen den Helden seines Zeitzeugen-Romans über den Dreißigjährigen Krieg. Die Einfalt des unbedarften Jungen aus dem Spessart ist das Medium, mit dem der Dichter die Zeichen seiner Zeit und damit auch der Zeitgeschichte beschwört – ohne Pathos und ohne Gejammere, mit naivem Staunen über die Widersprüche der Menschen und ihrer Handlungen – und mit dem robusten Willen, sich selbst in diesem Inferno der alltäglichen Selbsterniedrigung zu behaupten. Keine moralischen Urteile werden gefällt; die Handlung des Romans und das, was sie beschreibt, bedarf keiner Reflexion. Sie vergegenwärtigt, was den Leser als Lebensaussage angeht – und sie fordert ihn heraus, sich ihr zu stellen. Auch das eigene Leben in der Zeit ist eine solch simplicianische Herausforderung: man muß sich ihr, nimmt man sie in späten Jahren an, mit dem entschiedenen Mut zur Naivität stellen, wenn sie Anspruch auf Zeitzeugenschaft erheben will.

Stationen der Erinnerung: »Das Leben«, sagt Goethe, sei »ein episches Gedicht. Es hat einen Anfang und ein Ende, doch ein Ganzes ist es nicht.«

Ein Ganzes ist es nicht... Je älter man wird, desto eindringlicher wird einem diese Einsicht zur Gewißheit. Kein Lebens-Werk ist abgeschlossen, es ist immer nur ein Beitrag, ob im großen, ob im kleinen, zum Gewebe des menschlichen Daseins im allgemeinen und zum Gewebe der Gesellschaftsgruppe (Nation, Volk, Gemeinschaft), in die man hineingeboren wurde. Darum sollte, wer über sich und seine Zeit nachdenkt, nach Möglichkeit von seinem Ego absehen – und zwar nicht im Sinn der Selbstverleugnung oder der falschen, weil eitlen Bescheidenheit, sondern um das, was er erlebte, im Dialog mit der Zeit und den Zeitgenossen um so deutlicher hervortreten zu lassen.

Nehmen wir als Beispiel einer solchen Signifikanz einmal den Jahrgang 1922 – meinen Jahrgang.

Als der Krieg begann, war ich 17½ Jahre alt. 1933, als das Tausendjährige Reich proklamiert wurde, war ich elf. In die Zeit zwischen 1933 und 1939 fielen die entscheidenden Jahre meiner Erziehung. Diese Erziehung war einerseits humanistisch, denn ich besuchte ein humanistisches Gymnasium, und sie war andererseits nationalliberal und nationalkonservativ – und sie war nur zu einem kleinen Teil nationalsozialistisch. Die ideologische Indoktrination war, zumindest an meiner Schule, zwar spürbar, aber nicht ausgeprägt. Immerhin: wir lernten, daß der Marxismus teuflisch und der Faschismus edel sei – und wir lernten, daß man den Deutschen Schmach zugefügt und Land entrissen habe. Wir lernten, daß die Linksparteien das deutsche Volk 1918 verraten und der Willkür der Alliierten ausgeliefert hätten. Und wir lernten, daß der amerikanische Präsident Wilson sein Wort nicht gehalten habe, als er das Selbstbestimmungsrecht aller Völker, also auch der Deutschen, verkündete. Das Bewußtsein der »Schmach von Versailles« und der sogenannten »Kriegsschuldlüge« hatte eine politische Trotz-Stimmung in vielen Deutschen erzeugt, ohne die, insbesondere auch angesichts der immer bedrohlicher anwachsenden sozialen Not (Millionen-Arbeitslosigkeit), kaum erklärbar ist, was 1933 und danach geschah. Dementsprechend empfanden wir jungen Menschen auch die Parolen und Handlungen der neuen Regierung als sinnvoll und richtig und bewundernswert. Das Gegenteil zu behaupten, wäre reine Heuchelei. Woher hätte auch unsere Einsicht kommen sollen? Geschichtliche Erkenntnis wurde uns vornehmlich auf der Einbahnstraße zuteil. So banal und pragmatisch kommt Geschichte auf die Simplicii aller Zeiten immer wieder zu …

Jahrgang 1922: Wer die eigene Existenz als Antwort auf historische Fragen einzubringen versucht, muß zunächst einen Blick auf die eigene Herkunft werfen.

Mein Dorf

Das Dorf, in dem ich geboren wurde und aufwuchs, liegt, am Rande des Odenwaldes, acht Kilometer östlich von Darmstadt auf einer kleinen Erhebung zwischen zwei Hügeln: dem Rehberg im Südwesten und dem Roßberg im Südosten. Der Roßberg, ein erloschener Vulkan der Frühzeit, war noch bis ins 19. Jahrhundert hinein ein mächtiger Basaltkegel. Seit 1850 etwa wurde der Basalt abgesprengt und abtransportiert für den Straßenbau. Den Vulkankegel verunzierten bald langgezogene Schutthalden. Heute liegt der Steinbruch als Umweltruine still. Gestrüpp überwuchert den Abraum.

Das Dorf heißt Roßdorf. Zwischen Roßdorf und Darmstadt erstreckt sich in weitem Bogen ein großes Waldstück, vorwiegend Laubwald. In diesem Wald gibt es einige Quellen, in Brunnen gefaßt. Den Diebsbrunnen (das »Diebsbrünnsche«) mochte ich am liebsten. Er sprudelte so idyllisch-verborgen im grünen Dämmer, als sei er aus einer Sage übriggeblieben. Wenn ich, auf Schulausflügen zum Beispiel, aus ihm trank, stellte ich mir denn auch Jung-Siegfried vor, dem ein finsterer Hagen nach dem Heldenleben trachtet…

Im Dorf treffen mehrere Verkehrswege aus dem Odenwald zusammen: aus Dieburg, aus Erbach und aus Ober-Ramstadt. Sie vereinigen sich an verschiedenen Stellen im Dorf und gehen in die Darmstädter Straße über, wo das Dorf seine höchste Erhebung erreicht und die Bahnhofstraße im rechten Winkel schnurgerade abwärts zum Bahnhof abzweigt. Jenseits dieser Kuppe beginnt das »Neivertel« (Neuviertel).

Die Bahnhofstraße und das Neuviertel waren die gesichtslosesten Teile des Dorfes: ein Sammelsurium aus kleinbürgerlichen

Allerweltsbauten aus der Zeit um 1900, in der schierer Zweck die einfallslosen, hilflosen Mittel heiligte. Bereits 1850 war die alte Dorfkirche durch eine neue ersetzt worden, die unproportional das Dorf überragt und die wie ein wuchtiger Fremdkörper in dessen Mitte steht. Ich konnte mich und kann mich bis heute nicht an diesen Bau gewöhnen: Steingewordene Disproportion einer Bürgerzeit, die durch historisierendes Pathos zu ersetzen trachtete, was ihr an schöpferischem Formwillen verlorengegangen war.

Mein Dorf ist sehr alt. Seine Ursprünge reichen in die Steinzeit zurück. Der älteste Fund wird auf 30 000 v. Chr. datiert. Weitere archäologische Belegstücke stammen aus der Zeit zwischen 8000 und 4000 v. Chr.; sogar ein »Werkplatz«, eine steinzeitliche Gerätewerkstatt, wurde beim Autobahnbau nahe Roßdorf gefunden. Der historische Befund der Siedlung Roßdorf reicht über Bronzezeit und Hallstattkultur in die Römerzeit. Die Straßen, von denen die Rede war, folgen alten Römerstraßen. Im nahen Wald wurde ein römischer Friedhof gefunden. Weitere historische Belege stammen aus der Karolingerzeit; das erste urkundliche Dokument erwähnt Roßdorf namentlich um 1250.

Der alte, noch erhaltene Kern meines Dorfes stammt aus dem 16. Jahrhundert. 1575 wurde das Fachwerk-Rathaus erbaut, das heute noch in der Dorfmitte steht. Ein ebenso alter Fachwerkhof ist ihm benachbart. Und einen alten Dorfkern gab es zu meiner Jugendzeit um dieses »Ensemble« herum auch noch. Das alte Dorf gliederte sich in drei Teile: das »Unnerdorf« (Unterdorf), das »Owwerdorf« (Oberdorf) und das »Hinnerdorf« (Hinterdorf). Zu meiner Zeit gab es dann noch, zur Darmstädter Seite hin, das schon genannte »Neivertel«.

Nach Osten, zum Main hin, ist das Land offen. Nur eine kleine Erhebung bei Gundernhausen, der Stetteritz, unterbricht das flach hingebreitete Land. Etwas weiter südöstlich erhebt sich der Basaltkegel des Otzbergs, mit einer trutzig-gedrungenen Burg auf der Kuppe. Von Darmstadt kommend, überschaut man die Ebene mit diesem Trutzberg als Merkzeichen auf einen Blick.

Soweit Topographie und Historie meines Dorfes. Über 30 000 Jahre alt und nicht viel gewesen: Feuersteine fabriziert, ein paar Krüge, Fibeln, Römerüberbleibsel, Plünderungen im Dreißigjährigen Krieg, ein Soldatengrab aus der Napoleon-Zeit, ein paar Fachwerkhäuser, drei Mühlen im Wiesengrund am Riedbach zwischen Roßdorf und dem Nachbarort Gundernhausen – die Flügel der Geschichte rauschten hier nicht. Selbst das Inferno, das jenseits des Waldes im September 1944 Darmstadt auslöschte, erreichte Roßdorf nur als höllischer Feuerschein.

Ob groß oder klein, arm oder reich, ob Pathos der Geschichte oder trivialer Alltag: die Grundmuster des menschlichen Daseins wiederholen sich auf allen Stufen und Rängen der gesellschaftlichen Existenz des Homo faber. Roßdorf nennt kein Geschichtsbuch, aber es war mein Lebensraum, mein Dorf. Ich bin aus ihm hervorgegangen, hier habe ich die entscheidenden Jahre meines Lebens verbracht, hier habe ich leben gelernt. Wie war das? Wie war mein Dorf, wie ist es?

Mein Dorf ist mein Dorf nicht mehr. Es hat sich verändert, gründlich – also: von Grund auf. Spuren, Lebensspuren sind verwischt, Ausblicke wurden verbaut, Feldwege planiert, verlegt, begradigt, vertraute Winkel sind für immer verschwunden. Der Rehberg, auf den ich so gern stieg, um auf das Dorf hinunterzuschauen, ist bis an die Kuppe mit Villen bestückt, und auch die Eisenbahn dampft nicht mehr von Groß-Zimmern über Gundernhausen und Roßdorf nach Darmstadt. Die Gleise sind weggerissen, aus dem Bahnhof wurde ein Heimatmuseum, und weit dehnen sich die Siedlungen über die ehemaligen Dorfgrenzen hinweg aus. Aus dem Dorf wurde eine Kleinstadt.

Die schattenspendende Baumallee nach Gundernhausen hat längst einer zweckmäßigen Verkehrsader Platz gemacht. Die Mühlen drehen sich nicht mehr, die Bäche fließen durch Röhren, und kein Pferdefuhrwerk holpert und knarzt mehr durch die Straßen. Längst ist das Kopfsteinpflaster auf der Straße nach Darmstadt verschwunden, und die zwei Lindenalleen bis zum Eintritt der Straße in den Wald wurden abgeholzt und durch eine

Tankstelle ersetzt. Das Bessrunger Forsthaus am Waldrand hat seinen verwunschenen Charakter verloren; es wirkt heute eher wie ein abbruchreifes Verkehrshindernis. Irritierend ist der Weg nach Darmstadt durch den Wald geworden. Autobahntrassen schufen eine Kahlschlagverfremdung, die schmerzt.

Die Schule, in die ich ging, ist abgebrochen; auf den Wiesen, auf denen ich spielte, stehen Häuser, und das restaurierte Rathaus sieht fast ein wenig aus, als sei es aus einem Faller-Baukasten zusammengeklebt. Wo immer ich hinschaue: rationalisierter Wohlstand, kommunale Zweckmäßigkeit und sozialer Stolz: Schaut her, was aus einem Dorf wie dem unseren werden kann im Zeichen des Fortschritts. Trotzdem ist Roßdorf »mein Dorf« geblieben. Die Erinnerung bewahrt es, schafft es neu, erfüllt es mit Leben, mit Gegenwart. Welt von gestern? Nostalgie? Romantik? Weit gefehlt. In welchen Himmel der Baum des eigenen Daseins sich auch entfaltet, seine Wurzeln nähren ihn, solange er lebt, aus dem Boden, in den einst der Same fiel und in dem er zu keimen begann – aus dem Boden der Heimat.

Ich wurde am 14. Februar 1922 in mein Dorf hineingeboren. Es war eine schwere Zeit. Nachkriegswirren, Hunger, Inflation – wir spielten später mit den wertlosen Milliardenscheinen Einkaufen – und eine ungewisse Zukunft. Ein stolzes Land, ein zu stolzes, in die Knie gezwungen, gedemütigt, politisch zerrissen: keine gute Zeit für Jugend. Und dennoch: es war Jugend, es war Kindheit, angefüllt mit den naiven Freunden und Nöten, wie nur Kinder sie empfinden können.

Wer sich erinnert, denkt nach. Und nachdenken heißt auch bedenken. Nämlich das Erinnerte bedenken nach Ursache und Wirkung.

Welt von gestern? Keine Welt ist von gestern, jede Welt ist von heute, die menschliche ebenso wie die organische, deren Teil sie ist. Jede Gegenwart repräsentiert das Gewordene und das Werdende. Zeit läßt nicht nur verbrauchte Vergangenheit zurück und entwirft Gegenwart in die Zukunft, sondern Zeit vergegenwärtigt auch Vergangenheit: Wiederkehr des Gleichen oder doch

Ähnlichen. In der vorsokratischen Philosophie schon spielte dieser Zeitgedanke eine zentrale Rolle beim Nachdenken über Werden und Vergehen. Das Vergangene wirkt mit im Zukünftigen. Jeder Mensch sieht sich in diese Lebenstatsache eingebunden, wenn er über sich und die Zeit, in der er lebte und lebt, nachdenkt. Die Erschütterungen der Epoche ereignen sich auch in ihm. Und die Spannungen der Zeit, in der er lebt, sind ebenso seine Spannungen, wie der Bruch, der durch die Zeiten geht, auch den Bruch seiner Existenz markiert.

Bruch: Der Erste Weltkrieg, schrecklich in seinem Verlauf, schrecklich in seinen Folgen, war die erste große Erschütterung, die das Jahrhundert in seinen Grundfesten wanken ließ. Aber die Grundfesten stürzten nicht ein. Sie trugen noch Europa. Erst der Zweite Weltkrieg brachte die endgültige Katastrophe, die alle nationalen Träume und Illusionen unter ihren Trümmern begrub. Nach 1945 war nichts mehr so, wie es vor 1945 bis weit zurück in die Geschichte des Kontinents gewesen war. Spätere Generationen werden vielleicht einmal fragen, wie die Menschen des 20. Jahrhunderts diesem Druck der geschichtlichen Explosionen überhaupt hatten standhalten können. Nun, sie haben ihm genauso standgehalten wie Simplicius den Wirren und Schrecklichkeiten des Dreißigjährigen Krieges: durch die Naivität einer kreatürlichen Selbstbehauptung, die den Nachgeborenen unheimlich vorkommt und die sie als »Verdrängung« mißdeuten. Wer nie eine Katastrophe erlebte, kann sich eben nur schwer die simple Sehnsucht nach politischer Kontinuität und gesellschaftlicher »Normalität« vorstellen.

Der erste Blick ins Leben

Wann und wie tauchte aus dem lallenden, schreienden, lächelnden Säugling, den Mutter und Vater und Großmutter und Tante umsorgten in schwerer Inflationszeit, in der alles, was nicht niet- und nagelfest war, dahinschmolz unter dem Fluch der Entwertung – wann tauchte aus dem strampelnden Etwas, dem sie den Namen Heinz gegeben hatten, zum ersten Mal jenes Wesen auf, das sich als Ich empfand und seine Umwelt wahrzunehmen begann? Die Erinnerung hält nur Fragmente fest – etwa das Bild der Eltern, die, über mein Bettchen gebeugt, versuchten, mir im Schlaf die Fußnägel zu schneiden, weil ich mich in wachem Zustand durch Schreien und Zappeln stets heftig gegen diese Tortur wehrte. Aber auch die nächtlichen Heimsuchungen schlugen oft fehl. Die Gesichter von Mutter und Vater erschienen mir im Schein der Deckenlampe gespensterhaft groß und derart dämonisch verzerrt, daß ich erschrocken aufschrie. Noch heute, wenn ich in meinem Elternhaus jenes Zimmer im ersten Stock betrete, das damals als Elternschlafzimmer diente und wo quer zum Fußende des Ehebettes mein Gitterbettchen stand, tritt die nächtliche Schreckens-Szene lebhaft vor mein Auge. Jahrelang verfolgte sie mich wie ein Trauma.

Auch ein anderes Erlebnis aus frühen Tagen blieb lange ungelöscht. Ich saß in einem jener hochbeinigen, mit Wachstuch bezogenen Kinderwagen und vergnügte mich mit einem Bilderbuch. Die Bilder-Folge entglitt längst meinem Gedächtnis oder prägte sich ihm erst gar nicht ein. Aber eine Seite in diesem Buch schockierte mich so heftig, daß ich sie noch heute überdeutlich vor mir sehe. Das Bild zeigte einen Räuber mit grünem Jägerhut, der durch einen winterlich verschneiten Wald strich und ein blutiges Messer in der rechten Hand hielt. Das Messer, der helle Schnee und das grellrote Blut sowie das finstere Antlitz des Schurken – das war zuviel für mein Gemüt. Ich schrie Zeter und Mordio. Nach Auskunft meiner Eltern soll ich nächtelang von diesem Mörder phantasiert und ihnen dadurch den Schlaf geraubt haben. Das Bilderbuch mußte vor mir versteckt werden; sein Anblick bereits provozierte entsetzte Abwehr. Offenbar war ich ein schwieriges, weil sensibles, vielleicht auch leicht hysterisches Kind, das Nähe suchte und Nähe brauchte zu Menschen, aber auch zu Tieren, um sich geborgen und damit beschützt fühlen zu können. Noch heute spüre ich körperlich nah das Fell unserer Schäferhündin Britta, an die ich mich, selig entschlummernd, anschmiegte. Und ich sehe mich im Ziegenstall unter unsere Milchziege kriechen, um hungrig aus ihren Zitzen die Milch zu saugen – was, obwohl die zutrauliche Ziege es geschehen ließ, natürlich gründlich mißlang. Aber ich fliehe in meiner Erinnerung auch wieder vor dem angriffslustigen Hahn, der mich, kaum torkelte ich mit meinen kleinen Beinen auf den Hof, wütend empfing und mich zu attackieren versuchte. Tränenreiches Mitleid allerdings empfand ich mit diesem aggressiven Vieh, als ihm – einerseits um mich zu schützen und andererseits eines Festtagsbratens wegen – auf dem Hackstock mit dem Beil der Kopf abgeschlagen wurde. Ich fand dieses Bild nicht minder schockierend als jenes im Bilderbuch. Was die Sache besonders schlimm machte: die Henkerin, die das Beil schwang, war meine Mutter.

Die Wahrnehmungsfragmente jener sehr frühen Jahre (die eigenen und die durch spätere Erzählungen meiner Eltern wachgerufenen) fügen sich allmählich zusammen zu jenem Bild meines Elternhauses und seines dörflichen Umfeldes, das man Heimat nennt. Ich lernte die kennen, die mir nahestanden, und ich begann, sie einander zuzuordnen: Den Vater, die Mutter. Die Großmutter. Die Tanten. Die Verwandten. Die Nachbarn. Und ich begann zu ahnen, daß ich eine Vergangenheit hatte, die nicht nur aus meinen drei, vier Lebensjahren bestand, sondern weiter und sogar sehr weit zurückreichte – sehr weit und dennoch erreichbar und greifbar für mich. Mein mütterliches Elternhaus nämlich erzählte täglich neue Geschichten von meinem Großvater und über ihn hinaus von meinem Urgroßvater, und die Verwandtenbesuche im Geburtsort meines Vaters, in Goddelau im hessischen Ried, machten mich auch mit dieser Perspektive meiner Vergangenheit vertraut.

Heimat und Vergangenheit: Meinen Großvater, Heinrich Ammann, habe ich nicht mehr erlebt. Er starb elf Jahre vor meiner Geburt, im Jahre 1911, also noch vor dem Ersten Weltkrieg. Dennoch kannte ich ihn gut; jedenfalls kannte ich ihn besser als meine Großmutter, neben der und mit der ich meine Kinderjahre verbrachte. Sie war über siebzig: eine eher zierliche Person, die nach Lebensart und Kleidung noch ganz und gar die Kaiserzeit verkörperte. Den ganzen Tag werkelte sie in der Küche oder im Garten herum; ich war ihr eher lästig als willkommen. So recht wußte sie nichts anzufangen mit mir; sie nahm mich hin, nicht lieblos, aber auch nicht mit jener großmütterlichen Fürsorge, die zum Märchen-Erzählen einlädt.

Es war ja auch nicht ganz einfach, mit mir umzugehen. Schon früh entwickelte ich eine ungebremste Neugier, und ich erkundete das Reich unseres Anwesens wie einen Märchenwald, in dem phantastische Abenteuer lockten. Daß ich auf diesen Expeditionen in die Traumgefilde meiner schillernden Vorstellungswelt der nüchternen und ordnungsliebenden Großmutter in die Quere kam, war unausweichlich. Schon das Ausräumen der Holzkiste in der Küche zwecks Erstellung einer Eisenbahnanlage versetzte sie in Aufruhr. »Muß denn das jetzt sein!« rief sie mir zu. Oder: »Du siehst doch, daß du mir im Weg bist.« Oder: »Grad hab' ich gebuzzt, schon machst alles wirrer (wieder) dreckig!«

Sie hatte ja so recht, die Großmutter. Denn was ich da anstellte, übertraf alles, was man sich in einer wenn auch großen Küche erlauben durfte. Ich stellte nämlich aus den für den Küchenherd kleingehackten Holzstückchen Züge zusammen: Personenzüge

Heinz Friedrichs Eltern

und lange, sehr lange Güterzüge, wie ich sie von unserem Gartenende aus jenseits der Wiesen auf dem hohen Eisenbahndamm täglich vorbeirollen sah.

Ein Holzstück mit Knorren war jeweils die Lokomotive, und die Scheite mit Rinde dran erklärte ich zu Personenwagen. Mit diesen Zügen fuhr und rangierte ich in der Küche herum, daß es nur so eine Eisenbahn-Art hatte. Leute stiegen aus und ein, Schaffner schrieen und pfiffen, und ich war in allen Lokomotiven der Lokomotivführer, der die Ruhe und Übersicht behielt. Zusammenstöße gab es nie; lediglich die Großmutter brachte Turbulenzen ins Getriebe, wenn sie über die Gleisanlage stolperte und die Waggons katastrophal durcheinanderwirbelte – was ich mit Empörung quittierte. »Kannste net amol bei deiner Mamma spiele…«, sagte dann die Großmutter halb unwillig, halb schuldbewußt.

Die Welt meiner Kindheit

Wie gesagt: Mein Dorf ist mein Dorf nicht mehr. Aber es bleibt mein Dorf in der Erinnerung. Und diese Erinnerung enthält ein paar Noten, vielleicht auch nur Fermaten aus dem Abgesang auf das alte Europa und auf das, was Deutschland war, bevor es dem Wahn erlag, die Geschichte durch die Proklamation eines tausendjährigen Reiches unter mörderischen Vorzeichen außer Kraft setzen zu können.

Wie harmlos nimmt sich angesichts solcher Perspektiven das aus, was meine Jugend war. Aber ist es nicht der Vorzug der Jugend, das Leben naiv erleben zu dürfen als das, was es im Grunde ja auch immer noch ist: als ein großes Abenteuer? Als ich ein kleiner Junge war, in den zwanziger Jahren, marschierten bei Festzügen im Dorf noch die Veteranen von 70/71 in der vordersten Reihe mit. Ihre Jahrgänge waren die meiner Großeltern: Sie entstammten der Mitte des 19. Jahrhunderts. Die Erlebniswelt meiner Großeltern war bestimmt durch das 19. Jahrhundert – und das heißt: durch Biedermeier und Gründerzeit ebenso wie durch den Aufbruch in das Industriezeitalter. Die Jugend meiner Eltern fiel in die Zeit vor 1914 – in die Zeit des Friedens und eines stolzen Nationalbewußtseins. Sie konnten nicht ahnen, daß gerade durch dieses Nationalbewußtsein die Völker ihre geistige Verunsicherung angesichts einer sich formierenden »neuen Gesellschaft« zu kaschieren versuchten. Konservativismus hat noch nie vor säkularen Veränderungen geschützt.

Die Großeltern waren noch Zeitgenossen von Bismarck und Wilhelm I., von Napoleon III. und von Kaiser Franz Joseph. Sie waren Zeitgenossen von Johannes Brahms und Theodor Fontane, von Lenbach und Ludwig II., von Siemens und Krupp und

Daimler und Edison. Und sie waren nicht nur Zeitgenossen der industriellen Expansion in der zweiten Hälfte des 19. Jahrhunderts, sondern auch Zeitgenossen einer verkehrstechnischen Revolution ohnegleichen, die sich mit dem Bau der Eisenbahnen in ganz Europa vollzog. Das Zeitgefühl der Menschen veränderte sich grundstürzend, und damit veränderten sich auch die Dimensionen des menschlichen Erlebens und Lebens. Fortschritt war die Parole und: Tempo. Und die Parole war auch, daß Zeit Geld sei. Dennoch hoffte man, daß alles so bliebe, wie es war. Und vieles blieb ja auch scheinbar so, wie es war. Zum Beispiel in meinem Dorf. Die Städte waren die Schmelztiegel des Fortschritts. Das dörfliche Leben vollzog die Entwicklungen und Veränderungen nur zögernd, eher abwehrend nach.

Dieser Sachverhalt trat in meiner eigenen Jugend augenfällig zutage: In manchen Wohnzimmern hingen in den zwanziger Jahren noch die Bilder des letzten Kaiserpaares. Häufiger aber sah man in meinem Dorf Bilder vom hessischen Großherzog und der Großherzogin, die große Verehrung genossen. Die Republik wurde von den Älteren, aber auch von vielen Kriegsteilnehmern weitgehend ignoriert oder als lästige Folge des verlorenen Krieges gerade noch achselzuckend toleriert. Vom Weltkrieg, von Versailles und von den nachfolgenden Hungerjahren berichtete man wie von einem bösen Alptraum, der die Deutschen unverdient heimgesucht hatte. Die Niederlage war eine Schmach. Aber das Dorf blieb das Dorf.

Und blieb es doch auch wieder nicht. Der erste Einbruch in die dörfliche Welt war zwischen 1850 und 1900 erfolgt durch die Genese eines neuen dörflichen Standes: des Industrie-Arbeiters. Diese Veränderung hat damals nicht nur die Dorflandschaft beeinträchtigt, sondern auch innere Spannungen vorbereitet, die noch gar nicht wahrgenommen wurden als Vorbeben des Fortschritts. Die Beamten- und Industriestadt Darmstadt forderte ihren Tribut, indem sie dem dörflichen Gemeinwesen eine gemischte Sozialstruktur aufnötigte.

Ich lauschte den Erzählungen vom Krieg und der Zeit davor

wie den Sagen oder Märchen, die in meinen Büchern standen. Mir erschien dies alles, was meine Eltern und auch meine Großeltern betroffen hatte, so wirklich oder auch unwirklich wie das Schicksal Trojas oder wie das, was sich zwischen Siegfried und Hagen abgespielt hatte. Ob Troja oder Verdun – beides lag für den Buben gleich weit zurück oder war gleich nah. Die Welt vor 1914 – das war offenbar eine wirklich gute, alte Zeit gewesen, in der die Eier drei Pfennige kosteten und die Brötchen auch, in der es noch Goldstücke gab und keine Inflation einem alles wegnahm, was man sich mühsam erarbeitet hatte. Warum sollte ich meiner Großmutter nicht glauben, wenn sie mir das immer wieder erzählte? Ihr, die in ihren altmodischen Kleidern und mit ihrem feinen Gesicht wie eine Verkörperung dieser Zeit »davor« aussah?

Mein Großvater war Schreinermeister gewesen. Seine Werkstatt gab es noch fast unverändert. Ich spielte mit den Holzabfällen Eisenbahn und baute aus den herumstehenden Brettern Hütten im Garten. Der Großvater, den ich nur von Bildern kannte, erschien mir manchmal im kindlichen Traum so, wie ich ihn von verblassenden Fotografien kannte: ein freundlicher, zur Rundlichkeit neigender Herr mit Schnurrbart und lustigen Augen. Er nahm mich an der Hand und zeigte mir in unserem weiträumigen, mit vielen Obstbäumen und Johannisbeersträuchern bepflanzten Garten verwunschene Ecken, in denen wunderliche Geister hausten. Mit diesen Geistern pflegte ich vertrauten Umgang. Ich begegnete ihnen auch bei Tage und ohne den Großvater an meiner Seite. Und ich unterhielt mich mit ihnen. Sie machten meine Spiele mit und halfen mir beim Zaubern. Nur die Spielkameraden wollten mir um alles in der Welt nicht glauben, daß es sie gebe. Aber mir sind sie treu geblieben, diese Geister, bis heute. Natürlich weiß ich inzwischen, daß es in Wirklichkeit keine Geister gibt – aber ich weiß auch, daß die Phantasie sie dennoch jederzeit zu beschwören vermag: Im Reich der Phantasie gibt es gottlob noch immer, was es nicht gibt.

Der Garten war von einem zwei Meter hohen Bretterzaun um-

Das Haus der Großeltern und Eltern in Roßdorf (vgl. S. 50)

geben, der ihn von der Außenwelt abschirmte. Das erhöhte seinen verwunschenen Charakter. An der Ostseite hatte mein Großvater eine kleine Aussichtsplattform errichtet. An klaren Tagen konnte man von hier aus am östlichen Hochufer des Mains die Fenster des Aschaffenburger Schlosses blinken sehen. Dieses Schloß, ein Zauberschloß meiner kindlichen Phantasie, erhob sich aus dem Dunst wie eine Fata Morgana. Nahm man das Fernrohr, auch eine Hinterlassenschaft des Großvaters, sah man an klaren Tagen deutlich die rote Sandsteinfassade. Oft träumte ich mich in dieses ferne Schloß hinein. Als ich später, auf einem Schulausflug, zum ersten Mal leibhaftig davorstand, war ich fast ein wenig enttäuscht: Es war groß und mächtig und auf sehr massive Weise nah.

Das Träumen war meine große Leidenschaft. Wie oft habe ich mich aus vielen unangenehmen Situationen einfach herausgeträumt in eine Phantasiewelt, in der alle Zwänge alltäglicher

Wirklichkeit aufgehoben waren. Ich konnte Regimenter befehligen, mich mit dem Habicht in die Lüfte erheben und mit dem Fuchs in seinen Bau kriechen. Mit den winzigen Erdgeistern war ich vertraut, und ich schaute stundenlang den Ameisen zu, wie sie geschäftig auf ihrem hoch aufgetürmten Haufen herumwimmelten. Stundenlang lag ich auch auf dem Steg über dem Bach, der durch die Wiesen hinter unserem Garten bald gemächlich, bald, durch Steine aufgehalten, lebhaft den Mühlen zufloß. Dieser Bach erzählte mir Geschichten über Geschichten, das heißt: er erzählte sie mir gar nicht, ich sah sie. Winzige Schiffe tanzten auf den Wellen, mit prächtigen Segeln, und auf Lindenblättern hielten liebliche Prinzessinnen Hof und winkten mir im Vorüberschweben freundlich zu. Ich rettete den König der Käfer aus dem Strudel, und ich war überzeugt, daß er, als ich ihn zum Trocknen auf den Steg gesetzt hatte, mit seinen Fühlern salutierte. Manchmal kam jemand und stieg über mich hinweg. Ich empfand das nicht nur als Störung, sondern geradezu als Demütigung, vor allem dann, wenn dieser jemand auch noch sagte: »Mach emol uff die Seit!«

Der Großvater hatte sich manche Verdienste um das Dorf erworben. Er war wohl ein gemütvoller und heiterer Mann gewesen, dem, weil auch er Phantasie hatte, offenbar unentwegt etwas einfiel. So verdankte ihm das Dorf zum Beispiel schon Anfang des Jahrhunderts ein richtiges Schwimmbad – zu einer Zeit, in der Schwimmbäder nicht gerade an der kommunalen Tagesordnung waren.

Der Großvater entstammte der Weißmühle bei Gundernhausen. Sie war seit 1685 im Besitz der Familie Ammann. Ein Söldner dieses Namens, aus der Schweiz gebürtig, war während des Dreißigjährigen Krieges in der Darmstädter Gegend hängengeblieben. Seine Nachfahren waren, bis in das frühe 20. Jahrhundert hinein, die Weißmüller. Mein Großonkel war der letzte.

Jedesmal, wenn ich an der Weißmühle vorbeikam, versuchte ich mir den rüstigen Sechziger, den ich von Bildern her als meinen Großvater kannte, als herumtollenden Jungen, ja: als Spielkameraden vorzustellen, der mit mir in dem Mühlwerk herumturnte. Später, als ich den ›Taugenichts‹ von Eichendorff gelesen hatte, dessen Held ja auch einer Mühle entstammte – da kam es mir vor, als sei in dem Großvater etwas von diesem liebenswerten Burschen lebendig gewesen. Immerhin hatte auch der Großvater seines Vaters Mühle verlassen und war als Handwerksbursche, auf Schusters Rappen, nach München und sogar bis nach Wien gezogen – nicht zuletzt der Musen wegen, die dort in den Opernhäusern hausten. Staunend las ich in einem Packen alter Briefe, die er nach Hause geschrieben hatte, von seinen Erlebnissen.

Natürlich schwappte in den zwanziger Jahren auch die Gegenwart in unser Dorf. Ich erinnere mich lebhaft an die Auseinandersetzungen vor manchen Wahlen. Die sozialen Spannungen wuchsen in unserem Dorf mit der Arbeitslosigkeit. Es gab Kommunisten und Nazis und Sozialdemokraten. Warum, das wußte ich nicht. Ich kannte viele von ihnen – keinen empfand ich als böse. Warum haßten sie sich? In den späten zwanziger Jahren kam es gelegentlich zu Schlägereien; Anfang der dreißiger Jahre wurde sogar einmal geschossen. Die Leute im Dorf waren entsetzt. Wer hatte geschossen? Niemand wußte es. Die einen sagten: die Nazis. Die anderen sagten: die Kommunisten. Am nächsten Tag fuhren alle wieder gemeinsam zur Arbeit nach Darmstadt – sofern sie welche hatten. Das Elend der Arbeitslosen war groß und wurde immer größer. In den Gesprächen der Erwachsenen spielte das Wort »Notverordnung« eine wichtige Rolle. Und auf einen Mann namens Brüning wurde heftig geschimpft.

Für viele im Dorf, auch für meinen Vater, war Hindenburg der Garant dafür, daß wenigstens Restbestände der guten alten Zeit erhalten blieben. Hindenburg galt als eine Art Ersatzkaiser, der als Fels in der Brandung die völlige Auflösung der Welt von gestern verhinderte. Man war konservativ, und das hieß: man wollte sich mit dem Ergebnis des Ersten Weltkriegs nicht zufriedengeben. Daß Hindenburg etwas verkörperte, was nur noch

Erinnerung sein konnte, sich aber nicht in die Realität des Heute einbringen ließ und vor allem nicht in die politische Zukunft, das merkten viele erst, als es zu spät war. Mit den Nazis hatte mein Vater nichts im Sinn. Radikalität lag ihm nicht. Wenn er eine Fahne raushängte, dann die schwarzweißrote.

Vor den Wahllokalen war jeweils ein Wald von Plakaten aufgestellt. Geballte Fäuste und ausgestreckte Hände, Hammer und Sichel, Hakenkreuz, drei Pfeile, Teufelsfratzen, gesprengte Fesseln und Stiefel, die Gewürm zertreten – wie sollte sich in diesem Dschungel von Bildsignalen ein Achtjähriger zurechtfinden? Immer wieder fragte er sich (und er fragt sich das noch heute): Warum hassen die sich? Der Mann, der uns im Garten half, war ein ortsbekannter Kommunist. Er war ein netter, freundlicher Mann, der sich viel mit mir abgab. Warum hatten sie gerade ihn zusammengeschlagen? Und warum fand ihn der Schorsch aus der Nachbarschaft, der so ein toller Sportler war, nur deshalb mies, weil er ein Kommunist war?

Es gab unzählige Parteien, und jede Partei empfahl sich als Retter aus den republikanischen Nöten. Die Regierungen wechselten oft. Ein Name jedoch blieb mir im Gedächtnis: Stresemann. Noch heute höre ich die etwas krächzende Stimme des deutschen Außenministers, als er in einer Rede über das Radio die Beendigung der Rheinlandbesetzung verkündete. Das fesselte mich sehr, denn ich hatte die Besatzungssoldaten leibhaftig mit eigenen Augen gesehen.

Mein Vater stammte aus Goddelau im hessischen Ried. Sein Bruder bewirtschaftete dort noch den elterlichen Bauernhof. Auch großmütterlicherseits waren Vaters Onkel und Tanten und Vettern im Ried ansässig. Immer, wenn wir mit dem Zug zu diesen Verwandten in Richtung Westen fuhren, zeigte mir mein Vater in Griesheim nahe Darmstadt, wo damals die Demarkationslinie verlief, die französischen Soldaten. Sie patrouillierten auf dem Bahnsteig und sahen etwas schlampig aus. In meinem Kindergemüt konnte ich mir nicht so recht vorstellen, daß ausgerechnet diese eher komischen als martialischen Figuren unsere

Feinde sein sollten. Aber mein Vater sagte mir, eben diese Soldaten hätten auf ihn geschossen und er auf sie, und sie hätten ihn schließlich getroffen.

Daß sie ihn getroffen hatten, wußte ich. Er erzählte oft, wie Kameraden ihn aus dem Trommelfeuer geschleppt hatten, damals bei Verdun unseligen Angedenkens. Und er klagte auch oft über Beschwerden, die er auf das Giftgas zurückführte, mit dem die Schrapnellkugel, die in seinen Oberschenkel eingedrungen war, infiziert gewesen sein soll. Warum schießen Menschen aufeinander? Ich wußte keine Antwort, mein Vater wußte auch keine. »Sie waren unsere Feinde«, sagte er. »Und jetzt?« fragte ich. »Na ja, eigentlich immer noch«, meinte er. Aber seine Überzeugung war das wohl kaum. Immerhin konnte er so gut Französisch, daß er in den ersten Jahren der Besatzung als Dolmetscher bei der Reichsbahn in Mainz-Bischofsheim eingesetzt wurde. Und aus seinen Erzählungen wußte ich, daß er sich, trotz allem, mit den Franzosen ganz gut verstand.

Übrigens Goddelau: Eine Großtante wohnte in einem großen alten Haus mit einem schönen Bauerngarten drum herum. An dem Haus war eine Tafel angebracht. Die Tante – sie trug noch ein Spitzenhäubchen – sagte mir, daß hier im vorigen Jahrhundert ein Dichter auf die Welt gekommen sei. Er habe nicht viel geschrieben, weil der Tod ihn in jungen Jahren hinweggerafft habe; auch sei er politisch ein Hitzkopf gewesen. Immerhin: berühmt müsse er sein, sonst hätte man wohl die Tafel nicht angebracht. Der Mann, von dem hier die Rede war, hieß Georg Büchner. Ich war sehr stolz, in einem Haus ein und aus gehen zu dürfen, an dem eine Gedenktafel angebracht war.

Von Stresemann hörte ich dann noch einmal, als sein Begräbnis im Radio übertragen wurde. Mein Vater sagte, dieser Stresemann habe zwar eine andere politische Meinung vertreten als er, aber ein großer Mann sei er zweifellos gewesen.

Zum Radio: diese neue Errungenschaft faszinierte viele junge Männer in unserem Dorf. Mein Vater nahm mich manchmal mit zu einem Bekannten in der Darmstädter Straße. Der hatte sich einen Kristalldetektor gebaut, mit dessen Hilfe er über Kopfhörer Radio Frankfurt empfangen konnte. Wir mußten alle ganz still sitzen, wenn er seine Kristalle in Position brachte, denn es kam bei der Einstellung auf den Bruchteil eines Millimeters an, wenn man etwas empfangen wollte. Klappte es, dann kam ein entzückter Aufschrei: »Ich hör' ebbes!« Und dann wurden die Kopfhörer herumgereicht. Auch ich bekam sie übergestülpt; aber außer Krachen und Pfeifen vernahm ich nichts. Wenn ich allerdings meine Phantasie zu Hilfe nahm, dann hörte es sich zwischendurch tatsächlich so an, als quäkte irgendwo Musik.

Die Entwicklung führte bald vom Detektor zum Rundfunkgerät. Ende der zwanziger Jahre wurden Antennen gezogen. Wir hatten eine Riesenantenne, die von unserem Haus zum Nachbarhaus reichte und jeweils an den Schornsteinen befestigt war. Man mußte auch nicht mehr den Kopfhörer aufsetzen, sondern es gab richtige Lautsprecher. Unser Empfangsgerät war von AEG, und mein Vater versicherte jedem, der es hören wollte, dies sei das beste Gerät, das man sich denken könne. Es sei sogar möglich, damit Moskau zu empfangen. Ob es wirklich die Kremlglocken waren, weiß ich nicht. Immerhin sprach die Stimme, die die Glocken ankündigte, eine Sprache, die ich nicht verstand. Und was das Gerät anbelangt: es funktionierte noch bis nach der Währungsreform.

Das Radio brachte in unser umgrenztes Dasein die weite Welt, die sich uns sonst nur durch das ›Darmstädter Tagblatt‹ oder die ›Hessische Landeszeitung‹ erschloß. Ich hörte die ersten Konzerte und die ersten bunten Abende. Die Rundfunkstars von damals waren mindestens so populär wie heute die Fernsehstars. Ich war sehr stolz, daß ein Tenor des Hessischen Landestheaters in Darmstadt, nämlich Schmid-Berikoven, zu diesen Rundfunkstars gehörte. Sein Glanzstück ›Schenkt man sich Rosen in Tirol‹ war das, was man heute einen Dauerbrenner nennt.

Eine andere kommunikative Errungenschaft der neuen Zeit kam mit dem Kino in unser Dorf. Zunächst primitiv in der Turnhalle untergebracht, wechselte es später in den Saal des Gasthauses Schollenberger am Bahnhof über. Jeder Film war eine Sensation; die größte war ›Ben Hur‹ – ein Hollywood-Stummfilm damals gigantischen Ausmaßes, in den mich unvorsichtigerweise meine Eltern mitgenommen hatten. Ich träumte noch wochenlang von dem aufregenden Wagenrennen und wachte manche Nacht mit Schreikrämpfen auf. Meine Eltern hatten große Mühe, mich zu beruhigen – und waren um ihren Schlaf gebracht.

Harmloser verliefen die sogenannten Kindervorstellungen, die man am Sonntagnachmittag für zwanzig Pfennig besuchen durfte. Charlie Chaplin, Buster Keaton und Harold Lloyd sowie Pat und Patachon – sie sind noch heute meine Lieblinge, deren Streifen ich mir immer wieder mit dem kindlichen Vergnügen von damals ansehen kann. Und noch heute beherrsche ich den Watschelgang von Charlie Chaplin perfekt.

Das Vergnügen damals war allerdings nicht so ungetrübt wie heute. Der Film riß oft, und es dauerte stets eine ganze Weile, bis er wieder geklebt war. Auch Maschinenausfall war nicht selten. Dann mußten wir nach dem halben Film enttäuscht nach Hause gehen. Alles Betteln beim Herrn Ohl, dem Besitzer, half nichts, »Louis, probier's doch noch emol!« »Kaputt is kaputt«, sagte der Louis. Dem konnte man nichts entgegensetzen.

Im Radio hörte ich die Reportage über den abendlichen Fackelzug am 30. Januar 1933. Eine ungeheure Begeisterung brandete aus dem Lautsprecher. Ich dachte an die Notverordnungen, von denen immer gesprochen wurde, an die vielen Plakate und an die Arbeitslosen, die um Essen anstanden – und ich freute mich, daß die neuen Leute der Not eine Ende machen wollten. Wie heftig sich Parteienstreit, Parteienhaß schon unserer kindlichen Gemüter bemächtigt hatte, mag man daran erkennen, daß wir Anfang der dreißiger Jahre statt Räuber und Gendarm bereits Kommunisten und Nazis spielten… Damals, am 30. Januar 33, war ich noch nicht ganz elf Jahre alt. In der Schule trugen plötzlich ein paar Lehrer SA-Uniform. Ich fand das komisch. Und die überwiegende Mehrheit der Lehrer fand das auch. Aber dann wurde ich von meiner Mutter auch in eine Pimpfenuniform gesteckt. Das fand ich nicht mehr lächerlich, sondern lästig. Auf einmal gehörte ich dazu. Wozu? Meine Mutter meinte, wir könnten da nicht aus der Reihe tanzen…

Das Dorf meiner Kindheit war auch nach den Erweiterungen im späten 19. Jahrhundert noch ein Dorf. Obwohl »die Stadt«, nämlich Darmstadt, nur wenige Kilometer hinter dem Wald lag, hatte sie auf unser Gemeinwesen nur mittelbaren Einfluß. Wer nicht in Darmstadt arbeitete, kam selten dorthin. Im Frühjahr oder vor Weihnachten allerdings war auf jeden Fall eine Stadtfahrt fällig – zum Einkaufen. Ein solcher Einkauf war, schon der beschränkten Mittel wegen, eine ziemlich aufregende Angelegenheit, die mancher Vorbereitung bedurfte. Genau wurde bedacht und in den Wochen vorher aufgeschrieben, was man brauchte. Für die paar Stunden Stadtaufenthalt wurde ein taktischer Plan entworfen, nach dem man vorging. Bei Stegmüller gab es den neuen Matrosenanzug von Bleyle, bei Tietz die Wäsche, in Kaiser's Kaffee-Geschäft wurde Kaffee oder Tee, ein großer Luxus damals, eingekauft – manchmal nur wegen der Rabattmarken, für die man, hatte man genug beisammen, ein Kaffeeservice bekam. Wir brachten im Lauf der Zeit auch so ein Prunkstück zusammen. Als meine Mutter und ich es abholten, kamen wir uns vor, als hätten wir einen Schatz gehoben.

Für Sämereien war im Frühjahr Hufeld zuständig. Auch ein Gang zur Drogerie Schäfer erwies sich als notwendig, und natürlich brauchte man auch die Apotheke. Man brachte die Rezepte an eine Sammelstelle im Oberdorf; von dort wurden sie täglich in einer Ober-Ramstädter Apotheke besorgt, und zwar zu Fuß über das sogenannte »Abodekepädche« (Apothekenpfädchen). Die Medikamente konnte man dann abends abholen. Für mich war das Abholen stets eine Tortur. Dort nämlich, wo der Abkürzungsweg vom alten Sportplatz neben dem Bach ins Oberdorf mündete, gab es eine streitbare Gänseherde, der es offenbar einen Höllenspaß machte, kleinen Buben durch Schnattern, Zischen und eindeutige Angriffslust Angst einzujagen. Ich höre mich noch auf das Gebot meiner Mutter: »Hol die Apothekesache ab!« jämmerlich ausrufen: »Ewwer die Gens…«

Einer der Höhepunkte des Darmstadtbesuches war ein Gang durch das EHP – das Einheitspreisgeschäft in der Rheinstraße. Was man dort für den Einheitspreis von fünfzig Pfennig beziehungsweise für ein Mehrfaches des Betrages alles bekam, war für ein Dorfkind atemberaubend: das reinste Schlaraffenland. Gegen die Kaufhaus-Schlaraffenländer von heute würde das EHP eher anmuten wie ein Armenhaus. Aus dem Staunen kamen wir Kinder vollends nicht mehr heraus, wenn wir uns dann nebenan am Schaufenster des Spielwarengeschäftes Faix die Nasen platt drückten: Dort drehten damals die ersten elektrischen Eisenbahnzüge ihre Runden.

Aber wie gesagt: die Stadt spielte in der Lebenswelt unseres Dorfes nur eine mittelbare Rolle. Das Nebeneinander von Bauern, Handwerkern und Stadtgängern – meist kleinen Beamten, Angestellten und Arbeitern – arrangierte sich nach hergebrachten sozialen Regeln. Das Gemeinwesen war übersichtlich; fast jeder wußte von jedem – man kannte einander, und man wußte auch, was man voneinander zu halten hatte. Man wußte, wer »e bees Maul« hatte und wer hilfsbereit war. Man wußte, wer »en Klowe« war, ein »Olwel« (Tölpel), und wer ein Faulenzer – und man hatte ein feines Gespür für die Dorfhierarchie, die, obwohl nirgends festgeschrieben, selbstverständlich respektiert wurde. Fremde, die ins Dorf kamen, blieben lange »Fremme«. Richtig aufgenommen in die Dorfgemeinschaft wurden sie selten.

Allerdings schuf dieses Vertrautsein miteinander auch Zwänge und Verklemmungen. Einer paßte auf den anderen auf; was man tat, wurde aufmerksam registriert – es gewann dörfliche Öffentlichkeit. So bedurfte es keiner Boulevardzeitung, um den Dorfklatsch und -tratsch in Umlauf zu bringen. Die Klatschspalte ersetzten Metzgerladen und Lebensmittelhandlung und die Milchfrau, bei der man mit der Milchkanne in der Hand jeden Morgen die Milch holen mußte.

»Was solle denn da die Leit denke!« war ein häufiges Mahnwort meiner Mutter. Nur nicht auffallen, man könnte ja sonst leicht ins Gerede kommen. Ins Gerede zu kommen, das war das Schlimmste. Das Reizwort »die Leit« ist für mich ein Reizwort geblieben. Denn »die Leit« gab es ja nicht nur in meinem Dorf, »die Leit« gibt's überall; diese Institution wird dadurch nicht sympathischer, daß sie hochdeutsch aus »den Leuten« besteht.

Es gab in dem Dorf einige große Bauern und viele kleine. Die großen Bauern hatten mehrere Pferde, die mittleren und kleinen nur eins. Und es gab die Kuhbauern, die hatten eben nur Kühe – manchmal sogar nur eine Kuh –, und sie versahen meist noch einen Beruf nebenher, Maurer zum Beispiel. Die Kuhbauern bebauten ihre wenigen Äcker mit Hilfe ihrer Kühe, die sie ins Joch spannten. Die Kühe zogen den Wagen, und sie zogen den Pflug – und abends gaben sie auch noch ein paar Liter Milch, die dann in die Molkerei in der Bahnhofstraße gebracht werden mußten. Landwirtschaftliche Maschinen gab es kaum. Gesät wurde mit der Hand, und gemäht wurde mit der Hand – und Kartoffeln wurden im Herbst auch mit der Hacke von Hand aus dem Boden geholt. Zur Erntezeit war überall Leben auf den Feldern; mittags wurde das Essen hinausgebracht, damit man nicht viel Zeit verlor. Gedroschen wurde an der zentralen dörflichen Dreschmaschine bei der Turnhalle – und im Winter kam eine mobile Dreschmaschine zu den größeren Bauern in die Scheuer, um den Rest des Getreides auszudreschen. Aber es wurde auch noch viel mit der Hand gedroschen. Noch heute habe ich die rhythmischen, dumpfen Schläge der Dreschflegel im Ohr.

Da die bäuerliche Welt die Struktur des Dorfes vorherrschend bestimmte, spielte bei uns Kindern auch der Feldschütz, kurz »de Schitz« genannt, eine große Rolle als Respektsperson. Wer vom »Schitz« erwischt wurde, weil er einen Apfel stibitzt oder auch nur über eine noch nicht gemähte Wiese gelaufen war, kam sich wie ein Schwerverbrecher vor. Meistens genügte es, wenn der Schitz schimpfte: »Ich sag's deim Vadder!« Das häusliche Donnerwetter tat dann ein übriges, um das schlechte Gewissen – und die Bereitschaft zu tätiger Reue – zu befördern. Repression empfand ich in solcher Lage nie. Im Gegenteil: Ich sah ein, daß es unrecht war, über eine nicht gemähte Wiese zu laufen – und ich hüte mich noch heute davor.

Nur wer im Überfluß lebt, kann solche Gebote lächerlich finden. Aber wer lebte schon im Überfluß damals? Auf dem Dorf keiner. Es gab viele arme Leute, und für die allerärmsten gab es sogar ein Armenhaus.

Nein, im Überfluß lebten wir nicht. Keine Spielzeugberge, kein Kinderzimmer. Fleisch gab es nur einmal in der Woche, am Sonntag. Weck (Brötchen) auch nur am Sonntag. Und Butter war kostbar: entweder gab es Marmelade aufs Brot oder Butter. Beides zusammen: undenkbar. Gemüse und Obst kamen aus dem Garten. Äpfel und Birnen wurden auf Gerüsten im Keller für den Winter eingelagert, Gemüse wurde ebenfalls im Keller in Sand eingeschlagen. Große, irdene Gefäße mit Sauerkraut und mit Zwetschgenmarmelade gehörten ebenso zum Wintervorrat wie das selbstgekelterte Fäßchen Äppelwoi (Apfelwein) oder der geräucherte Schinken auf dem luftigen Dachboden. Eier legten die eigenen Hühner; die Junghähne aus eigener Zucht bereicherten den einfachen Speisezettel ebenso wie die Stallhasen. Da ich mich mit ihnen zärtlich anfreundete, gab es schreckliche Kindertragödien, wenn sie geschlachtet werden mußten.

Eine weitere Respektsperson neben dem Feldschütz war der »Bolizeidiener«. Er stellte Vorladungen zu und andere amtliche Schreiben. Vor allem aber schellte er mehrmals in der Woche amtliche Neuigkeiten aus. An verschiedenen, genau festgelegten Plätzen im Dorf schwang er eine große Glocke laut und vernehmlich, um dann mit Stentorstimme und gravitätischer Betonung zu verkünden, daß die Kanalisationsgebühren fällig seien oder die Hundesteuer und daß, zum Beispiel, am Montag die große Obstversteigerung an den Landstraßen stattfinde. Damals waren nämlich noch alle Landstraßen von Obstbäumen gesäumt, des Schattens wegen. Die Früchte wurden im Herbst Baum für Baum an die Dorfbewohner versteigert. Ganze Kolonnen rückten mit Leiterwägelchen und Leitern aus, um den erstei-

Blick auf Roßdorf vor dem Zweiten Weltkrieg

gerten Segen zu ernten. Der »Bolizeidiener« war im übrigen auch zuständig, wenn man beim Ballspiel eine Fensterscheibe eingedonnert hatte ...

In Roßdorf gab es so gut wie keine Industrie. Die Kleiderfabrik Lorenz und die »Ram« (die Odenwälder Hartsteinindustrie), die den Basalt des Roßbergs ausbeutete, die Käserei Steinmetz – das waren, zusammen mit der Gärtnerei Kayser und Seibert, die größeren Unternehmungen im Dorf.

Der Basalt des Roßbergs wurde morgens, ich glaube, es war um zehn Uhr, abgesprengt. Der dumpfe Donner der Explosion war genauso ein werktägliches Zeichen wie das Glockenläuten um zehn, elf und um zwölf Uhr sowie sommers um fünf Uhr nachmittags, winters um acht Uhr abends. Wer hatte schon eine Uhr? Die Bauern auf dem Feld richteten sich nach dem Stand der Sonne und nach dem Geläut der Kirche. Und wir Buben natürlich auch; ein elterliches Gebot: »Wann's fimf leit, kimmste

41

haam!« war unumstößlich. Kaum ertönten die ersten Klänge vom Kirchturm, ließ man Fußball Fußball sein und eilte mit dem Ruf »Ich muß haam!« hinweg. Niemand von den anderen nahm das krumm, zumal die meisten von den anderen ja auch »haam« mußten.

Überhaupt die Spiele: Spielsachen gab es, wie gesagt, wenig, aber Spiele gab es unendlich viele; man mußte nur Phantasie besitzen, sie zu erfinden. Viele Spiele hatten ihre Zeit: die Drachen stiegen im Herbst, Dobsch (Kreisel) und Klicker (Murmeln) waren im Frühjahr dran; mit alten Fahrradfelgen ließ sich zu jeder Zeit herrlich Reifentreiben. Ein ganz besonderer Spaß war das Ostereiwerfen. Die Eier mußten hartgekocht sein und natürlich buntbemalt. Wir Buben aus der Erbacher Straße zogen mit etlichen Eiern in der Tasche auf die Wiesen zum Bahndamm hin – und dann wurde geworfen. Nicht der, welcher am höchsten warf, gewann, sondern der, dessen Ostereier am längsten hielten. Waren die Wiesen trocken, dann hatte keiner eine Chance; die Eier zerschellten sofort. Hatte es aber geregnet, dann bekam die Angelegenheit erst ihren richtigen Dreh: Manchmal konnte man ein Ei sechs- bis siebenmal hochwerfen, ohne daß es zerbrach. Allerdings fand man auch manches Ei nicht wieder, weil es in der schlammigen Wiese einfach verschwand.

An die halsbrecherischen Abfahrten mit dem Schlitten an Schneetagen im Winter erinnere ich mich heute noch mit Schaudern. Wie wir es fertigbrachten, mit zwei zusammengebundenen Rodelschlitten und vier bis fünf Buben darauf (manchmal waren auch Mädchen dabei) ohne Knochenbrüche den ebenso steilen wie schmalen Pfad vom Roßberg hinunter zum Erbsenbach zu bewältigen, bleibt mir ein Rätsel. Da kann eigentlich nur der liebe Gott seine Hand dazwischengehalten haben.

Der Erbsenbach bildete an der Stelle, wo ihn die »Schleecht«, der heutige »Roßbergweg«, durchquert, den Kriegshafen der Jungen aus der Erbacher Straße. Wir schnitzten und bastelten uns eine sehr respektable Kreuzerflotte samt Beibooten. Sie ging am Rande der seichten Furt vor Anker – und sie unternahm von dort aus Patrouillenfahrten durch den Wiesengrund. Die aufgeschreckten Frösche übernahmen die Rolle der flüchtenden Feinde.

Was Spiele anging, so war ich zuweilen ein gesuchter Partner, weil ich nämlich etwas hatte, was kein anderer hatte in unserer Straße, nämlich einen sogenannten Holländer. Dies war ein vierrädriges Gefährt, das man mit Hilfe eines Hebels, ähnlich wie bei einer Draisine, fortbewegen konnte. Mit Hilfe dieses Gefährts konnte ich mir bei den Spielkameraden manchen Vorteil erkaufen, was manchmal ganz angenehm war.

Das Höchste aber war später das Fahrrad. Es ermöglichte eine Mobilität, von der man vorher nur hatte träumen können. Mit dem Fahrrad waren Ausflüge in den Odenwald bis nach Lichtenberg und Lichtenfels möglich, und mit dem Fahrrad wiederholten wir Jungen die Nürburgring-Rennen auf der Rundstrecke Roßdorf Richtung Reinheim bis zur Abzweigung nach Gundernhausen – und von Gundernhausen auf der Landstraße an den drei Mühlen vorbei wieder zurück nach Roßdorf. Wir stellten dabei enorme Rundenrekorde auf. Natürlich machten diese Rennen Stuck, Caracciola und Bernd Rosemeyer meist unter sich aus. Sich mit anderen als mit diesen Rennheroen zu identifizieren lohnte nicht. Außenseiter mußten sich mit den Rollen von Louis Chiron oder Tazio Nuvolari begnügen.

Mein Dorf hatte vor dem Zweiten Weltkrieg 4000 Einwohner. Fast alle waren evangelisch. Es gab nur einige wenige Katholiken, und es gab eine kleine jüdische Gemeinde. Die Juden hatten eine Synagoge, die sogenannte »Juddeschul«, im »Juddegäßche« unterhalb des Gasthauses »Zur Sonne«. Die Katholiken mußten ihren sonntäglichen Gottesdienst in der Ochsen-Schule abhalten. In den Katholiken sahen wir damals einen größeren Fremdkörper als in den Juden. Die Juden – Viehhändler, Angestellte, Lebensmittelhändler – waren integriert; sie gehörten dazu. Das Merkwürdige für uns Kinder war lediglich, daß die Juden ihren Sonntag samstags feierten und, wenn wir die Straße für den Sonntag kehrten, spazierengingen.

Wir kauften beim jüdischen Lebensmittelhändler, dem alten Schmul, in der Löwengasse. Er betrieb sein Lädchen zusammen mit seiner Frau. Beide waren ungemein liebenswürdige und hilfsbereite Menschen. Der niedrige, heimelig-düstere Laden war für mich der Inbegriff von Geheimnis und Romantik. Butter oder Margarine wurde durch eine Falltür aus dem Keller geholt. Fässer standen herum mit Heringen oder mit Gurken oder Sauerkraut. Aufgerollte Säcke enthielten Mehl, Zucker oder Salz; die Waren wurden in Tüten abgewogen. Und es gab vom Nähgarn bis zum Einwickelpapier allerlei Krimskrams des täglichen Gebrauchs. Als Kind bekam man nach jedem Einkauf das obligate »Gutsel« (Bonbon) aus einem großen Deckelglas. Charles Dickens hätte an diesem Interieur und seinen Bewohnern das allergrößte Romanvergnügen gehabt.

Der alte Schmul und seine Frau besaßen eine Tochter, die hatte einen Buckel. Sie ging in Darmstadt in ein Büro, wenn ich mich recht erinnere. Sie war die Sanftmut in Person. Den alten Leutchen ist es wohl noch rechtzeitig gelungen, diese Tochter aus Deutschland wegzubringen. Sie selbst entgingen dem schrecklichen Schicksal nicht. Ihre Spur verliert sich in Auschwitz …

Wir kauften auch nach der sogenannten Machtübernahme noch beim alten Schmul ein – was mir die Rüge eines entfernten Onkels aus Darmstadt einbrachte, der zu mir sagte: »Ein deutscher Junge kaaft net beim Judd!« Ich ging daraufhin erst recht zum alten Schmul, denn ich mochte nicht einsehen, warum ich jemanden, von dem ich wußte, daß es ein liebenswerter Mensch war, verachten sollte, nur weil ich ein deutscher Junge war.

In Roßdorf gab es drei Schulen: die Wenzel-Schule, die Ochsen-Schule und die Neue Schule. 1928 wurde ich in die Wenzel-Schule aufgenommen. Da der Jahrgang 1922 zu stark war, wurde er am Anfang der Schulzeit geteilt. Unser Lehrer war Herr Buß. Er brachte uns die Auf- und Abstriche und das I-Tüpfelchen im Schreiben sowie die ersten Schritte im Lesen bei. Auf dem Dach der Wenzel-Schule nisteten die Störche. In der Pause kamen sie manchmal in den Hof und ließen sich füttern. Später wechselten wir in die Ochsen-Schule über. Die beiden Klassenteile wurden wieder zusammengelegt. Unser Lehrer wurde Herr Zimmermann – ein strenger Herr, bei dem man auch dann etwas lernte, wenn man nicht wollte. Er bleute uns das große Einmaleins gelegentlich sogar mit dem Rohrstock ein. Die Ochsen-Schule hieß Ochsen-Schule, weil in den anliegenden Stallungen die Deckstation des Dorfs untergebracht war. Heute ist dort, wo die Ochsen-Schule stand, Ecke Dieburger/Erbacher Straße, ein freier Platz.

In der letzten Volksschulklasse hatten wir den Lehrer Merz. Er war ein aufgeschlossener Mann, der freundlicherweise auf meine Rechenschwäche Rücksicht nahm, dafür aber meinen Ehrgeiz auf anderen Gebieten, im Fach Deutsch zum Beispiel, anfeuerte. Meinem Vater riet er, mich auf das humanistische Gymnasium in Darmstadt zu schicken. Dieser Rat sollte mein weiteres Leben bestimmen.

Drei Schwestern

Die Großeltern Ammann hatten drei Töchter. Das Geburtsjahr meiner Mutter war 1893. Susanne, die zwei oder drei Jahre ältere, »Tante Sannchen« genannt, war in den zwanziger Jahren, als ich geboren wurde, noch unverheiratet. Anna, die jüngste Schwester, hatte einen Steuereinnehmer im benachbarten Ober-Ramstadt geheiratet.

An Feiertagen wanderten wir gelegentlich durch den Geisenwald, der sich über einen kleinen Höhenzug zwischen Roßdorf und Ober-Ramstadt erstreckte, in das benachbarte Dorf, um Tante Anna zu besuchen. Diese Ausflüge waren für mich jedes Mal ein Abenteuer. Mein Vater erzählte mir nämlich, daß die Baumwurzeln, die aus dem aufsteigenden Waldweg zutage traten, eigentlich die Trittstufen einer Zwergentreppe seien. Mit leicht schaudernder Neugier stieg ich jeweils die Zwergentreppe hinauf und hinab, stets in der Hoffnung, auch einmal einer Zwergengruppe zu begegnen. Inzwischen ist diese Treppe wahrscheinlich längst verschwunden, und Zwerge gibt es nur noch in Vorgärten und nicht mehr im Wald …

Meine Mutter Philippine war eine schöne Frau, lebhaft und leicht erregbar. Sie hatte rotblondes Haar – »tizianblond«, wie sie stolz zu korrigieren pflegte, wenn jemand ihr Haar als rot bezeichnete.

Der frühe Tod des Großvaters im Jahre 1911 brachte die Familie zwar nicht in Schwierigkeiten, aber einschränken mußte sie sich doch. Susanne, das »Tante Sannchen«, war eine gutaussehende und stolze Frau, die es sich glaubte leisten zu können, als Tochter aus angesehenem Hause auf eine »gute Partie« zu warten, anstatt sich mit einem Mann aus dem Dorf einzulassen.

Auch meine Mutter hegte wohl solche Gedanken. Jedenfalls wurde über die Ehe der jüngeren Schwester, Tante Anna, mit ihrem Steuereinnehmer gelegentlich die Nase gerümpft; sie galt als nicht ganz standesgemäß.

Das Kriegsende und die nachfolgende Inflation warfen alle hochfahrenden Lebensplanungen und Zukunftshoffnungen über den Haufen. Das Vermögen schmolz dahin. Was blieb, waren das Haus und der Garten. Wie und wo sich meine Mutter und mein Vater kennenlernten, weiß ich nicht. Sie müssen sich wohl kurz nach dem Krieg erstmals und eher zufällig getroffen haben. Auch mein Vater hatte sich seine Zukunft anders vorgestellt, als sie sich ihm nach der Entlassung aus dem Lazarett bei Kriegsende darbot. Er stand vor dem Nichts und mußte zusehen, daß er wieder Boden unter die Füße bekam.

1921 heirateten Philippine Ammann und Ludwig Friedrich. Mein Vater zog in das Haus Erbacher Straße 38 ein, wo meine Mutter zusammen mit ihrer Schwester Susanne und ihrer Mutter lebte. Dieses Zusammenleben war voller Spannungen. Drei selbstbewußte Frauen, die bürgerstolz versuchten, in ihrer zusammenbrechenden Lebenswelt noch Eigenständigkeit zu bewahren, mußten notgedrungen in dem zwar nicht engen, aber doch beschränkten Raum unseres Hauses auf Konfliktkurs geraten. Das Tante Sannchen litt unter ihrer stolzen Einsamkeit. Ihre Chancen, eine angemessene Partie zu machen, schwanden von Jahr zu Jahr mehr. Sie wurde harsch und streitsüchtig. Schließlich verbandelte sie sich in einer Art Torschlußpanik mit einem Schneidermeister aus Ober-Ramstadt, den sie dann auch heiratete. Die Ehe brachte ihr, wie zu erwarten war, kein Glück. Schließlich erhängte sie sich nach wenigen Jahren.

Der Selbstmord von Tante Sannchen erschütterte uns alle, obwohl durch einen Erbstreit zwischen ihr und meinen Eltern Gräben aufgebrochen waren. Das innigste Verhältnis zu ihr hatte wohl ich. Sie nahm sich meiner in meinen frühen Kindertagen an und betreute mich ebenso fürsorglich wie streng. Hinter ihrem harschen Ton spürte ich stets ihre Zuneigung und ihre Sehnsucht nach Liebe. Wenn ich bei Tante Sannchen war, fühlte ich mich geborgen, anders als bei meiner Großmutter.

Auch das Verhältnis zu meiner Mutter war schwierig. Sie war, wie angedeutet, leicht erregbar und neigte zur Hysterie. Oft gab es auch Streit zwischen meinen Eltern. Mein Vater, eher ein gelassener Mensch, ertrug die oft durch lächerliche Kleinigkeiten provozierten Eskapaden seiner Frau mit viel Geduld. Manchmal aber explodierte er doch, und das waren für mich furchtbare Erlebnisse. Ich liebte beide Eltern, und ein Krach war für mich eine seelische Katastrophe. Gottlob hatte meine Mutter andererseits einen wachen Sinn fürs Praktische. Mein Vater wäre sicher mit den geringen Mitteln, die wir besaßen, nicht ausgekommen. Meine Mutter verwaltete sie souverän, und sie verfügte immer noch über einige Reserven, um gelegentlich »etwas Besonderes« auf den Tisch zu bringen. Auch legte sie großen Wert darauf, daß ich immer »anständig« angezogen war. Manchmal haßte ich diesen »Anstand«, denn er zwängte mich in Rollen, die ich nicht spielen wollte.

Da gab es zum Beispiel einen Matrosenanzug von Bleyle, der für damalige Verhältnisse ziemlich teuer war. Ich wehrte mich schon beim Einkauf gegen dieses Kleidungsstück, aber meine Mutter bestand auf ihm. Zu diesem Matrosenanzug gehörte auch eine Matrosenmütze mit der Aufschrift »Emden« (nach dem im Krieg gesunkenen Kreuzer »Emden«), an deren Hinterseite zwei Bänder baumelten. Vor allem diese Bänder störten mich furchtbar. Ich kam mir aufgedonnert und geschmückt vor. Beim ersten Spaziergang in diesem Matrosenanzug stelzte ich wohl wie ein unbeholfener Schwan neben meinen Eltern her und fiel auch prompt in eine Pfütze. Zumindest für einige Tage mußte der Anzug aus dem Verkehr gezogen und in eine Reinigung gebracht werden. Das erbrachte willkommene Ferien vom Kreuzer »Emden«.

Als ich nach dem Zweiten Weltkrieg zum ersten Mal Tschechows Stück ›Die drei Schwestern‹ sah, mußte ich sofort an die drei Schwestern Ammann denken. Sie entsprachen zwar nicht

48

genau den Portraits, die der russische Dichter entwarf, aber ihr Verhältnis zueinander und die seelischen Spannungen dieses Verhältnisses deckten sich ebenso wie der fast verzweifelte Stolz und das Bedürfnis nach Achtung und Beachtung. In den Romanen von George Eliot, Jane Austen oder der Schwestern Brontë begegnete ich späterhin ähnlichen Frauencharakteren.

Es kam, wie es vielleicht kommen mußte in diesem Trio ebenso selbstbewußter wie enttäuschter Schwestern. Nach dem Tod meiner Großmutter Ende der zwanziger Jahre gab es prompt die schon angedeuteten Erbauseinandersetzungen, die schließlich zu einem kapitalen Familienstreit führten. Alle Bande wurden zerschnitten, keiner sprach mehr mit dem anderen. Schließlich landete die Streitsache vor Gericht. Der Urteilsspruch befriedigte keine Partei, er vertiefte nur den gegenseitigen Haß. Meiner Mutter wurde ihr Pflichtteil zugesprochen. Sie durfte das Haus behalten, mußte die Geschwister jedoch auszahlen. Das war gerecht, aber auch hart angesichts unserer finanziellen Verhältnisse.

Ich begriff überhaupt nicht, was vorging. Und schon gar nicht konnte ich nachvollziehen, daß mein geliebtes Tante Sannchen und auch die freundliche Tante Anna nun meine Feinde sein sollten. Ich litt unsäglich unter diesen Streitereien. Tante Anna und Tante Sannchen sah ich nie wieder. Meine Mutter beharrte unerbittlich auf der Abgrenzung. Diese Härte erschreckte mich sehr. Unwillkürlich mußte ich an den Hahn denken, dem sie damals den Kopf abgeschlagen hatte …

Der Haupttreffer

Der Erbstreit und sein Ergebnis hatten uns reich und arm zugleich gemacht. Zwar gehörte uns das Haus nun ganz allein, aber die Hypothekenschulden (und die Zinsen), die darauf lasteten, drohten meine Eltern hoffnungslos zu überfordern. Anfang der dreißiger Jahre mußten sie sich quälend mit dem Gedanken beschäftigen, das Haus zu verkaufen.

Wir liebten unser Haus sehr. Mein Großvater hatte es in den achtziger Jahren des vorigen Jahrhunderts erbaut und nach den damals neuesten Errungenschaften der Technik ausgestattet: mit fließendem Wasser, mit Kanalanschluß, mit elektrischem Licht und mit Einliegerwohnung (aus Finanzierungsgründen). Es war ein Bürgerhaus, frei gelegen am Ortsausgang nach Reinheim, mit einem Werkstattanbau, einer Lagerhalle für Holz und einem Stallgebäude mit darüberliegendem Trockenboden. In diesen Trockenboden hatte er sogar eine Regenzisterne eingebaut, die einen Springbrunnen speiste, der im kleinen Ziergarten vor einem behaglichen, weinumrankten Gartenhäuschen plätscherte. Und, wie schon berichtet, gab es einen riesigen Garten, fast schon ein kleiner Park, mit liebevoll angelegten Wegen und Pfaden und mit Bänken unter den Bäumen. Ein stolzes Anwesen also, das noch immer die ebenso praktische wie phantasievoll-heitere Handschrift seines Gestalters erkennen ließ. Der Verlust dieses Hauses, dieses Gartens hätte uns schwer getroffen. Je näher der Tag der Entscheidung heranrückte, um so öfter saß ich im Garten im Gezweig meines Lieblingsapfelbaums und weinte.

In unserer Klasse wurden in jenen für uns so bitteren Wochen Lose für die Blindenlotterie angeboten. Ich bettelte zu Hause so lange, bis ich endlich fünfzig Pfennig für das Los bekam. Ich erwarb das Los, mein Vater verwahrte es – und ich dachte nicht mehr daran.

Einige Zeit später kam plötzlich ein Abgesandter des Lotterieunternehmens in den Unterricht und flüsterte unserem Lehrer etwas zu. Der Lehrer sagte, wer ein Los der Blindenlotterie gekauft habe, solle schnell nach Hause laufen und es holen. Ich lief also nach Hause – und ich war der erste, der wieder zurück war, weil wir am nächsten wohnten. Der Mann von der Lotterie nahm mein Los, verglich die Nummer mit einer Liste und sagte: »Der ist's.« Was war? Ich hatte das Große Los gewonnen in Form eines sechssitzigen Opels, Wert 4900 Mark. Das war damals ungemein viel Geld. Jedenfalls war es so viel, uns von den größten Schuldensorgen zu entlasten.

Die Aufregung über diese Nachricht fesselte mich mit Fieber eine Woche ans Bett. Als ich dann wieder gesund war, fuhren wir nach Darmstadt zu der Opel-Vertretung, der wir das Auto gegen einen Nachlaß verkauft hatten; dort wurde ich in meinem Matrosenanzug am Steuer des Opels fotografiert. Das Bild besitze ich noch heute. Bleibt nur noch hinzuzufügen: Gewonnen habe ich seither nie mehr etwas Nennenswertes.

1929 war ein Auto zwar noch etwas Besonderes, aber schon nichts Außergewöhnliches mehr. Die Straßen belebten sich von Jahr zu Jahr mit motorisierten Fahrzeugen – und in den dreißiger Jahren ratterte an Sonntagabenden zum Beispiel fast zwei Stunden lang ein Strom von Autos und Motorrädern aus Richtung Reinheim nach Darmstadt: Sie kamen von Ausflügen in den Odenwald zurück.

Dem anwachsenden Verkehr fiel leider auch der angestammte Platz des dörflichen Volksfestes vor dem Rathaus zum Opfer. Die Kerb (Kirchweih) war der Höhepunkt des Dorfjahres; auch der Aufmarsch zum 1. Mai konnte ihn später nicht verdrängen. Was der Cannstatter Wasen für Stuttgart, das Oktoberfest für München oder der Dom für Hamburg – das war die Kerb für die Dörfer im Hessischen: ein Rummelplatz bescheidenen Ausmaßes mit Karussell und Schiffschaukel, mit Schießbuden und Verkaufswagen für Leckereien, Luftballons und Spielzeug-Krimskrams – ein Rummelplatz, der uns Kindern wie eine riesige Wundertüte vorkam, vor allem abends, wenn die vielen bunten Lampen leuchteten und blinkten. Man mußte schon sehr auf das dürftige »Kerwegeld« aufpassen, das einem von Eltern und Verwandten zugesteckt worden war, um nicht schon am Nachmittag des Kerbsonntags blank dazustehen. Denn die Kerb dauerte immerhin zwei Tage – und für die Erwachsenen zwei Tanznächte dazu.

Kerb war und ist jeweils am ersten Sonntag im Oktober. Die Vorbereitungen dazu versetzten schon in der Woche zuvor die Dorfbewohner in Erregung: es summte fast wie in einem Bienenkorb. Wir Kinder beobachteten gespannt das Anrollen der Karussell- und Budenwagen – und wenn wir beim Aufbauen mit Hand anlegten, konnten wir sogar eine Freikarte ergattern. Und Freikarten gab es auch, wenn man sich bereit fand, das Karussell zu drehen. Elektrischen Antrieb kannte man nämlich nicht; entweder zog ein schmächtiges Pferdchen das Karussell, oder die Schausteller besorgten es selbst. Gern überließen sie das Schieben uns Kindern. Dreimal schieben, einmal frei fahren – das war der Tarif. Dazu mußte die Orgel gedreht werden. An die Orgel allerdings ließ der Chef keinen ran. Die bediente er selbst. Ein einziges Mal übergab er mir die Leier – ich drehte und drehte und blickte stolz in die Runde: ein Furtwängler des Rummelplatzes!

Am Samstag vor der Kerb erreichten die Vorbereitungen ihren betriebsamen Gipfel. Allenthalben wurde geputzt und gescheuert und gerichtet, als gälte es, einen König zu empfangen. Und auf großen Kuchenblechen wurden die Kuchen zu den Bäckern getragen, die sie in ihren Backöfen gegen geringes Entgelt buken. Riwwelkuche, Zimtkuche, Quetschekuche, Eppelkuche – wir hatten meist noch eine Woche lang damit zu tun, diese Kuchenberge abzuarbeiten. Doch wie gesagt: Der am Rathaus vorbeibrandende Verkehr nahm keine Rücksicht auf die Kerb. Er verdrängte sie aus der Dorfmitte an die Peripherie, nämlich an den Rand des Sportplatzes. Dort war sie zwar unserem Haus näher, aber von ihrem ursprünglichen Reiz hatte sie doch einiges eingebüßt.

Mein Vater

1932, Anfang April, ich war gerade zehn Jahre alt, kam mein Bruder Paul zur Welt. Viele Monate zuvor hatten meine Mutter und mein Vater über dieses Ereignis gesprochen und auch mich darauf vorbereitet. Ich wußte nicht, ob ich mich freuen oder fürchten sollte. Zehn Jahre Abstand sind im Lebensbereich der Kindheit eine lange Zeit. Ich kam mir doch schon recht groß vor und konnte mir ein Baby als Bruder überhaupt nicht vorstellen. Bestärkt wurde dieses Gefühl einer gewissen Überlegenheit durch meinen bevorstehenden Übertritt auf das Gymnasium. Ausgerechnet in dieser Situation sollte ich mich nun mit einem ganz kleinen Brüderchen abgeben, mit dem man noch nicht einmal richtig spielen konnte? Auch ahnte ich, daß meine Vorrangstellung in der Familie gefährdet war.

Meine Mutter war in den letzten Wochen vor der Niederkunft ziemlich nervös und entsprechend reizbar. Ich vermied es, wo ich nur konnte, ihr in die Quere zu kommen. Mein Vater bemühte sich rührend um sie und versuchte sie immer wieder zu beruhigen. Schließlich kam der 7. April. In der Nacht auf den 8. April wurde die Hebamme geholt, und auch der Arzt kam. Im Haus herrschte Aufregung. Eine Nachbarsfrau leistete Hilfe. Ich wurde angewiesen, im Bett zu bleiben und zu schlafen. Natürlich konnte ich nicht schlafen, denn die Turbulenzen draußen im Flur waren groß. Ich hörte Geschirr scheppern, Wasserhähne laufen und Füße trappen. Ich stellte mir unter der Geburt ein gewaltiges Naturereignis vor, denn real war mir unbegreiflich, wie so ein kleines Wesen aus dem Bauch der Mutter nach draußen finden konnte. Plötzlich schrie jemand. Das war mein Bruder. Die Nachbarsfrau kam in das Zimmer gestürzt, in dem ich schlief oder schlafen sollte und rief aufgeregt: »Ei Bub, du hast e Briedersche krickt!« Und dann wurde mir das Brüderchen gezeigt. Es war winzig und voller Runzeln und schrie wie am Spieß. Ich dachte: das soll mein Bruder sein? Mehr pflichtgemäß als liebevoll hielt ich dem Kleinen meinen Finger hin. Sein kleines Händchen griff danach – und plötzlich spürte ich, wie ein Funke der Wärme und Zuneigung von diesem winzigen Wesen zu mir übersprang.

Ich liebte meinen kleinen Bruder. Aber zehn Jahre sind, wie gesagt, ein großer Abstand. Seine Kinderjahre fielen in den Abschnitt, in dem ich pubertäre Mühe hatte, mich von den eigenen Kindertagen abzunabeln. Immer häufiger versuchte ich, mich zu Hause in meinem Zimmer einzuigeln und zu lesen oder halbe Nächte hindurch Dramen zu entwerfen. Meine Mutter bot mir keine Hilfe in dieser schwierigen Entwicklungslage. Sie war eher verärgert über meine Spinnereien, die wohl auch schwer zu ertragen waren. Und mein Bruder konnte mir nicht helfen, weil er einfach zu klein war und anderes von mir erwartete, als ich ihm bieten konnte, nämlich Spielkameradschaft. Als er acht wurde, zog ich in den Krieg. Erst nach dem Krieg fanden wir wirklich zusammen.

1932, im Frühjahr, war mein Bruder geboren worden. 1932, im Winter, starb mein Vater. Sein Leben hatte so hoffnungsfroh begonnen. Er war der jüngere von zwei Söhnen eines Landwirts in Goddelau. Der ältere Bruder sollte den Bauernhof übernehmen. Dem jüngeren Bruder Ludwig ermöglichte der Vater ein Veterinärstudium. Mein Vater begann es in Gießen. Er war damals wohl sehr beliebt unter seinen Kommilitonen, denn einige Freundschaften aus jener Zeit hielten bis zu seinem Tod. Aber dann kam der Krieg, und er wurde eingezogen. Vor Verdun ereilte ihn (er hatte es bis zum Unteroffizier gebracht) noch 1918 das Schicksal. Er wurde bei der Abwehr eines Angriffs von einer britischen Schrapnellkugel im Oberschenkel getroffen und schwer verwundet hinter die Linien gebracht. Warum man die Schrapnellkugel nicht entfernen konnte, weiß ich nicht. Jedenfalls verheilte die Wunde, und mein Vater kam wieder ganz gut auf die Beine. Aber Beschwerden hatte er immer. Diese Beschwerden verlagerten sich im Lauf der Jahre in den Lendenbereich und in die Darmgegend. Nach einigen Untersuchungen wurde ihm gesagt, die Kugel (immerhin vom Format einer kleinen Murmel) wandere in seinem Unterleib. Entfernen könne man sie nur unter schwierigen Umständen; deshalb müsse man darauf hoffen, daß sie sich irgendwo festsetze und vom Gewebe quasi isoliert werde.

An die Fortsetzung des Veterinärstudiums war nach dem Krieg nicht mehr zu denken. Die Mittel fehlten einfach. Mein Vater mußte zusehen, daß er eine Arbeit fand, um seine gerade gegründete Familie einigermaßen zu versorgen. Da er recht gut Französisch sprach, wurde er zunächst von der französischen Besatzungsmacht als Dolmetscher engagiert, und zwar nach Mainz-Bischofsheim. Dort befand sich ein großer Verschiebebahnhof vor allem für Militärgüter der Franzosen. Mainz-Bischofsheim war nicht gerade nebenan. Man mußte zuerst nach Darmstadt fahren, um von dort mit dem Zug in Richtung Mainz weiterzukommen. Da mein Vater früh am Morgen in Mainz-Bischofsheim anzutreten hatte, bot der Frühzug von Roßdorf nach Darmstadt keinen geeigneten Anschluß. Also fuhr mein Vater morgens zwischen vier und fünf Uhr mit dem Fahrrad von Roßdorf nach Darmstadt, um rechtzeitig den Frühzug nach Mainz zu erreichen. Vor dem Schlafengehen wurde, was meine Neugier erregte, jeweils die Karbidlampe hergerichtet, die als Fahrradleuchte vor allem im Herbst und Winter gebraucht wurde.

Als die Tätigkeit meines Vaters bei den französischen Aufsehern der Eisenbahn zu Ende ging, übernahm ihn etwa Mitte der zwanziger Jahre die Deutsche Reichsbahn als Angestellten. Die Fahrt zum Arbeitsplatz wurde einfacher, denn mein Vater konnte jetzt mit dem Frühzug nach Darmstadt fahren, wo er auf dem Güterbahnhof Dienst tat. Er litt unter den Strapazen, die ihm sein neuer Arbeitsplatz abverlangte. Von morgens bis abends und bei jedem Wetter schritt er die langen Güterzüge ab, um die seitlich an den Waggons eingeklemmten Ladezettel mit den Frachtlisten zu vergleichen. Die Kugel im Bauch machte ihm dabei zunehmend zu schaffen. Wenn er abends heimkam, klagte er fast regelmäßig über Bauchschmerzen. Und die Klagen häuften sich im Lauf der Jahre.

Mein Vater war, obwohl nicht hier aufgewachsen, in Roßdorf sehr beliebt. Seine Anfangskenntnisse in Veterinärmedizin sprachen sich schnell herum. Oft wurde er um Rat gefragt, wenn ein Kalb erkrankte oder eine Kuh nicht genug Milch gab oder ein Pferd hinkte. Und er wurde nicht nur um Rat gefragt, sondern er wurde auch in Notfällen geholt, und manchmal konnte er offenbar auch helfen, den Naturalien nach zu urteilen, die uns von den betroffenen Bauern gebracht wurden. Denn Geld nahm mein Vater selbstverständlich nicht an, zumal die Bauern auch so gut wie keines hatten. Auch im Gesangsverein war mein Vater als Vorstandsmitglied tätig. Er konnte vorzüglich reden und nahm gern Gelegenheiten wahr, diese Begabung eindrucksvoll einzusetzen. Manchmal nahm er mich zu Veranstaltungen mit, in denen er das Wort ergriff. Ich bewunderte ihn sehr und versuchte dann zu Hause ähnliche rhetorische Kunststücke.

Bald hieß mein Vater im Dorf nur noch: »de Lui«. Einen deutlicheren Beweis für seine Beliebtheit konnte die Dorfgemeinschaft kaum liefern.

Auch etwas vom Ernst der wirtschaftlichen Lage lernte ich durch meines Vaters Vereinstätigkeiten kennen. »De Lui« gehörte nämlich auch dem Vorstand der Roßdorfer Raiffeisen-Genossenschaft an, und diese kam Ende der zwanziger Jahre offensichtlich in große Schwierigkeiten. Heftige Debatten mit anderen Vorstandsmitgliedern fanden in unserer Wohnung statt, und es wurde gerechnet und gerechnet – aber alle Rechnungen gingen, den Reaktionen der Beteiligten nach zu urteilen, nicht auf. Die Besorgnis war groß. Wenn ich mich recht erinnere, endete das ganze mit einer Pleite. Mein Vater empfand diesen Zusammenbruch als persönliche Niederlage. Er wirkte jedenfalls eine Zeitlang sehr bedrückt und nervös.

Ansonsten jedoch war mein Vater ein lebensfreudiger Mann mit Sinn für Humor. Er liebte die Musik. Früher hatte er auch Geige gespielt. Die Geige gab es noch. Eingepackt in ihr Futteral, lag sie in einem Wandschrank zwischen allerlei altem Krimskrams. Mein Vater nahm sie, soweit ich das wahrnehmen konnte, nicht mehr in die Hand. Dafür holte ich das Instrument manchmal aus seinem Ablage-Versteck und zupfte auf den Saiten herum. Aber auch meine Annäherungen an Vaters Geige erlahmten bald.

Hingegen fesselten meinen Vater und mich die Konzertübertragungen im Rundfunk, sehr zum Unverständnis meiner Mutter, die sich oft über den Radio-»Lärm« in der Wohnung beschwerte. Wenn mich eine Darbietung besonders packte, nahm ich mir manchmal einen Fußschemel, schnappte mir eine von Mutters Stricknadeln und bestieg sodann »mein Podium«, um zu dirigieren. Ein Bekannter meines Vaters, der im Orchester des Landestheaters spielte, beobachtete mich eines Tages bei meiner Dirigiertätigkeit und sagte anerkennend: »Ei, der Bub is musigalisch …« Mein Vater war sehr stolz, und ich natürlich auch. Meine blühende Phantasie gaukelte mir sofort riesige, überfüllte Konzertsäle vor, in denen ich mit breitausladenden Gesten ein nicht minder riesiges Orchester leitete, das gewaltige Musik erdröhnen ließ.

Im November 1932 erlitt mein Vater erneut einen schweren Kolikanfall. Abends hatte er unvorsichtigerweise frisches Sauerkraut gegessen. Starke Beschwerden machten ihm jetzt zu schaffen. Wir holten den Arzt. Der erklärte, er sei ziemlich machtlos; da könne nur das Krankenhaus helfen. Er gab meinem Vater eine Spritze, die ihn bis zum nächsten Vormittag beruhigte. Dann wurde er von einem Rotkreuzwagen abgeholt und in das Elisabethenstift in Darmstadt gebracht. Wir waren einige Tage in großer Sorge um ihn. Aber dann schien es ihm wieder besser zu gehen. Jedenfalls machte er, als meine Mutter und ich ihn besuchten, einen munteren Eindruck.

Sein Zimmer lag im zweiten Stock des Krankenhausneubaus

mit Ausblick auf die Landgraf-Georg-Straße, auf der ich morgens vom Ostbahnhof in die Schule wanderte. Jedesmal, wenn ich am Krankenhaus vorbeikam, schaute ich hoch zu seinem Fenster. Er stand dort und winkte mir zu, und ich winkte zurück. Ich wußte, daß eine Operation bevorstand. Man wollte ihn endlich von der lästigen Kugel in der Bauchhöhle befreien.

Am 26. November fing meine Schule später an. Ich fuhr deshalb nicht mit dem Frühzug nach Darmstadt, sondern benützte eine Stunde später den Omnibus. An der letzten Haltestelle in Roßdorf stand unser Arzt. Er forderte mich auf, wieder auszusteigen, weil etwas passiert sei. Mit seinem Auto brachte er mich nach Hause zurück. Er eröffnete meiner Mutter und mir, daß mein Vater in der Nacht gestorben sei. Meine Mutter schrie vor Schmerz auf. Ich stand fassungslos daneben; kein Laut kam über meine Lippen. Ich dachte: Nun falle ich selbst tot um.

Die nächsten Tage waren erfüllt von Trauer und Hektik. Ich wurde prompt krank und mußte ins Bett gesteckt werden. Noch immer begriff ich nicht recht, was eigentlich geschehen war. Ich baute eine ganze Galerie von Fotos auf, auf denen mein Vater abgebildet war. Wie ich ohne ihn auskommen sollte, wußte ich nicht. Er war mein einziger Halt. Von ihm fühlte ich mich auch in meinen Träumereien verstanden. Nun kam ich mir sehr schutzlos vor.

Wenige Tage später wurde mein Vater zu Grabe getragen. Am Morgen der Beerdigung brachte ein Leichenauto den Sarg von Darmstadt zu uns in den Hof. Dort stellten ihn die Sargträger auf zwei Böcken ab, über die ein schwarzes Tuch geworfen war. Der Pfarrer kam und segnete ihn ein. Dann sah ich durch das Fenster, wie der Leichenwagen vorfuhr und die Männer den Sarg hineinschoben. Langsam setzte sich das Gefährt, von Pferden mit schwarzen Decken gezogen, in Bewegung. Ihm folgte, zusammen mit dem Pfarrer, tränenüberströmt meine Mutter, ebenfalls ganz in Schwarz, und viele, viele Leute aus dem Dorf folgten dem Zug. Schweigend bewegte sich der Trauerzug von unserem Haus weg zum Friedhof. Schließlich verschwanden die letzten

Trauergäste unterhalb der Kirche, wo die Straße abbog. Es wurde ganz still und einsam in unserem Haus und um unser Haus herum. Mein Vater hatte uns endgültig verlassen.

Ich war sehr stolz über die vielen Leute, die meinen Vater zum Grabe begleiteten, und ich war traurig, daß ich ihm wegen meines Fiebers nicht an sein Grab folgen konnte. Wie groß der tatsächliche Schock war, den der Tod meines Vaters ausgelöst hatte, merkte ich allerdings erst später.

Mein Vater war vierzigeinhalb Jahre alt geworden. Die mehr als vierzehn Jahre, die ihm nach seiner Verwundung noch vergönnt waren, hatten ihm nichts gebracht außer Sorgen. Seine Hoffnung richtete sich auf seinen Sohn. Er wurde früh auf meine musischen Interessen aufmerksam und versuchte, sie zu fördern. Ob er mir auch einen musischen Beruf zugetraut hätte, weiß ich nicht, wahrscheinlich wäre sein Rat gewesen, zunächst einen »ordentlichen Beruf« zu ergreifen – dann könne man ja sehen …

Für meine Mutter begann ein sehr schweres Leben als Witwe. Ihre Rente betrug 90 Reichsmark. Mit dieser Rente mußte sie uns ernähren, das Haus abbezahlen und meine Ausbildung finanzieren. Zwar hatte mein Lotteriegewinn die Hausschulden wesentlich verringert, aber immerhin galt es, noch gut 6000 Reichsmark abzubezahlen. Entsprechend groß war die Unruhe, wenn mit dem Herbst der Termin für Zinsen und Abschlagszahlungen heranrückte. Wären da nicht die kargen Erlöse aus der Obsternte im großväterlichen Garten gewesen (Kirschen, Johannisbeeren, Äpfel, Birnen und Zwetschgen), hätten wir auch späterhin mehr als einmal vor dem häuslichen Bankrott gestanden.

Eine schlimme Spur, die der Tod meines Vater in mir hinterließ, war eine schwere Sprachstörung. Ich hatte plötzlich Schwierigkeiten, bestimmte Worte auszusprechen, vor allem, wenn sie mit »G« anfingen und gar am Anfang eines Textes standen. Schließlich schnürte mir die Angst, daß ich etwas nicht aussprechen könne, die Kehle auch bei Worten zu, die mir ansonsten mühelos von den Lippen gingen. Bis über den Krieg hinaus machte mir diese Behinderung zu schaffen. Wenn ich z. B. militärisch Meldung erstatten mußte, blieb mir gelegentlich das Wort regelrecht im Halse stecken. Zu meinem Glück wurde mein Problem von meinen Vorgesetzten fast immer erkannt, und man legte mir das Würgen mit hochrotem Kopf nicht als Insubordination aus.

Die Stotterei belastete mich sehr, zumal sie nicht durchgehend auftrat, sondern vornehmlich in Erregungszuständen aktiv wurde. Es gab Perioden, in denen ich völlig frei und ungehindert zu sprechen vermochte. Jeder Text, der mich ergriff, befreite meinen Gaumen. Gedichte aufzusagen war so gut wie kein Problem. Hingegen machten mir die unregelmäßigen Verben in Latein und Griechisch größere Schwierigkeiten.

Darmstadt

Meine Stadt – was war sie, wer war sie? Darmstadt, die Residenz-stadt, am Rande des Odenwaldes und am Beginn der Bergstraße gelegen, hatte urbanes Gemüt und musischen Stil. Provinz fand hier nicht statt. Darmstadt mußte nicht protzen mit seinen Vor-zügen, es hatte sie. Und diese Vorzüge sprachen für sich. Daß dem so war, verdankte die Stadt ihrem Fürstenhaus, den Groß-herzögen von Hessen und bei Rhein, insbesondere dem letzten regierenden Großherzog, Ernst Ludwig. Er war ein musischer Mensch, weltoffen und vielseitig interessiert, begeisterungsfä-hig und intelligent auf jene gewitzte Weise, die den gebürtigen Darmstädter auszeichnet. Ernst Ludwig war beliebt und blieb beliebt bei seinen Darmstädtern, seinen Hessen, über seine Re-gierungszeit (auch er mußte 1918, wie alle deutschen Fürsten, auf seinen Thron verzichten) hinaus bis zu seinem Tod. Sein Begräb-nis 1937 war ein Trauerereignis für das ganze Land, das seinen heimlichen Landesvater verloren hatte.

Ernst Ludwigs musische Neigungen verhalfen Darmstadt zu Weltinteresse und Weltruhm. Um 1900 engagierte er sich begei-stert für die neue Kunstbewegung des Jugendstils, von der er sich – wie viele seiner Zeitgenossen – schöpferische Impulse für die Erneuerung der Kunst jenseits von historisierender Ermat-tung, aber auch jenseits von naturalistischer Desillusionierung versprach (und erwartete).

Auf Anregung des Verlegers Alexander Koch, der eine führen-de Zeitschrift für angewandte Kunst herausgab, unterstützte der Großherzog tatkräftig die Bemühungen der »Freien Vereinigung Darmstädter Künstler«, in der Stadt eine schöpferische Werk-statt für junge Künstler einzurichten. Die Idee fand großen Widerhall; dank der persönlichen Finanzunterstützung durch Ernst Ludwig blieb es nicht bei der Begeisterung für die Idee, sondern aus der Idee wurde Realität. Am 24. März 1900 legte der Großherzog den Grundstein zu dem monumentalen »Ernst-Ludwig-Haus«, einem großzügigen Ateliergebäude am Hang der Mathildenhöhe. Er war zugleich der Grundstein für die Darmstädter Künstlerkolonie, die bis zum Beginn des Ersten Weltkriegs zu einem kreativen Orientierungsort der Moderne avancierte. Bereits im Frühjahr 1901 wurde die erste große Ausstellung eröffnet unter dem Titel ›Ein Dokument deutscher Kunst‹. Sie umfaßte auch die eigenwillig gestalteten Villen einiger Künstler, wie zum Beispiel das Haus Olbrich. Denn die Protagonisten des Jugendstils wollten ja mehr als nur einen neuen Stil schaffen; sie wollten das Lebensgefühl der Epoche durch die Künste und deren Zusammenklang mit der Natur gegen die materialistischen Tendenzen des Fortschritts aktivieren. Mit ihrem großen Mentor Nietzsche waren sie überzeugt, daß nur »durch Kunst der Ekel-Gedanke über das Dasein« überwunden werden könne. Dementsprechend gestalteten sie im Verein mit dem Großherzog den sanften Hügel der Mathildenhöhe als Gesamtkunstwerk – mit großzügigen Gartenanlagen und Terrassen, mit ausladenden Freitreppen und kühner Villen-Architektur.

Gekrönt wurde dieses Gesamtkunstwerk 1908 durch ein Bauwerk, das seitdem Darmstadts Wahrzeichen ist: den Hochzeitsturm – ein schlankes, rechteckiges Turmgebäude, das mit seinen fünf abgerundeten Giebeln wie eine hochgestreckte Hand vom höchsten Punkt der Mathildenhöhe auf die Stadt hinuntergrüßt. Erbaut hat diesen Turm Joseph Maria Olbrich, der führende Kopf der Künstlerkolonie, zum huldigenden Gedenken an die zweite Hochzeit Ernst Ludwigs im Jahr 1906.

Der ersten Ausstellung folgten noch weitere bis 1914. Sie waren alle so erfolgreich, daß sie sich ohne Zuschüsse selbst finanzierten – was jedoch nicht heißt, daß diese Erfolge auch ungeteilte Zustimmung signalisierten. Im Gegenteil: Das Für und Wider dieser Demonstration der »Moderne« war heftig. Der Erste Weltkrieg beendete mit einem barbarischen Donnerschlag die Kontroverse. Nach 1918 war die Künstlerkolonie bereits ein historisches Denkmal. Aber Darmstadts Ruf als kulturell rege und interessante, ja aufregende Residenzstadt blieb erhalten. Denn Ernst Ludwigs Initiative verdankte auch das Theater neue Impulse, die sogar erst nach 1918 ihre produktive Wirkung zeigten.

Ende der zwanziger Jahre war der Darmstädter Intendant Gustav Hartung ein wichtiger Wegbereiter des dramatischen Expressionismus in Deutschland. An der Opernbühne wirkten Kapellmeister wie Erich Kleiber und Karl Böhm. Man beachtete in der ganzen Republik, was in Darmstadt auf dem Theater geschah. Ich war natürlich noch viel zu klein, um von diesen Ereignissen berührt zu werden. Aber unser Musiklehrer am Gymnasium, Hermann Kaiser, arbeitete in den dreißiger Jahren an einer Geschichte des Darmstädter Theaters, und er wurde nicht müde, seinen interessierten Schülern von seiner Arbeit und damit auch vom Hessischen Landestheater und dessen unmittelbarer Vergangenheit zu erzählen.

Ich selbst habe das Landestheater etwa 1928 kennengelernt. Wir besuchten mit der Roßdorfer Volksschulklasse nämlich in der Vorweihnachtszeit eine Nachmittagsvorstellung von ›Peterchens Mondfahrt‹, einem damals sehr beliebten und ungemein erfolgreichen Märchenstück für Kinder. Es war das erste Mal, daß ich ohne meine Eltern unter der Obhut unseres Lehrers Buß nach Darmstadt fuhr. Entsprechend aufgeregt war ich. Vom Ostbahnhof gelangten wir mit der Linie 5 zum Paradeplatz. Dann marschierten wir ins Theater. Ich war überwältigt von dem riesigen Portikus, der wie ein griechischer Tempel aussah, und ich war noch mehr überwältigt von den großen Freitreppen, die in die höhergelegenen Etagen zu den Logen und Rängen führten. Der Lehrer hatte große Mühe, uns beisammenzuhalten; aber dann saßen wir erwartungsvoll im Parkett des ehemaligen Hoftheaters mit seinen prächtigen Rängen und Logen und den wunderbaren Verzierungen, und wir starrten auf den nicht minder prächtigen Vorhang. Das Licht ging aus, der Vorhang hob sich –

und dann entfaltete sich just jene Zauberwelt, die ich mir in unserem Garten und anderswo so oft in meinem Kopf ausgemalt hatte, als Theater-Realität. Man mußte also nur ins Theater gehen und einen Vorhang aufziehen, um die Realität der Träume erleben zu können …

Verblüfft war ich, als Peterchen mit einer Kanone auf den Mond geschossen wurde. Es sah so aus, als flöge der Junge tatsächlich aus dem Kanonenrohr ins Unendliche. So eine Kanone müßte man haben, dachte ich, und mein Herz klopfte fast hörbar.

Als der Vorhang nach der letzten Szene gefallen war, blieb ich wie betäubt sitzen. Ich konnte einfach nicht zurückfinden in die nüchterne Welt, in die meine Schulkameradinnen und Schulkameraden jetzt aufbrachen, um wieder nach Hause zu fahren. Plötzlich merkte ich, daß ich ziemlich allein in dem großen Theaterraum saß. »Jetzt mach awwer, daß de zu de annern kimmst!« sagte ein Logendiener zu mir. Ich rannte los, heulend, über Treppen hinauf und Treppen hinunter, bis mich schließlich ein anderer Logenschließer aufgriff und zu mir sagte: »Ei Bub, warum greinste dann?« »Ei, die annern san fort«, schluchzte ich. Der Logenschließer fragte mich, wo ich her sei und wohin ich zurückmüsse. Und er fand zum Glück noch eine Gruppe aus Groß-Zimmern, die ebenfalls unseren Zug benutzen mußte. Deren Lehrer nahm mich mit, und am Ostbahnhof stieß ich dann endlich wieder zu meiner völlig verstörten Klasse mit einem fast zusammengebrochenen Lehrer Buß. Sie konnten gar nicht fassen, daß ich plötzlich wieder vor ihnen stand. Offensichtlich hatten sie mich schon verloren gegeben.

Immerhin, die lebhaften, positiven Erinnerungseindrücke blieben, obgleich ich späterhin jeweils ein wenig zögerte, wenn ich in dem Theater vor der großen Freitreppe stand. Im Geiste sah ich mich immer noch die Stufen hinauf- und hinabhetzen. Zugleich aber hob sich vor meinem inneren Auge auch der Vorhang vor der Zauberwelt, die mich an jenem Nachmittag erstmals betörte.

Zu Weihnachten wünschte ich mir nach diesem erlebnisreichen Theaterbesuch ein paar Handpuppen, und ich bekam sie auch. Mit deren Hilfe führte ich sodann den Nachbarskindern erschröckliche Dramen vor. Nur der Trick mit der Kanone, den ich natürlich auch versuchte, wollte mir nicht gelingen, so sehr ich mich auch bemühte, ihm auf die szenischen Schliche zu kommen. Aber auch ohne Kanone konnte man sich ja mit Hänsel und Gretel, Polizist, Dieb und Krokodil allerhand einfallen lassen.

Einige Jahre später, 1934, ich war zwölf Jahre alt, ging ich dann zum zweiten Mal in meinem Leben ins Theater, versehen mit einer Schülerkarte. Diesmal begleitete mich niemand. Ich war ziemlich stolz auf diesen Alleingang. Allerdings beeinträchtigte diesen Stolz erheblich meine Kleidung. Kurze Hosen und lange Wollstrümpfe waren nicht dazu angetan, den Gang ins Theater festlich zu akzentuieren. Ich wollte ja schließlich als Theaterbesucher erwachsen-ernst genommen werden. Erst nach der Konfirmation, zwei Jahre später, verfügte ich durch meinen Konfirmandenanzug über die angemessene Abendkleidung.

Im Schüler-Abonnement gab es den ›Waffenschmied‹ von Lortzing. Es war eine harmlos-heitere Aufführung mit vielen gut pointierten szenischen Einfällen und erfüllt von sängerischer Spiellaune. Die Titelrolle sang Georg Wieter, ein damals nicht nur in Darmstadt bekannter und beliebter Baßbariton, der in den späten dreißiger Jahren an das Nationaltheater in München wechselte.

Der ›Waffenschmied‹ gab den Auftakt zu vielen weiteren Theaterbesuchen. Jahr für Jahr schrieb ich mich für die sehr preiswerte Schülermiete des Landestheaters ein. Meine Mutter ermöglichte mir überdies sogar den Erwerb der sogenannten (ebenfalls preisgünstigen) »Hessenland-Wahlmiete«, mit deren Hilfe ich zusätzlich noch sechs Vorstellungen meiner Wahl pro Spielzeit besuchen konnte. Außerdem gab es fast zu jedem Konzert Schülerkarten.

Auch nach 1933 hielt das Darmstädter Theater seinen hohen Rang. Unter dem Intendanten Franz Everth wurden zum Beispiel hervorragende Aufführungen von Shakespeare-Komödien und -Tragödien inszeniert. Schauspieler, die noch während des Krieges oder danach überregionalen Theater- und Filmruhm errangen, waren damals in Darmstadt engagiert. Martin Held zum Beispiel und Carl Raddatz, Hannes Stelzer und Ludwig Linkmann. In den Konzerten des Landestheaters standen große Gastdirigenten am Pult, und berühmte Solisten jener Zeit traten in Darmstadt auf. Im Saalbau, dem Darmstädter Konzerthaus, erlebte ich Elly Ney und Max von Pauer, Claudio Arrau und Walter Gieseking.

Von Jahr zu Jahr intensiver wurde mir zur Gewißheit: Die musische Welt ist deine Welt, in ihr liegt deine Zukunft. In ihr kannst du, was in dir angelegt ist, verwirklichen. Aber mir wurde auch bewußt, daß sich mir diese Welt nicht schenken würde, sondern daß ich mir den Zugang zu ihr intensiv und durch Leistung erarbeiten müsse. Aber diese Aussicht ängstigte mich nicht. Sie beflügelte eher meine Zukunftshoffnungen.

Angeregt durch die Theatereindrücke, aber auch durch den Film begann ich damals, eigene Theaterstücke zu entwerfen. Obwohl ich vom Expressionismus so gut wie nichts wußte, hatten meine Szenen-Entwürfe einen expressionistischen Charakter – ob sie von Till Eulenspiegel handelten oder vom Leben eines Narren, der die Absurditäten der Welt kommentierte. Gelegentlich versuchte ich allerdings auch, dem Naturalismus Gerhart Hauptmanns oder Ibsens nachzueifern. Doch das Expressive lag mir mehr.

Zwischen Schulschluß und Abfahrt meines Zuges vom Ostbahnhof nach Roßdorf blieb mir jeden Tag eine Stunde Zeit. Ich benutzte sie oft, um in das Hessische Landesmuseum zu eilen und dort die Bildergalerie aufzusuchen. Die bedeutende Sammlung reichte vom Mittelalter bis zu Böcklin und Stuck. Sogar ein Rembrandt hing hier neben Portraits von Frans Hals und van Dyck. Besonders angezogen wurde ich von einem kleinformatigen Gemälde von Pieter Brueghel, das eine bewegte Szenerie um den Hügel von Golgatha darstellte. Es regte mich sogar an, ein

Mysterien-Szenarium zu entwerfen, das ich später, nach 1945, ›Die Straße Nirgendwo‹ nannte und auch veröffentlichte.

Meine Stadt war meine Welt der dreißiger Jahre. Die Landesbibliothek, das Theater, das Museum, der Städtische Saalbau – diese Stätten markierten die Bezugspunkte, in deren Spannungsfeld sich mein junges Leben entwickelte. Und in diesem Spannungsfeld unternahm ich (um mit Gottfried Benn zu sprechen) meine »Alexanderzüge mittels Wallungen«. Hier suchte ich die Antworten auf die Fragen, die meine jugendliche Neugier an die Welt stellte, und hier entwarf ich meine phantastischen Zukunftswelten.

Ohne die begrenzende, bildende und bindende Kraft der Schule, ohne das humanistische Ludwig-Georgs-Gymnasium allerdings wären alle musischen Träume, die ich in dieser Stadt träumte, nur Schäume gewesen und Schäume geblieben. Das Gymnasium war, so sehr ich unter seinem Lernzwang auch ächzte, der väterliche Fürsorger, der die Voraussetzungen schuf, daß ich werden konnte, der ich (vielleicht) zu sein vermochte. Die mir hier vermittelten Lebensregeln vom Tempel zu Delphi: »Sei, wer du bist« und »Erkenne dich selbst« brachten mich, wenn ich abzuheben begann, immer wieder auf den Boden meiner menschlichen Tatsachen zurück. Ich atmete sozusagen antikischen Geist, der mein romantisches Gemüt immer wieder ausglich.

Natürlich war die Schulzeit keine Idylle. Abgesehen davon, daß ich unentwegt um meinen Schulerhalt kämpfen mußte, war ich noch durch die scheußliche Stotterei behindert und in höchstem Maße verunsichert. Ich schämte ich mich zuzugeben, daß meine Sprachbehinderung an meinen Ausfällen schuld sei. Zu Hause übte ich unentwegt freies Sprechen – nicht zuletzt auch, um den Roßdorfer Dialekt loszuwerden. War mir doch klar, daß in meiner späteren Lebensrolle, wollte ich ihr gerecht werden, ein einwandfreies Hochdeutsch vonnöten sei. Zu Hause ging alles glatt. Ich konnte in meiner Stube rhetorische Feuerwerke abbrennen, über die ich selbst erstaunte. Aber wenn es dann ernst wurde in der Schule, war die alte Hemmung wieder da. Immer wieder flüchtete ich aus meinen Verklemmungen in eine Traumwelt. Flüchtete ich wirklich? Oder ahnte ich bereits etwas von jenem »Gegenglück des Geistes«, das dem »gezeichneten Ich« das »Doppelleben« zwischen realer und ästhetischer Wirklichkeit versprach? Als ich 1950 Gottfried Benns Bekenntnisse zu diesem Doppelleben zwischen Kunst und Wirklichkeit in die Hand bekam, erschrak ich: Ich las sein Buch wie eine Analyse der eigenen Persönlichkeit. Woran ich gelitten und was ich für Flucht oder gar Feigheit vor der Wirklichkeit gehalten hatte, war de facto das leidvoll gelebte und erlebte Menschen-Dilemma zwischen Idealität und Realität, zwischen hohen Zielen und trivialen Wegen, zwischen Gott und Teufel. Erst spät verstand ich, daß Goethe im ›Faust‹ just dieses Thema höchst anschaulich interpretierte: »Zwei Seelen wohnen, ach, in meiner Brust…«

Damals wußte ich nichts von solchen Zusammenhängen. Ich wußte nur dies: Im Alltagsleben war ich verdrückt und mußte mich durchbeißen; in den Sphären meiner Vorstellungen konnte ich fliegen und mich über den drückenden Alltag mit seinen banalen Ansprüchen erheben.

Meine Mutter war sicher besorgt um ihren merkwürdigen Jungen, der so gar nicht einem »normalen« Buben entsprach – und der sich ihr mehr und mehr entfremdete. Es gab auch einen anschaulichen Grund für ihre Sorge. Der Bruder nämlich von ihrem Cousin Fritz war als »Onkel Willi« in der ganzen Familie als warnendes Beispiel für eine gescheiterte Existenz verrufen. Er hatte wohl nie einen rechten Beruf ergriffen. Von was er lebte, wußten wir nicht. Er wohnte in Obertürkheim bei Stuttgart mit einem schwerbehinderten Freund (Rollstuhl) zusammen, der ihn wohl auch materiell versorgte.

Onkel Willi lernte ich später als einen sehr liebenswürdigen und gebildeten Mann kennen. Er interessierte sich sehr für das Theater und die Musik, schrieb mir regelmäßig Briefe über das Stuttgarter Theaterleben und schickte mir Ausschnitte von Besprechungen. Allein diese Indizien genügten, um meine Mutter in kritischen Situationen, in denen ich wieder einmal der Realität entrückt schien, ausrufen zu lassen: »Du werst wie de Onkel Willi!«

Im Gegensatz zu meinem Vater war meine Mutter absolut amusisch. Ihrem praktischen Sinn und ihrem unermüdlichen, manchmal hektischen, ans Selbstzerstörerische grenzenden Fleiß verdankten mein Bruder und ich zweifellos unsere materielle Existenzgrundlage. Sie hatte buchstäblich stets alle Hände voll zu tun, um die Voraussetzungen dafür zu schaffen, daß ihre Kinder was werden konnten. Unter »was werden« stellte sie sich natürlich einen handfesten Beruf mit gesichertem Einkommen vor – Lehrer zum Beispiel oder auch Pfarrer. Aber Theater? Da hätte sie mich ja gleich zu den Zigeunern schicken können…

Von Jahr zu Jahr wurde meine Mutter herber, herrischer. Sie war nur von der einen Aufgabe ergriffen, ihr »Krämche« (ihren Kram) beisammenzuhalten. Trotzdem hingen wir aneinander. Ich brauchte sie, und sie brauchte mich. Denn beide waren wir damals einsame Menschen. Und sie blieb ein einsamer Mensch bis in ihr sehr hohes Alter. Mit 39 Jahren Witwe – und dann: ein ganzes Leben lang Witwe. Der Trost der Kunst blieb ihr ebenso versagt wie der Trost der Religion. Ihre Nüchternheit war ihre Lebensstärke und ihr Lebensverhängnis zugleich.

Das Gymnasium

Daß ich überhaupt das Gymnasium besuchte, war keine Selbstverständlichkeit. Zunächst sagte unser Volksschullehrer Merz zu meinem Vater in einem Elterngespräch: »Der Bub muß aufs Gymnasium.« Gewiß war das auch der Wunsch meines Vaters. Aber wenn er seine Einkommensverhältnisse überdachte, mußte er zugeben, daß ein Besuch des Gymnasiums die Familie teuer zu stehen käme. Herr Lehrer Merz meinte: Man könne ja schon im ersten Jahr einen Antrag auf eine Freistelle einreichen. Daraufhin beschloß mein Vater, zumindest den Versuch zu machen und mich auf das humanistische Gymnasium in Darmstadt zu schicken.

Der Tag, an welchem ich im Ludwig-Georgs-Gymnasium angemeldet werden mußte, war ein freundlicher Frühlingstag. Damals ließ sich der Direktor die Aspiranten noch persönlich vorstellen. Ich kam in Begleitung meines Vaters in den schlichten zweistöckigen Barockbau an der Karlstraße in Darmstadt, der von zwei überdimensionierten, architektonisch einfallslosen Seitenflügeln aus der Zeit um die Jahrhundertwende fast erdrückt wurde. Wir mußten im Vorzimmer warten, zusammen mit anderen Jungen, die halb verlegen, halb nervös mit Vater oder Mutter herumsaßen. Als wir an die Reihe kamen, war mir sehr mulmig zumute. Aber der freundliche Dr. Lautenschläger (er wurde nach 1933 schnöde abgelöst) empfing uns ohne direktoralen Hochmut. Er erkundigte sich nach unserem Woher und kam dann unmittelbar auf mich zu sprechen. »Na«, sagte er, »dann wollen wir mal sehen, was du so kannst.« Er ging ans Fenster, machte die beiden Flügel auf und stützte sich auf die Fensterbank. »Also«, sagte er, »ich stütze mich auf die Fensterbank. Wie würdest du

›stützen‹ schreiben?« Prompt sagte ich: »Mit zwei ›z‹.« Mein
Vater versank fast in den Boden vor Scham über diese dumme
Antwort. Herr Dr. Lautenschläger versuchte es noch einmal mit
mir. Er beugte sich aus dem Fenster und sagte: »Jetzt guck einmal
genau hin: Wenn ich mich hinausbeuge und hinausfalle, dann
stürze ich aus dem Fenster. Wie würdest du ›stürzen‹ schreiben?«
Mir war klar, daß ich mit den zwei Z in der vorigen Antwort
einen gewaltigen Fehler gemacht hatte. Den wollte ich wieder
gutmachen, indem ich sagte, »stürzen« werde mit »tz« geschrieben. Als ich sah, wie mein Vater erneut zusammenzuckte, wußte
ich, daß ich uns blamiert hatte. Meine Zukunftsvorstellungen
fielen wie ein Kartenhaus zusammen. Aber der freundliche Dr.
Lautenschläger sagte zu mir: »Is alles net so schlimm. Das lernste
schon noch...« Er hatte wohl bemerkt, daß weniger Unkenntnis
als Aufregung der Grund für meine Patzer war. Mein Vater hingegen hat mir diesen Ausrutscher nicht verziehen. Er fühlte sich
persönlich gedemütigt. Ich glaube sogar, daß er an meinen Gei-
stesgaben zu zweifeln begann.

Der Direktor hatte recht: Acht Jahre lang bekam ich Gelegenheit, nicht nur zu lernen, wie man »stützen« und »stürzen«
schreibt, sondern auch, wie es in der Antike zuging, wozu man
Griechisch brauchte und Latein und leider auch die Mathematik.
Die Schule machte mir viel Beschwer (und ich machte der Schule
manchen Kummer). Aber ohne die Schule, genauer gesagt, ohne
diese Schule, hätte ich, wie schon angedeutet, nie den Weg finden
und gehen können, der meiner komplizierten Eigenart vorgegeben war. Dort, in der Schule, habe ich erstmals eine Vorstellung
davon bekommen, welche kulturproduktiven Kräfte von der Antike her Europa jenseits aller geschichtlichen Katastrophen prägten, und ich habe auch ahnend begriffen, daß Geschichte mehr ist
und sein muß als die Markierung gewalttätiger Fakten.

An Ostern 1932 wurde ich in die Sexta des Ludwig-Georgs-
Gymnasiums aufgenommen. Ehrfurchtsvoll vernahmen wir
Sextaner, daß nur wenige Jahre zuvor das 300jährige Jubiläum
dieser Institution gefeiert worden war. Wir wurden ermuntert,

die sehr umfangreiche Festschrift durch unsere Eltern erwerben zu lassen. In diesem Buch konnte man staunend lesen, was diese Schule in drei Jahrhunderten geleistet und wer sie absolviert hatte: Georg Christoph Lichtenberg zum Beispiel, Johann Heinrich Merck und Justus von Liebig, Georg Büchner, Gervinus und Dilthey, Karl Wolfskehl, Stefan George und Friedrich Gundolf – eine wahrhaft noble Gedenktafel des deutschen Geistes.

Für mich begann ein völlig neuer Lebensabschnitt: Nicht nur in eine neue Schule mußte ich mich einordnen und mit neuen Schulkameraden übereinkommen, sondern ich mußte auch meine dörfliche Lebenswelt verlassen und mich städtischen Gewohnheiten und damit auch städtischen Verhaltensweisen anpassen. Vor allem aber: Ich merkte sehr schnell, daß ich nicht mehr der Beste in der Klasse war. Ich rutschte bald ins Mittelfeld ab, und meine Freistelle war mehr als einmal in Gefahr. Fast regelmäßig stand unter meinen Zeugnissen zu lesen, meine Leistungen in Deutsch und in den musischen Fächern seien zwar lobenswert, jedoch ließen meine Bemühungen in Mathematik und in den naturwissenschaftlichen Fächern sehr zu wünschen übrig. Auch in den Sprachen sei größerer Fleiß vonnöten. Daß ich dennoch, wenn auch oft mit Hängen und Würgen, immer wieder eine Freistelle bekam, wundert mich noch heute und erfüllt mich mit dankbaren Gefühlen gegenüber meinen Lehrern, die so viel fördernde Nachsicht mit mir übten. Meine Leistungen in Mathematik zum Beispiel waren mehr als schlecht; sie waren katastrophal. Daß mir die Schule trotzdem einen Notendurchschnitt, der um 2 herum lag, zusprach, zeugt von großzügigem Verständnis für meine Lage (und vom Vertrauen in meine tatsächlichen Fähigkeiten).

Ohne Freistelle hätte ich auch zu Lebzeiten meines Vaters kaum die Schule besuchen können. Sein Gehalt war zu karg. Nach seinem Tod waren wir erst recht auf die Freistelle angewiesen. Meine Mutter bezog nur 90 Reichsmark Witwenrente; das Schulgeld allein hätte 23 Reichsmark pro Monat betragen. Außerdem mußte sie ja auch noch 3 Mark 60 für die Reichsbahn-

Monatskarte Roßdorf – Darmstadt aufbringen, und ein ganz kleines Taschengeld (10 bis 20 Pfennige pro Tag) für ein gelegentliches Milchfrühstück in der Schule oder für eine dringende Fahrt mit der Straßenbahn durfte auch nicht fehlen.

Leider waren es nicht nur die mathematischen und naturwissenschaftlichen Fächer, die mir zu schaffen machten; auch die ungewohnte Begegnung mit einer fremden Sprache, und dazu noch mit einer, die gar nicht mehr gesprochen wurde, bereitete mir Schwierigkeiten: das Latein. Bis heute fällt es mir schwer, über die Grammatik und über das Einpauken von Vokabeln Zugang zu einer anderen Sprache zu finden. Das Lernen einer Sprache durch Sprechen und Nachsprechen liegt mir mehr. Aber das Pauken stand und steht nun einmal am Anfang des »normalen« Sprachunterrichts, und ich mußte mich ihm fügen.

Jeden Morgen um 7 Uhr 14 fuhr vom Roßdorfer Bahnhof der Zug nach Darmstadt ab – auf der Strecke von Groß-Zimmern nach Darmstadt-Hauptbahnhof. Am Ostbahnhof stieg ich aus. Eine buntgemischte Gesellschaft wanderte Morgen für Morgen vom Bahnhof in die Stadt. Die Straßenbahn zu nehmen, kam nicht in Frage – nicht nur für mich nicht. Man ging einfach zu Fuß zu seiner Dienststelle, in seine Fabrik oder eben in die Schule. Der Weg führte die Landgraf-Georg-Straße entlang. Rechterhand stand das Elisabethenstift, links lag der Große Woog, ein kleiner See mit einer künstlichen Sandinsel, der auch als öffentliches Schwimmbad genutzt wurde. Im Wechsel der Jahreszeiten verwandelte sich dieser Woog entweder in einen großen Badeplatz oder in einen Versammlungsort für Enten. Im Winter wurde dort Eis für die Kühldepots der Darmstädter Brauereien geschlagen. Dann führte der Schulweg quer über den Meßplatz am Hallenbad vorbei und die Woogstraße entlang über den Kapellgarten zum Schultor. Ich gehörte wie viele andere in der Klasse zu den »Auswärtigen« – also zu denen, die nicht aus Darmstadt selbst in die Schule kamen. Im Winter genossen wir das Privileg, noch vor dem offiziellen Einlaß um 8 Uhr die Klasse betreten zu dürfen, damit wir nicht zu lange in der Kälte herumstehen mußten.

Aber das war auch unser einziger Vorteil. Denn die »Auswärtigen« hatten es zunächst nicht ganz leicht mit ihren Mitschülern aus Darmstadt. Sie galten als Hinterwäldler, die nicht so recht zu ihnen zu passen schienen. Aber im Lauf der ersten Schuljahre verloren sich diese »Klassenunterschiede« zwischen den Städtern und den Landbuben und machten neuen kameradschaftlichen Gruppierungen Platz.

Unser erster Klassenlehrer (wie auch unser letzter) war Studienrat Dr. Boller, ein hagerer Herr mittleren Alters mit etwas eckigen Bewegungen, mehr Pauker als Lehrer, aber durchaus gebildet. Er hämmerte uns das Latein ein, indem er unerbittlich Vokabeln abhörte. Ich hatte vor diesem militärischen Abhören einen großen Respekt, zumal ich durch meine Sprachhemmungen zusätzlich behindert war.

Meine Schule war eher konservativ. Sie konnte sich auf ihre lange Tradition berufen. Lehrer und Schüler waren stolz auf diese pädagogische Vergangenheit im Zeichen des Humanismus. Zugleich war diese Vergangenheit auch ein Schutz in jenen Jahren. Man konnte nach 1933 den Unterricht nicht einfach gleichschalten; die humanistische Bildungsidee erwies sich nämlich als sperrig. Das heißt: die auf solide altphilologische Ausbildung gegründete Kenntnis der Antike galt der geistigen aber auch politischen Basis des Abendlandes, von der wir noch immer zehrten. Die »toten Sprachen« Latein und Griechisch lieferten die Schlüssel, mit denen die Tür zum Erlebnis der Antike und damit zu den Quellen unserer abendländischen Erkenntniswelt (Philosophie) aufgeschlossen werden konnte. Diese Schlüssel einfach wegzuwerfen, trauten sich damals auch die völkischen Bildungs-Ideologen nicht.

Natürlich wurde nicht jeder Lehrer dem hohen humanistischen Bildungsziel durch seinen Unterricht gerecht. Es gab auch trockene Pauker, die ihren Stoff abhakten. Aber sie waren gottlob nicht in der Überzahl. Ab der Mittelstufe, vor allem aber in der Oberstufe, traten uns Lehrer gegenüber, die nicht nur hervorragende Altphilologen waren, sondern auch über einen höchst bemerkenswerten geistesgeschichtlichen und philosophischen Horizont verfügten. Zwar sagt ein sarkastisches Wort von Nietzsche, daß unter hundert Philologen neunundneunzig keine seien. Aber Ferdinand Schollmeyer zum Beispiel, den wir schon als Referendar erlebt hatten und der später als Studienassessor Deutsch und Griechisch unterrichtete, war zweifellos einer von den wenigen, für den sich Nietzsche begeistert hätte. Unserer Prima stand, wie sieben Jahre zuvor unserer Sexta, wieder der ziemlich trockene Dr. Boller als Klassenlehrer vor, aber der geistige Mentor in jenen zwei Jahren war eindeutig Schollmeyer. Unter seiner ebenso strengen wie begeisternden Führung gewannen für mich plötzlich das Griechische und auch das Lateinische eine neue Dimension jenseits von Grammatik und Vokabelverhau. Ich spürte, daß man diesen Sprachen nur das Geheimnis der Inhalte, die sie vermittelten, entlocken mußte, um sie zu höchst gegenwärtigem, ja leidenschaftlichem Leben zu erwecken. Sie waren nicht tot, solange unsere Neugier sie herausforderte. Die ›Ilias‹ und die ›Odyssee‹ entfalteten ihren archaischen Bild- und Mythenzauber, und die Gedichte Catulls, des Horaz und der Sappho waren mir plötzlich ebenso nah wie Thukydides' Einsichten in die politischen Verhängnisse des Peloponnesischen Krieges oder die vagantische Lyrik des Archilochos. Vornehmlich faszinierte mich die Begegnung mit den vorsokratischen Philosophen, von deren frühen denkerischen Überlegungen und Erkenntnissen Schollmeyer den Bogen schlug zu Schopenhauer und Nietzsche. Abendländische Denkzusammenhänge wurden mir deutlich, die ich vorher nur erahnt hatte. Ich merkte, daß diese Vergangenheiten gar nicht so weit weg von mir stattgefunden hatten …

Ferdinand Schollmeyer war noch jung genug (er war acht oder zehn Jahre älter als wir), um den Kontakt mit uns angehenden Abiturienten nicht nur auf die Schule zu beschränken. Er bildete eine kleine Arbeitsgruppe, in der wir, unabhängig von Lehrplänen und anderen Vorschriften, gemeinsam Texte lasen und sie diskutierten, kunsthistorische Probleme erörterten und immer wieder auf Nietzsche zu sprechen kamen, dessen Maxime, daß sich das Leben nur als ästhetisches Phänomen rechtfertige, zum Leitgedanken meiner Existenz avancierte.

1933 kam der große politische Umbruch. Jahre zuvor schon waren die Vorbeben spürbar gewesen. Meine Eltern besprachen oft die Lage, und auf dem Weg in die Schule hörte ich morgens in der Eisenbahn die Mitfahrenden über Not und Notstand und über die Unfähigkeit der Politiker reden. 1932 kam es zu ersten Auseinandersetzungen auch in unserem Dorf zwischen Kommunisten und Nazis. Die Kommunisten wurden als die größere Gefahr empfunden. Ich höre noch meine Mutter sagen: »Paß auf, wenn du zu denen gehst – der Vater ist Kommunist!« Ich war dann ziemlich erstaunt, daß der kommunistische Vater ein ganz normaler Mensch war, der mir überhaupt nicht gefährlich vorkam. Da fand ich den jungen Mann von gegenüber, der schneidig als SA-Mann auftrat, schon wesentlich bedrohlicher.

In der Schule wurde gleich nach dem 30. Januar 1933 von übereifrigen Lehrern die Hakenkreuzfahne gehißt. Dr. Lautenschläger ließ sie sofort wieder abnehmen. Das war wohl der Anfang von seinem Ende als Direktor des Gymnasiums.

Nachdem sich die ersten Wellen der Erregung gelegt hatten, traten in der Schule wieder halbwegs normale Verhältnisse ein. Auch die braunen Revolutionäre unter den Lehrern merkten wohl, daß man nicht jeden Tag den Revolutionär spielen kann und sie besannen sich wieder auf ihren Lehrberuf. Unsere Geschichtsbücher allerdings wurden allesamt eingezogen mit der Begründung, sie repräsentierten ein Geschichtsbild, das der Revision bedürfe. In den acht Jahren meiner Schulzeit warteten wir jedoch vergebens auf neue Geschichtsbücher. Statt dessen wurden uns die Geschichtsinformationen von Stunde zu Stunde in die Schulhefte diktiert…

Unsere Lehrer waren in der Mehrzahl eher konservativ als national-revolutionär; einige »Linke« wurden 1933 bereits zwangspensioniert. Insgesamt hielt sich die ideologische Indoktrination in Grenzen – was nicht heißt, daß die Politik an diesem Gymnasium überhaupt keine Rolle gespielt hätte. Selbstverständlich spielte sie eine Rolle, und auch die Schule mußte ihrerseits eine Rolle in der Politik spielen. Kein Lebensbereich in Deutschland konnte sich nach 1933 der Politik und ihren Herausforderungen entziehen. Nationale Pflichterfüllung nannte man das. Bei dieser Pflichterfüllung gab die Partei den Ton an, und viele stimmten nach diesem Ton ihre Lieder an, obwohl sie oft gar nicht wußten, wovon und für wen sie sangen (oder auch gar nicht singen wollten ...). Die triumphalen politischen Erfolge Hitlers zwischen 1933 und 1939 erzeugten einen Sog nationaler Massenhysterie, wie ihn heute nur noch Rock- und Popstars in den Riesenarenen der Welt auslösen. Heldengedenktage wurden mit großen Aufmärschen ebenso gefeiert wie der 1. Mai oder Reichsparteitage und Führergeburtstage. Jedes Mal ertrank bei solchen Anlässen die Nation in einem hakengekreuzten Flaggenmeer. In der Aula der Schule fanden dann Festakte statt, in denen markige Reden geschwungen wurden, Schüler sagten nicht minder markige Verse auf, und manchmal musizierten begabte Oberklässler Beethoven oder Brahms.

Doch wie gesagt: Erstaunlicherweise dominierten diese »Pflichten« nicht den Unterricht. Er blieb vergleichsweise sachlich auch dann, wenn er sich an die neuen völkischen Erziehungsrichtlinien hielt. Die wenigen Lehrer, die auch im Unterricht glaubten, den strammen Nationalsozialisten herauskehren zu müssen, fanden wir Schüler eher lächerlich, und wir parodierten ihre Rhetorik mit großem Vergnügen. Unsere Lehrer beurteilten wir jedenfalls nicht nach ihrer Gesinnung oder gar nach ihrem parteipolitischen Engagement, sondern nach ihren Fähigkeiten und ihren Sympathiewerten.

Sogenannte »linke Lehrer«, die zu Beginn des Dritten Reiches aus dem Schuldienst entlassen worden waren, lernte ich kennen bei den Nachhilfestunden in Latein und Griechisch, die ich nehmen mußte, um einigermaßen mein Zeugnissoll für die Freistelle erfüllen zu können. Wieder wurden meiner Mutter Opfer abverlangt. Die Stunde kostete zwischen 3 und 5 Reichsmark – und das war damals viel Geld, das an anderer Stelle im Haushalt eingespart werden mußte. Zahlreiche zwangspensionierte Studienräte verdienten sich zu ihren kargen Bezügen durch Nachhilfeunterricht noch ein paar Mark hinzu. Und sie waren als fast durchweg befähigte pädagogische Fachleute auch sehr gefragt. Einer meiner beiden Nachhilfementoren war Dr. Naujocks, ein eher zurückhaltender, schüchterner und ängstlicher Herr, der unter seiner Entlassung sichtlich litt. Er gab sich redlich Mühe, kein verdächtiges politisches Wort zu sagen. Am liebsten sprach er nur von der lateinischen Grammatik und von den Vokabeln, die er mich abhörte. Jeder persönlichen Wendung des Gesprächs wich er aus.

Genau das Gegenteil von Dr. Naujocks war Dr. Kadel, ein kleiner, rundlicher, lebhafter und leicht cholerischer Mann. Er empörte sich über das, was ihm geschehen war, und er machte aus dieser Empörung keinen Hehl. Ich schwitzte manchmal Blut und Wasser, wenn ich anhören mußte, was er über die Regierenden und über ihre Weltanschauung, die er einfach lächerlich fand, vorbrachte.

Ich war damals 16 Jahre alt. Die Politik spielte in meinem Leben nur eine sehr nebengeordnete Rolle. Mir war klar, daß Politik notwendig sei, um einen Staat oder eine Nation lebensfähig, überlebensfähig erhalten zu können. Selbstverständlich war ich auch bereit, meinen Beitrag zum staatlichen Dasein zu leisten. Allerdings empfand ich, mit schlechtem Gewissen, diesen Beitrag auch als Last und persönliche Zumutung, wenn er mich derart ins Joch einer gemeinsamen Sache spannte, die ich nicht durchweg als die meine ansah. Eine Opposition allerdings, wie sie Dr. Kadel verkörperte, war mir neu und auch fremd. Ich versuchte ihm immer wieder zu widersprechen, indem ich ihn auf die großen Erfolge hinwies, die der Führer erzielt hatte und Schlag auf Schlag auch noch erzielte. Und ich tischte ihm die allseitig geläufige Phrase auf, daß man doch in einer so großen Zeit nicht abseits stehen dürfe – und zwar auch dann nicht, wenn man nicht mit allem einverstanden sei, was die Regierung beschließe.

»Lies ›Mein Kampf‹«, sagte Dr. Kadel, »und du wirst sehen, wohin diese große Zeit führen wird: in den Krieg und in den Untergang.« Mich schauderte. Allein der Gedanke an Krieg und Untergang erschien mir ungeheuerlich.

Eine Woche später fragte Dr. Kadel mich: »Hast du ›Mein Kampf‹ gelesen?« Nun, ich hatte versucht, in einem geliehenen Exemplar des Buches (zu Hause hatten wir ›Mein Kampf‹ nicht) zu lesen, aber ich fand den Text langweilig. Er interessierte mich einfach nicht. Warum sollte ich ›Mein Kampf‹ lesen, wenn es so viele andere, aufregendere Bücher zu lesen gab, zum Beispiel von Friedrich Nietzsche?

Leider hatte ich auch Schwierigkeiten mit einem Autor, den Dr. Kadel mir, sozusagen als Gegengift gegen die anschwellende völkische Literatur, empfahl, nämlich mit Adalbert Stifter. Den Novellenkranz ›Bunte Steine‹ fand ich noch recht ansprechend, obwohl auch er meiner leidenschaftlichen, nach dramatischen Konflikten dürstenden Lese-Neugier nicht gerade entgegenkam. Beim ›Nachsommer‹ allerdings paßte ich dann. Dr. Kadel war enttäuscht. Er hatte meinen frühreifen Lese-Eifer wohl etwas überschätzt. Es bedurfte noch einiger Jahrzehnte, bis ich begriff, was es mit diesem ›Nachsommer‹ auf sich hatte und warum ihn mir Dr. Kadel gleichsam als pädagogisch-musisches Memento in die Hand gedrückt hatte.

Natürlich machte ich Dr. Kadel, dem ich vertraute und auf dessen Urteil ich viel gab, auch mit meinen ersten poetischen Versuchen bekannt. Ich neigte damals zu einer einzelgängerisch-elitären Romantiker-Pose. Stundenlang konnte ich über die Felder und durch den Wald wandern und mir dabei hochfliegende Gedanken, poetische und unpoetische, machen. Entrückt versuchte ich meine Seele zu ermuntern, ihre Flügel auszubreiten. Aber mehr als epigonale Hüpfer erbrachten diese Flügelschläge leider nicht. Dennoch war ich davon überzeugt, daß in mir ein zukünftiger Novalis oder ein Eichendorff schlummere, der dieser großen Zeit auch noch andere als nur heroische Perspektiven zu vermitteln imstande sei.

Ein Gedicht – ich habe es längst verbrannt – trug die Überschrift ›An den Mond‹. Es schilderte eine Mondnacht, in der ich einsam über die Felder wanderte und mich in tiefsinnigen, kosmischen Betrachtungen erging. Die Schlußzeile meiner Erbaulichkeiten ging mit den bedauernswerten Mitmenschen ins Gericht, die solch eine Mondnacht schlichtweg ignorierten: »Und alle Menschen schlafen…«

Dr. Kadel las das Gedicht aufmerksam und sagte: »Mein lieber Junge, du hast das sehr schön und tief empfunden. Aber denke doch mal darüber nach: Ist es nicht das Natürlichste auf der Welt, daß die Menschen nachts schlafen? Daraus kannst du ihnen doch keine Vorwürfe machen.« Mich traf diese realistische Einschätzung meiner poetischen Pointe wie ein Blitz, der die Erkenntnis auslöste: Er hat recht. Seitdem bin ich sehr empfindlich gegen lyrischen Leerlauf.

Daß nicht alle »Volksgenossen« und »Volksgenossinnen«, wie Hitler uns anredete, bereit waren, im gleichen Schritt und Tritt mit ihm in die Zukunft zu marschieren, erfuhr ich auch durch unseren Pfarrer in Roßdorf. Er hieß Glock und war aus seinem ansehnlichen evangelischen Sprengel in Mainz nach Roßdorf strafversetzt worden, weil er sich lautstark und mutig von der Kanzel herunter für die »Bekennende Kirche« erklärt hatte. Die »Bekennende Kirche«, von Pastor Niemöller, dem bekannten U-Boot-Kommandanten des Ersten Weltkriegs, als Widerstand gegen die Bewegung der sogenannten »Deutschen Christen« ins kirchliche Leben gerufen, lehnte eine Germanisierung der Bibel und damit des christlichen Glaubens ab. Die »Bekennende Kirche« bestand auf der ganzen Bibel, also auf dem Alten und dem Neuen Testament, als Grundlage ihres Glaubensbekenntnisses und ihrer theologischen Lehre. Für dieses Bekenntnis nahmen die aufrechten Theologen nicht nur persönliche Einschränkungen, sondern auch Verhaftungen oder Repressalien mit Zorn oder Gleichmut in Kauf. Ich konnte überhaupt nicht begreifen, warum es »deutsche« Christen geben sollte. Entweder war die Bibel das maßgebende christliche Buch oder sie war es nicht. Was die »Deutschen Christen« an Argumenten für eine deutsche Reformation des Christentums vorbrachten, fand ich bereits als Konfirmand mit 13 und 14 Jahren ziemlich absurd. Man merkte die primitive Absicht und fand das Ganze sektiererisch-lächerlich.

Die gläubige Standhaftigkeit von Pfarrer Glock und seine väterliche Fürsorge für mich, seinen Konfirmanden, stellten mich gar nicht erst vor eine Entscheidung. Von vornherein war klar: Seine Sache war auch die meine. Hinzu kam, daß in meiner pubertären Vorstellung der Beruf des Pfarrers einen sehr hohen Rang einnahm. In ihm vereinigte sich sozusagen metaphysischer Altruismus mit gesellschaftlichem Ansehen. Man konnte fromm sein und Frömmigkeit vermitteln, ohne gleich in die Abgeschiedenheit eines Klosters abwandern zu müssen. Mein Entschluß stand bald fest: auch ich wollte Pfarrer werden. Dementsprechend feierlich versuchte ich mich auf den nun erkorenen Beruf schon in meiner Rolle als Konfirmand vorzubereiten, was nicht nur bei meinen Mit-Konfirmanden einiges Befremden auslöste.

Meine Mutter machte mir Vorwürfe, daß ich mich so eng einließ mit einer Person, die unerwünscht war im neuen Reich. Möglicherweise könne uns diese Verbindung schaden. Aber trotz aller politischen Querelen war der Pfarrer im Dorf noch immer eine hohe Respektsperson. Aus diesem Grund war meine Mutter andererseits auch wieder stolz darauf, daß ich zu den Favoriten von Pfarrer Glock gehörte. Aber, so sagte sie immer wieder zu mir: »Treib's net zu weit. Mir könne uns dees net leiste.« Was wir uns nicht leisten konnten, war mir allerdings nicht so recht klar, und ihr wohl auch nicht. Immerhin wurde ich einmal abends nach einer Zusammenkunft im Pfarrhaus von Kameraden aus der Hitlerjugend in Empfang genommen und zu einem »Verhör« gebracht. Ich fand das eher lächerlich als bedrohlich, und im Grund verbarg sich hinter der Aktion auch mehr jugendliches Imponiergehabe als politisch-inquisitorische Realität.

Sein großes menschliches Format bewies Pfarrer Glock nur wenig später, nach meiner Konfirmation. Ein etwas älterer Schulfreund aus Roßdorf, mit dem zusammen ich morgens nach Darmstadt zur Schule fuhr, hatte mich auf Friedrich Nietzsche aufmerksam gemacht und mir angeraten, dessen Buch ›Zarathustra‹ zu lesen. Ich besorgte mir daraufhin den Band aus der Landesbibliothek – und ich war von einem Tag auf den anderen von einem Bekenner der Bibel zu einem Bekenner des Zarathustra geworden. Zwar wollte ich die Bibel nicht in Bausch und Bogen aufgeben, aber sie als Prediger zu interpretieren und mich mit ihr zu identifizieren, das erschien mir nunmehr unter dem Eindruck Nietzsches unmöglich. Zugleich stellte ich mit Erstaunen fest, daß mir, genaugenommen, das Alte Testament näherstand als das Neue. Es rechnete entschiedener mit der menschlichen Realität als die Lehre Christi, mit der sich Nietzsche vehement kritisch auseinandersetzte.

Pfarrer Glock hatte mir als Konfirmandenspruch ein Zitat aus dem 1. Brief des Paulus an die Korinther ausgesucht: »Nun findet man nichts mehr an den Statthaltern, denn daß sie treu erfunden werden.« In der Krise, in der ich mich befand, machte mir dieser Spruch selbstverständlich sehr zu schaffen. Zwar war ich noch kein Statthalter meines Pfarrers und der Bekennenden Kirche, aber als untreu empfand ich mich doch. Ich sprach offen mit Pfarrer Glock über den Zwiespalt, in dem ich mich befand. Überrascht war ich, daß er nicht zornig auffuhr, sondern mir verständnisvoll zuhörte und nach einigem Nachdenken zu mir sagte: »Weißt du, in diese Lage kommt jeder einmal, vor allem in jungen Jahren. Es hat keinen Zweck, sich Gewissensbisse zu machen. Du bist ehrlich zu mir und zu dir. Du mußt deinen Weg gehen. Ich bin eigentlich sicher, daß du wieder zurückkommst.«

Aber ich kam nicht mehr zurück – zumindest nicht auf kirchliche Weise. Die evangelische Theologie als zelebrierte Wissenschaft von Gott war mein Fall eben doch nicht. Geblieben ist und vertieft jedoch hat sich mein ganzes Leben hindurch eine Welt-Frömmigkeit und ein Welt-Vertrauen, das Goethe unvergleichlich in zwei Verszeilen charakterisiert: »Läg nicht in uns des Gottes eigne Kraft, / Wie könnt uns Göttliches entzücken?«

In unserer Gymnasialklasse hatte sich inzwischen ein kleiner »musischer Zirkel« zusammengefunden, in dem wir unsere ersten kulturellen Erlebnisse und Erfahrungen diskutierten und uns auf Lesefrüchte aufmerksam machten. Für die ganze Klasse, aber auch für diesen »Zirkel« spielte der jährliche Aufenthalt im Schullandheim Dorndiel eine bedeutsame Rolle. Er bot ein Gemeinschaftserlebnis sehr zwangloser Art, mit Sport und Spiel und Geselligkeit. Wenn sich die Klasse in Dorndiel aufhielt, fühlte sie sich für manche Schul-Unerfreulichkeit entschädigt, denn auch die Lehrer lernte man dort von einer ganz anderen, von einer freundlich-kameradschaftlichen Seite kennen. Sogar der steife Dr. Boller gewann einige liebenswerte Züge.

Dorndiel war in den dreißiger Jahren ein winziges Dörfchen am Ausgang eines engen Tales östlich von Groß-Umstadt im Odenwald. Dort hatte das Gymnasium schon früher ein ehemaliges Fachwerk-Bauernhaus samt Nebengebäuden erworben und mit einfachen Mitteln zu einem Ferienheim umgebaut. Jede Klasse des Gymnasiums kam einmal im Jahr zwischen Ostern und den Herbstferien in den Genuß eines sechstägigen Aufenthaltes in diesem idyllisch abgelegenen Ort, der nur aus wenigen Bauernhöfen und einem kleinen Wirtshaus bestand. Ein ausgedehnter Laubwald trennte Dorndiel über einen Hügel hinweg von Groß-Umstadt. Kam die Klasse mit der Eisenbahn angereist, mußte sie noch etwa eine Stunde zuerst den Hügel hinter Groß-Umstadt hinauf und durch diesen Wald marschieren, bevor sich der Weg oberhalb des Landheims wieder ins Tal senkte. Dies war der Augenblick, in dem, nach einem Jahr, jeden von uns Schülern eine unbändige Freude des Wiedersehens überkam. Durch das Geäst wurde das weiße Gebäude mit dem dunklen Fachwerkgebälk sichtbar, das nun für sechs unbeschwerte Tage unsere gemeinsame Heimat werden sollte. Ausflüge in die nähere Umgebung, Fußballspiele auf der sogenannten Spielwiese, Tischtennis, aber auch Lese-Abende standen auf dem Wochenprogramm – und manchmal sogar, mit den Leuten aus dem Dorf als Publikum, eine eigens einstudierte Theateraufführung oder ein sogenannter bunter Abend. Einmal schrieb ich für einen solchen Dorndieler Freiluftabend sogar ein Stück. Die Aufführungen, die unser Lehrer vorher mit uns einstudiert hatte, fanden jeweils vor dem Haus auf einer gepflasterten Terrasse statt, von der eine primitive Steintreppe in den Hof, unseren Zuschauerraum, führte. Das Stück hieß ›Pidder Lüng‹ (nach der gleichnamigen Ballade von Detlev von Liliencron). Wir legten uns mächtig ins Zeug (ich spielte den bösen Landvogt) und wir konnten uns über den Beifall der Mitschüler und auch der Einheimischen nicht beklagen.

Wir – wer war das? Wir – das war eine von den beiden Klassen des Aufnahmejahrgangs 1932. Unsere Klasse kennzeichnete ein kleines »a«. Auf dieses »a« waren wir stolz. Die Parallelklasse mußte sich nämlich mit einem »b« begnügen; sie war »nur« eine »Parallelklasse«. Das ergab gelegentliche Spannungen, die erst in den Oberklassen nachließen. Denn die b-Kläßler wollten sich natürlich mit dem Rang einer Nebenklasse nicht abfinden und versuchten immer wieder zu beweisen, daß sie auch wer seien.

Die Schüler unserer Klasse kamen vornehmlich aus gutbürgerlichen Familien Darmstadts und seiner Umgebung. Söhne von ehemaligen, jetzt verarmten Offizieren, Lehrer- und Pfarrersöhne, auch Söhne von Handwerkern, Ärzten, Hochschulprofessoren (in Darmstadt gab es eine weltweit berühmte TH) und von Beamten saßen da auf den Schulbänken, und dazwischen hockte, als Kriegs-Halbwaise und verarmtes Dorfkind, der Schüler Friedrich, der durch genialische Allüren ebenso auffiel wie durch Hemmungen und Verklemmungen. Im Grunde erfüllte ich etliche Voraussetzungen, die mich zum Kretin der Klasse hätten verdammen können. Statt dessen zog ich mehr und mehr (und das heißt: nach den oft infernalischen Verwirrungen der Pubertät, in der ich mich als Gott und Teufel in einer Person fühlte) die geistig und musisch interessierten und neugierigen Kameraden an. Sie suchten meine Nähe, sie suchten sogar teilzunehmen an meinen oft verschrobenen poetisch-philosophischen Visionen, zu denen mich Größen wie Nietzsche oder Hölderlin anregten.

Heinz Friedrich (sitzend, Dritter von links) 1939 mit Schulkameraden

Die zahlreichen Fotos aus Dorndiel von 1939 zeigen uns in fröhlicher Gemeinschaft: Hans Heyl, Lehrersohn aus Crumstadt im Ried, Klaus Breidert, Sohn eines entlassenen, damals schon verstorbenen Majors, Hans Dieter Schneider, Sohn eines Arztes an einer Darmstädter Klinik, und Helmut Schornack, dessen Vater bei der Reichsbahnverwaltung beschäftigt war. Hans Heyl interessierte sich für Literatur. Klaus Breidert spielte Orgel und Klavier. Er wollte am liebsten Musiker werden. Hingegen galt Hans Dieter Schneiders Liebe der Kunst; er konnte sehr gut zeichnen. Und Helmut Schornack war das Biologie-Genie in unserer Runde. Seine botanischen Kenntnisse versetzten nicht nur uns in Erstaunen, sondern sie verblüfften auch oft unseren Biologielehrer Veith und brachten ihn in Verlegenheit. Denn Schornack wußte oft besser Bescheid als der Mann, der vor den Bänken stand. Hans Heyl, Klaus Breidert, Hans Dieter Schneider kehrten aus dem Krieg nicht mehr zurück. Helmut Schornack war nach dem Krieg für den Rest seines Lebens an den Rollstuhl gefesselt. Überhaupt kamen von den 18 Abiturienten des Jahrgangs 1940 nur 8 mit dem Leben davon. Die Pest hätte nicht schlimmer wüten können in unseren Jahrgängen als dieser Krieg, den wir in Dorndiel jeden Landheim-Morgen mit dem Hissen der Hakenkreuzfahne auf dem Hof heraufbeschworen. Im Zeichen dieser Fahne wurden wir dem Untergang geweiht, ohne daß uns dies auch nur einen bangen Augenblick lang bewußt geworden wäre. »Die Fahne flattert uns voran« – als eine pathetische Phrase erschien uns dieses Lied, mehr nicht. Aber bald sollten wir erkennen, daß auch Phrasen, ideologisch aufgeladen, in die reale Pflicht nehmen können.

Meine Bücherwelt

In unserem Haushalt gab es so gut wie keine Bücher. Eine unvollständige Volksausgabe von Schillers Werken, eine alte Familienbibel, ein Realienbuch meines Vaters aus seiner Schulzeit sowie, eigenartigerweise, eine illustrierte Ausgabe von Fritz Reuters ›Ut mine Stromtid‹ – natürlich in plattdeutsch. Nur mit dem Realienbuch konnte ich zunächst etwas anfangen. Es erzählte auf einfache Weise zum Beispiel die römische und griechische Geschichte. Mit Caesar überschritt ich den Rubikon, ich kämpfte zur See bei Salamis und zu Land bei Marathon. Hannibal bewunderte ich ganz besonders. Seinen Zug über die Alpen stellte ich mir hochdramatisch vor. Kein Film konnte später die Visionen übertreffen, die mich damals heimsuchten: Elefanten stürzten über Felswände. Lawinen begruben marschierende Soldaten, Kamele jaulten um Hilfe und Verwundete blieben im Schnee zurück. Nur Hannibal hielt mit wenigen Getreuen durch und kam schließlich bis vor die Mauern Roms. Und die Römer zitterten …

Natürlich standen in dem Realienbuch auch noch andere Sachen, über Geographie zum Beispiel oder Biologie. Aber diese Gebiete interessierten mich damals weniger. Da las ich schon aufmerksamer, was über diesen oder jenen Dichter geschrieben wurde, obwohl ich vermutete, daß Goethe oder Schiller vielleicht doch eine eher langweilige Lektüre anzubieten hätten. Der Hinweis auf einen gewissen Gustav Freytag, der offenbar so etwas wie eine deutsche Chronik in Romanform geschrieben hatte, erregte meine Aufmerksamkeit weit mehr.

Besonders zogen mich die auf unserem Dachboden gestapelten Vorkriegsjahrgänge der bis in die dreißiger und vierziger Jahre hinein noch sehr beliebten Zeitschrift ›Die Woche‹ an. Mein

Großvater hatte die Hefte wohl abonniert, denn er besaß einige Jahrgänge Heft für Heft. Noch sehe ich die hellrostroten Umschläge mit der markanten Frakturüberschrift 𝕯𝖎𝖊 𝖂𝖔𝖈𝖍𝖊 vor mir, die mich in neugierige Aufregung versetzten.

Soweit ich mich erinnere, handelte es sich um die Jahrgänge 1898 bis 1911. Nach dem Tod meines Großvaters im Jahr 1911 war das Abonnement offenbar gekündigt worden. Vornehmlich wenn ich krank war, las ich in diesen alten Blättern und betrachtete die reichlich beigegebenen Fotos und Illustrationen. Wenn mir ein Stapel Hefte auf die Bettdecke gelegt wurde, vergaß ich Halsweh und Fieber, die mich als Kind nur allzuoft heimsuchten. Stundenlang stöberte ich in den Ausgaben herum und ließ die »Welt von gestern« Revue passieren. Auf diese Weise erfuhr ich damals bereits, zwischen dem sechsten und zehnten Lebensjahr, daß 1910 ein bedeutender russischer Dichter gestorben war, um den die ganze Welt trauerte: Leo Tolstoi. Er mußte ein wunderlicher Mann gewesen sein, denn er, ein vermögender Graf, lief am Ende seines Lebens anscheinend als Bettler herum …

Auch besuchte ich sozusagen ›Woche‹ für ›Woche‹ die deutschen und europäischen Fürstenhäuser und verschlang die Berichte über das Leben bei Hofe. Anders als heute wurden allerdings weniger die Skandale kolportiert als vielmehr die glanzvollen Auftritte oder rührenden Familienereignisse. Säbelrasseln war wohl besonders publikumswirksam. Die prächtigen Paraden, die der forsche Kaiser Wilhelm abnahm, füllten ebenso Seite um Seite wie die Ausflüge zu Land und See, die der oberste Kriegsherr unternahm.

Ende der zwanziger Jahre lagen die Ereignisse, von denen hier berichtet wurde, gar nicht so weit zurück. Was sind 15, was sind 20 Jahre im Leben eines Menschen? Doch damals war diese Welt (nicht nur für mich) schon die Welt von gestern – ein Märchen aus der deutschen Vergangenheit. Die Welt von heute sah ganz anders aus. Keine Paraden, keine Fürstenfamilien beherrschten die Schlagzeilen, dafür Elendsberichte und die Diskussion politischer Konfrontationen. Auch trat eine neue Gesellschaftsschicht in Erscheinung: die Neureichen mit ihren Schicki-Micki-Allüren.

Indem ich in den Heften der ›Woche‹ herumabenteuerte, wurde mir früh, wenn auch nur vage, der Abgrund bewußt, der hier, am Beginn des 20. Jahrhunderts, die Zeiten voneinander zu trennen begann. In den zwanziger Jahren wollten das viele Menschen in Deutschland noch nicht wahrhaben; sie träumten den gefährlichen Traum von einer Rückkehr in die Welt von gestern oder gar von vorgestern. Sie wollten, daß alles wieder so sein möge wie »früher«.

Bücher: Natürlich schenkten mir meine Eltern auch Kinderbücher und Jugendbücher. Das erste Bilderbuch allerdings, das ich in die Hand bekam, hätte, wie schon berichtet, meine Bücherneugier beinahe im Keim erstickt. Es war jenes Buch, das die blutige Räubergeschichte erzählte, die mich so nachhaltig schockte.

Aber andere Bücher verdrängten bald dieses verunglückte erste Bucherlebnis. Die Bildergeschichte von ›Max und Moritz‹ zum Beispiel, die mir bei Tante Anna in Ober-Ramstadt zum ersten Mal unter die Augen gekommen war, faszinierte mich sofort. Ich ließ sie mir von meinen Eltern so oft vorlesen, bis ich sie auswendig aufsagen konnte. Mein Vater machte sich gelegentlich einen Spaß daraus, mich als frühreifen Knaben vorzuführen, indem er mich, wenn Besuch kam, aufforderte, ›Max und Moritz‹ vorzulesen. Prompt holte ich das Buch hervor und rezitierte es von der ersten bis zur letzten Seite. Natürlich war ich sehr stolz auf meine Leistung; schließlich glaubte ich fast selbst daran, daß ich lesen konnte, obwohl ich noch gar nicht zur Schule ging…

Als ich dann wirklich lesen konnte, begeisterte ich mich für ›Grimms Märchen‹ und Gustav Schwabs ›Sagen‹ ebenso wie für die Geschichten von Sigismund Rüstig, auch den unvermeidlichen ›Struwwelpeter‹ las ich. Mit diesem ›Struwwelpeter‹ hatte ich allerdings, was die Verse anging, meine Schwierigkeiten. Der erhobene Zeigefinger behagte mir nicht – und er behagt mir bis heute nicht, wenn ihn Literaten und Künstler erheben. Hingegen liebte ich die Märchen. Sie entführten mich in eine unwirkliche

Zauberwelt, die so unwirklich dann auch wieder nicht war, denn alles, was da erzählt wurde, schien auf irgendeine Weise doch möglich. Man mußte nur der Phantasie freien Lauf lassen – und schon war man auf der anderen, unendliche Weiten eröffnenden Seite des Daseins.

Den Zugang zu Schiller mit Hilfe der vorgefundenen, ziemlich verschlissenen Bändchen versuchte ich mehrmals vergeblich. Auch mit Fritz Reuter kam ich nicht zurecht. Erst später, ich war zwölf oder vierzehn Jahre alt, erschlossen sich mir Sprache und Welt dieses bedeutenden plattdeutschen Dichters. Die Ausgabe, die wir besaßen, schlüsselte nämlich in Fußnoten die schwierigsten plattdeutschen Wörter auf. Dadurch war die Annäherung an den Text möglich – und nach 100 Seiten konnte der Leser, wenn er nur ein wenig sprachbegabt war, fast mühelos plattdeutsch lesen. Und wenn er Fritz Reuters Romane und Lebensberichte plattdeutsch las, blieb ihm kaum verborgen, daß dieser Mann zu den bemerkenswerten deutschen Erzählern des 19. Jahrhunderts gehörte. Das war mir damals natürlich noch nicht klar – ich fühlte mich einfach zuhause in der Welt, die mir hier durch Fritz Reuter eröffnet wurde.

Meine »Belesenheit« sprach sich nicht nur bei meinen Schulkameraden, sondern auch bei deren Eltern herum. Ich galt als begabt, aber von dieser Begabung wurde oft mit der Einschränkung gesprochen: »Kaa Wunner bei dene viele Bicher, die wo der hot …« Dieser Hinweis ärgerte mich, denn eigentlich hatte ich ja (zu meinem Kummer) gar nicht so viele Bücher, wie ich zu brauchen glaubte. Es waren doch nur das Realienbuch und die Hefte der ›Woche‹, die mir den Vorsprung verschafft hatten. Aber Vorsprünge gewinnen und Vorsprünge nutzen ist zweierlei. Offenbar nutzte ich meinen Vorsprung oder besser gesagt: meine Neugier nutzte ihn. Ich war, obwohl im Rechnen schwach, vier Jahre der Beste in der Klasse, weil ich aus dem wenigen, was ich mir aus Gedrucktem aneignen konnte, den höchstmöglichen geistigen Neugier-Gebrauch machte. Meine Klassenkameradinnen und -kameraden erkannten das neidlos an. Diese Umstände bewogen wohl auch unseren Lehrer Merz, meinem Vater vorzuschlagen, mich unbedingt aufs Gymnasium zu schicken.

Also die Bücher: Mehr unbewußt als bewußt spürte ich, ahnte ich, daß überall da, wo Bücher standen, Geheimnisse verborgen seien, die zu enträtseln aufregend wäre. Zunächst blieb ich angewiesen auf das, was mir an Weihnachten oder zum Geburtstag geschenkt wurde. Als ich zwölf Jahre alt war, wünschte ich mir ›Die Ahnen‹ von Gustav Freytag, von denen ich in dem Realienbuch gelesen hatte. Alle sechs Romane gab es damals in einer einbändigen Volksausgabe (Großoktav in zwei Spalten mit Bildern). Sie kostete 2 Mark 85 und erschien bei Knaur in München. Über Monate hinweg unterrichtete mich Gustav Freytag ungemein packend und höchst anschaulich über deutsche Geschichte. Das heißt: Er unterrichtete mich nicht, sondern er ließ mich Geschichte erleben. Ich war regelrecht verstrickt in die menschlichen Verwicklungen der Historie und beschloß, ebenfalls einen Geschichtsroman zu schreiben. Dafür kaufte ich mir eigens ein Schulheft, auf dessen Etikett nicht stand »Deutsche Aufsätze« oder »Rechenaufgaben«, sondern »Roman«. Tatsächlich fing ich auch an zu schreiben. Ich schilderte ziemlich umständlich, von einem hohen Turm herabblickend, das Leben auf dem Innenhof einer Burg im Winter, wobei mich die körnerpickende Hühnerschar besonders fesselte. Jedenfalls beschrieb ich fast jedes Korn einzeln. Als ich dann doch nicht umhin konnte, handelnde Personen einzuführen, ging mir die Puste aus. Ich wußte nicht, wie ich die Herrschaften kleiden sollte, und ich merkte auch, daß ich mich auf mittelalterliche Waffen doch nicht so detailliert verstand, wie ich nach Lektüre der ›Ahnen‹ angenommen hatte. Immerhin war ich schon im Planungsstadium so arrogant und kühn gewesen, verschiedenen Verlagen mein historisches Opus anzubieten. Alle lehnten dankend ab (immerhin: sie schrieben mir!), und einer, der Staackmann Verlag in Leipzig, ließ sogar Interesse erkennen. Das beunruhigte mich. So weit wollte ich es eigentlich gar nicht kommen lassen, denn Farbe bekennen konnte ich in der Sache, wie sich zeigte, nicht.

›Die Ahnen‹ waren der Anfangsstollen in den Bücherberg, in den ich mich Jahr für Jahr tiefer und intensiver hineingrub. Kaufen konnte ich mir zunächst kaum ein Buch, doch lieferte mir die im Darmstädter Schloß untergebrachte Landesbibliothek Lesestoff in überreicher Fülle. Vier Jahre lang habe ich Buch geführt über meine Entleihungen. Die Einträge ergeben ein sehr buntes, zum Teil widersprüchliches, zum Teil unsinniges Bild einer Lesewut, aus der sich erst allmählich Lese-Konturen und -Umrisse entwickelten. Immerhin: In jenen Jahren zwischen 1935 und 1940 drang ich über Ganghofer bis zu Nietzsche und Hölderlin und zur Weltliteratur von Dante bis Dostojewski und von Shakespeare bis Balzac und Tolstoi vor. Aber auch die Hauptströmungen der modernen Literatur blieben mir, obwohl viele Titel der ideologischen Verbannung anheimgefallen waren, nicht völlig unbekannt. Eigenartigerweise hatte nämlich die Darmstädter Landesbibliothek die einschlägigen literaturgeschichtlichen Werke noch nicht aus dem Leihverkehr gezogen. Besonders gute Informationsdienste leistete mir zum Beispiel Albert Soergels detaillierte Dokumentation der zeitgenössischen Literatur in Deutschland seit Gerhart Hauptmann mit dem Titel ›Dichter und Dichtung der Zeit‹. Soergel selbst hatte zwar nach 1933 flugs eine neue »bereinigte« Version seines literarischen Panoramas der Literatur in den ersten drei Jahrzehnten des 20. Jahrhunderts herausgegeben (alle »unliebsamen« Autoren waren darin ausgemerzt), aber daneben war die alte Ausgabe noch immer greifbar – und ich verlängerte die Ausleihfrist Monat um Monat.

Die Hessische Landesbibliothek wurde mir zur Leseheimat. Dort begegnete ich auch manchmal einem eleganten Herrn, der sehr eifrig im Katalog (er bestand damals noch aus Karteikarten) herumsuchte und die in den Regalen aufgestellten Nachschlagewerke eifrig benutzte. Eines Tages fragte ich die Dame am Ausgabetisch, wer das sei. Sie flüsterte mir zu, der Herr sei der frühere Direktor des Hauses, Herr Eppelsheimer. 1933 sei er entlassen worden, und jetzt arbeite er an einer Art Geschichte der Weltliteratur. Nachdem ich dies wußte, begegnete ich Herrn Eppelsheimer mit besonderer Höflichkeit. Daß ich ihn unter völlig anderen Umständen nur wenige Jahre später wiedersehen und von seinen damals gesammelten weltliterarischen Früchten reichlich profitieren würde, ahnte ich damals natürlich nicht. Aber ich spürte: das ist ein Mann von Welt, der sein Schicksal trägt und ihm trotzt.

So viele Bücher, wie ich auslieh, konnte ich ebensowenig lesen wie die vielen, vielen Bücher, die ich späterhin Jahr für Jahr kaufte und zu einer eigenen Universal-Bibliothek zusammenfügte. Bücher um mich zu versammeln, gelesene und ungelesene, war und ist jedoch mein höchstes Glück. Meine unbändige Leseneugier überforderte stets meine Lesekapazität; trotzdem erfaßte ich intuitiv, was es mit manchen Büchern auf sich hatte, die ich nur in die Hand nahm und in ihnen blätterte. Ich begriff schnell, worum es ging oder zu gehen schien. Schließlich war ich das, was man einen Autodidakten, einen Selbst-Lehrer nennt. Niemand führte mich zu bestimmten Büchern hin. Ich war ein Nichtschwimmer, der sich ohne äußere Hilfe das Schwimmen beibrachte – erst in seichteren Gewässern, dann in tiefen. Ich entdeckte Inseln und Korallenriffe und sogar ferne Ufer, deren Wahrnehmung ich erst zu einem Lese-Puzzle zusammenfügen mußte. So zog ich auf meiner Puzzle-Suche Treffer und Nieten aus den Karteikärtchen der Landesbibliothek.

Ab und zu riet mir ein drei Jahre älterer Schulkamerad, Hermann Löffler, den ich morgens regelmäßig im Zug nach Darmstadt und auf dem Weg zur Schule traf, zu diesem oder jenem Titel. Er gab mir auch den Hinweis auf Nietzsche.

Und er spielte Klavier – ziemlich laut, ziemlich undifferenziert. Aber er spielte, und das heißt, er konnte Musik jederzeit herbeizaubern und zitieren. Das fand ich phantastisch. Leider fehlten uns die Mittel sowohl zum Musikunterricht als auch zum Klavierkauf.

Die Landesbibliothek und meine selbstdokumentierten Ausleihen: Nach Ganghofer (Sommer 1935) und Gustav Freytag (›Soll und Haben‹) wagte ich mich gleich auf schwieriges Erzählgelände. Gleich sechs Romane von Fontane, darunter den ›Stechlin‹, lieh ich aus – und dazu gleich noch ›Krieg und Frieden‹ von Tolstoi. Die Rückgabedaten sprechen eine deutliche Sprache: Ich war überfordert. Immerhin: ›Frau Jenny Treibel‹ von Fontane hatte ich mit amüsierter Anteilnahme bewältigt, zumal mir die gesellschaftliche Welt, die in diesem Roman geschildert wurde, bekannt vorkam. Ich war ihr schon in den Bildern und Geschichten der ›Woche‹ begegnet. Vor ›Krieg und Frieden‹ kapitulierte ich, soweit ich mich erinnere, immerhin erst nach dem ersten Drittel, dann wechselte ich zum ›Ekkehard‹ von Viktor Scheffel über. Jedenfalls las ich dann schon, und zwar höchst engagiert und aufgewühlt, ›Gösta Berling‹ von Selma Lagerlöf und, im Herbst 1935 noch nicht für die Ausleihe gesperrt: Thomas Manns ›Königliche Hoheit‹ – mit einiger Mühe allerdings, denn die Sprache dieses Autors empfand ich damals als »gewollt« – im Gegensatz zur Sprache des ›Grünen Heinrich‹ von Keller, den ich sozusagen parallel las. Wahrscheinlich war diese Parallel-Aktion schuld daran, daß mich die Lektüre Thomas Manns irritierte. Aber da man Thomas Mann ja eigentlich nicht zur Kenntnis nehmen sollte damals (verboten war er, soviel mir bekannt, offiziell noch nicht), blieb ich schon aus Trotz und Neugier bei der Lektüre. Schließlich wurde meine Neugier enttäuscht. Warum sollte man dieses harmlose Buch nicht lesen dürfen? Und warum war ›Gösta Berling‹, wo es ja bekanntlich weitaus problematischer zugeht, erlaubt? Die große Zeit, die sich auf tausend Jahre einrichtete, gab mir Rätsel auf. Immerhin: Sogar den ›Zauberberg‹, von dem ich gehört und bei Soergel gelesen hatte, lieh ich im Frühling 1936 noch aus, aber er blieb wohl ungelesen wie manch anderer Titel aus meiner unendlichen Liste. ›Der Zauberberg‹ faszinierte mich erst nach 1945.

Nun: die Eintragungen gewinnen erst, wie schon angedeutet, ab 1938 Lese-Profil. Gerhart Hauptmann und Hamsun dominieren eine Zeit lang die Liste sowie Strindberg und Ibsen – und Werke von Nietzsche tauchen immer wieder auf und von Schopenhauer sowie kunstgeschichtliche und musikgeschichtliche

Titel. Darwins ›Abstammung des Menschen‹ (wohl eine Auswahl) allerdings gab ich schon nach drei Tagen zurück (November 1939); ich hatte mir offensichtlich falsche Vorstellungen gemacht von diesem Buch – nicht ahnend, daß ausgerechnet dieser Autor in sehr viel späteren Jahren mein Bild von der Welt und der Organisation des Lebens in dieser Welt nicht unwesentlich beeinflussen sollte. Heraklit hingegen behielt ich am längsten – drei Monate. πάντα ῥεῖ (panta rhei): alles fließt – gab es je eine genialere Weltformel als diese? Sie ist bis heute nicht widerlegt – und sie ergriff mich schon damals mit Erkenntniswucht.

Aber auch mein eigener Bücherbestand wuchs. Das Realienbuch, die sechs blauen Schiller-Bändchen und ›Ut mine Stromtid‹ bildeten den Grundstock. Dann kamen Gustav Freytags ›Ahnen‹ hinzu und, als Konfirmationsgeschenk, Scheffels ›Ekkehard‹, den ich bereits kannte, aber auch besitzen wollte. Eine uns nahestehende Lehrerin, Fräulein Körber, eine etwas füllige, hüftleidende, aber ganz und gar lebensfreundliche Dame, die viel von meiner Entwicklung erwartete, schenkte mir zu jedem Geburtstag ein Buch aus dem Angebot der Deutschen Buchgemeinschaft, in Halbleder gebunden. Mal war es der ›Schneider von Ulm‹ von Max Eyth, mal waren es Goethes Briefe in Auswahl, mal Eckermanns Gespräche mit Goethe. Ich war sehr stolz auf diese Geschenke – und Fräulein Körber sehr dankbar. Immerhin beförderte sie durch ihre Buch-Gaben meine ersten Annäherungen an Goethe, denn ich las – schon aus Dankespflicht – selbstverständlich auch in den Bänden. Den Gesprächen Goethes mit Eckermann verfiel ich regelrecht. Die Einsichten und Erkenntnisse, die Goethe hier ganz beiläufig vermittelte, zogen manchen Vorhang vor meinem geistigen Horizont weg.

Mein Taschengeld, eine Mark pro Woche, hütete ich eisern. Ich widerstand allen Versuchungen, Geld auszugeben – vom Pausengebäck übers Straßenbahnfahren bis zum sommerlichen Eisschlecken (von anderen Ausschweifungen gar nicht erst zu reden), um am Ende des Monats zwei bis drei Mark für Bücher übrig zu haben – meistens für Kröners Taschen-Ausgaben, eine

Reihe, in der für eine Mark fünfzig bis drei Mark fünfzig von den Vorsokratikern bis Nietzsche die wichtigsten philosophischen Werke entweder in Auszügen oder (wie bei Nietzsche) komplett in handlichen Ausgaben vorlagen.

Schließlich schenkte mir Frau Nick, die Dentistin, die im oberen Stock unseres Hauses in Roßdorf ihre Praxis ausübte, Schlossers ›Weltgeschichte‹ in sage und schreibe zwanzig Bänden – ein antiquarisches Werk von damals geringem Marktwert, für mich aber fast soviel wert wie eine ganze Bibliothek! Ich glaubte das Abbild der Welt zu besitzen in diesen Bänden – und ich hüte sie noch heute wie einen kostbaren Schatz.

Bücherträume – ich träumte sie damals wie andere von Schlössern träumen oder von Weltreisen oder von großen Karrieren. Bücher erschienen mir als eine Bereicherung, die durch Millionen nicht aufgewogen werden konnte. Sie waren (und sind) mein Grundkapital der persönlichen Existenz.

München
Sommer 1938

Die Welt, die ich in den Büchern, die ich las, kennenlernte, war
unbegrenzt. Mit Balzac und Stendhal bewegte ich mich in Paris,
mit Dostojewski und Tolstoi in St. Petersburg, mit Fontane in
Berlin, mit Mark Twain befuhr ich den Mississippi, durch Hamsun lernte ich die Fjorde von Norwegen kennen und durch Bruno Brehm den Balkan. Meine Phantasie entwarf ziemlich genaue
Bilder jener Städte und Stätten; ich war späterhin oft verblüfft,
wie treffend diese Bilder durch die Wirklichkeit bestätigt wurden.

Sehr begrenzt hingegen war der Radius meiner tatsächlichen
topographischen Erfahrungswelt. Als mein Vater noch lebte, bildeten die alljährlichen Ausflugsfahrten mit dem Eisenbahner-
verein Höhepunkte des Jahres. An der Hand meiner Eltern lernte
ich Bad Dürkheim kennen und Heidelberg, Bacharach am Rhein
und Bad Nauheim. Mehrmals war ich in Frankfurt. Ein Mal, um
1930, gemeinsam mit meinem Vater, der dort einen Bekannten
besuchte. Vor dem Bahnhof standen Pferdedroschken. Mit einer
dieser Droschken fuhren wir mit offenem Verdeck – es war Sommer – quer durch die Stadt nach Bockenheim, wo der Bekannte
in einer stillen, herrschaftlich anmutenden Straße in einer vornehmen Mietwohnung lebte.

Gegen Ende der Schulzeit führte mich der für die oberen Klassen obligate Ausflug im Frühsommer 1938 nochmals in die Stadt
am Main. Vom Römerberg bis zum Goethe-Haus (die Altstadt
inbegriffen) und vom Dom bis zum Schaumainkai mit Schopen-
hauers Wohn- und Sterbehaus erkundeten wir kreuz und quer
das alte Frankfurt, dessen Topographie sich mir unvergeßlich
einprägte. Noch ahnte ich nicht, daß nur wenige Jahre später ge-

rade diese Stadt meine Zukunft entscheidend bestimmen sollte. Ich ahnte aber auch nicht, daß die Stadt, die ich damals mit meinen Schulkameraden staunend durchwanderte, nur wenige Jahre später in Trümmer sinken würde.

Unsere Reisemöglichkeiten jener Jahre waren beschränkt und damit war auch mein Erlebnis- und Erfahrungsradius des Jahrzehnts zwischen 1930 und 1940 eingegrenzt. Meine Mutter konnte sich keine größeren Unternehmungen leisten. Unsere nähere Umgebung eroberte ich mir per Fahrrad. Und da gab es, in den Odenwald hinein, ja auch viel zu entdecken …

Aber was galten diese kleinen, fast rührenden »Reiseerlebnisse« gegen das alles überstrahlende Ereignis des Sommers 1938! Ein entfernter Onkel, der Cousin Fritz meiner Mutter, hatte im Funk- und Nachrichtenwesen der Polizei Karriere gemacht und war nach München berufen worden, um die Verantwortung für die polizeiliche Funk- und Nachrichtentechnik im oberbayerischen und oberschwäbischen Raum zu übernehmen. Er bewohnte mit seiner Familie ein kleines Haus in Pasing, das damals noch kein Stadtteil von München war – und zwar ziemlich weit weg vom Pasinger Marienplatz und damit von der Endhaltestelle der Straßenbahnlinie aus München. Die kleine Straße, in der das Haus von Onkel Fritz und Tante Hanne stand, hieß damals Parkstraße. Jenseits einer großen Wiese begann dahinter die Gemeinde Lochham-Gräfelfing.

Onkel Fritz, der mir sehr zugetan war, schlug meiner Mutter vor, mich im Sommer 1938 während der großen Schulferien für vier Wochen zu seiner Familie nach München zu schicken. Der Vorschlag brachte uns ziemlich durcheinander. Immerhin war ich erst sechzehn Jahre alt, und ich hatte noch nie eine Reise dieses Ausmaßes allein unternommen. Zwar traute ich mir in der Phantasie einiges zu, aber wenn die Realitäten auftauchten, wurde mir dann doch schummrig zumute. Das Zauberwort München jedoch besiegte alle Vorbehalte und Ängste. Ich hatte viel von dieser Stadt gehört und auch gelesen. Ich wußte, daß es dort die Kammerspiele gab mit berühmten Schauspielern und einem berühmten Intendanten, der Falckenberg hieß. Das Nationaltheater ragte wie ein musikalischer Mythos in mein Bewußtsein, und auch vom Residenztheater hatte ich gelegentlich Berichte in der Zeitung gelesen. Außerdem wußte ich, daß es wichtige Verlage wie Piper und Langen-Müller und Bruckmann in München gab. Vor allem wurde ich von der Aussicht geradezu übermannt, hinter München die Alpen entdecken zu können.

Die Alpen waren für mich eine landschaftliche Saga. Zum ersten Mal hatte ich Bilder von den Alpen in der ›Woche‹ gesehen. Worum es in dem Artikel, den die Alpenbilder illustrierten, ging, weiß ich nicht mehr: aber die Alpenpanoramen und auch die Ansichten von malerischen Seen und tief eingeschnittenen Tälern stehen noch lebhaft vor meinen Augen. Da müßte man leben, dachte ich damals. Den Wunsch, dort zu leben, bekräftigte sodann, um mein dreizehntes, vierzehntes Lebensjahr herum, die Lektüre von Ludwig Ganghofers Romanen. Ich las ein Ganghofer-Buch nach dem anderen, wobei mich weit mehr als die Handlungen die packenden Naturschilderungen faszinierten. Ich begleitete Ganghofer auf seinen Bergwanderungen und Jagdausflügen, und ich erlebte mit ihm Wetterabenteuer ebenso wie gefährliche Begegnungen mit Wilderern. Ein Rätsel blieben mir allerdings die oft vorkommenden »Latschenfelder«. Jedesmal, wenn Ganghofer die Baumgrenze erwähnte, berichtete er von Latschenfeldern, die man durchqueren müsse. Ich stellte mir damals unter diesen Feldern so etwas wie ein Felsenmeer vor, und ich war ziemlich enttäuscht, als sich mir die Latschenfelder dann in späteren Jahren als karges und niedriges Gehölz ohne besonderen Reiz präsentierten.

Alles in allem: München, die Berge und dazu noch die Aussicht, Anfang Juli 38 den »Tag der Deutschen Kunst« miterleben zu dürfen, räumten schließlich meine und meiner Mutter Bedenken gegen die Reise beiseite. Auch für die Finanzierung der Reise wurden Mittel und Wege gefunden. Welche Mittel und Wege dies waren, blieb mir verborgen. Zwar sorgten Onkel Fritz und Tante Hanne rührend für mich, aber Fahrgeld und ein Taschengeld mußten wir selbst beisteuern. Geklagt hat meine Mutter nie über diese Sonderausgabe, aber eine Sonderausgabe war es, die das Jahresbudget merklich belastete.

Dann kam der aufregende Tag, an dem ich, versehen mit besorgten Ratschlägen meiner Mutter, mit einem kleinen Koffer in der Hand zum Darmstädter Hauptbahnhof fuhr, um dort in den D-Zug nach München einzusteigen. Fast beschlich mich Wehmut, als der lange Zug, von einer kräftigen Dampflokomotive gezogen, schnaubend den Darmstädter Hauptbahnhof verließ. Ich kam mir vor, als sei ich meiner Stadt und meinem Dorf untreu geworden. Aber als wir dann die Bergstraße entlang nach Süden fuhren, hellte sich mein Gemüt wieder auf. Der Frankenstein grüßte und der Melibokus (der höchste Berg Starkenburgs, wie ich in der Schule gelernt hatte) – und der Zug machte zum ersten Mal in Heidelberg halt, das damals noch einen Kopfbahnhof hatte. Eine neue Lokomotive mußte am anderen Ende des Zuges angekuppelt werden. Bei der Ausfahrt grüßte das Schloß wie aus einem Märchenland zu den Gleisen herunter – und ich begann mich in die Rolle des weitgereisten Herrn einzuüben. Aber noch hatten wir nur die erste Etappe der Fahrt zurückgelegt. Stuttgart lag noch vor uns. Dort war ich mit Onkel Willi, dem Bruder von Onkel Fritz und Außenseiter der Familie, am Bahnsteig verabredet – für alle Fälle. Tatsächlich stand er dort auch, als wir einfuhren, und er begrüßte mich freudig. Ich war froh, auf halber Strecke einem bekannten Menschen begegnet zu sein, der mir Mut zusprach für den Rest der Reise.

Dann zogen wir mit unserem Zug die Geislinger Steige hinauf, und danach gab es wieder einen Halt in Ulm, wo ich sogar einen flüchtigen Blick auf das Münster erhaschte. Die wechselnden Landschaften, die draußen vorbeizogen, fesselten mich Stunde um Stunde. Am liebsten hätte ich jede Bahnstation aufgeschrieben, die wir durchfuhren. Was ich sah, war neu und fremd und doch vertraut zugleich. Die Zeit verging wie im Fluge. Aber plötzlich stockte sie, der Zug hielt im Bahnhofsvorfeld zwischen Pasing und München. Der Schaffner kam durch die Gänge und teilte mit, daß ein Defekt an der Lokomotive aufgetreten sei. Es würde einige Zeit dauern, bis eine andere Lokomotive anrücken könne. Das Ende der Reise war zum Greifen nah – und wir mußten warten.

Wie das so ist, wenn man warten muß: Die Mitreisenden kamen miteinander ins Gespräch. Ein junger Mann mit einem eigenartigen Dialekt entpuppte sich als Südtiroler. Er legte heftig los über den Verrat, den der Führer seiner Meinung nach wenige Monate zuvor an seiner Heimat begangen hatte. Es entspann sich ein heftiges Für und Wider, das mich nachdenklich stimmte. Vor allem war ich verblüfft über die Offenheit, mit der in dieser kleinen Gruppe über den Führer und die deutsche Regierung gesprochen wurde. Das Opfer, meinte der Südtiroler, das seine Landsleute bringen mußten, sei zu groß. Hitler habe versprochen, alle Deutschen in Deutschland zu vereinigen, und nun habe er die Südtiroler den Italienern ausgeliefert, und die Italiener seien gemeine Unterdrücker. Entweder sei man ein Deutscher, dann wolle man auch dazugehören, oder man dürfe nicht solche propagandistischen Sprüche klopfen wie die deutsche Regierung und sich dann doch nicht an die Vorgaben halten. Ich war richtig froh, als endlich ein Ruck durch den Zug ging, und wir uns wieder in Bewegung setzten. Mit einer Stunde Verspätung fuhren wir in den Hauptbahnhof München ein.

Tante Hanne und Onkel Fritz warteten schon unruhig auf mich. Sie begrüßten mich erleichtert und sagten, wir müßten uns beeilen, denn sie hätten Plätze im Hofbräuhaus reserviert. Wir fuhren mit dem etwas klapprigen DKW von Onkel Fritz zum Platzl. Ich war noch zu benommen, um von der abendlichen Stadt etwas wahrzunehmen. Das Hofbräuhaus überwältigte mich mit seinem Trubel, gemischt aus derbem Frohsinn und heiterer Gemütlichkeit. Wir bekamen im großen Festsaal an einer Tischecke noch drei Plätze zugewiesen. Musik spielte. Ein Lärm ohnegleichen erfüllte den Raum. Überall standen Bierkrüge in einer Größe, wie ich sie noch nie gesehen hatte, auf den Tischen, und die Leute waren offensichtlich alle vergnügt. Onkel Fritz bestellte auch einen Krug mit Bier und meinte, der reiche für uns alle drei. So war es auch. Dann holte Tante Hanne aus ihrer Handtasche ein Paket, in dem Käse und Wurst und Brötchen und auch ein wenig Butter waren. Ich fragte erstaunt, ob das erlaubt sei: Essen mitzubringen in ein Gasthaus … Onkel Fritz sagte, dagegen habe hier im Hofbräuhaus niemand etwas.

Ich war sehr müde, und wir fuhren bald nach Pasing in die Parkstraße. Die Strecke nach Pasing kam mir unwahrscheinlich lang vor, und sie war auch recht lang. Aber in den nächsten vier Wochen, in denen ich sie täglich fuhr, wurde sie immer kürzer, während meine München-Begeisterung größer und größer wurde.

Um von der Parkstraße in Pasing mit der Straßenbahn in die Münchner Stadtmitte zu gelangen, mußte man zunächst rund 25 Minuten zu Fuß gehen. Dann fuhr man vom Pasinger Marienplatz aus mit der Linie 19 zum Maximiliansplatz in München. Von dort aus unternahm ich meine Erkundungsstreifzüge. Sie führten mich kreuz und quer durch die Stadt. Vom Königsplatz zu den Pinakotheken, von den Pinakotheken zur Schack-Galerie und vom Nationaltheater zur Frauenkirche. Noch nie hatte ich eine Großstadt erlebt mit so gewaltigen Bauten wie der Residenz oder dem Nationaltheater, und noch nie hatte ich solche vornehmen Straßen wie die Maximilianstraße oder die Brienner Straße gesehen – von der Ludwigstraße gar nicht erst zu reden. Der Blick von der Feldherrnhalle zum Siegestor überwältigte mich. Fasziniert war ich auch vom Königsplatz, dessen antikische Dimensionen mich sehr beeindruckten. So ungefähr also mußte man sich wohl Athen in seiner großen Zeit vorstellen, dachte ich bei mir.

München war damals »Hauptstadt der Bewegung« und die »Hauptstadt der Deutschen Kunst«. Die Ostseite des mit Granitplatten ausgelegten Königsplatzes schloß nördlich und südlich der Brienner Straße die architektonische Neorenaissance-Pathetik der Parteibauten ab, flankiert von den antikisierenden Ehrentempeln, in denen die Toten des Novemberputsches von 1923 in protzigen Bronzesärgen aufgebahrt waren. Jeden Tempel bewachten zwei unbeweglich dastehende SS-Posten mit Stahlhelm und Karabinern. Es war eine »Ehrenpflicht«, die Tempel zu besuchen und mit ausgestrecktem rechtem Arm an den Särgen vorbeizugehen. Ich tat das auch, aber ich empfand überhaupt nichts bei dieser ritualen Kondolenzgebärde, und ich war ein wenig enttäuscht über meine Gleichgültigkeit. Etwas mehr Ergriffenheit hatte ich mir von diesem feierlichen Akt eigentlich erwartet. Aber genaugenommen bedeuteten mir die Leute, die da eingesargt lagen und angeblich für eine große Geschichtssache gestorben waren, auch wenig.

Übrigens: Mit ausgestrecktem rechten Arm mußte man auch in der Residenzstraße die Feldherrnhalle passieren, wo eine Bronzetafel an die Ereignisse des 9. November 1923 erinnerte, deren Opfer die Männer in den aufgebahrten Särgen geworden waren. Unmittelbar hinter der Feldherrnhalle führte ein Gäßchen zur Theatinerstraße. Durch dieses Gäßchen kam man an der Rückseite der Feldherrnhalle vorbei, ohne den Gruß entbieten zu müssen. Es war erstaunlich, wie viele Leute sich durch dieses Gäßchen regelrecht verdrückten. Wahrscheinlich war es gar nicht Mißachtung oder Widerstand gegen die Erinnerung an jenen Tag, sondern einfach Widerwille gegen so viel Ritualaufwand. Viele alteingesessene Münchner waren in dieser Beziehung eher liberal. Ihnen genügte ihr Katholizismus, um das Bedürfnis nach Transzendenz zu stillen. Politik als Religions-Ideologie war ihnen weitgehend fremd, ja unangenehm.

Imponierte am Königsplatz das Dritte Reich durch die Parteibauten und durch die Ehrentempel, so prunkte es an der Prinzregentenstraße mit dem »Haus der Deutschen Kunst«. Erst ein Jahr zuvor, 1937, hatte es Hitler eingeweiht. Dieses »Haus der Deutschen Kunst«, ein Werk des Architekten Paul Ludwig Troost, beeindruckte mich, zumal ihm damals noch auf breiter Front Treppenstufen vorgebaut waren, die dem breit hingelagerten Bau viel von seiner heutigen Wucht nahmen. Was mich allerdings sehr störte, das war der Ausspruch Hitlers, den man über dem Haupteingang in Stein gemeißelt lesen konnte. Er lautete:

»Die Kunst ist eine zum Fanatismus verpflichtende Mission.«
Ich buchstabierte die Worte immer wieder von neuem, um dahinterzukommen, was hier wohl gemeint sei; schließlich dämmerte mir, daß schierer Unsinn über der Tür stand. Was hat Kunst mit Fanatismus zu tun, und warum verpflichtet dieselbe dazu? Und Mission? Gewiß: Auch ich hatte eine sehr hohe Meinung vom Künstler und von dessen Auftrag – aber Mission und Fanatismus?

Anfang Juli 1938 wurde in München der »Tag der Deutschen Kunst« gefeiert. Die Häuserfassaden der inneren Stadt um den Marienplatz herum waren mit prunkenden ornamentverzierten Fahnentüchern verhängt. Jeder Straße war eine andere Grundfarbe zugeordnet. Und wohin das Auge blickte, war die Stadt durchflattert von Hakenkreuzfahnen – ein Fahnenmeer, in dem man eher unterging, als von ihm beflügelt zu werden. Auch prangten allenthalben Girlanden und Blumenschmuck – kurzum: hier fand eine pompöse Inszenierung statt, der sich kaum jemand entziehen konnte – und die meisten Menschen, die hier flanierten, wollten sich ihr auch gar nicht entziehen. Sie fühlten sich ergriffen von diesem nationalen Festrausch – so wie ich, der ich, halb staunend, halb pathetisch schaudernd, von einem Taumel erfaßt wurde, der mir, dem Eigenbrötler und poetisierenden Spinner, eigentlich fremd war. Die Magie der Massen-Suggestion tat in dem Sechzehnjährigen ihre Wirkung – und ich fühle mich seitdem an diese fast narkotische Wirkung mit Unbehagen erinnert, sobald ich Demonstrationen begegne oder Massenveranstaltungen erlebe, von der Michael-Jackson-Hysterie bis zum Fußball-Fanatismus.

Zurück zum »Tag der Deutschen Kunst«. Am zweiten Sonntag im Juli wurde dieser Tag gekrönt durch die Eröffnung der »Großen Deutschen Kunstausstellung« im »Haus der Deutschen Kunst« durch Hitler und durch einen prächtigen Festzug zum Ruhm deutscher Kunst und deutschen »Wesens« – vom Mittelalter bis zum Dritten Reich. Onkel Fritz hatte Plätze auf der Tribüne vor dem Hofgarten-Café Annast bekommen. Dort saßen wir dichtgedrängt schräg gegenüber der Feldherrnhalle zwischen Hunderten von Zuschauern und ließen den allegorisch aufgeputzten Festzug an uns vorüberziehen: Mittelalterliche Ritter in prächtigen Rüstungen wechselten mit weißgekleideten Maiden, die feierlich ein goldenes Sonnen-Symbol (natürlich mit Hakenkreuz) einhertrugen; ein Wikingerschiff symbolisierte den nordischen Ursprung der germanischen Kulturerneuerung – und ein goldsilberner Genius, getragen und begleitet von weiß- und rotgewandeten Männern und Frauen schwang »über dem Tod den Lorbeer«. So ging das weiter, Wagen um Wagen und Gruppe um Gruppe. Die Dichtkunst und die Musen wurden allegorisiert, der Tag (ein goldener Helios im goldenen Sonnenwagen zügelt zwei goldene Pferde, die über einen imaginären Himmel stürmen) präsentierte sich auf einem Wagen, der, von Schimmeln mit purpurnen Decken gezogen, von einem weißen Baldachin mit goldenen Borten und Ornamenten überspannt wurde. Viel Gold, viel Silber, viel Purpur – die Triumphzüge der Römer hatten hier wohl ebenso Pate gestanden wie die barocken Prunkfeste und die katholischen Fronleichnamsprozessionen. Die ganze Stadt war Bühne, und alle, die gekommen waren, um an dem Spektakel teilzunehmen, spielten mit – bis in die Nacht hinein.

Am Abend fanden Konzerte großer Orchester unter großen Dirigenten unter freiem Himmel statt. Wir hörten, sehr am Rande, weil wir zu spät gekommen waren, auf dem nächtlichen Königsplatz gerade noch den Schluß einer Symphonie von Beethoven (Hermann Abendroth war der Dirigent) – ein gewaltiges, unvergeßliches Erlebnis für den jungen Dörfler aus dem Hessischen...

Spätabends kamen wir nach Pasing zurück, todmüde von dem anstrengenden, erlebnisreichen Tag. Ich fiel ins Bett, aber ich konnte nicht schlafen, denn bald wehten Fahnen durch mein Hirn oder Sonnenwagen dröhnten über die Decke oder Heroen stemmten das Modell des »Hauses der Deutschen Kunst« und ließen es fallen, daß es in tausend Gipsscherben zersprang – kurzum, es war einfach zuviel gewesen, was sich mir an diesem einen Sonntag an Erlebnissen aufgedrängt hatte.

Trotzdem brach ich am nächsten Tag wieder nach München

auf. Unbedingt wollte ich die große Kunstausstellung im »Haus der Deutschen Kunst« sehen. Ein wenig feierlich war mir zumute beim Betreten der hohen, lichten Räume, denn ich, der ich zuvor nur von Ausstellungen wie dieser in der Zeitung gelesen hatte, fühlte mich fast ein wenig ausgezeichnet durch meine Teilnahme an diesem Ereignis. Allerdings: der Ausgezeichneten gab es offenbar viele, denn der Andrang zu den Sälen war groß und das Gedränge in den Sälen war fast noch größer.

Staunend, fast ehrfürchtig näherte ich mich den Bildern; aber je mehr Bilder ich wahrnahm, um so entschiedener enttäuschten sie mich. War das, was da an den Wänden hing, die erneuerte deutsche Kunst, von der allerorten und ganz besonders hier in München pathetisch die Rede war? Ich fand die meisten Bilder langweilig, manche sogar fad oder, was auf das gleiche herauskam, volkstümelnd bemüht. Zwar hatte ich in Darmstadt die Ausstellung »Entartete Kunst« – diese teuflisch geschickt arrangierten Zeugnisse der verrufenen »modernen Kunst« – mit einigem Schauder besucht und verwirrt verlassen. Aber was sich hier nun an den Wänden als »deutsche« Gegenkunst anbot, enttäuschte mich ob seiner ganz unrevolutionären Biederkeit. Die markigen Hakenkreuz-Variationen und Hitler-Huldigungen nahm ich noch als Devotionalien an den nationalen Zeitgeist hin, aber die makellosen Akte und treuherzigen Bauern, die langweiligen Landschaften und die gefalteten Hände sowie die tiefen Blicke (und nicht zuletzt auch die deutschen Phrasen im Katalog) brachten mein junges, zu Kunst-Revolutionen bereites Gemüt in Aufruhr. Insgeheim barg ich, wie ich erst nach dem Krieg angesichts einer Beckmann-Ausstellung in Frankfurt feststellte, offensichtlich ein expressionistisches Energie-Potential in meinem Innern, von dem ich damals in München selbst noch keine Ahnung hatte. Jedenfalls erschien mir diese gepinselte, holzgeschnitzte, aquarellierte oder gravierte Welt ohne Ecken und Kanten schlichtweg kunstgewerblich oder gar zeitgeistig beflissen – insbesondere das »Allegorische«, das ich in dem Festzug noch staunend bewundert hatte.

Hingegen zogen mich die ausgestellten Plastiken in ihren Bann. Große Namen wie Georg Kolbe, Hans Wimmer, Richard Scheibe, Joseph Wackerle und Fritz Klimsch waren mit hervorragenden Arbeiten vertreten, und selbst Joseph Thorak und Arno Breker konnten sich mit Figuren, die auf berserkerhafte Heroen-Demonstration verzichteten, würdig in dieser Nachbarschaft behaupten. Neunmalklug, wie ich mich damals fühlte, schrieb ich in mein Notizbuch, wir lebten, was unser künstlerisches Vermögen anginge, wohl eher in einem plastisch gestaltenden als in einem malerisch empfindenden Zeitalter. Was ich damit meinte, war mir wohl selbst nicht so recht klar. Mit Politik und Ideologie jedenfalls hatte dieser sonderbare Einfall nichts zu tun, was ich ausdrücklich in einem Referat zum Thema, das ich später im Kunstunterricht an unserer Schule in Darmstadt vortrug, betonte. Immerhin: ich bekam dafür eine Eins.

Nach dem Besuch des »Hauses der Deutschen Kunst« erlahmte mein Interesse an der deutschen Gegenwartskunst. In den zwei Wochen, die mir noch in München blieben, konzentrierte sich statt dessen mein Interesse auf die großen Museen und auf die Sonderausstellung mit Werken von Albrecht Altdorfer in der Neuen Staatsgalerie am Königsplatz. Hier fand ich, was mir nur als spät-epigonaler Abklatsch im »Haus der Deutschen Kunst« begegnet war: eine dramatische künstlerische Auseinandersetzung mit Natur und Geschichte, souverän ins Bild gebracht, mitreißende Kraft ausstrahlend und faszinierend durch die Komposition und den als Stil klar erkennbaren Formwillen. Altdorfers Bilder ergriffen mich geradezu wörtlich: sie griffen nach mir, sie zogen mich zu sich hinein. Natürlich hatte ich zuvor schon die ›Alexanderschlacht‹ und andere Bilder von Altdorfer in mehr oder minder zulänglichen Reproduktionen kennengelernt – doch die Originale wischten alle Erinnerungen an diese »Vor«-Bilder mit einem Schlag aus meinem Gedächtnis. Ich erkannte damals (ohne mir dessen bewußt zu sein), wie gegenwärtig Kunst über die Zeiten hinweg auf die Nachlebenden einzuwirken vermag, wenn sie wirklich große, überragende Kunst ist und nicht nur zeitgeistige Anbiederung an die jeweiligen Zeitgenossen und deren Geschmack. Wie zum Beispiel die Natur, in der sich das geschichtliche Drama der Alexanderschlacht ereignet, von Altdorfer sozusagen als höhere mitwirkende Kraft in das Geschehen einbezogen wird, ist grandios und einmalig. Immer wieder kehrte ich zu diesem Bild zurück; es fesselte mich durch die kühne Inszenierung eines historischen Augenblicks als vergängliches Welt-Theater. Jenseits des Schlachtgetümmels tat sich der Himmel auf, der die menschliche Geschichte den ewigen Gesetzen von Größe und Niedergang unterwirft.

In der Glyptothek sah ich zum ersten Mal griechische und römische Originalplastiken, die mich nicht minder ergriffen als die Bilder von Altdorfer und die leider auch meine Begeisterung für die Bildwerke der Gegenwartskunst, denen ich im »Haus der Deutschen Kunst« begegnet war, etwas minderten. Hier, in den antiken Plastiken, bekundete sich eine naive Gelassenheit des Formens und Gestaltens, über die eigentlich nur noch die frommen Altar-Handwerker des Mittelalters verfügten. Von den archaischen Jünglingsfiguren der Griechen bis zu den römischen Charakterköpfen der Portraitplastik bestach (und besticht) die Eindeutigkeit des Ausdrucks. Romantik hat hier keine Chance. Die Griechen und auch die Römer bleiben Realisten selbst dort, wo sie Ideale vorstellen.

Indem ich die Münchner Museen – die Alte Pinakothek, die Neue Pinakothek, die Schack-Galerie, das Lenbachhaus – aufsuchte, rekapitulierte ich die Kunstgeschichte der Welt, die ich mir in großen Zügen (insbesondere mit Hilfe der vorzüglichen Kunstgeschichte von Hamann) bereits zugänglich gemacht hatte. Die Reproduktionen gewannen Leben durch die Originale, und die historischen, stilistischen und geistesgeschichtlichen Zusammenhänge traten zutage. Ich begann zu ahnen, daß sich hinter den epochalen Trennungen der künstlerischen Stile (Gotik, Renaissance, Barock) mehr verbarg als nur ein kunsthistorisches Einteilungsschema zwecks besserer Übersicht. Ich begann etwas zu ahnen von den teils revolutionären, teils evolutionären Veränderungen menschlicher Verhaltens- und Sehweisen, und ich begann zu ahnen, daß diese Veränderungen auch und vor allem angestoßen wurden durch die gesellschaftlichen Verwerfungen, die der menschliche Fortschritt herausfordert.

Ach, mir ging so vieles durch den Kopf und durchs Gemüt damals, und nur weniges konnte tatsächlich bewältigt und verarbeitet werden. Wie stark die Erinnerung dennoch jene Gedanken und Eindrücke festhielt, merkte ich erst sehr viel später. Mir stand jederzeit abrufbar zur Verfügung, was ich damals an Kunst-Eindrücken erlebt und mir als Epochen-Daten eingeprägt hatte. Es war geistesgeschichtliches Grundkapital, das ich mir damals unbewußt erwarb.

Auch die Topographie der Innenstadt Münchens erforschte ich neugierig. Ja, ich war regelrecht »gierig« auf das Neue, das mir diese Stadt mitteilte: ihre, der Zeitstimmung zum Trotz, liberale Urbanität, ihre Fähigkeit zum festlichen Feiern, ihre königliche Architektur und bürgerliche Gediegenheit, ihre weltstädtischen Boulevards und ihre gemütlichen Gassen, ihr Reichtum an Kunst und ihre Gärten und Plätze. Gab es eine Stadt auf der Welt, die mehr bieten konnte? Rom vielleicht oder Paris, gewiß. Aber für mich wurde München in jenen vier Wochen zu meiner Herzens-Hauptstadt. Nein, Darmstadt verriet ich nicht und wollte ich nicht verraten in Undankbarkeit. Aber ich spürte: ich brauchte einen größeren, einen vielseitigeren geistig-künstlerischen Aktionsraum, als Darmstadt ihn mir würde bieten können.

Leider konnte ich meine Theater-Neugier nicht auch befriedigen in München. Für die Museen hatte Onkel Fritz einen Sonderausweis besorgt, der zum kostenlosen Besuch berechtigte. Das war ein großer Vorteil. Einen Theaterbesuch hätte ich mir kaum leisten können – ganz abgesehen davon, daß ein abendlicher Ausflug nach München nicht nur sehr beschwerlich, sondern mir auch ziemlich unheimlich gewesen wäre. Allein der weite Weg vom Pasinger Marienplatz zur Parkstraße durch die dunkle, zum Teil unbebaute Straße Richtung Gräfelfing erschien mir wie ein Alptraum. Um so eifriger studierte ich die Schaukästen des Nationaltheaters und des Residenztheaters und bestaunte die großen Namen auf den Besetzungszetteln ebenso wie die Szenenaufnahmen verschiedener Aufführungen. Die Kammerspiele suchte ich vergebens. Ich wußte, daß ihre Adresse die Maximilianstraße war – aber ich konnte partout das Theater nicht finden. Daß es hinter schlichten Hausfassaden verborgen sein könne (mit einem kinoartigen Eingang), war für mich unvorstellbar. Ein derart berühmtes Theater mußte meiner Meinung nach unbedingt einen repräsentativen Portikus haben. Aber ausgerechnet den gab es nicht…

Auf meiner Suche nach den Kammerspielen kam ich bis zum Max-II-Denkmal und blickte über die Isar hinweg zum Maximilianeum, das ich für ein prächtiges Wittelsbacher Schloß hielt – eben für die Residenz jenes zweiten Maximilian, vor dessen Denkmal ich stand. Und ich schaute die Maximilianstraße hinauf zum Max-Joseph-Platz: welch eine Prachtstraße ohne Protz und Prunk! Die Ludwigstraße kam mir dagegen zu nüchtern und kühl vor. Auf der Ludwigstraße könnte man, dachte ich damals, vielleicht paradieren, aber nicht flanieren. Da war mir die Maximilianstraße lieber. Auch mit den großen Steinplatten auf dem Königsplatz konnte ich mich nicht anfreunden. Wenn man vereinzelt auf dem Platz stand, kam man sich ziemlich verloren vor. Das Geviert zwischen den Partei-Bauten, der Glyptothek, der Staatsgalerie und den Propyläen besaß keine Spannung, die den Fußgänger einbezog. Der Plattenbelag war auf marschierende oder gegliedert aufgestellte Kolonnen berechnet; fanden sie sich nicht ein, war der Platz bloß wie eine leere überdimensionierte Bühne.

Natürlich ließ ich das Deutsche Museum auf meinen Münchner Erkundungsgängen nicht aus. Ich war fasziniert von der Fülle des technischen Anschauungsmaterials, das hier nicht nur gesammelt und museal verwaltet wurde, sondern das didaktisch-anschaulich einen Verständnisdialog zwischen den Zeitgenossen und der sie mehr und mehr prägenden technischen Welt herzustellen versuchte. Ich bewunderte und bestaunte diese Welt der

Technik, aber ich ging durch die Säle wie durch einen technischen Zoo; die Bilder in den Pinakotheken waren mir lieber.

Eine Woche nach dem Münchner Kunst-Sonntag schlug Onkel Fritz einen Autoausflug nach Innsbruck vor, und zwar über Mittenwald und den Zirler Berg. Ich stimmte begeistert zu. Endlich sollte ich die Alpen sehen! Aber ausgerechnet an diesem Sonntag war es trüb und regnerisch – und leider auch sehr dunstig. Wir fuhren trotzdem los über die Olympiastraße in Richtung Starnberg. Diese Olympiastraße war 1938 noch eine Landstraße, von Linden gesäumt. Hinter Starnberg stieg die Straße leicht an. Von den Alpen war nichts zu sehen. Sollte mir wieder eine Enttäuschung bevorstehen? So, wie nach meiner Ankunft in München, als ich Onkel Fritz und Tante Hanne fragte, wo denn nun eigentlich die Alpen seien, und die Antwort bekam, die könne man nur an ganz klaren Tagen als Panorama-Streifen am Horizont sehen, wenn man hoch genug stünde. Ich hatte mir vorgestellt, München läge unmittelbar zu Füßen des Gebirges. Und jetzt überraschte mich noch mehr, daß wir fuhren und fuhren und trotzdem keine Berge in Sicht kamen. Lag denn München so weit weg von den Alpen?

Dann, auf der Anhöhe vor Weilheim, tauchten plötzlich aus dem Dunst des trüben Vormittags die Alpen vor unseren Augen auf – ein gewaltiger Anblick! Nie wieder hat mich die Annäherung an diese Bergkette so überwältigt wie an jenem Juli-Regentag. Es waren mythische Berge, auf die wir zufuhren, Berge, auf denen die Götter wohnen und in denen die Naturgeister hausen. Die Bergkette gewann mehr und mehr Kontur, und sie lag schließlich wie eine gewaltige Barriere vor uns.

In dieses Gebirge fuhren wir nun hinein – auf der gewundenen Kesselbergstraße, entlang an Felswänden und mit immer neuen Ausblicken auf Höhen und auf Abgründe. Ich fühlte mich wie in der Wolfsschlucht des ›Freischütz‹, von Naturdämonen umdräut, unheimlich und berauschend zugleich. Ja, das waren sie, meine Berge, zu denen sich meine jugendliche Phantasie seit den Kinderjahren magisch hingezogen fühlte …

Hinter Mittenwald erreichten wir die österreichische Grenze, die seit März 1938 keine Grenze mehr war. Die Zollschranken lagen zerbrochen am Straßenrand. Am Grenzpfahl war ein Hakenkreuz angebracht – und drüben begrüßte uns, wer auch immer uns am Straßenrand begegnete, mit lauten Jubelrufen. Die Begeisterung über die Vereinigung Österreichs mit Deutschland war spontan und unbeschreiblich groß, und zwar offensichtlich in allen Teilen der Bevölkerung. Es schien, als habe ein Volk seine Identität wiedergefunden. Nur wer diesen Jubel erlebte, kann ermessen, wie heftige nationale Emotionen politische Sprengkraft entwickeln. Der Jubel war naiv, fast kindlich. An Folgen dieser Vereinigung dachte kaum jemand. Was sollte da noch folgen? Man hatte ja, was man wollte …

Im Regen erlebten wir Innsbruck, im Regen erlebten wir Kufstein, und im Regen erlebten wir den Achensee. Aber mir war der Regen gleichgültig. Für mich schien die Sonne, und ich wünschte mit allen Fasern meines Empfindens, hier einmal heimisch werden zu dürfen.

Als ich Ende August 1938 von München nach Darmstadt zurückfuhr, war mir elend zumute. Jeder Kilometer, der mich von dieser Stadt und von diesem Land entfernte, bestärkte meinen Entschluß, wieder nach München zurückzukehren und für immer im München zu bleiben. In Darmstadt und in Roßdorf kam mir dann die Welt klein und auch kleinlich vor. Meine Stadt, die für mich der Inbegriff einer Stadt gewesen war, schrumpfte zur Provinz-Stadt, der Roßberg rutschte zum Maulwurfshügel zusammen, und die Darmstädter Zeitung empfand ich als spießig und muffig. Kurzum: ich fühlte mich beengt, und es dauerte fast einen ganzen Winter lang, bis ich mich wieder in Darmstadt akklimatisiert hatte. Aber die Sehnsucht nach München und den mythischen Bergen blieb.

Ein Zwischenruf:
Politische Wahrnehmungen

Es ist eigentlich erstaunlich, wie wenig mich in jenen Jahren das politische Leben der Nation erreichte oder gar aufsog. Mir schrieb niemand vor, wie ich zu denken hatte und was ich denken sollte. Wenn heute von Diktatur die Rede ist, entsteht leicht der Eindruck, als sei jeder sofort niedergeknüppelt worden, der sich nicht in Reih und Glied einordnen ließ. Wäre die deutsche Geschichte jener Zeit prospektiv derart einfach in Schwarz und Weiß erkennbar gewesen, dann hätte sie wohl kaum so stattgefunden wie sie stattfand.

Allerdings wurden die Wolken, die am politischen Himmel Europas aufzogen, 1938 dunkler und dunkler. Bereits im Spätsommer 1938 drohte ein Krieg. Die Sudetenkrise beherrschte die täglichen Nachrichten. Je mehr sich die Lage zuspitzte, um so bedrückter wurde die Stimmung. Kaum jemand gab es (selbst unter den bekennenden Nationalsozialisten nicht), der den Krieg herbeiwünschte und in ihm die Lösung unserer nationalen und internationalen Probleme sah. Groß war die Erleichterung, als durch Vermittlung von Mussolini in allerletzter Minute das sogenannte Münchner Abkommen zustandekam. Das Sudetenland wurde aus der Tschechoslowakei ausgegliedert und dem Deutschen Reich angeschlossen. Der Jubel über diese Lösung galt auch und vor allem dem verhinderten Krieg.

Aber dann kam der nächste Schock: die »Reichskristallnacht«. Ein deutscher Botschaftsangestellter in Paris war von einem jüdischen Attentäter ermordet worden. Als Antwort auf die damit angeblich offenbar gewordene »jüdische Weltverschwörung« demolierten im ganzen Reich SA-Truppen und deren Verbündete jüdische Geschäfte und setzten Synagogen in Brand. Zum ersten Mal wurde ich auch in unserem Dorf Zeuge von brutalen ideologischen Terroraktionen, die mich entsetzten. Hier wurde nicht mehr abgerechnet mit einem vermeintlichen Gegner, sondern hier wurden um einer angeblich nationalen Sache willen aggressive Instinkte freigesetzt, die jedes Gesetz mißachteten. Die Judenfrage war bis zu diesem Tag für mich keine Frage gewesen. Juden lebten in unserem Dorf. Sie waren unsere Nachbarn. Die Problemfiguren des Dorfes waren nicht die Juden, sondern die Katholischen. Vor denen mußte man sich in acht nehmen. Denn sie galten als tückisch und verlogen. Mit den Juden gingen die Dörfler ohne Vorbehalt um. Sie waren »anders«, aber sie gehörten zu uns.

Mein Vater war mit einem jüdischen Bankangestellten befreundet, der in Roßdorf wohnte. Von dessen Familie bekamen wir an jedem Passah-Fest einen kleinen Stapel »Matzen«. Das waren Fladen, die mein Vater sehr mochte. Mir schmeckten sie gar nicht, ich fand sie immer sehr fade. Aber ihm zuliebe aß auch ich von ihnen. Wir gingen mit den Nachbarn und den Freunden aus jüdischen Kreisen um wie mit Freunden aus anderen Kreisen auch. Mein Vater sagte immer:»Ach, weißt du, Bub, des is bei de Judde wie bei de annern Leit. Es gibt solche und solche.« Aber daß es nun auf einmal nur noch »solche« geben sollte, das wollte mir nicht in den Kopf.

Die jüdischen Mitschüler verschwanden aus unserer Klasse. Die Eltern wanderten aus. Auch unsere Nachbarn wanderten aus. Nur der alte Schmul, unser Spezereihändler, blieb. Ihn hat es dann im Krieg grausam erwischt. Er wurde abgeholt und verschwand für immer.

Brachte das Münchner Abkommen eine Erleichterung und verdüsterten die Ereignisse des 9. November nur vorübergehend den gesellschaftlichen Horizont des Dritten Reiches (ach, wie schnell verkriecht sich das aufgewühlte Gewissen in die Trivialitäten des Tages!), so brachte das Frühjahr neue Aufregung, als Hitler in die Tschechoslowakei einzog. Fast körperlich war spürbar: Jetzt ist eine Grenze überschritten, hinter der Unheil droht. Gläubig hatte ich Hitler zugehört, als er im Herbst 1938 in einer Radiorede lautstark erklärte, er habe nun keine Gebietsansprüche mehr. Nun wurde uns erzählt, die Tschechoslowakei habe uns provoziert; deshalb sei die Besetzung notwendig geworden. Zum ersten Mal spürte ich existentiell, daß ich als Deutscher in ein völkisches Vabanquespiel einbezogen war, dem ich mich durch Träumereien und ehrgeizige Kultur-Visionen individuellen Zuschnitts wohl kaum mehr entziehen konnte. Ich ahnte, was es heißt, in die Pflicht genommen zu werden. Aber noch war es ja nicht soweit. Noch konnte alles ganz anders kommen. Das Prinzip Hoffnung beschwichtigte wieder einmal die Befürchtungen.

Ich hatte die sogenannte Weimarer Zeit als kleiner Junge noch halbwegs bewußt miterlebt. Zumindest hatte ich mitbekommen, daß im Dorf so gut wie niemand damit einverstanden war, was von der jeweiligen Regierung unternommen wurde, um der Nachkriegsmiseren Herr zu werden. Zu viele schienen sich zu viel und zu lange zu streiten, um Perspektiven eröffnen zu können. Das Begräbnis von Stresemann verfolgte ich mit meinem Vater am Radio. Bei dieser Gelegenheit erfuhr ich, daß der verstorbene Außenminister für Deutschland wahrscheinlich mehr getan habe als alle anderen Politiker zusammen. Nun sei kaum noch Hoffnung auf eine gedeihliche Entwicklung. In den nachfolgenden Jahren war dann Reichskanzler Brüning der Buhmann der Nation. Wo man hinhörte, fiel das Stichwort »Notverordnung«. Mein Vater, ein Hindenburgianer, abonnierte in seiner politischen Ratlosigkeit sogar den »Hessischen Volksfreund«, das Parteiblatt der SPD. Vielleicht wüßten die einen Rat, meinte er. Aber offenbar wußten sie auch keinen. Nach einem Jahr bestellte er die Zeitung wieder ab.

1929 – das große wirtschaftliche Desaster der Weimarer Zeit. Ich erlebte es unmittelbar vor der Haustür: Das große ökonomische Beben setzte nämlich in Darmstadt ein mit der Zahlungsunfähigkeit der DANAT-Bank, der »Darmstädter und Nationalbank«. Dieser Zusammenbruch war, als Teil der Weltwirtschaftskrise, das Signal für die rasante wirtschaftliche Talfahrt Deutschlands, die schließlich Anfang der dreißiger Jahre bei 10 Millionen Arbeitslosen endete. Ich sah diese Arbeitslosen noch in meinem ersten Schuljahr in Darmstadt: Sie standen zu Hunderten in langen Reihen jeden Wintermorgen vor den Ausgabestellen für Suppe an. Sie hatten Blechnäpfe in der Hand und sahen verhungert und ausgemergelt aus. Auf Haus- und Bretterwände in der Stadt waren kommunistische und nationalsozialistische Parolen geschmiert mit Hakenkreuzen, Hammer und Sichel und gelegentlich auch mit den drei Pfeilen der SPD verziert.

Der 30. Januar 1933 verhieß Befreiung von diesem Elend. Aus dem Lautsprecher des Radios tönten Marschmusik und tausendstimmiges Heil, indes eine Stimme mit pathetischem Bibber (es war Goebbels) von dem Aufbruch der Massen in eine neue Zeit berichtete. Und nun ging es Schlag auf Schlag: der Tag von Potsdam, der 1. Mai, der Reichsparteitag, das Erntedankfest – lauter nationale Höhepunkte, die ein Volk im Auf- und Umbruch zeigten. Wir sammelten Zigarettenbilder, auf denen die Stationen dieses nationalen Aufbruchs festgehalten waren, vom Fackelzug in der Nacht des 30. Januar 1933 bis zu den Führer-Triumphen der ersten Regierungsjahre, die Remilitarisierung des Rheinlandes eingeschlossen. Die Arbeitslosen verschwanden aus dem Stadtbild – die Nation faßte Tritt. Wohin? Wir Buben glaubten, was man uns sagte: in eine bessere Zukunft.

Natürlich wurden wir angehalten, dem Jungvolk beizutreten, und wir taten es auch. Aber indem ich mit den Kameraden im gleichen Schritt und Tritt, angetan mit braunem Hemd und schwarzer Überbluse, marschierte und Geländespiele absolvierte, geriet ich in einen Zwiespalt. Ich wollte mitmachen, aber ich merkte, daß mir das Mitmachen eigentlich nicht gefiel. Schon das Einordnen in den Gleichschritt fiel mir schwer, das Ducken und Lauern und Angreifen und Prügeln – es lag mir einfach nicht. Und die Parolen, die an den Kameradschaftsabenden verlesen wurden, gefielen mir auch nicht. Warum? Ich wußte es nicht – es wehrte sich wohl meine kontemplative Natur unbewußt gegen eine Lebensform, die ihr entgegenstand: die militärische, oder genauer: die militaristische.

Mein antimartialischer Charakter brachte mich in Situationen, die mich gelegentlich an mir selbst zweifeln ließen. Denn ich wollte doch dabeisein, wenn in eine neue Zeit marschiert wurde, aber stets fiel ich auf durch die Unfähigkeit, den Willen zum Mitmachen auch durch zackiges Verhalten zu beweisen. Nachteile entstanden mir dadurch kaum, Vorteile natürlich auch nicht. Eher hielt man mich für einen Spinner, der zu allem Überfluß auch noch dem Pfarrer des Dorfes, einem wackeren Streiter für die Bekennende Kirche, die Stange hielt. Mir war es unerträglich, jemanden verfolgt zu sehen, den ich verehrte und der sich aufrecht zu einer Sache bekannte, die er für richtig hielt. Ich wollte mir

Heinz Friedrich mit seiner Mutter und dem jüngeren Bruder, um 1934

einfach nicht sagen lassen, was ich zu meinen hatte, ich erhob, so jung ich war, Anspruch auf eigenes Denken. Deshalb beschrieb ich auch, als uns als Aufsatzthema gegeben wurde »Ein Mensch, der mich besonders beeindruckte«, ausgerechnet einen Schäfer, während die meisten Mitschüler Hitler oder Göring ausgewählt hatten. Es gab großes Gelächter, als die Arbeiten herausgegeben wurden. Ich hatte wieder einmal meinem Ruf als Spinner alle Ehre gemacht…

Fühlte ich selbst mich als Widerständler? Keineswegs, der Gedanke wäre mir gar nicht gekommen. Ich wehrte mich nur gegen die totale Vereinnahmung. Meine Natur leistete sich Widerspruch, nicht ich. Was mich interessierte, das waren Bücher, das war das Theater, das war die Musik. Die Forderungen, die der Staat an mich stellte, fand ich lästig, aber ich fand sie auch berechtigt und notwendig. Ich rebellierte nicht gegen sie, sondern versuchte das zu tun, was man »Pflicht« nannte. Und Pflicht hieß, so hatte ich es gelernt, »gehorchen«. Also gehorchte ich. Hatten wir nicht im Unterricht vernommen, schon Aristoteles habe erkannt, daß der Mensch ein »staatliches« Wesen sei und deshalb dem Staat auch geben müsse, was des Staates sei?

Die ersten Nachdenklichkeiten über das, was im Namen einer tausendjährigen Zukunft geschah, begannen sich im Frühjahr 1938 zu regen. Revision des Versailler Vertrages: Alle Deutschen werden wieder Brüder unter nationalem Dach – so hieß es. Aber der Führer zögerte nicht, Südtirol auf dem Altar des Anschlusses von Österreich zu opfern. Den realpolitischen Aspekt der Sache begriff ich durchaus; aber das Pathos, mit dem der Deutschen Vaterland zuvor beschrieben worden war, und die pragmatische Kälte, mit der es beiseite gelegt wurde im Ernstfall – diese Fakten brachte ich nicht auf einen ideal-nationalen Nenner.

Die Eingliederung des Sudetenlandes nach dem Münchner Abkommen vom 30. September schränkte sodann die Nachdenklichkeiten wieder ein. Immerhin waren es jetzt erneut Deutsche, die zu Deutschen heimfanden. Der Jubel vom September 38 ließ die Dissonanz vom Frühjahr 38 vergessen. Das Einigkeits-

Pathos vom stolzen Groß-Deutschland ergriff den Sechzehnjährigen und riß ihn mit – so, wie in unseren Tagen die Deutschen in ähnlicher Weise hingerissen wurden von der Öffnung der innerdeutschen Grenze.

Zweiter Anlaß zur Nachdenklichkeit, gepaart mit Erschütterung: die »Reichskristallnacht« im November 1938. Das jüdische Problem hatte ich bisher als Problem weder gekannt noch verstanden, trotz ›Stürmer‹-Hetze und sonstiger Aufklärung. Auch in der Schule wurde das Thema eher heruntergespielt. Die jüdischen Mitschüler waren keinen Repressalien unterworfen. Sie wurden auch nicht wie Parias gemieden. Nur einer unserer Lehrer eiferte in antisemitischen Parolen; wir fanden das eher komisch als bedrohlich. Daß er als einer von wenigen Lehrern auch im Braunhemd und mit Hakenkreuzbinde am Arm zu besonderen Anlässen in die Schule kam, empfanden wir eher als dümmliche Protzerei. So harmlos erschien uns der Alltag der Geschichte …

Aber nun die Realität: Die Synagogen brannten – und die Lehrer verhielten sich plötzlich sehr zurückhaltend unseren jüdischen oder halbjüdischen Schulkameraden gegenüber. In den Zeitungen war von Verschwörung die Rede und von Zersetzung. Beispiele dafür kannte ich nicht; in unserem Dorf gab es einige jüdische Familien, die wohlgelitten waren. Mein Vater hatte Freunde unter ihnen gehabt. Aber nun waren sie plötzlich geächtet als Schmarotzer und Volksfeinde. Ich fühlte mich in meiner Hinwendung zu dem bekennenden Pfarrer bestärkt. Aber zugleich dachte ich: Dir fehlt die Einsicht. Der Führer weiß, was er tut. Vielleicht muß sein, was sein muß, auch wenn ich das mit meinen sechzehn unerfahrenen Jahren nicht einsehe. Dennoch: Der Stachel, daß hier Unrecht eingesetzt worden war, um nationales Recht zu demonstrieren – dieser Stachel blieb. Aber: respice finem? Wer konnte sich damals vorstellen, daß hier die Fackel an die Zündschnur gehalten wurde, die den Holocaust zur Explosion bringen sollte?

Dritte Irritation: die Besetzung der Tschechoslowakei im Frühjahr 1939. Sie stand im krassen Widerspruch zu den feierlichen

Proklamationen Hitlers, daß er nur Deutsche mit Deutschen vereinigen wolle. Erlebte Geschichte? Hier gab es erneut Widersprüche, die Zweifel an der Integrität des von uns bewunderten Führers hervorriefen. Die Welt hielt den Atem an – wir auch. Hitler hatte seinen Rubikon überschritten. Waren die Würfel gefallen? Sie waren es. Aber niemand schien dies zu merken. Die Opportunität, die in der Meinung gipfelte, es sei noch einmal alles gut gegangen – diese Opportunität beschwichtigte besorgte Gedanken. Heute weiß ich: Just dieser Opportunismus war und ist es, der die Katastrophen der Weltgeschichte begünstigt.

Zwischen Frieden und Krieg

Im Juli 1939 fanden, wie jedes Jahr, wieder Freilichtaufführungen auf dem Römerberg in Frankfurt statt. In unserer Schule wurden Schülerkarten angeboten für ›Faust‹. Schnell fand sich eine Gruppe theaterbegeisterter Jungen zusammen, um gemeinsam nach Frankfurt zu fahren. Mein Schulfreund Schneider bot mir die Übernachtung in Darmstadt an. Ohne dieses Angebot hätte ich den Ausflug nicht bewerkstelligen können. So fuhren wir an dem entscheidenden Abend mit dem Zug nach Frankfurt und machten uns auf den Weg zum Römerberg. Dort war, vor dem Römer, eine große Tribüne aufgebaut, die die Fachwerkhäuser auf der gegenüberliegenden Seite fast verdeckte. Die Vorstellung war offenbar ausverkauft; alle Plätze waren besetzt. Mit Einbruch der Dämmerung begann das Spektakel. Der ›Prolog im Himmel‹ wurde vom Balkon gesprochen, die Szenerie war auf einem Podium vor dem Römer jeweils nur angedeutet. Wolfgang Büttner spielte den Faust, Robert Taube den Mephisto, und Ellen Daub das Gretchen.

Ich sah zum ersten Mal, dazu noch bei wunderbarem Sommerwetter, eine Freilichtaufführung, und ich war verzaubert. Der gestirnte Himmel, die durch Scheinwerfer angestrahlte und fast unwirklich erscheinende Fassade des Römers, die Sprache des ›Faust‹, akzentuiert durch sehr geschickte szenische Arrangements – dies alles zusammengenommen erschien mir als die Theatererfüllung schlechthin.

Allerdings wurde dieser Eindruck bereits einen Monat später im Heidelberger Schloßhof noch übertroffen, wo ich, ebenfalls durch Vermittlung meines Freundes Schneider, der in Mannheim bei Verwandten eine Übernachtungsmöglichkeit bot, unvergeßliche Aufführungen von Schillers ›Räubern‹ und Shakespeares ›Sommernachtstraum‹ erleben durfte.

Wir schrieben bereits Ende August 1939. Es war, als habe sich der Sommer mit dem Regisseur Hans Schweikart verbündet, um, vor der Kulisse der Heidelberger Schloßruine, Shakespeares poetischem Mittsommernachts-Märchen zu verzaubernder Wirkung zu verhelfen. Der späte Abend war mild. Mücken tanzten im Licht der Scheinwerfer, und im Himmelsdunkel begannen die Sterne zu funkeln. Nur wenige Podeste und Requisiten im Gebüsch des Schloßhofes markierten die Schauplätze; die Natur tat das übrige, um die Phantasie mit Bühnenbildern auszustaffieren, die eine geradezu fröhlich überschäumende Spiellaune der Akteure (mit Friedrich Domin als Oberon und Maria Nicklisch als Titania im Mittel- und Drehpunkt des Geschehens) munter belebte. Die Zuschauer fühlten sich nicht mehr als Zuschauer; sie waren einbezogen in diesen ›Sommernachtstraum‹, den sie in vollen poetischen Zügen noch einmal genossen angesichts der düsteren Kriegswolken, die bereits schwer auf den Gemütern lasteten.

Maria Nicklisch und Gerda Maria Terno (sie spielte, soweit ich mich erinnere, die Hermia) bestätigten mir Jahrzehnte später im Gespräch, daß sie, was ihre Gemütsverfassung angegangen sei, damals geradezu inbrünstig gegen den drohenden Krieg »angespielt« hätten; niemals vorher habe sich ihnen die friedensstiftende Kraft der Kunst derart existentiell offenbart wie in jenen letzten Vorkriegs-Aufführungen des ›Sommernachtstraums‹ in Heidelberg. – Und, so muß man hinzufügen, wie machtlos ist Kunst, wenn der Krieg ausbricht und selbst der Religion das Recht abspricht, dem Arm zu wehren, der das Schwert führt.

Der andere große Freilichtabend in Heidelberg war eine Inszenierung von Schillers ›Räubern‹ (der Regisseur hieß Hans Dietrich Kenter), die das gesamte Panorama des Schloßhofes mit der Schloßruine als Schauplatz einbezog. Entsprechend eindrucksvoll war das Spektakel, das hier ablief – mit Paul Hoffmann als Franz und Ernst Wilhelm Borchert als Karl Moor. Die

Amalie spielte die damals hochberühmte Lieselotte Schreiner. Besonders beeindruckte mich die Szene gegen Schluß des Stükkes, in der Franz Moor, von inneren Furien geplagt, mit brennender Fackel an den ausgebrannten Fenstern der Schloßruine entlanghastete. Seine Angstschauder durchströmten mich, als müsse ich selbst erleiden, was ihn peinigte. Als ich Paul Hoffmann nach dem Krieg auf diese großartige schauspielerische Leistung ansprach, ernüchterte er meine Erinnerung schmunzelnd mit der Antwort: »Ich muß Sie enttäuschen, mein Lieber, das war gar nicht ich, das war ein Double. So schnell wäre ich gar nicht hochgekommen in die Ruine…« So nah liegen Sein und Schein in der Kunst beieinander, insbesondere in der Theaterkunst. Die Frage, ob und wann wir Menschen uns mit Kunst etwas vormachen – und ob dieses Vormachen nicht den eigentlichen Reiz künstlerischer Schöpfungen (und zugleich deren riskante Fragwürdigkeit) bilde – verfolgt mich seit jenen frühen Tagen leidenschaftlichen Kunsterlebens intensiv, und sie beunruhigt mich, sooft ich mich ihr stelle.

Anfang August 1939 hatte das letzte Halb-Schuljahr begonnen. Für Anfang des Jahres 1940 war das schriftliche Abitur angesagt, im März sollte das mündliche folgen. Wir Schüler sahen diesen Ereignissen mit gemischten Gefühlen entgegen. Das Abitur war eine schwierige Hürde, für deren Überwindung man sich noch fleißig vorbereiten mußte. Aber dann winkte die Befreiung vom Schulkorsett. Endlich konnte der Weg ins eigenverantwortete Leben angetreten werden!

Unsere Klasse war auf 18 Schüler zusammengeschrumpft. Etwa ein Drittel jener Schulkameraden, mit denen ich 1932 die Darmstädter Schulzeit begonnen hatte, blieben auf der Schulstrecke. Die meisten gaben mit der sogenannten Mittleren Reife auf, weil sie sich den Anforderungen der Oberstufe nicht gewachsen fühlten oder ihren Zeugnissen zufolge keine Hoffnung aufs Weiterkommen hegen konnten. Wir, die wir bis zum Abitur mitzumachen entschlossen waren, wurden nach unseren Berufsvorstellungen befragt. Etliche wollten die Offizierslaufbahn einschlagen, andere strebten praktische Berufe an, auch das Lehramt war damals noch begehrt. Ich schrieb in den Fragebogen, daß ich mir vorgenommen hätte, Deutsch, Kunstgeschichte und Theaterwissenschaft zu studieren, um später im Bereich des Theaters tätig zu werden. Ich wußte auch schon, wo ich mein Studium beginnen wollte, und ich wußte auch, bei welchem Professor, nämlich bei Artur Kutscher in München, dessen Ruf als *der* »Theaterprofessor« Deutschlands auch bis zu mir gedrungen war.

Abitur und Freiheit zum Lernen, zum Studieren – das war leider auch wieder nur ein schöner Traum. Denn vor der Freiheit war erneut eine Hürde aufgebaut, und die hieß Wehrdienst. Die Wiedereinführung der allgemeinen Wehrpflicht war einer der bejubelten Erfolge Adolf Hitlers auf dem Weg zur nationalen Erneuerung und Rehabilitation. Daß dieses militärische Muskelspiel mehr bedeuten könnte als nur ein Muskelspiel, darauf kam ich damals nicht. Aber unmittelbar betroffen war auch ich von der neuen Lage. Denn jeder junge Deutsche wurde jetzt in die Pflicht genommen, zwei Jahre Wehrdienst und zuvor mindestens ein halbes Jahr Arbeitsdienst zu absolvieren. Das war eine harte Vorgabe, zumal für einen jungen Menschen, der ganz anderes im Sinn hatte, als mit Gewehren umzugehen und Stechschritt zu üben. Das Wiedersehen mit München schien sich sehr zu verzögern… Einen kleinen Trost gab es immerhin: Wer sich freiwillig zum Wehrdienst meldete, konnte sich ein halbes Jahr Arbeitsdienst ersparen. Er mußte »nur« zwei Jahre als Soldat dienen.

Wir machten in der Klasse fast geschlossen Gebrauch von diesem Zeit-Rabatt und meldeten uns freiwillig zum Wehrdienst. Die zwei Jahre werden auch herumgehen, dachte ich. Dann hast du genug getan fürs Vaterland. Dann endlich kommst du selbst an die Reihe und tust, was du dir vorgenommen hast.

Trotz der Anstrengungen, die das Abiturjahr erforderte, machte mir, nach vielen Jahren der Lernplage, die Schule endlich auch Spaß. Es wurde nicht mehr gepaukt, sondern das in früheren

Jahren Eingepaukte wurde nun besprochen, vertieft und interpretiert. Unser Lehrer Schollmeyer, von dem schon die Rede war, verstand offensichtlich das Abitur als das, was es sein sollte: eine Prüfung geistiger Reife. Gelegentlich kam ich mir vor, als sei ich bereits auf der Universität. Ich wurde als junger, geistig interessierter Mensch ernst genommen. Was ich vorbrachte, wurde nicht als beiläufig abgetan; immer deutlicher wurde mir in vielen Gesprächen, wenn auch nur in Umrissen, bewußt, daß die Künste mehr boten als nur freundlich-festliche Lebensgirlanden. ›Die Schaubühne als eine moralische Anstalt betrachtet‹ – diesen Aufsatz von Schiller las ich mehrfach. Ich fand darin hinreißend meine eigenen Vorstellungen vom Theater und von der Arbeit am Theater bestätigt und mit einem Ausrufezeichen versehen.

Mein Lesehunger schlug fast in Lesefreßsucht um. Ich habe wohl dieses Bücherrausches bedurft, um die trüben Gedanken an die drohende geistige Durststrecke, die nach dem Abitur bevorstand, zu verscheuchen. Hätte ich geahnt, daß die Durststrecke mehr als fünf Jahre dauern und in einer furchtbaren Katastrophe enden würde – ich weiß nicht, ob ich die Kraft und den Mut gehabt hätte, mich dieser Zukunft zu stellen.

Zum Spätsommer 1939 hin provozierte Hitler erneut weltpolitische Spannungen. Nach der Besetzung der Tschechoslowakei hatten Frankreich und England eine Garantieerklärung für Polen abgegeben. Sie fürchteten, daß Polen, dem 1919 durch den Versailler Vertrag Posen und Westpreußen zugefallen waren, das nächste Objekt von Hitlers Revisionskampagne sein würde. Sie hatten sich nicht getäuscht. Ebenfalls 1919 war nämlich Danzig zur autonomen Stadt unter Völkerbund-Aufsicht erklärt worden, weder dem Deutschen Reich noch Polen zugehörig. Hitler nahm diese politisch widersinnige Konstruktion zum Anlaß, um nicht nur die Frage Danzig zu klären, sondern auch das Problem des sogenannten Korridors zwischen Ostpreußen und dem übrigen Reich zu lösen.

Der polnische Korridor und der Status von Danzig gehörten zweifellos zu den Ungereimtheiten des Versailler Vertrages.

Auch ohne Hitler hätte dieses Problem mit Sicherheit immer wieder zu politischen Diskussionen und Auseinandersetzungen herausgefordert. Im Zusammenhang jedoch mit den nationalsozialistischen Visionen vom »Lebensraum Osten« bekamen die Forderungen nach einer Revision der in Versailles getroffenen Entscheidungen eine andere Dimension. Ganz offensichtlich wollte Hitler verwirklichen, was er in seinem Buch ›Mein Kampf‹ als geschichtliche Aufgabe der Deutschen proklamiert hatte, nämlich die politische, wirtschaftliche und geistige »Kultivierung« des Ostens unter der Vorherrschaft Deutschlands.

Wieder tauchte die bange Frage auf: Überspannt der Führer den Bogen? Gibt es Krieg? Müssen wir Deutschen den Krieg riskieren, um leben, überleben zu können? Mit meinen siebzehn Jahren wußte ich nur eins (und dachte dabei an meinen Vater und seine Erzählungen von der »Hölle von Verdun«): Krieg ist Verhängnis.

Lautstark erklärte Hitler wieder einmal, daß ihn die Vorsehung dem deutschen Volk geschickt habe. Er könne und dürfe nicht warten, er müsse handeln, solange er noch die Kraft in sich spüre, sein geschichtliches Werk zu vollenden. Wenn ich den Führer im Radio reden hörte, überkam mich stets ein mulmiges Gefühl der Hybris, der ich hilflos ausgeliefert war. Zugleich schämte ich mich dieses Gefühls, das ich für Feigheit angesichts der großen Sache hielt, um die es diesem Mann ging.

Hitler ließ es nicht bei markigen Worten bewenden. Er forderte Polen heraus, und Polen leistete Widerstand. Die Westmächte formierten sich, und sie versuchten, die Sowjetunion in ihre Front gegen Hitler einzubinden. Hitler und Stalin jedoch waren schlauer und auch skrupelloser. Hitler schlug Stalin vor, sich einen Teil Polens als Lohn für einen Stillhaltepakt zu holen. Und Stalin ging auf diesen Vorschlag ein.

Die Nachricht von dem Bündnis zwischen Hitler und Stalin schockierte im August 1939 nicht nur die Welt (und vor allem die Westmächte), sondern insbesondere die Deutschen. Erneut trat, wie schon in der Tschechoslowakei-Frage, ein Widerspruch zwischen ideologischen Bekenntnissen und realer Politik zutage.

Der Kommunismus und mit ihm die Sowjetunion, die ihn verkörperte, war ja bisher der Erzfeind der Nationalsozialisten gewesen. Ihn zu vernichten, waren die Nationalsozialisten angetreten. Verbündet mit den Juden, bedrohte der Kommunismus
die abendländische Welt – so stand es in ›Mein Kampf‹ zu lesen.
Und nun: der Pakt. Realpolitisch schien er vernünftig, doch
ideologisch war er ein Schlag ins Gesicht. Aber um der Sache
und vielleicht des Friedens willen waren viele Deutsche und
vor allem Hitlers bedingungslose Anhänger bereit, auch diesen
Schlag als »genialen politisch-strategischen Schachzug« hinzunehmen. Der erbrachte allerdings nur zum Teil etwas. Polen
wurde blitzbesiegt und Rußland nahm sich einen Teil der Kriegs-
beute. Aber dafür erklärten England und Frankreich dem Reich
den Krieg.

Der Krieg veränderte unser Dorf-Leben mit einem Schlag, obwohl er nicht gleich mit voller Wucht über uns hereinbrach. Der
Polen-Feldzug ereignete sich weit entfernt und war schnell vorbei. Und im Westen geschah vorerst nichts. Man durfte noch
hoffen. Dennoch: Militär bezog bis in den Odenwald hinein Stellung; die Einquartierungen bei uns in Roßdorf wechselten von
Woche zu Woche. An den Fenstern wurden Verdunklungsrollos
angebracht und in den Straßen brannten keine Lampen mehr.
Evakuierte Menschen aus der unmittelbaren Grenzzone im Westen lebten in Sammelunterkünften. Für sie wurden bunte Abende und Konzerte veranstaltet, um sie bei Laune zu halten. In
Roßdorf befanden sich vorwiegend Menschen aus dem Gebiet
von Kaiserslautern. Sie wurden gefeiert wie Helden, weil sie dem
Befehl des Führers gefolgt waren und ihre Häuser verlassen hatten. Als sich herausstellte, daß die Franzosen keineswegs zum
Entlastungsangriff ansetzten, durften die Evakuierten bald wieder zurückkehren.

Schon im ersten Winter wurde das Heizmaterial knapp. Ben-
zin wurde rationiert. In der Schule fand Schichtunterricht statt,
um die beheizten Räume den ganzen Tag über zu nutzen; gefro-
ren haben wir Schüler trotzdem, denn die Heizungen liefen nur

mit halber Kraft. Auch wurden die Bahnfahrten eingeschränkt, und die Straßenbahnen in Darmstadt mußten Strom sparen. Überall wimmelte es von Soldaten. Den Soldaten war bei Strafe verboten, Zivil zu tragen, auch im Urlaub mußten sie Wehrbereitschaft demonstrieren.

Wie gesagt: Dies alles waren noch relativ harmlose Hinweise auf den Krieg; aber im Gegensatz zu der friedlichen Zeit vorher war deutlich spürbar: Die Bedrohung ist gegenwärtig, und sie ist beängstigend groß. Die Bevölkerung wirkte eher bedrückt als erhoben. Der vergangene Krieg war noch in lebhaft-schrecklicher Erinnerung.

Wir Abiturienten merkten, daß es auch für uns ernst wurde. Im Oktober oder November 1939 wurden die ersten Mitschüler, kaum hatten sie das 18. Lebensjahr erreicht, aufgrund ihrer freiwilligen Meldung im Sommer eingezogen. Die anderen mußten ebenfalls damit rechnen, pünktlich zum 18. Geburtstag »zu den Waffen gerufen« zu werden – wie der profane Akt der Einberufung edel umschrieben wurde. Angesichts dieser Aussicht widmete sich unsere kleine Freundesgruppe um so intensiver ihren kulturellen Interessen. Wir gingen gemeinsam ins Theater, wir gingen in Konzerte und besuchten Solistenabende, und wir selbst veranstalteten kleine Kammerkonzerte, meistens in der Wohnung von Klaus Breidert. Die Breiderts besaßen eine geräumige Altbauwohnung in der Wilhelmstraße, und sie verfügten über einen Bechstein-Flügel. Dieser Flügel war der Mittelpunkt unserer abendlichen Zusammenkünfte, zu denen manchmal Verwandte und Bekannte eingeladen wurden. Meistens spielte Klaus Breidert kleinere Werke von Schubert, Beethoven oder Schumann, und ich rezitierte (das hatten wir den sonntäglichen ›Schatzkästlein‹-Sendungen des Deutschland-Senders abgehört) Gedichte von Matthias Claudius bis Hölderlin und von Goethe bis Storm und Weinheber. Auch unser vertrauter Lehrer Ferdinand Schollmeyer nahm gelegentlich an diesen erbaulichen Abenden teil und hielt mit Beifall nicht zurück. Wir waren sehr stolz auf unsere Leistungen. Leider war uns klar, daß diese künstlerischen Aktivitäten für das Abitur nichts erbrachten. Da mußten wir noch andere als nur musische Farben bekennen.

Es gehörte zur Tradition des Ludwig-Georgs-Gymnasiums in Darmstadt, daß in der Aula dieser Schule vor Weihnachten die Abiturklassen ein antikes Theaterstück, sei es Komödie, sei es Tragödie, aufführten. Schollmeyer, dem im Oktober 1939 die Aufgabe zufiel, eine Aufführung vorzubereiten, entschied sich für ›Die Perser‹ des Aischylos – ob mit oder ohne besondere zeitbezogene Absicht, weiß ich nicht. Ich habe ihn späterhin nie danach gefragt, aber heute bin ich geneigt anzunehmen, daß er wußte, welche Entscheidung er traf.

Bei der Verteilung der Rollen gab es ein Problem. Die männlichen Partien waren schnell verteilt. Ich übernahm die Rolle des Dareios, der, von seiner Witwe Atossa beschworen, aus dem Grab aufsteigt und die Perser an die Hybris geschichtlicher Taten gemahnt. Die Atossa konnten wir nicht aus der eigenen Schule besetzen. Das Gymnasium war eine Schule für Jungen, obwohl erstmals 1934 diese Tradition durchbrochen wurde, als ausgerechnet in unsere Klasse eine Schülerin aufgenommen wurde: Lilo Büchner. Sie war die Enkelin eines früheren Lehrers am Ludwig-Georgs-Gymnasium. Ihre Eltern hatten aus politisch-beruflichen Gründen von München nach Darmstadt umziehen müssen, und die Tochter, die von einem humanistischen Gymnasium kam, hätte umgeschult werden müssen, wenn unser Gymnasium sie nicht aufgenommen hätte. Lilo Büchner war seinerzeit nicht nur die Sensation unserer Schule, sondern auch der umliegenden Realschulen. Sie hielt sich tapfer, und da sie nicht dumm war und auch ihr Fleiß nichts zu wünschen übrig ließ, war sie uns Jungen bald überlegen und verschaffte sich dadurch Respekt. Nach drei Jahren zogen die Eltern nach Stuttgart und Lilo verschwand. Dennoch blieb sie zeit ihres Lebens eine der unseren. Zu jedem Klassentreffen wurde sie eingeladen, und mich persönlich verbindet mit ihr eine Lebensfreundschaft, die späterhin auch in eine berufliche Zusammenarbeit mündete.

Zwar tröpfelten auch danach immer wieder einmal Mädchen

in eine der oberen Klassen, aber das veränderte den Charakter unserer Jungenschule so gut wie nicht. 1939 jedenfalls waren wir bei dem Theaterstück in Besetzungsschwierigkeiten. Wir erinnerten uns, daß unser früherer Deutschlehrer, Dr. Ratz, inzwischen an der Viktoria-Schule, der Oberschule für Mädchen, tätig war, und wir baten ihn um Vermittlung einer geeigneten Darstellerin. Er nannte auch bald einen Namen: Maria Maser. Diese junge Dame sei überdurchschnittlich begabt. Sie könne hervorragend rezitieren, schreibe ausgezeichnete Aufsätze und wolle ohnehin später zum Theater. Ich war sehr neugierig auf dieses Mädchen, das offenbar ähnliche Interessen hatte wie ich, und meine Neugier wurde nicht enttäuscht. Die junge Dame war lebhaft, selbstbewußt, sah gut aus und litt unter der gleichen Lesesucht wie ich. Mit Schollmeyer probten wir viele Nachmittage, und wir kamen uns sehr professionell vor. Jeweils nach Probenende begleitete ich das Fräulein Maser die Karlstraße hinauf und ein Stück die Wilhelmstraße hinunter bis zu ihrem Elternhaus in der Eichbergstraße. Dort standen wir meistens noch lange vor dem Haustor, um unsere Leseerfahrungen auszutauschen. Zuweilen machte das Dienstmädchen der Masers unseren ausgedehnten Diskussionen ein Ende, indem es mit lautem Getöse die Rolläden herabließ zum Zeichen: Jetzt ist es genug.

Marias Hauptthema war Goethe, meines Nietzsche. Ich versuchte natürlich, ihren Leseempfehlungen nachzukommen, aber eine intensive Goethe-Lektüre kam mir damals nicht gelegen, und auch sie konnte sich für Nietzsche nicht in der Weise begeistern, wie ich das nach meinen leidenschaftlichen Plädoyers erhofft hatte.

Dann kam der große Abend der Premiere. Ich war furchtbar aufgeregt. Nicht zuletzt die Angst vor meinen sprachlichen Schwierigkeiten steigerte mein Lampenfieber fast zur Hysterie. Unentwegt machte ich Atemübungen hinter der Bühne, um die Blockade der Anfangsworte aufzuheben. Wußte ich doch: Wenn ich über die erste Zeile kam, war ich gerettet.

Nun, ich kam über die erste Zeile, und was ich vorzubringen

imstande war, zusammen mit Maria, war offenbar überzeugend. Jedenfalls schrieb ein paar Tage später die Zeitung in Darmstadt, daß vor allem wir beide beeindruckt hätten durch unsere sprecherischen Leistungen.

Ahnte ich, was ich sprach? Oft habe ich seit jenen Novembertagen 1939 in Darmstadt den Text in die Hand genommen. Jedesmal bin ich überwältigt von der prophetischen Kraft dessen, was Aischylos den aus dem Grab auftauchenden Dareios seinen verblendeten persischen Landsleuten zurufen ließ:

> Denn Frevel, einmal blühend, wuchert ins Gebreit,
> und Unheil, tränenvoll, heißt Ernte, die er mäht.
> Ihr, die der Strafe schwere Wucht am Schuldigen seht,
> gedenkt Athens und Griechenlands, und keiner soll
> gering das eigne Schicksal achtend, fremdes Gut
> begehren und so vernichten gewaltiges Glück.

Maria war in unserer Probenzeit und vor allem nach der glorreichen Premiere ganz selbstverständlich auch ein Teil unseres Freundeskreises geworden. Nun rezitierten wir bei unseren abendlichen Treffen gemeinsam klassische Texte in freundschaftlicher Konkordanz und Konkurrenz. Schon damals keimte in mir der Gedanke: So müßte die Frau sein, die du einmal heiraten willst. Aber an so etwas überhaupt zu denken, hielt ich zu dieser Zeit schon fast für eine Sünde. So blieb es beim freundschaftlichen Charakter unserer Beziehung.

Da wir keine gemeinsamen Proben mehr hatten, konnte ich Maria auch nicht mehr nach Hause begleiten. Dafür luden mich ihre Eltern gelegentlich zu kleinen Gesellschaften ein. Ich folgte diesen Einladungen mit Neugier und Beklommenheit zugleich. Mit Neugier, weil es mich interessierte, wie es in »vornehmen Kreisen« zuging, und mit Beklommenheit, weil ich nicht wußte, wie man sich in solchen Kreisen benehmen muß. Zwar hatte ich in einem (nicht geliebten) Tanzkursus gängige Benimmregeln kennengelernt – aber ob sie ausreichten, mich selbständig auf unbekanntem Parkett zu bewegen, dessen war ich keineswegs sicher.

Aber Marias Eltern nahmen mir auf Anhieb jegliche Befangenheit. Sie empfingen mich offen und herzlich – so, als hätte ich schon immer zu den Menschen gehört, mit denen sie umgingen. Diese Menschen waren vornehmlich Künstler, Musiker, Sänger, Dramaturgen, Maler. Denn Marias Mutter war selbst Künstlerin. Sie trat zwar nicht mehr als Sängerin öffentlich auf, aber ihr Renommee war noch höchst lebendig. Souverän und umsichtig gestaltete sie die abendlichen Empfänge oder die Mittagessen in kleinem Kreis, immer bereit, Freundschaften zu stiften oder Verbindungen zu knüpfen. Der Vater, Oberstudiendirektor, hielt sich eher zurück. Da er früh zur Marine eingezogen wurde, nahm ich von ihm auch nicht mehr allzuviel wahr. Er gewann erst Kontur und Bedeutung für mich unmittelbar nach dem Krieg.

Ich war sehr stolz auf die Einladungen bei Masers in der großzügig eingerichteten Wohnung im ersten Stock der Eichbergstraße 14. Dort stand im Erker des großen Wohnzimmers ein Steinweg-Grotrian-Flügel, dem ich mit Ehrfurcht begegnete, wußte ich doch, daß auf ihm schon mancher große Pianist gespielt hatte. Erklingen hörte ich ihn nur ein einziges Mal, als Marias Mutter auf allgemeinen Wunsch und Drängen das Lied des Klärchens aus dem ›Egmont‹ (»Die Trommel gerühret …«) sang. Wer sie damals begleitete, weiß ich nicht mehr, aber daß ich die Dame Maser danach nur noch mehr bewunderte und verehrte, das weiß ich noch sehr genau. Ich fühlte mich auf schüchterne Weise zugehörig zu dieser Familie, in der offenbar nicht Herkommen und gesellschaftlicher Rang allein den Ausschlag gaben für die Auswahl ihrer Gäste, sondern der menschliche und künstlerische Charakter jedes einzelnen. Marias Mutter nahm sich meiner ohne Vorbehalt an und korrigierte auch gelegentlich unmerklich mein Benehmen und übte Nachsicht gegenüber meiner Unbeholfenheit. Mir bedeutete diese behutsame Führung damals sehr viel, und ich war dankbar.

Wie ich überhaupt glücklich und dankbar war für jede geistige und menschliche Hilfe, die mir aus meiner dörflichen Enge heraushalf und mir Wege wies in die Welt, in der sich Kultur ereignet und damit verwirklicht, das heißt: Teil unserer menschlichen Wirklichkeit wird.

Apropos: Wegweiser. Im Darmstädter Landestheater sah ich das Stück eines zeitgenössischen Autors. Er hieß Werner Deubel und war, dem Vernehmen nach, Feuilleton-Redakteur einer Zeitung in Frankfurt gewesen, bevor er sich in den Odenwald zurückgezogen hatte, um sich ganz und gar der Schriftstellerei widmen zu können. Ich wußte zwar, daß es Essay-Sammlungen von Deubel gab, auch daß er mit einem anderen Stück bereits Erfolg hatte – aber konkret verband ich mit diesem Namen keine Vorstellungen. Und nun dieses Stück mit dem Titel ›Der Ritt ins Reich‹ auf der Bühne des Landestheaters. Es handelte von Karl XII. von Schweden und dessen schicksalhafter Begegnung mit der Gräfin Königsmark in Schlesien. Ich war hingerissen von der sinnlichen, fast klassisch-edlen Sprache dieses Werkes und von der dramatischen Leidenschaft, die jede Szene bekundete. Der Beifall war groß, zumal sich das Darmstädter Ensemble mit deutlicher Hingabe zu dem Werk bekannte. Werner Deubel, ein ernst dreinblickender, eher klein wirkender Herr mit fast magisch großen Augen, verbeugte sich mehrmals – dann fiel der Vorhang endgültig. Gern hätte ich Werner Deubel persönlich gesagt, wie ergriffen ich war und wie sehr mich sein dramatischer Zugriff erregte und zu eigenen Schreibversuchen herausforderte! Aber dazu gab es erst nach dem Krieg Gelegenheit, und sogar folgenreiche. Denn Deubel machte mich auf Ludwig Klages, dessen glühender Bewunderer er war, aufmerksam und löste damit in mir eine höchst ertragreiche Auseinandersetzung mit diesem Philosophen (oder sollte man ihn besser einen »Biosophen« nennen?) aus. – Deubel nach jener Darmstädter Aufführung zu schreiben, wagte ich nicht. Was ich ihm hätte schreiben können, kam mir unbedeutend, phrasenhaft oder angeberisch vor. Also ließ ich den Brief ungeschrieben.

Gegenüber einem anderen Autor brachte ich den Mut auf, ihn schriftlich anzusprechen. Er hieß Wilhelm Michel und wohnte in Darmstadt. Zu den offiziell geförderten Autoren gehörte er nicht. Er befand sich eher in einer Lage, die man späterhin als »innere Emigration« charakterisierte. In Darmstadt sprach man von ihm als einem hervorragenden Hölderlin-Kenner. Seit Jahren, so hieß es, arbeite er an einer großen Biographie dieses Dichters. Diese Hinweise machten mich neugierig, denn Hölderlin gehörte in jenen Monaten vor dem Abitur neben Nietzsche zu meinen großen literarisch-philosophischen Leitfiguren, und zwar nicht zuletzt wegen seiner denkerischen Nähe zu den frühgriechischen Philosophen und seiner antikisch plastischen Ausdruckskraft, die ich bewunderte. Wilhelm Michel antwortete mir und lud mich zu sich ein. Im Januar 1940 besuchte ich ihn zum ersten Mal. Meine Neugier war ihm offenbar nicht lästig. Er sprach mit mir über sein Hölderlin-Buch. Mir wurde in diesem Gespräch bewußt, daß weder die Begeisterung, ja: Schwärmerei für das Pathos der Hölderlin-Sprache noch die poetische Ergriffenheit von den großen Inhalten seiner Dichtung ausreichten, diesen Dichter wirklich zu verstehen und zu begreifen. Wilhelm Michel versuchte mir die geistesgeschichtlichen Zusammenhänge zu erklären, in denen Hölderlin gesehen werden müsse. Und er deutete mir auch vorsichtig an, daß die ideologischen Sichtweisen des neuen Staates auf Hölderlin dem Rang und der Bedeutung dieses Dichters nicht umfassend gerecht würden. Von Michel war ich sehr beeindruckt.

Im Januar 1940 begannen die Klausuren für das schriftliche Abitur. Im Griechischen übersetzten wir einen Abschnitt aus dem ›Peloponnesischen Krieg‹ des Thukydides. Ich kam einigermaßen damit zurecht, zumal mich die politisch-historische Nüchternheit dieses Geschichtsschreibers fesselte. Im Lateinischen wurde uns eine vertrackte Tacitus-Stelle aus den ›Annalen‹ angeboten. Wie ich es geschafft habe, mit meiner Übersetzung auf eine erträgliche Note zu kommen, ist mir heute noch ein Rätsel. In Mathematik blieb ich trotz der aufmunternden Bemerkungen meines verzweifelnden Mathematiklehrers, der sich immer wieder neben meinen Platz stellte und mich ermunterte, weiterzurechnen, elend hängen. Mit Ach und Krach schaffte ich dann doch noch eine Teillösung, die mir wenigstens eine Fünf statt einer Sechs sicherte. Ich wäre sonst glatt durchs Abitur gefallen. In Deutsch hingegen konnte ich auftrumpfen. Als einziger wählte ich unter den angebotenen Themen das folgende: »Zeitgemäßes aus den ›Unzeitgemäßen Betrachtungen‹. (Gedanken über Nietzsches Erziehungsschaffen.)« Darin brachte ich einige Gedanken zur Problematik der Geschichte vor und versuchte ein Plädoyer für die Kunst als menschenfördernden Faktor zu entwerfen. Unbewußt, und sicher auch etwas unbedarft, habe ich damals wohl Überlegungen vorausgeahnt, die ich später bei Gottfried Benn mit schneidender Schärfe und Eindeutigkeit formuliert fand, und die ich dann sogar im direkten Dialog mit Benn selbst erörtern konnte.

Schollmeyer bewertete den Aufsatz mit einer Eins mit Auszeichnung. Mit roter Tinte fügte er (sinngemäß) hinzu, daß meine Ausführungen eigenwillig seien, gerade deshalb aber Aufmerksamkeit und eine sehr gute Note verdienten. Das hieß: Mit der offiziellen Sprachregelung stimme das, was ich geschrieben habe, wohl nicht so ganz überein, aber gut sei es trotzdem.

Das schriftliche Abitur war absolviert. Ich konnte ein wenig aufatmen; aber durchatmen konnte ich noch nicht, denn mir war mitgeteilt worden, daß ich mich noch einer mündlichen Prüfung unterziehen müsse, da meine Durchschnittsnote noch nicht ausreiche für das Abiturzeugnis. Meine Enttäuschung war groß. Noch eine Prüfung…

Am 14. Februar 1940 wurde ich achtzehn Jahre alt. Wenige Tage später erhielt ich meine Einberufung zur Deutschen Wehrmacht für den 5. März 1940. Morgens zwischen 10 und 12 Uhr hatte ich mich in einer Mainzer Kaserne einzufinden. Mitzubringen, so hieß es im Stellungsbefehl, sei ein leerer Karton zwecks Rücksendung der Zivilkleidung. Mich traf dieser amtliche Brief wie ein Schlag, obwohl er automatisch die Befreiung von der gefürchteten mündlichen Abiturprüfung bewirkte. Ein sogenanntes Not-Abitur wurde mir zugesprochen. Aber, was half mir dieses Not-Abitur? Zwei Jahre Wehrdienst standen mir bevor. Ja, es konnte unter Umständen noch schlimmer kommen: Vielleicht ging der Krieg weiter, sofern die Westmächte nicht doch einlenkten und dem Friedensangebot des Führers ein letztes Mal zu trauen versuchten. Die Chancen dafür standen schlecht; aber die Hoffnung auf eine friedliche Lösung des Konflikts war dennoch utopisch groß. Und wenn der Krieg weiterging? Dann mußten unsere Jahrgänge ins Feuer. Das war mir klar.

Die letzten Tage vor der Fahrt nach Mainz waren Tage des Abschieds. Mir schwante: Wann und wie du auch wieder zurückkommst – es wird nie wieder so sein, wie es war…

Mein Krieg

Der Krieg war mein Krieg nicht. Aber er machte mich unmiß-
verständlich darauf aufmerksam, daß ich Teil einer Gesellschaft
war, die sich politisch sehr eindeutig formiert und in die Brust
geworfen hatte – und die nun für das einstehen mußte, was ihre
Wortführer eingeleitet hatten. Ein Zurück gab es nicht mehr.
Und ein Entweichen auch nicht. Zum ersten Mal wurde mir bewußt, daß man in eine politische Pflicht genommen werden
konnte, mit der man sich nicht identifizierte, die auszuüben aber
Tradition und Erziehung erforderten. Ich wurde in einen Solda-
tenrock gesteckt und mir wurde ein Gewehr in die Hand gedrückt – aber ein Soldat war ich nie. Manchmal litt ich unter dieser Unfähigkeit, Soldat zu sein. Diese Unfähigkeit war damals
ein Makel. Wer es als Abiturient nur zum Obergefreiten brachte
(ein höherer Rang wurde mir in fünf Jahren nicht zugetraut), war
offensichtlich ein Versager. Leutnant oder Oberleutnant, das waren die Dienstgrade, die unsereinem zustanden. Dementsprechend war ich auch die Kriegsjahre hindurch darauf angewiesen,
mit kameradschaftlich-einfachen, leider aber oft auch primitiven
oder sogar widerwärtigen Menschen in Sammelquartieren leben
zu müssen. Die Gespräche, die hier geführt wurden, waren meistens alles andere als erbaulich. Du wirst hier alles vergessen, was
du jemals gelernt hast, dachte ich manchmal verzweifelt, während die anderen ihre Zoten rissen. Dein Griechisch wird verschwinden, dein Latein und deine Lesefrüchte werden verfaulen.
Und was wird dann aus dir? Um so mehr erstaunte mich nach
sechs Jahren Landserleben, wieviel geistig Erworbenes die Erinnerung dann doch wieder freigab und, gleichsam durch die
Realität des Erlebten gefiltert, aktivierte.

Der 5. März 1940, mein Einberufungstag, war ein trüber, naß-
kalter Vorfrühlingstag. Um 7 Uhr 14 fuhr ich mit meinem Schul-
zug nach Darmstadt. Am Hauptbahnhof stieg ich um in den Zug
nach Mainz. Mit der Straßenbahn erreichte ich dort die Kaserne
und das Kasernentor. Ein Posten wies mich in die Kaserne ein.
Hier standen in den Gängen oder saßen in den Zimmern lauter
junge Burschen, die wie ich auf die Einkleidung warteten. Wir
wurden zu einem Erstappell auf den Kasernenhof beordert. Unsere Namen wurden aufgerufen. Wessen Name fiel, der trat vor
und empfing seine Soldaten-Utensilien: Rock, Hose, Hemd, Un-
terhose, Strümpfe, Schaftstiefel (Knobelbecher), Koppel, Feld-
mütze und Stahlhelm. Außerdem bekam jeder einen Tornister,
in dem er Wäsche zum Wechseln, Waschzeug und ein paar persönliche Sachen unterbringen konnte. Ich hatte vorsorglich den
›Hyperion‹ von Hölderlin und den ›Zarathustra‹ eingesteckt.
Sozusagen als Bibelersatz. Wenn es ganz schlimm wird, so dachte ich bei mir, dann holst du dir Trost bei Nietzsche oder Hölderlin…

Ziemlich beklommen stieg ich in die ungewohnte Einheits-
kleidung und verstaute meine Zivilsachen in dem mitgebrachten
Persilkarton, auf den ich noch zu Hause in großen Lettern die
Anschrift meiner Mutter geschrieben hatte: Philippine Friedrich,
Horst-Wessel-Straße 38, Roßdorf bei Darmstadt. Die Tränen lie-
fen mir aus den Augen, als ich ihn zuschnürte und abgab. Ich
hatte mit den Hüllen der Zivilkleidung auch einen Teil meiner
Existenz eingepackt und nach Hause auf den Weg gegeben.

Erwartungsfroh war niemand unter den jungen Soldaten. Alle
bangten dem nächsten Tag entgegen, an dem wir verladen werden sollten. Schon der Ausdruck »verladen« ließ nichts Gutes er-
hoffen. Man kam sich vor wie ein Stück Vieh, das zum Abtrans-
port bereitstand.

Nun: Es hätte schlimmer kommen können. Zwar wurden wir
am nächsten Tag in einen langen Zug »verladen«, aber er bestand
nicht aus Güterwagen, wie wir befürchtet hatten, sondern aus
Personenwagen, in die wir uns nun hineinzwängten. Jeder durf-

te einen Sitzplatz für sich beanspruchen; trotzdem wurde es eng, denn das Marschgepäck mußte ja auch noch in den Gepäcknetzen, auf dem Boden und in den Gängen verstaut werden. Wohin sollte die Reise gehen? Wir wußten es nicht. In den ersten Stunden bewegten wir uns noch auf geographisch vertrautem Gelände zwischen Mainz, Frankfurt und Fulda. In Bebra wurde uns klar, daß wir zum Osten hin einschwenkten, zunächst Richtung Eisenach und Jena.

Oft hatten wir Aufenthalte, sei es auf freier Strecke, sei es in Bahnhöfen. Schließlich fuhren wir in den Hauptbahnhof von Leipzig ein. Staunend nahm ich dieses gewaltige Bauwerk wahr. In solchen Dimensionen hatte ich Weltstadt-Architektur noch nicht erlebt und in Leipzig, das ich nur als Verlagsstadt kannte, auch nicht erwartet.

In Leipzig war die Reise noch lange nicht zu Ende. Auf der Weiterfahrt in Richtung Osten wurde gemunkelt, unsere Endstation liege in Polen. Und so kam es dann auch. Als wir spätabends bei ziemlicher Kälte in ein verschneites Gleisgelände einfuhren, auf dem reger Rangierverkehr stattfand, ging ein Raunen durch den Zug: Wir sind jetzt in Polen.

Wir waren in Polen. Aber auch hier, jenseits von Oberschlesien, war die Reise noch nicht zu Ende. Sie führte weiter quer durch Polen nach Warschau, in die Hauptstadt des besiegten Landes. Jedoch sahen wir von der Stadt zunächst noch nichts, denn wir wurden an ihr vorbei nach Modlin geleitet, einer Festung außerhalb Warschaus, um die heftig gekämpft worden war. Das Kasernengelände dieser Festung bot einen tristen Anblick. Die Kasernenbauten sahen eher wie Zuchthäuser aus. Zimmer und Gänge machten einen verkommenen Eindruck. Auf den matschigen Kasernenhöfen übten Soldaten Gleichschritt und Umgang mit dem Gewehr. Kommandos schallten zu uns »Neuen« herüber. Der trübe Märzhimmel tat ein übriges, um die Stimmung zu drücken. Vor dieser Wirklichkeit schützten keine Träume mehr. Hier galt es nur noch zu gehorchen.

Mir grauste vor dem, was mir bevorstand. Mir grauste davor,

aber die physischen Anstrengungen überwältigten vorerst die Ängste. Ich warf mich auf die zugewiesene Pritsche und versank in einen Erschöpfungsschlaf.

Für Langeweile und wehmütiges Nachdenken blieb auch späterhin kaum Zeit. Man war einfach zu müde nach der mühseligen und nervtötenden Exerziererei, Marschiererei und den Schießübungen, um mit dem Soldatengeschick hadern zu können. Der Drill tat seine Wirkung. Es verging der März, es kam der April, es verging der April und es kam der Mai. Mein Bewußtsein wurde regelrecht programmiert auf gleichen Schritt und Tritt mit den anderen Soldaten, mit der Kompanie, mit dem Regiment, ja: mit der gesamten Wehrmacht. Alles in mir sträubte sich gegen die Soldatenrolle, aber ich spielte sie; und ich versuchte sie so gut wie möglich zu spielen – aus vaterländischem Pflichtgefühl einerseits und andererseits widerstrebend in der Erkenntnis, daß gegen die Macht der Befehle individuell so gut wie nichts auszurichten sei.

Betroffen, ja entsetzt war ich, wie schon angedeutet, über das, was aus den Männern, die in der nächsten Zeit meine Kameraden sein sollten, an schmutzigen Gedanken und Vorstellungen herausquoll. Ich kam mir in den ersten Wochen vor, als sei ich in den Auswurf der Menschheit geraten. Hatte ich wirklich in einer Traumwelt gelebt, und sah die Wirklichkeit ganz anders aus? Waren die Menschen tatsächlich so gemein, wie sie sich hier sadistisch und masochistisch präsentierten? Insbesondere befremdete mich bis zum Ekel, daß sich vor allem ältere Soldaten derartig brutal mit dem sogenannten Thema Nummer eins, nämlich mit dem Thema »Frau« befaßten. Auch hier erging es mir wie Simplicius in Grimmelshausens Roman des Dreißigjährigen Krieges: Stück für Stück brachen meine Vorstellungen von einer edlen Menschenwelt zusammen. Dennoch: Zum Nihilisten war ich nicht geboren. Den Glauben an die Gegenwelten, von denen ich träumte, wollte ich nicht aufgeben. Nietzsche und Hölderlin halfen mir in dieser Situation allerdings wenig. Der »große Ton«, den sie anschlugen, überforderte mich in meiner Lage völlig. Ich schickte die Bände bei der ersten Gelegenheit nach Hause zurück – so, wie ich aus Mainz meine Zivilkleider zurückgeschickt hatte.

Im Mai wurden wir aus dem Kasernen-Zuchthaus Modlin erlöst und nach Warschau verlegt. Wir kamen im Telegraphenamt der Vorstadt Praga unter. Dieses Telegraphenamt lag nahe der Weichsel. Gegenüber, auf der Anhöhe am Westufer, stand das ausgebrannte Schloß und dahinter tauchten die Trümmer der ebenfalls zerstörten Altstadt auf – ein trauriger Anblick, der mich mit dem tödlichen Schrecken des Krieges schockierend jäh konfrontierte. Mir wurde bewußt, daß die Exerziererei im Kasernenhofdreck von Modlin nur das Vorspiel war zu dem, was mich erwartete, wenn der Krieg weiterging.

Auch in Praga wurden wir gedrillt. Ein nahegelegener Sportplatz war das Übungsgelände. Und von Praga aus wurden insbesondere unsere Marschleistungen trainiert – zunächst zehn Kilometer, dann 20 Kilometer, dann 30 Kilometer und zuletzt 40 Kilometer pro Tag. Der Marsch über 40 Kilometer war ein Nachtmarsch, der uns, beladen mit vollem Gepäck (Tornister, Gasmaske, Gewehr usw.), durch ausgedehnte Birkenwälder in die Umgebung von Warschau führte. In diesen Birkenwäldern sangen geradezu betörend Hunderte von Nachtigallen. Ich vergaß völlig meine Erschöpfung und fühlte mich mitten in meiner Soldaten-Misere wieder in jenen ›Sommernachtstraum‹ versetzt, der mich kurz vor Ausbruch des Krieges in der Heidelberger Schloßruine verzaubert hatte. Ich war überglücklich über diese poetische Empfindung; schien sie mir doch zu beweisen, daß die menschlichen Enttäuschungen, die ich hatte erleben müssen, meine Empfänglichkeit für die Schönheiten der Welt nicht hatten einschränken können.

Nachdem wir Rekruten feierlich vereidigt worden waren, bekamen wir erstmals Ausgehurlaub, das hieß: die Soldaten der Ausbildungskompanie durften die Stadt Warschau besuchen. Wir überquerten in Gruppen die große Weichsel-Brücke und betraten mit Schaudern und Staunen eine entsetzlich verwüstete Stadtlandschaft. Warschau hatte, nachdem die deutschen Truppen Polen im September 39 schon überrannt hatten, noch erbitterten Widerstand geleistet. Die deutsche Luftwaffe flog daraufhin die ersten sogenannten »flächendeckenden« Luftangriffe auf eine Stadt in diesem Krieg. Von der Altstadt und vom Schloß waren nur noch zum Teil eingestürzte Fassaden übrig. Die einstigen Prachtstraßen lagen in Trümmern; nur wenige Straßenzüge der Innenstadt waren noch intakt.

Der vornehmlich jüdisch bewohnte Teil Warschaus, das Ghetto, war relativ glimpflich davongekommen. Hier wurden nach Beendigung des Polenfeldzuges die Juden aus der ganzen Region von der SS zusammengetrieben und regelrecht in den Stadtteil eingemauert. Kein Jude durfte ohne Erlaubnis diesen Mauerring verlassen. Allerdings konnte man noch mit der Straßenbahn durch das Ghetto hindurchfahren. Die Einfahrt und die Ausfahrt wurde jeweils kontrolliert. In den Straßen herrschte reges Leben; wäre die Mauer nicht gewesen, die das Ghetto abgrenzte, hätte man eher vermutet, in einen besonders regen, dichtbevölkerten Stadtteil geraten zu sein. Allerdings machten viele Passanten einen bedrückten, manchmal auch gejagten Eindruck. Sie trauten wohl dem Frieden nicht, der ihnen hier auf beschränktem Raum vorerst noch zugestanden wurde.

Müssen wir uns das antun? dachte ich, als meine Kameraden den Vorschlag machten, das Ghetto »anzuschauen«. Das Ghetto gehörte sozusagen zu den touristischen Attraktionen eines Ausgehurlaubs. Da sah ich sie nun mit sehr gemischten Gefühlen geschäftig umhereilen, die angeblich so gefährlichen Juden. Viele fremd anmutende Gestalten waren darunter, in schwarzen Mänteln und mit schwarzen Hüten, aus denen kleine Zöpfchen heraushingen. Ich hatte Juden in dieser Tracht noch nie gesehen. »Unsere« Juden in Hessen waren angezogen wie wir, sie hatten Sorgen wie wir und freuten sich mit uns – kurzum: sie waren in unserem Dorf Nachbarn wie die anderen Nachbarn. Aber hier: das waren fremde, merkwürdig exotisch-gravitätische Männer, die in aller Bedrängnis noch eine fast lächerlich anmutende Würde zur Schau trugen, inmitten des buntgemischten Volkes aus offenbar hohen und niederen Ständen, das hier die SS zusammengewürfelt hatte. Warum lassen wir diese Menschen nicht in Ruhe? dachte ich, während meine Kameraden ›Stürmer‹-Witze rissen über die traurigen Gestalten, die sich hier wie eine Menschenherde im Gatter drängten. Aber zugleich beschlich mich das Gefühl der Ohnmacht. Konnte ich etwas dagegen tun? Schließlich hatte man mich ja auch gegen meinen Willen in eine Uniform gesteckt und mich zum Exerzieren und zum Marschieren und zum Schießen gezwungen. Mein Mitgefühl solidarisierte sich zwar mit diesen Geschundenen. Aber ich war nun einmal auf der anderen Seite und mußte tun, was diese Seite von mir erwartete. Wieder einmal ließ Simplicius grüßen …

Zu den Ausgeh-Attraktionen gehörte auch das Soldaten-Bordell von Warschau. Es blieb mir gar nichts anderes übrig, als mit der Gruppe, mit der ich unterwegs war, dorthin zu gehen, weil ich mir allein den Rückweg nach Praga nicht zutraute. Ich sagte den Kameraden, daß ich warten würde, bis sie zurückkämen. Sie lachten sich halb tot über meine Schüchternheit. Vor dem Bordell stellte ich mit Entsetzen fest, daß die Soldaten um die Hausecke herum Schlange standen. Ich sah fassungslos zu, wie selbstverständlich dieser Bordellbesuch absolviert wurde. Die Landser standen an wie für einen Teller Erbsensuppe. Was sollte ich tun? In meiner Aufregung wandte ich mich an die Feldpolizeistreife, die für die Bordellordnung sorgte, um nach der Weichsel-Brücke zu fragen. Es stellte sich heraus, daß sie nur ein paar Trümmerecken entfernt war. Ich hastete in unser Quartier und warf mich aufs Bett. Ich wollte nur noch eines: ich wollte wieder heim.

So heftig war mein idealistisch-romantisches Verhältnis zum weiblichen Geschlecht bisher noch nie auf die Probe gestellt, ja: erschüttert worden. Ich konnte mir dieses Verhältnis einfach nicht zur schieren Sexualität erniedrigt vorstellen. Die sinnliche Anziehungskraft des Weiblichen verwob sich in meiner jugendlichen Phantasie stets mit dem Zauber der Poesie. Ich sah in den Frauen etwas Höheres, ja: auch etwas Besseres, Menschlicheres als in den rohen Männern. Nur durch die Frauen wird unser männliches Dasein erträglich – das war meine Devise. Deshalb suchte ich auch mein Leben lang stets die Freundschaft mit Frauen, die, obwohl mich inzwischen das Leben von Romantik und Idealismus ziemlich harsch trennte, für mich noch immer einen eigenen Reiz, ja Zauber besitzt. Kaum ein großes, die Zeiten überdauerndes Werk der Weltliteratur besäße Überlebenskraft ohne diesen Zauber des Eros jenseits der brutalen Sexualität. Liebe ist für mich die wunderbare Kraft, die unsere gefährdete Menschenwelt im Innersten zusammenhält.

Natürlich waren dem Achtzehnjährigen in Warschau solche Reflexionen noch nicht geläufig. Er war schlichtweg entsetzt über die Schamlosigkeit, mit der hier die Liebe entzaubert und erniedrigt wurde. Er war fassungslos, und, wie gesagt: er wollte nur noch heim.

Aber heim, nach Roßdorf, kam ich nicht. Immerhin wurde ich Ende April nach Deutschland verfrachtet, und zwar nach Norddeutschland, auf den Truppenübungsplatz Munsterlager zwischen Uelzen und Bremen. Dort wurden neue Ausbildungseinheiten zusammengestellt, die in manöverartigen Übungen im Verein mit Artillerie und Panzereinheiten den kriegerischen Ernstfall übten.

Dieser Ernstfall trat dann auch bald ein; aber er betraf uns noch nicht. Wir hörten als Nachricht im Rundfunk: Deutschland zog gegen Frankreich los, am 10. Mai 1940. Unter Nichtachtung der Neutralität stießen die deutschen Armeen über Belgien und die Niederlande, an der stark befestigten Maginot-Linie vorbei, bis nach Paris vor und zwangen Frankreich schon im Juni 1940 zur Kapitulation. Wieder war ein Blitzkrieg gewonnen worden. Das Genie des Führers schien alles zu ermöglichen, was dieser Mann sich vornahm. »Das deutsche Volk«, schrie der Führer in die Mikrophone, »muß sich glücklich schätzen, daß die Vorsehung ihm einen Mann wie mich geschickt hat!« Prompt vermeldete auch die Propaganda, Adolf Hitler sei der größte Feldherr aller Zeiten. Die Euphorie war groß. Auch meine. Hoffte ich doch sehr, daß damit die Vorentscheidung in diesem Krieg gefallen sei und damit auch meiner Soldatenexistenz freundlichere Aussichten beschert seien.

Die Ausbildung in Munsterlager endete mit einer großen Übung im freien Gelände. Wir wurden kriegsmäßig untergebracht in kleinen Dörfern rings um die Lüneburger Heide. Die Leute empfingen uns freundlich und versorgten uns, wie Eltern ihre Kinder versorgen. Endlich konnte ich wieder aufatmen. Das primitive Landser-Dasein verdüsterte mir so das Gemüt, daß der Aufenthalt unter »normalen« Menschen fast eine Erlösung war.

Als die Übung, es war inzwischen Juli geworden, beendet war, bekamen wir ausgebildeten Rekruten Heimaturlaub. Danach mußten wir uns bei neuen Einheiten zurückmelden. Die entsprechenden Marschbefehle ergingen über die Kommandanturen der jeweiligen Heimatstädte.

Mit innerem Jubel entfloh ich den Kasernen. In Munster bestieg ich den Zug, und in Hannover stieg ich um. Mit jeder Stunde kam ich der Heimat näher. Dann war ich endlich in Darmstadt und in Roßdorf. Drei Wochen ohne Drill und Kommando, ohne Zoten und Gemeinheiten lagen vor mir. Ich nahm mir ungeheuer viel vor für diese drei Wochen – und ich machte die enttäuschende Erfahrung, daß man in der Regel wenig von dem, was man glaubt, in eine so kurze Zeit packen zu können, in die Tat umsetzen kann.

In Roßdorf erwachte ich wie aus einem schweren Traum. Ich betrat mein vertrautes Zimmer, machte das Schränkchen auf, in dem die Bücher aufgereiht standen, die ich mir Stück für Stück von meinem Taschengeld abgespart hatte. Ich setzte mich an den einfachen Schreibtisch meines Großvaters und blickte gedankenschwer auf den Totenschädel, den mir Frau Nick zwei Jahre zuvor geschenkt hatte. Frau Nick war Dentistin. An sie hatte meine Mutter die obere Wohnung in unserem Haus vermietet. Wo sie den Totenschädel herhatte, weiß ich nicht. Jedenfalls saßen in dessen Kiefern noch alle Zähne fest, und ich nahm an, daß Frau Nick den Schädel nur um dieser Zähne willen erworben hatte. Angeblich sollte das Gebein von einem Mönch aus der Gegend von Fulda stammen. Wie dem auch sei: Frau Nick merkte wohl, daß mich dieser Totenschädel magisch anzog. Jedesmal, wenn ich zu ihr in die Praxis kam, stand ich vor diesem eigenartigen Gebilde und gab mich dämonischen Visionen hin. Offenbar gewann Frau Nick den Eindruck, daß der Schädel bei mir besser aufgehoben sei als bei ihr. Sie schenkte ihn mir ohne besonderen Anlaß. Es wäre ja auch makaber gewesen, wenn der Schädel plötzlich auf dem weihnachtlichen Gabentisch oder unter den Geburtstagsgeschenken aufgetaucht wäre…

Dieser Schädel, mit dem ich mich zuvor eher poetisch als existentiell befaßt hatte, gewann, während ich ihn anschaute, Realität. Krieg und Tod waren keine Märchen oder Legenden mehr für mich. In Warschau und in Polen hatte ich Trümmer und Verwüstungen gesehen, und ich ahnte die grausame Trivialität, die sich hinter den Heldengeschichten verbirgt. Der Schädel erschien mir als ein Symbol für Krieg und Untergang und für die Vergänglichkeit überhaupt.

Doch diese trüben Gedanken suchten mich nur ganz flüchtig heim. Die Tatsache, daß ich daheim war, erfüllte mich mit einem Glücksgefühl ohnegleichen. Das Theater hatte zwar Ferien, aber die Museen waren noch offen, und Konzerte gab es auch. Vor allem aber: Maria gab es noch, und sie gab es wieder. Und sie war die einzige, die noch aus unserem »vormilitärischen« Freundeskreis aus Darmstadt übriggeblieben war. Alle anderen, Klaus Breidert und Hans Dieter Schneider und Hans Heyl, waren auch längst eingezogen.

Mit Maria hatte ich eifrig Briefe gewechselt, in denen ich wohl versuchte, mein Soldatendasein interessanter darzustellen, als es in Wirklichkeit war. Jedenfalls sagte sie mir unverblümt, daß ich wohl zu leichten Übertreibungen neigte. Auf Anhieb nahm ich ihr das zwar übel, aber dann ging ich doch in mich und versuchte, ein etwas unaufgeregteres Verhältnis zu mir selbst zu gewinnen. Maria war einige Monate lang in einem Darmstädter Kindergarten kriegsverpflichtet. Sie bekam eine halbe Stunde frei, um mit mir unweit der Mathildenhöhe vor dem Tor des Kindergartens Wiedersehen zu feiern. Wir versprachen, einander auch weiterhin zu schreiben, und beide hofften wir, daß der Krieg bald zu Ende sein würde und wir gemeinsam in München studieren könnten. Natürlich hoffte ich auch sehr, daß mir als Kriegsteilnehmer der Restteil der Militärzeit erlassen werden würde, sobald ein halbwegs vernünftiger Friede geschlossen sei.

Viele rechneten damals, wie schon angedeutet, in Deutschland mit einem baldigen Frieden. Die Meinung herrschte vor, entweder sähe England ein, daß ein Kampf gegen Deutschland keinen Sinn habe, oder es gelänge dem Führer, auch Großbritannien niederzuringen. Die sogenannte Schlacht um England sollte dann die Entscheidung bringen. Wo man hinkam, wimmelte es von Uniformen, braunen und feldgrauen. Auch ich durfte keine Zivilkleidung anlegen, sondern mußte in meiner Landser-Uniform herumlaufen. Das war vor allem deshalb lästig, weil man unentwegt gezwungen war, Vorgesetzte, vom Unteroffizier aufwärts, zackig zu grüßen. Mit sehr schlechtem Gewissen schlüpfte ich gelegentlich doch in meine Zivilkleider, und ich wurde gewahr, daß an dem Spruch »Kleider machen Leute« etwas dran sein mußte. Hier machten die Kleider von einem Augenblick auf den anderen einen anderen Menschen aus mir. Ich war wieder der Abiturient vom Februar 1940, und ich konnte so tun, als sei nichts gewesen – und vor allem: als käme nicht die unbekannte Wand auf mich zu, vor der mir, wenn ich an meine Zukunft dachte, schauderte. In diesem kurzen Urlaub besuchte ich auch zum letzten Mal Wilhelm Michel.

Er sprach mit mir über Rußland und die Gefahr, die von dort drohe. Mit Sicherheit werde der Orkan im Osten losbrechen und ganz Europa zerstören. Ich erschrak zutiefst über diese apokalyptische Vision. Aber er, der schon dem Tod nahe war, beharrte auf seiner Prophezeiung. Als er mich verabschiedete, sagte er fast mitleidig zu mir: »Bleiben Sie gesund.«

Die Hölderlin-Biographie, ein sehr umfangreiches Werk, erschien in dem Bremer Verlag Schünemann (Herbst 1940). Sie war ihrem »unheroischen« Charakter nach eher ein Manifest jenes

»inneren« Reiches, in das sich deutsche Autoren, die sich von Hitlers Ideologie distanzierten, wie in eine Seelenfestung zurückzuziehen versuchten. 1940/41 jedenfalls war ein Buch wie dieses ziemlich unzeitgemäß. Daß es dennoch freundlich aufgenommen wurde, ist bemerkenswert.

Als ich, im Frühjahr 1942, die Nachricht von Wilhelm Michels Tod empfing, war ich erschüttert. Ich hatte einen Felsen verloren, an den ich mich in der Kriegsbrandung klammerte. Anstelle eines Trauerbriefes schrieb ich in meiner Dünaburger Schreibstube ein Gedenkblatt, das ich der Familie zusandte. Es dokumentiert auf rührend naive Weise mein Verhältnis zu diesem Mann und es dokumentiert auch den Verlust, den ich durch seinen Tod erlitt. Er hatte mich akzeptiert und sich meiner angenommen. Mein Nachruf ist erhalten geblieben. Er lautet:

Erinnerungen an Wilhelm Michel
von Gefr. Heinz Friedrich

Als ich ihn zum ersten Mal besuchte – es war im Januar 1940 – hatte ich gleich einen großen Eindruck von ihm. Ich saß ihm in seiner Wohnung in der Hermannstraße in Darmstadt gegenüber und wir sprachen über Hölderlin und Nietzsche. Hölderlin – das war der Dichter, der ihn gerade in dieser Zeit wieder außerordentlich beschäftigte. Er erzählte mir, daß sein neuestes Werk, eine umfassende Hölderlin-Biographie, kurz vor dem Abschluß stehe. »Ich habe«, fuhr er fort, »Hölderlins Schicksal als deutsches Schicksal begriffen. Aus diesem Grundgedanken habe ich mein Buch über Hölderlin geschrieben.« Dann erklärte er mir in großen Umrissen den Aufbau und den Inhalt seines Buches kurz und prägnant. Seine Sprache war oft zögernd, dann wieder etwas nervös hastig. Manchmal brach er mitten im Satz bei einem besonders markanten Wort ab und schwieg eine Weile, den Rauch seiner Zigarette sinnend vor sich hinblasend.

Ich habe nie ein leeres, konventionelles Wort oder gar eine Phrase von ihm gehört. Alles, was er sagte, kam aus dem Wissen um Tiefes und Großes. Wenn er sprach, war man immer gepackt.

Im persönlichen Umgang war er ein recht liebenswürdiger Mensch. Daß er mit irdischen Gütern eigentlich nie reich gesegnet war, hat er mit Gleichmut und oft auch mit leisem Humor ertragen.

Mochte es ihm auch noch so schlecht gehen – er lebte trotzdem konsequent seinen Gedanken und seiner Arbeit.

Ich war dann noch zwei- oder dreimal bei ihm zu Besuch im Anfang des Jahres 1940 – wir haben uns noch über vieles unterhalten, über den Sinn dieses Krieges, über das Christentum, über die Dichtung unserer Zeit – und vor allem über Hölderlin. Die Gestalt dieses Dichters war ja stets Ausgangs- und Endpunkt eines jeden Gesprächs. Zu ihm brachte er alles in irgendeine Beziehung. Hölderlin war ihm ein Maßstab – wie einem anderen etwa Goethe ein Maßstab ist. Wenn ich das Haus in der Hermannstraße verließ, war ich immer erhoben und bereichert. Besonders heute ist mir die Erinnerung an jene Stunden doppelt wertvoll.

Im März 1940 wurde ich eingezogen und sah ihn dann ein halbes Jahr nicht mehr persönlich. Aber während dieser Zeit ging mancher Brief zwischen uns hin und her. Die Briefe von ihm waren mir besonders in schweren Stunden meiner Soldatenzeit immer ein großer Trost und ein Ansporn zu immer neuer Bewährung.

Während meines ersten Urlaubs im August des Jahres 1940 sah ich ihn wieder. Ich traf ihn in dem kleinen Garten hinter dem Haus in der Hermannstraße. Er trat mir frisch und etwas salopp entgegen und begrüßte mich sehr herzlich. Nachher saß ich ihm wieder in seinem bescheidenen Arbeitszimmer gegenüber. Voll Stolz über die getane Arbeit zeigte er mir das Schreibmaschinenmanuskript seiner Hölderlin-Biographie. Er erzählte mir, daß der Verlag Schünemann in Bremen das Werk erworben habe und daß es demnächst im Druck erscheinen werde. Von verschiedenen Seiten sei ihm schon anerkennende Kritik gezollt worden, setzte er lächelnd hinzu.

Nachher ging ich noch ein Stück mit ihm in angeregtem Gespräch durch die Stadt – dann verabschiedeten wir uns herzlich. Wenige Tage später fuhr ich zu meiner Truppe zurück.

Später war ich noch einmal – im Januar 1941 – persönlich mit ihm zusammen. Ich erinnere mich noch sehr lebhaft an unser damaliges Gespräch über Rußland. Er wies schon damals auf die drohende Gefahr hin, die von diesem Land ausgeht. Er sagte, er könne sich nicht vorstellen, daß Rußland lange ruhig bleibe – einmal werde der Orkan sicher losbrechen und ganz Europa überschwemmen. Auch Dostojewski und Tolstoi tauchten in dem Gespräch auf und ihre Beziehung zum Christentum.

Als ich mich diesmal von ihm verabschiedete, begleitete er mich bis zur Flurtür und drückte mir lange die Hand. »Auf ein recht baldiges Wiedersehen und bleiben Sie recht gesund!« sagte er. Ich ahnte nicht, daß es ein Abschied für immer war. Eine Woche später fuhr ich zu meiner Truppe nach Königsberg. Seitdem habe ich ihn nicht mehr gesehen. Wenige Briefe aus der Folgezeit sind das Einzige, was ich als bleibenden Besitz aus dieser Zeit habe.

Nun weilt Wilhelm Michel nicht mehr unter den Lebenden. Die Zeitungsnachricht, durch die ich seinen plötzlichen Tod erfuhr, hat mich sehr ergriffen. Ein Unbeirrbarer und Wissender ist von uns gegangen. Die Erinnerung an ihn wird immer lebendig sein all denen, die ihn kannten und von ihm und seinem klaren Wesen beeindruckt wurden.

Der Mensch verging – das Werk aber bleibt.

Die Augusttage in Roßdorf vergingen wie im Flug. Ich holte mir meinen Marschbefehl in Darmstadt ab. Er beorderte mich nach Bartenstein in Ostpreußen. Bartenstein – wo lag das? Ich schlug meinen Schulatlas auf und stellte fest, daß Ostpreußen wohl am Rande der Welt liegen mußte. Berlin erschien schon unnahbar weit; aber wenn man in Berlin ankam, hatte man erst die Hälfte der Strecke nach Ostpreußen zurückgelegt. Zwar trennte kein Korridor Ostpreußen vom übrigen Reich mehr, aber mein Atlas zeigte noch die Zwischenkriegsmarkierungen der Grenze. Ostpreußen wirkte auf dieser Landkarte wie eine ferne Insel.

Bartenstein lag südöstlich von Königsberg. Ich mußte also mit dem Zug über Thüringen, Berlin und Westpreußen zuerst nach Königsberg-Hauptbahnhof fahren. Von dort gingen die Züge nach Bartenstein ab. Die Fahrpläne zeigten eine sehr lange Fahrzeit einschließlich eines Umsteigeaufenthaltes in Berlin. Also machte ich mich wieder auf den Eisenbahnweg. Die Fahrt führte von Darmstadt über Frankfurt nach Fulda und Bebra. Erfurt und Weimar sah ich vorüberhuschen und Jena auch. Ich bewunderte die Dornburger Schlösser, von denen ich damals noch nicht wußte, daß sie die Dornburger Schlösser waren, und ich fuhr durch das Havelland über Potsdam nach Berlin ein. Von den Städten sah ich meistens nur die Bahnhöfe – doch immerhin: die-

se Bahnhöfe signalisierten mir allein durch ihre Namen trigono-
metrische Punkte unserer kulturellen Vergangenheit.

In Berlin hatte ich mehrere Stunden Aufenthalt, bevor ich in
den Zug nach Königsberg umsteigen konnte. Ich nahm die Gelegenheit wahr, kurz in die Stadt hineinzuschauen. Die Wege waren mir vertraut, denn ich besaß einen primitiven Stadtplan von
Berlin, mit dessen Hilfe ich mich zuvor über die Lage der Theater in dieser Stadtlandschaft orientiert hatte. Ich wußte daher, wo
der Gendarmenmarkt mit dem Schauspielhaus zu finden war,
und ich kannte auch den Standort der Staatsoper Unter den Linden. Das Deutsche Theater lag etwas abseits. Ich beschränkte
also meinen Erkundungsmarsch auf die Staatsoper, den Gendarmenmarkt und die Straße Unter den Linden. Universität und
Schloß und Zeughaus und Dom – die Bilder stürmten auf mich
ein und schlossen sich zusammen zu einem grandiosen Gemälde
von besonderem Glanz und Gloria. Eine Stadt wie diese hatte ich
noch nie gesehen. Selbst München verblaßte in meiner Erinnerung vor der großartigen Inszenierung dieses friderizianischen
Forums. Schade, dachte ich bei mir, als ich den Alten Fritz auf
seinem hohen Denkmalsroß betrachtete, daß es hier keine Könige mehr gibt. Ich konnte mir Hitler in diesem Ambiente eigentlich nicht so recht vorstellen.

Sodann ging die Fahrt weiter und weiter und weiter – über
Schneidemühl, durch das ehemalige Westpreußen und den jetzigen Warthegau und über die imposante Weichsel-Brücke bei
Dirschau. Danach tauchte rechterhand die mächtige Marien-
burg, der Sitz der Deutschen Ordensritter, auf: das steinerne
Zeugnis einer großen Geschichte. Der Zug fuhr nun durch das
Land, das diese Deutschen Ordensritter einst erschlossen und
kultiviert hatten. In meiner Vorstellung war die ostpreußische
Landschaft platt wie eine Flunder. Nun aber war ich erstaunt,
durch ein freundliches Hügelland zu fahren, das nur zur Küste
hin Ebenen bildete. Der Zug fuhr durch Elbing und durch
Braunsberg und hielt schließlich in Königsberg. Der Hauptbahnhof lag etwas außerhalb der Stadt. Es war bereits Abend. Ich

mußte rasch umsteigen, um mich in Bartenstein noch in der Kaserne melden zu können.

Völlig übermüdet erreichte ich meinen Zielort. Wie ich vom Bahnhof in die Kaserne kam, weiß ich nicht mehr. Aber als ich am nächsten Morgen sehr früh zum Appell antreten mußte und ringsum die nüchternen Kasernenbauten sah mit den Exerzierplätzen dazwischen, wußte ich: Der Urlaub war nur eine Episode, du bist wieder Soldat. Die Kaserne bleibt dein Revier. Sonderbarerweise mochte ich an Krieg nicht denken, oder das Bewußtsein verdrängte die Realitäten, denen ich als Soldat ausgesetzt war. Nach Hause schrieb ich Briefe, in denen ich mir Mut durch martialische Angeberei zu machen suchte …

Das Schicksal schien es nicht gut mit mir zu meinen. Im Herbst zog ich mir bei einer Nachtübung einen geradezu infernalischen Ischias zu. Zwei Tage später konnte ich nicht mehr laufen, sogar um mich hinlegen zu können, mußte ich gestützt werden. Zunächst behandelte man mich im Revier, aber die Revierärzte waren bald ratlos. Sie überwiesen mich nach Königsberg in ein größeres Lazarett, das im ehemaligen Landeshaus in der Yorckstraße untergebracht war. Es trat jedoch keine Besserung ein; vielmehr wurde das rechte Bein in Beugestellung allmählich steif. Für kurze Zeit überstellten mich dann die Ärzte in der Yorckstraße in die Universitätsklinik. Auch dort wurde ich mit Spritzen behandelt. Man versuchte auch, mit Bewegungstherapie dem Übel beizukommen. Schließlich stellte sich heraus, daß wohl eine vereiterte Zahnwurzel Mitschuld an meinem Übel trug. In der Kieferklinik mußte ich mich deshalb einer Kieferoperation unterziehen. Sie war trotz Betäubungsspritze sehr schmerzhaft. Der Assistenzarzt hielt eine Tasse unter meinen Mund. Noch heute sehe ich, nachdem mir drei Zähne gezogen worden waren, den Eiter in diese Tasse hineinlaufen. Es war also höchste Zeit gewesen …

Tatsächlich brachte die Operation Erleichterung. Allmählich erholte ich mich. Und nun meinte es das Schicksal sogar recht gut mit mir, denn während der Erholungsphase durfte ich zeitweise die Klinik verlassen. Ich nutzte diese Möglichkeit ausgiebig, um die Stadt Königsberg zu erkunden.

Königsberg war damals, Ende 1940, eine Stadt wie in Friedenszeiten. Verdunkelung gab es nicht. Kein feindliches Flugzeug hätte zu jener Zeit so weit in den Osten vordringen (und wieder zurückkehren) können. Auch waren die Einschränkungen, die der Krieg erforderte, kaum spürbar. Überdies genoß man als Soldat ohnehin viele Vorteile: Eintrittskarten für kulturelle Veranstaltungen wurden zu ermäßigten Preisen abgegeben und die Museen konnte man kostenlos besuchen. Ob man in der Straßenbahn etwas bezahlen mußte, weiß ich nicht mehr, aber wahrscheinlich waren auch diese Fahrten frei.

In Königsberg herrschte Winter. Der Schnee lag hoch, und die vorweihnachtlichen Tage und Nächte waren bitter kalt. Trotzdem strahlte die Stadt gemütliche Gelassenheit aus. Auf dem zugefrorenen Schloßteich herrschte fröhlicher Eislauf-Hochbetrieb.

Ich fühlte mich schon nach wenigen Tagen in Königsberg heimisch. Vor allem zog mich die Buchhandlung Graefe und Unzer am Paradeplatz gegenüber der Universität an. Graefe und Unzer rühmte sich, die größte Buchhandlung Europas zu sein. Das Areal umfaßte einen ganzen Häuserblock, über vier Stockwerke, die angefüllt waren mit Büchern über Büchern. Vor dem Ersten Weltkrieg und auch noch zwischen den Kriegen war Graefe und Unzer der große Umschlagplatz für deutsche Bücher in den Osten – in das westliche Rußland, ins Baltikum, nach Skandinavien und nach Finnland. Das Flair der Weltoffenheit konnte der Erste Weltkrieg nicht verflüchtigen – und es war auch jetzt, in den ersten Jahren des Zweiten Weltkriegs, noch spürbar. Mein Eldorado waren die weit ausgreifenden Antiquariatsräume im dritten oder vierten Stock. Eigentlich war dieses Antiquariat schon gar kein Antiquariat mehr, sondern eine riesige Bibliothek, in der man nach Lust und Laune stöbern konnte. Da und dort waren kleine Sitzecken mit Lesetischen eingerichtet. Man konnte ganze Nachmittage dort sitzen und schmökern, ohne daß jemand fragte, ob man denn nun endlich etwas kaufen wolle. Der Herr an der Kasse war die einzige Aufsichtsperson. Wenn man sich für ein Buch entschieden hatte, trat man an die Kasse, bezahlte und ging. Bücherdiebstahl gab es offensichtlich so gut wie nie.

Ich nutzte diese Lesegelegenheit weidlich. Und ich glaube, ich war sogar ein gerngesehener Gast, obwohl ich mir nur alle zehn Tage einen Bücherkauf leisten konnte. Denn alle zehn Tage bekamen wir Wehrsold, und der betrug zehn Reichsmark. Mindestens die Hälfte davon investierte ich in Bücher, die ich nach Lektüre jeweils nach Roßdorf schickte. Diese Bücher bilden noch heute, zusammen mit den Kröner-Ausgaben von Nietzsches Werken aus der Schulzeit den Grundstock meiner Bibliothek.

Während ich im Antiquariat Graefe und Unzer herumschmökerte, träumte ich davon (das Träumen war immer noch mein Bestes), wie großartig es wäre, wenn ich später selbst einmal ein Bücherparadies wie das von Graefe und Unzer besitzen dürfte … Daß Träume auch Ziele markieren, ahnte ich damals nicht. Immerhin: mein Büchertraum begleitete und begleitet mich bis ins späte Alter – und er bringt immer wieder neue Erfüllungen. Und die Erinnerungen an Graefe und Unzer spielen dabei nach wie vor eine große Rolle.

Über Weihnachten 1940 und Neujahr wurde ich zum Wiederherrichten meiner Zähne nach Hause geschickt. Wieder kam ich für wenige Wochen zurück in meine vertraute Jugendwelt. Mit Maria ging ich in Konzerte und in Theateraufführungen, und wieder besprachen wir unsere Studienzukunft in München. Allerdings war noch immer kein Friede in Sicht, aber die Hoffnungen nach dem Sieg über Frankreich im Sommer waren noch nicht verwelkt. – Sah niemand die dunklen Wolken, die im Osten aufzogen? Um die Wende von 1940 auf 1941 jedenfalls erschien die Kriegswelt noch halbwegs in Ordnung. Die meisten Menschen versuchten, von einem Tag zum anderen und von einer Woche zur anderen und von einem Monat zum anderen zu leben. Ausnahmezustände erzeugen oft einen eigenartigen Fatalismus und mindern die Wahrnehmungsfähigkeiten. Der Ausnahmezustand wird zur alltäglichen Normalität. Es wird schon noch alles gutgehen…

Nach Königsberg zurückgekehrt, wurde ich von einer Ärzte-Kommission als nur »bedingt verwendungsfähig« eingestuft und in eine »Genesungskompanie« eingewiesen, die in einer Kaserne des Stadtteils Maraunenhof stationiert war. Dort erhielt ich die Sondergenehmigung, während des noch laufenden Wintersemesters und während des Sommersemesters an Vorlesungen und Seminaren der Universität Königsberg teilzunehmen. Ich war überglücklich und erfüllte sofort die notwendigen Formalitäten. Studiengebühren brauchte ich keine zu zahlen. Und da ich kein Student im eigentlichen Sinn war, konnte ich mir nach Belieben aussuchen, was und bei wem ich Vorlesungen hören wollte.

Die Königsberger Universität war nicht nur in Deutschland, sondern international bekannt und angesehen. Immanuel Kant hatte hier gelehrt. Seinem Namen machte diese Institution auch in den Jahrzehnten und Jahrhunderten nach seinem Wirken alle Ehre. In Königsberg als Professor zu wirken, war eine Auszeichnung. Anfang der vierziger Jahre lehrten an der Königsberger Universität Arnold Gehlen und Konrad Lorenz, Otto Koehler und Wilhelm Worringer sowie der Germanist Hans Pyritz und der Philosoph Eduard Baumgarten. Als Kant-Spezialist galt ein Professor Kowalewski. Selbstverständlich schrieb ich mich auch bei ihm ein, doch mich enttäuschte bald, was er auf sehr trockene Art und Weise über Kant vorbrachte. Da interessierte mich der lebhafte Baumgarten, der in der Uniform eines Fliegerhauptmanns erschien und über Nietzsche referierte, schon wesentlich mehr. Auch die Vorlesung von Pyritz über die Romantik und die stets überfüllten Vorträge von Worringer über die mittelalterliche Malerei gaben mir einen Vorgeschmack auf das, was ich nach Krieg und Wehrdienst an der Universität zu erleben hoffte. Ich war mit großer Begeisterung bei der akademischen Sache, und ich erregte auch die freundliche Aufmerksamkeit der Professoren. Sogar bei Konrad Lorenz und Arnold Gehlen hatte ich mich angemeldet, aber ich ging dann doch nicht in die entsprechenden Seminare, weil mich die geisteswissenschaftlichen Themen viel zu sehr in Anspruch nahmen.

Viele Studierende bevölkerten trotz des Krieges die Universität. Bemerkenswert war der Anteil der Studentinnen, jedoch überwogen noch die Studenten. Viele erschienen in Uniform, weil sie für das Studium nur für eine bestimmte Zeit beurlaubt waren.

Eigenartigerweise fielen wohl kaum jemand die Kriegsvorbereitungen, die auf einen Zusammenstoß im Osten schließen ließen, auf, obwohl Königsberg doch ziemlich nah an der sowjetischen Grenze lag. Der deutsche Angriff am 22. Juni 1941 überraschte die Soldaten der Garnison Königsberg ebenso wie die Bevölkerung. Von einem Tag auf den anderen fand der Krieg unmittelbar vor der Haustür statt. Im Hafengebiet von Königsberg warfen die Russen ein paar Bomben ab. Sonst geschah aber nichts. Sofortige Verdunkelung wurde angeordnet und unsere Genesungskompanie wurde in Alarmbereitschaft versetzt. Ob für den Krieg verwendbar oder nicht – offensichtlich wurden auch wir gebraucht. Die Ausflüge in die Universität waren beendet. Der Krieg begann nun auch für mich – und für Ostpreußen.

In den ersten Tagen nach Kriegsbeginn im Osten blieb es zunächst bei der Alarmbereitschaft unserer Einheit. Die täglichen Übungen (Umgang mit Gewehr und Maschinengewehr, Handgranaten- und Bajonettangriffe) bereiteten deutlich auf einen Einsatz vor. Der Wehrmachtsbericht verzichtete aus taktischen Gründen, wie es hieß, auf die Mitteilung von Einzelheiten des östlichen Kampfgeschehens. Tag für Tag wurde nur pauschal und lapidar mitgeteilt: »Im Osten nehmen die Operationen der Deutschen Wehrmacht unter großen Erfolgen ihren planmäßigen Verlauf.« Am 27. Juni meldete der Wehrmachtsbericht: »Unsere an allen Fronten siegreichen Truppen haben große Entscheidungen errungen. Ihre Bekanntgabe steht bevor.« Erst am Sonntag, dem 29. Juni, gab das Oberkommando der Wehrmacht Einzelheiten der Offensive bekannt. Es sei gelungen, im Raum von

Bialystok bedeutende russische Truppenverbände einzukesseln und insgesamt Unmengen von Kriegsmaterial zu erbeuten. Am 1. Juli wurde zwischen Riga und Dünaburg auf breiter Front die Düna erreicht. Daß es Riga gab, wußte ich, von Dünaburg hatte ich noch nie etwas gehört. Dennoch sollte dieses Dünaburg für die nächsten zwei Jahre meine Soldatenheimat werden.

Zunächst aber brach unsere »Genesungskompanie« auf in Richtung Nordosten. Über Memel rückten wir in das ehemalige Litauen vor und biwakierten in der Gegend von Polangen. Offenbar wurden wir als Reserve hinter den kämpfenden Armeen bereitgehalten. Das Gelände jenseits der Grenze war übersät mit zerstörtem oder zurückgelassenem Kriegsmaterial der Sowjets: Lastwagen, Panzer, Geschütze, Gewehre, Maschinengewehre – alles lag oder stand kreuz und quer im Gelände. Eine beachtliche Streitmacht war hier offensichtlich zusammengezogen worden – ob zum Angriff oder zur Verteidigung, das blieb dunkel.

Wir sahen auch die ersten Gefangenen, die verstört und elend, nur von ein paar deutschen Posten bewacht, am Straßenrand hockten und teilnahmslos den deutschen Fahrzeugen nachblickten, die unentwegt Soldaten an die Front brachten. Auch wir überschritten die Düna, und wir rückten weiter vor über Lettland und Estland bis in die Umgebung von Leningrad. Dort war offenbar die Front ins Stocken geraten. Östlich von Zarskoje Selo wurde eine Stellung aufgebaut, in die wir einrückten. Jenseits dieser Stellung lag in einiger Entfernung der Flugplatz. Landen und starten konnten dort wegen der Frontnähe allerdings keine Flugzeuge mehr. An klaren Tagen hob sich weiß am Horizont die Silhouette des ehemaligen St. Petersburg vom blaugrauen Himmel ab, wenn die Sonne durch ein Wolkenloch wie ein Scheinwerfer hindurchstrahlte. Mehr als diesen Ausblick auf das Panorama bekamen die deutschen Landser nie zu sehen, obwohl das deutsche Oberkommando bereits Einladungskarten für das Siegesfest in einem der feudalsten Hotels Leningrads, dem »Astoria«, hatte drucken lassen. So sicher war man sich auch in Rußland eines erfolgreichen Blitzkriegs…

Aber diesmal war die Vorsehung, auf die der Führer sich so gern berief, gegen ihn. Im Oktober bereits setzte der Winter ein, und der glorreiche Vormarsch kam kläglich ins Stocken. Auf den frühen Wintereinbruch war die Armee nicht vorbereitet. Sie blieb im Schnee stecken und fror regelrecht fest.

Mir hingegen war das Schicksal freundlich gesonnen. Ich wurde von der Front weggenommen und, weil nur »garnisonsverwendungsfähig«, in die neu eingerichtete Frontleitstelle der Heeresgruppe Nord nach Dünaburg versetzt und kam als Schreiber ins Vorzimmer des Kommandanten.

Die Frontleitstellen waren notwendig geworden, um die Fronturlauber (jedes Jahr hatte der Soldat Anspruch auf drei Wochen Urlaub) trotz Stellungswechsel wieder zu ihren Einheiten zurückfinden zu lassen. Jede Einheit verfügte über einen Code, Frontleitzahl genannt. Der Soldat durfte über die Position seiner Truppe keine Mitteilung machen, weder in Briefen noch mündlich während seines Urlaubs. Die Frontleitzahl war zugleich seine Postadresse. Lag die Truppe im Bereich der Heeresgruppe Nord, mußten die vom Heimaturlaub zurückkehrenden Soldaten ihren weiteren Weg an die Front mit Hilfe dieser Frontleitzahl in Dünaburg erfragen.

Dünaburg war eine kleine Provinzstadt nahe der weißrussischen Grenze und dem südlichen Estland benachbart. Die Bevölkerung war gemischt, der russische Anteil war stark und auch der jüdische. Im Zentrum der Stadt befand sich die russisch-orthodoxe Kathedrale, ein imposantes Bauwerk mit einer Kuppel und vier Ecktürmen. Daneben war, dem Stil nach zu urteilen, in den zwanziger Jahren ein Theater- und Konzerthaus errichtet worden. Schräg gegenüber an einem kleinen Park lag das Gymnasium, ein weißer, langgestreckter zweistöckiger Bau. Von hier aus führte die Hauptstraße, umsäumt von zwei- bis dreistöckigen Gebäuden aus der Zeit vor dem Ersten Weltkrieg, bis zum Stadtrand an der Düna. Diese Hauptstraße bestand nur noch aus Fassaden. Die Russen, so wurde erzählt, hätten die Häuser beim Rückzug in Brand gesetzt. Übriggeblieben waren von der Stadt nur langweilige und zum Teil armselige Straßenzüge. Außerhalb der Stadt befand sich die noch funktionsfähige Festung, die nunmehr von einer deutschen Besatzung gehalten wurde.

Die Düna war kein mächtiger Fluß, aber sie war breit und flach. Eine lange Stahlbrücke führte über das Gewässer. Im Winter fror die Düna zu. Man konnte auf ihr spazierengehen oder schlittschuhlaufen. Die Bevölkerung machte von diesen Möglichkeiten reichlichen Gebrauch – und wir Soldaten machten uns einen Spaß daraus, regelrechte Düna-Eismärsche zu veranstalten.

Das Gymnasium wurde das Domizil der Frontleitstelle. Hier waren die Büros, die Abfertigungsschalter und Ausgabestellen für Essen untergebracht. Auf dem Schulhof errichteten Pioniere Baracken für die durchreisenden Soldaten, die auf ihre Anschlußzüge warten und deshalb übernachten mußten.

Noch vor unserer Ankunft hatte man die Schule geräumt. Aus den Klassenzimmern wurden neue Schlafsäle oder Büros. In dem Teil der Schule, in dem sich die Räume der Direktion und die Lehrerzimmer befanden, war die Schreibstube der Frontleitstelle, zugleich Vorzimmer des Kommandanten, etabliert. In dieser Schreibstube fand ich nun für fast zwei Jahre meinen Platz neben dem Verwaltungsunteroffizier und dem Hauptfeldwebel. Der Kommandant im Range eines Hauptmanns, ehemals Schuldirektor in Trier, wartete sehnlichst auf seine Beförderung zum Major. Er war ziemlich beleibt, rauchte dicke Zigarren und atmete schwer. Wenn er seinen Namen, er hieß Mörsdorf, unterschrieb, machte er, bevor er zum Aufstrich für das »M« ansetzte, heftige Druckbewegungen, die quasi schon einen Punkt setzten, bevor der Name überhaupt ausgeschrieben war.

Auf der anderen Seite der Schreibstube befand sich das Offizierskasino. Dort trafen sich jeden Abend die Offiziere unserer Frontleitstelle, Reservehauptleute und Reserveleutnants und Reserveoberleutnants. Sie besoffen sich regelmäßig und grölten ziemlich laut und hemmungslos. Am Tag zackig und abends ordinär – wie geht das zusammen, dachte ich …

Da ich nämlich Erlaubnis erhalten hatte, mich auch nach Dienstschluß in der Schreibstube aufhalten zu dürfen, wurde ich diesseits der verhältnismäßig dünnen Trennwand Abend für Abend Ohrenzeuge der eskalierenden Kasino-Stimmung, indes ich zu lesen oder zu schreiben versuchte. Allerdings, so sehr mich das Kasino nebenan bei meinen abendlichen Ausflügen in das »Gegenglück des Geistes« auch irritierte – die Schreibstuben-Eremitage ersparte mir auf der anderen Seite die Trinkgelage mit meinen eigenen Kameraden, die oft in wüste Orgien ausarteten. Ich fand mich selbst lächerlich in meiner Abneigung gegen die Ausschweifungen des Soldaten-Daseins und schämte mich dafür, daß ich so wenig bereit war mitzufeiern. Den Parsifal jedenfalls wollte ich eigentlich nicht spielen, aber die Rolle des Landsers gelang mir auch nicht.

Tag für Tag zogen Hunderte von Soldaten durch unsere Frontleitstelle, um mit neuen Marschbefehlen und auch Verpflegung (und zeitweise sogar mit einer Flasche Wodka) versehen, an ihren Frontabschnitt weitergeleitet zu werden. Dieser tägliche Durchmarsch verursachte natürlich viel Schmutz. Auch mußten immer wieder die Quartiere hergerichtet und von Zeit zu Zeit läusefrei gemacht werden. Neben einheimischen Hilfen wies man unserer Dienststelle auch Jüdinnen und Juden aus dem Dünaburger Ghetto zu. Sie wurden morgens gebracht und abends abgeholt. Tagsüber versorgten wir Soldaten der Frontleitstelle sie – und wir gewannen sehr bald ein vertrauliches Verhältnis zu ihnen. Sie erzählten uns, daß es im Ghetto noch einigermaßen erträglich zugehe. Ein besonders gewitzter Mann weihte uns sogar in die raffinierteren Geschäfte ein, die zwischen dem Ghetto und der Außenwelt abliefen. Er sagte verschmitzt, wenn man sich geschickt verhalte, könne man ganz gut leben hinter dem Drahtzaun.

Hauptmann Mörsdorfs Traum erfüllte sich: Er wurde zum Major befördert. Wir beglückwünschten ihn, als er stolz mit den neuen Schulterklappen das Büro betrat. Aber die Freude über die Beförderung war nur von kurzer Dauer. Unser Hauptfeldwebel, aus Tilsit gebürtig, hatte ihn nämlich in gewaltige illegale Geschäfte verwickelt. Lastwagenweise hatte er nicht nur Lebensmittel, sondern auch Pelze und andere wertvolle Waren aus dem besetzten Gebiet nach Ostpreußen verschoben. Der Hauptfeldwebel wurde eingesperrt, der Major bekam Hausarrest und verschwand sodann – wohin, das wußte niemand.

Der neue Kommandant, ein Oberstleutnant, erwies sich als ein redlicher Mann, und ebenso der neue Hauptfeldwebel, ebenfalls ein Ostpreuße, Lehrer von Beruf. Wie redlich diese Leute waren, zeigte sich nicht nur an der Moderation der abendlichen Kasino-Zusammenkünfte, sondern vornehmlich im Winter 1941/42, als unsere jüdischen Helfer aufgeregt in die Schreibstube kamen und sagten, es gehe ein Gerücht um, daß das Ghetto evakuiert werden solle. Über sogenannte Juden-Evakuierungen wurde viel gemunkelt. Die einen sagten, die Insassen kämen in größere Sammellager, andere hingegen berichteten von schlimmen Massakern.

»Unsere« Juden flehten uns an, sie vor der Evakuierung zu schützen. Kurz entschlossen befahl unser Hauptfeldwebel, die 15 oder 20 Männer und Frauen auf den Dachboden zu verfrachten und Stillschweigen über den Verbleib zu wahren. Am Abend, als die Juden abgeholt werden sollten, gab es natürlich Ärger. Unser Hauptfeldwebel sagte, er könne nicht auf seine Juden-Mannschaft verzichten, und er habe sie deshalb in Gewahrsam genommen. Natürlich wurden ihm alle möglichen Repressalien angedroht, aber er blieb hart. Über Nacht brachten wir die Juden in einem separaten Schlafraum unter.

Am nächsten Tag wurde das Ghetto von der SS und mit brutaler Unterstützung durch lettisches Wachpersonal tatsächlich »evakuiert«. Auch unsere Dienststelle hatte einen Lastwagen abstellen müssen, um die Transporte zu ermöglichen. Die Transporte gingen nicht weit. Die Insassen des Ghettos wurden nach mehreren Kilometern Fahrt von den Wagen gestoßen und erschossen. Am Abend kam der Fahrer unseres LKW mit schlohweißem Haar zurück. Der Schrecken hatte ihn gebleicht, er konnte keinen Satz hervorbringen und würgte nur ein paar Worte heraus. Mich packte das schiere Entsetzen, und ich sagte verzweifelt zu meinen Kameraden: »Dieses Blut kommt eines Tages auf uns zurück ...« Die anderen zuckten ratlos mit den Schultern. »Was konnten wir tun?« sagten sie hilflos. Ja – was konnten wir eigentlich tun? Unser Hauptfeldwebel, ein durchaus ehrenwerter Mann, verbot uns, über »die Sache« zu sprechen. Wir hätten damit nichts zu tun und wollten damit auch nichts zu tun haben ...

Immerhin: Wir durften »unsere« Juden, da kriegswichtig, noch einige Zeit behalten. Sie hausten mit den wenigen Übriggebliebenen nach wie vor im Ghetto. Eines Tages blieben auch sie aus. Keiner sprach ein Wort, jeder wußte, was los war. Wem dienten wir? Deutschland? Dem Führer? Der SS? Dem Teufel?

Ist das der Krieg? Oder ist das schon mehr als Krieg? fragte ich mich. Jeden Tag sah ich die zurückkehrenden Urlauber aus der Heimat. Keiner zog fröhlich oder gar stolz wieder an die Front. Viele waren bedrückt, andere gaben sich martialisch. In der Heimat wurden bereits die Städte bombardiert. Endsieg? Hier war kein Ende abzusehen. Und vielen war klar: das nimmt ein schreckliches Ende.

Der Winter 1941/42 war nicht nur hart, er war unerträglich. Wie die Soldaten an der Front diese entsetzliche Kälte (und den nachfolgenden Schlamm im Frühjahr) aushielten, ist mir noch heute unbegreiflich. Geradezu grotesk muteten gegen diese Höllenqualen die Hilfsversuche an, die nun die Partei in Deutschland in Gang setzte, etwa Kleidersammlungen. Diese Bemühungen bewiesen eine völlige Unkenntnis der tatsächlichen Verhältnisse und Notwendigkeiten.

Manchmal hatte ich ein sehr schlechtes Gewissen, weil ich den Leiden und Tragödien der winterlichen Ostfront sozusagen nur als Zuschauer beiwohnte. Immerhin saß ich in meiner warmen Schreibstube in der Nähe eines riesigen Kachelofens, für den immer Holz bereitlag. Nur einmal in der Woche, wenn ich in der Nacht Posten stehen mußte vor der Eingangstür, bekam ich eine Vorstellung von dem, was meine Kameraden an der Front Tag für Tag und Stunde um Stunde aushalten mußten.

Unter meinen Kameraden in der Frontleitstelle gab es eigentlich nur einen, mit dem ich über andere Dinge als über Trivialitäten reden konnte. Er war Studienrat in einer ostpreußischen Stadt. Ihn interessierten Literatur, Theater und auch Musik. Wir saßen oft beisammen und tauschten unsere Leseerlebnisse aus, die wir uns mit Büchern aus der im Kongreßhaus untergebrachten Frontbuchhandlung bereiten konnten. Dieser Studienrat, inzwischen Unteroffizier, wurde später der Homosexualität überführt und sollte degradiert werden. Bevor es dazu kam, erschoß er sich. Sah so »der Ernst des Lebens« aus? Meine Verstörungen nahmen zu.

Die Frontbuchhandlung war eine Art kultureller Mittelpunkt unserer Soldatenheimat Dünaburg. Sie wurde geleitet von einem Unteroffizier und einem Gefreiten, die beide aus Kärnten stammten. Beide waren sehr belesen. Wie sie ihr ebenso bescheidenes wie interessantes Sortiment zusammenbrachten, war mir ein

Rätsel. Natürlich führten sie vor allem die sogenannten Feld-
postausgaben, die eigens für Frontbuchhandlungen in Lizenz
hergestellt wurden. Auch gab die Heeresgruppe Nord eine kleine Graubuch-Reihe heraus, vornehmlich mit russischen Autoren von Gogol bis Dostojewski und von Tschechow bis Tolstoi –
was damals gar nicht so gern von den NS-Ostideologen gesehen
wurde. Die Russen als Kulturvolk – davon sollte nicht die Rede
sein. Aber die Heeresgruppe Nord ließ sich von diesen Vorgaben
nicht irritieren. Hans Baumann, der beim Oberkommando für
die Kulturaufgaben zuständig war, durfte mit Zustimmung des
Oberbefehlshabers sein Programm nach eigenen Vorstellungen
entwickeln. Nicht zuletzt durch Hans Baumanns Editionen lernte ich das Land und seine Menschen kennen, in dem ich mich
aufhielt. Und ich begriff, was das Baltikum und insbesondere
Riga und Reval und auch Dorpat für den kulturellen Austausch
zwischen Ost und West bedeutet hatten. Warum gaben wir den
Balten, warum gaben wir der Ukraine und auch Weißrußland
nicht die Eigenständigkeit zurück, die sie unter der Sowjetunion
verloren hatten? Konnten wir mit diesen Ländern im Osten,
die vor allem uns Deutschen zugeneigt waren, nicht in einem
produktiven wirtschaftlichen und kulturellen Verhältnis leben,
ohne sie gleich besetzen zu müssen? Angeblich hatten wir uns
gegen einen Angriff der Sowjetunion rechtzeitig gewehrt. Aber
warum nutzten wir nun den siegreichen Vorteil nicht, um diesen
Ländern die Freiheit zu geben und uns deren Dankbarkeit zu
sichern?

Es gelang mir einfach nicht, in den Kategorien von Siegern und
Besiegten zu denken. Mich interessierten die Menschen, und ich
ging gern auf Menschen zu. Vor allem, wenn ich spürte, daß ich
auf geistige Interessen und damit auf Bildung traf. Bildung
erschien mir nie als gesellschaftlicher oder gar materieller Vorzug, vielmehr bedeutete Bildung für mich die Grundlage eines
menschlicher Würde angemessenen Verhaltens. Daß die Menschen, ich eingeschlossen, nicht vorwiegend edel waren, war mir
längst aufgegangen. Ebenso klar war mir aber auch, daß man

nichts unversucht lassen dürfe, um diese zwielichtige Spezies zu verbessern und ihr einen Sinn zu geben. Daran glaube ich noch heute.

Und wie es so geht, wenn einer nach Kontakten zu Menschen ähnlicher Interessen und Gesinnungen sucht – er findet sie dann auch. Über die Frontbuchhandlung lernte ich einen Pianisten kennen, der im Reichssender Stutgart tätig gewesen war. Er war Unteroffizier und hieß Heinz Ladewig. Wir verstanden einander gut und beschlossen bald, musikalisch-literarische Abende zu veranstalten. Ein volksdeutscher Buchhändler, in Dünaburg lebend, hatte zwar seine Buchhandlung verloren, aber seine Wohnung gab es noch. In dieser Wohnung stand auch ein Flügel. Also trafen wir uns dort. Ich rezitierte, Heinz Ladewig spielte. Der Zuhörerkreis bestand aus ein paar Soldaten, die der Frontbuchhändler zusammengetrommelt hatte, und einigen Letten, die der ansässige Buchhändler kannte. Darunter war auch der Direktor des lettischen Theaters, das im Kongreßhaus wieder zu spielen begonnen hatte. Die erste Inszenierung galt der musikalischen Komödie ›Meine Schwester und ich‹ von Ralph Benatzky. Die Hauptrolle der Schuhverkäuferin spielte eine attraktive Schauspielerin mit komödiantischem Charme: Irma Kalnakarklis. Durch den Direktor des lettischen Theaters lernte ich sie und auch andere Schauspielerinnen und Schauspieler seines Ensembles kennen, und ich bekam Kontakt zum örtlichen Konservatorium.

Unser Kreis erweiterte sich und erweiterte sich. Bald waren die Letten nicht nur Zuhörer, sondern wirkten auch mit. Allerdings mußten für solche Gemeinschaftsabende Sondergenehmigungen der örtlichen Kommandatur eingeholt werden, was gar nicht so einfach war. Fraternisierung mit Einheimischen, auch mit Letten, wurde nicht gerne gesehen. Immerhin: Ich bekam die Genehmigung, nachdem mich der Stadtkommandant, ein jovialer Generalmajor, zum Rapport geladen hatte. Er hielt mich wohl auch für einen harmlosen Kultur-Spinner, den man gewähren lassen konnte, ohne Schwierigkeiten befürchten zu müssen.

Durch die Frontbuchhandlung hatte ich ein Büchlein in die Hand bekommen, das mir großes Lesevergnügen bereitete. Es trug den Titel ›Ein Mensch‹ und enthielt lebensklug-humorige Verse von Eugen Roth. In meiner Begeisterung schrieb ich, über den Verlag, einen Brief an den Verfasser, in dem ich mich für seinen Zuspruch bedankte. Er schrieb mir ein paar freundliche Zeilen zurück – und so ergab sich schließlich ein kleiner Brief- (oder besser gesagt: Postkarten-) Wechsel. Was mir Eugen Roth schrieb, war harmlos; aber mir bedeutete es viel, daß mir so ein Mann überhaupt antwortete, das heißt: daß er mich ernstnahm. Noch heute bewahre ich Eugen Roths Grüße aus München als eine köstliche Erinnerungs-Reliquie. Hätte mir damals eine freundliche Traumfee zugeflüstert, daß ich diesem freundlichen Herrn Roth in meinem späteren Leben auch persönlich näherkommen und mich sogar als Verleger um seine Bücher kümmern würde – ich hätte ihr, obwohl für Träume empfänglich, dieses Lebens-Zukunftsmärchen nicht abgenommen. Es wäre mir allzu märchenhaft vorgekommen…

Und noch einem anderen verehrten Mann bekundete ich meine Bewunderung für sein Werk: Georg Kolbe. In München hatten mich im »Haus der Deutschen Kunst« seine Plastiken sehr beeindruckt durch die Gelassenheit des Ausdrucks. Georg Kolbe brauchte nicht die Muskeln spielen zu lassen, um den Gestalten, die er schuf, Nachdruck zu verleihen. Sie verkörperten, für mich jedenfalls, das, wovon Schiller sprach, wenn er Anmut und Würde als zwei wichtige Komponenten künstlerischer Darstellung hervorhob. Auch Georg Kolbe schrieb mir zurück und schickte mir ein Büchlein mit Widmung, das ich ebenso als kostbaren Schatz aus meiner Soldatenzeit aufbewahre wie Eugen Roths Grüße an den unbekannten Landser im Osten. Jedesmal, wenn ich den schmalen Insel-Band mit den Fotografien Kolbescher Bildwerke in die Hand nehme, empfinde ich ein überströmendes Gefühl der Dankbarkeit. Damals gaben Zuwendungen wie diese Signale aus einer anderen Welt – aus der Welt, der ich mich eigentlich angehörig fühlte.

Aber unter den gegebenen Umständen konnte ich mich nicht beklagen. In meiner Schreibstube gab es nicht allzuviel zu tun, und das Militärische beschränkte sich auf den morgendlichen Appell und das gelegentliche Wacheschieben. Mir blieb genug Zeit zum Lesen und auch zum Schreiben, zumal mich meine Vorgesetzten weitgehend gewähren ließen. Vor allem aber: meine Informationen über das kulturelle Leben in Deutschland rissen nicht ab. Täglich kamen, wenn auch mit Verspätung, führende Zeitungen aus dem Reich in unsere Frontleitstelle: der ›Völkische Beobachter‹ ebenso wie die ›Deutsche Allgemeine Zeitung‹ oder (die damals noch nicht eingestellte) ›Frankfurter Zeitung‹. Ich las die Besprechungen der großen Premieren in Berlin und München und unterrichtete mich über die Neuerscheinungen auf dem Buchmarkt. An manchen großen Musikereignissen konnte ich sogar per Radio teilnehmen, wenn sie vom Sender Riga aus dem Reich übernommen wurden. In solchen Stunden vergaß ich meine Lage; ich fühlte mich zu Hause in jenem Reich, in dem in der Tat alle Menschen Brüder werden, wenn sie nur die Töne der Versöhnung mitten im Streit zu hören gewillt sind, die Kunst aussendet. Aber die Wirklichkeit nahm wenig Notiz von dieser Heimat, in die ich mich in meiner Schreibstubenklause entrücken ließ.

Inzwischen war ein Jahr vergangen. Ein neuer, schwerer Winter stand bevor, der endgültig das Schicksal dieses Krieges und damit auch das Schicksal Hitlers, vor allem aber unser deutsches Schicksal besiegeln sollte. Die Unüberwindbarkeit der schier endlosen russischen Weite, aber auch die ungeheure Leidensfähigkeit des russischen Volkes, die schon Napoleon zu Fall gebracht hatten, sollten auch »dem größten Feldherrn aller Zeiten« zum furchtbaren Verhängnis werden und uns Soldaten ein noch schlimmeres Los bereiten als der Grande Armée …

Ich hatte in diesem Jahr 1941 nicht nur freundschaftliche Verbindungen mit künstlerisch interessierten Kameraden und mit kulturellen Kreisen der lettisch-russischen Bevölkerung in Dünaburg angeknüpft, sondern auch meine Fühler nach Riga ausgestreckt. Dort gab es einen deutschen Sender, der für das ganze Baltikum und für den Bereich der Heeresgruppe Nord zuständig war. Er übernahm die meisten Sendungen von deutschen Stationen; aber er produzierte auch eigene Beiträge. Mehrfach schickte ich vergeblich Programmvorschläge an die Sendeleitung, bis schließlich ein Bekannter aus Dünaburg, der dortige Gebietskommissar Wieckenberg, eine persönliche Verbindung zu der Redaktion herstellte. Dieser Herr Wieckenberg war ein Balte, der erst 1940, als die Sowjets die baltischen Staaten »übernahmen«, nach Deutschland evakuiert worden war. Nun tat er als Unterbeamter des Reichskommissariats Ost für den Bereich Dünaburg Dienst. Er war ein ruhiger, besonnener Mann, der ebenso mutig wie sachlich versuchte, Härten und Ungerechtigkeiten durch die deutsche Okkupation zu vermeiden. Natürlich gelang ihm das nicht immer. Die Befehle von oben waren streng und eindeutig; nur der deutsche Herrschaftsanspruch galt. Deshalb sollte auch eine allzu freundliche Behandlung der Bevölkerung vermieden werden. Herr Wieckenberg jedoch, der diesem Land entstammte und die Leute kannte, milderte die scharf gezogenen imperatorischen Grenzen, wo er nur konnte.

Da dieser Herr Wieckenberg auch kulturell interessiert war, wurde er bald auf unseren kleinen Freundeskreis aufmerksam. Oft lud er uns in sein Haus ein zu Hausmusikabenden oder auch nur zu anregenden Gesprächen.

Dort lernte ich einen Gefreiten, Siegfried Caspar, kennen. Der Name kam mir bekannt vor, und er war auch bekannt. Siegfried Caspar hatte eine offizielle Biographie des Präsidenten der Reichsschrifttumskammer, Hanns Johst, geschrieben, über die ich einige Rezensionen gelesen hatte. Hanns Johst interessierte mich schon seit einiger Zeit, und zwar nicht wegen seiner hohen Stellung im Dritten Reich, sondern als expressionistischer Dramatiker. In den zwanziger Jahren behauptete Johst neben Brecht eine herausragende Stellung auf dem expressionistischen Theater. Seine Dramen ›Thomas Paine‹, ›Luther‹ und ›Der Einsame‹ (über Grabbe) hatten mich so stark herausgefordert, daß ich sogar den expressiven Johst-Stil nachzuahmen versuchte. Als Johst allerdings zum ideologischen Propagandisten mutierte, nahm mein Interesse an diesem Autor ab. Ich fand, was er nun schrieb (zum Beispiel ›Maske und Gesicht‹) einerseits gewollt pathetisiert und andererseits unerheblich. Immerhin: auch dieser Gefreite Caspar wurde nun zu einem willkommenen Gesprächspartner.

Nachdem der freundliche Herr Wieckenberg eine Verbindung zum Sender Riga hergestellt hatte, wurde ich eingeladen, mit einem Redakteur der Station zu sprechen. Auf diese Weise kam ich zum ersten Mal nach Riga. Dünaburg und Riga sind nur rund 200 km voneinander entfernt. Eine Bahnlinie verbindet die beiden Städte. Die Strecke war damals militärisch wichtig und stark durch Güterzüge beansprucht. Außerdem ließ der Gleiszustand zu wünschen übrig – von der Partisanengefahr durch Überfälle, Minen oder Bombenanschläge ganz zu schweigen. Dementsprechend langsam und mit zahlreichen Aufenthalten zuckelte der zivile Personenzug durch die Nacht. Abfahrt abends in Dünaburg ungefähr 19.00 Uhr, Ankunft morgens gegen 8.00 Uhr in Riga. Im Herbst 1942 waren die Nächte bereits ziemlich kalt. Personenwagen gab es keine. Die Passagiere wurden in Güterwagen transportiert, in die primitive Sitzbänke eingebaut waren. In der Mitte jedes Güterwagens stand ein kleiner Kanonenofen, der die Nacht über mit Hilfe aufgestapelter Holzscheite in Gang gehalten werden mußte. Zwar hatte der Kanonenofen ein Rohr, das nach außen ging, aber das Rohr war undicht und der Rauch trat oft in den Wagen aus. An Schlaf war nicht zu denken. Das Rucken und das Halten und das Anfahren und die Husterei sowie die Mühsal mit dem Feuer hielten alle wach.

Dennoch: Ich kam nach Riga. Die Stadt bestach durch einen herben, fast weltstädtischen Charme. Besonders erstaunten mich viele Straßenzüge, die imposante Jugendstilfassaden aufwiesen. Erst später erfuhr ich, daß Riga einer der östlichen Vorposten dieser Kunstbewegung um die Jahrhundertwende gewesen war. Trotz Krieg und Besatzung bewahrte die Stadt urbane Haltung.

Aus ihr sprach Geschichte – baltische Geschichte, deutsche Geschichte. Leider lagen die historische Petri-Kirche sowie das Schwarzhäupter-Haus, die stolzen Zeugen dieses deutsch-baltischen Kultur- und Geschichtsdialoges, damals in Trümmern. Beide Gebäude sowie die Umgebung des Platzes waren bei der Einnahme im Sommer 1941 zerstört worden.

Die Letten sind ein stolzes und selbstbewußtes Volk, das sich seit vielen Jahrhunderten seine Eigenständigkeit nur durch dieses Selbstbewußtsein erhalten konnte. Die Enttäuschung darüber, daß die Deutschen, die sie als Befreier begrüßt hatten, nun auf Distanz gegangen waren und sich das Baltikum einfach einverleibt hatten, war groß. Die Leute bewegten sich auf »ihren« Straßen, als seien die deutschen Soldaten und die braunen Verwalter Luft. Auf der anderen Seite: die Letten, die sich den Deutschen andienten und in der SS Dienst taten, fielen oft durch besondere Grausamkeit auf. Dieses lettische Kriegs-Janusgesicht konnte ich mir nicht erklären …

Mein Gespräch im Sender verlief positiv. Ich bekam den Auftrag, ein paar Sendungen im Stil des ›Schatzkästleins‹ vom Deutschlandsender zusammenzustellen und den Sprecherpart zu übernehmen. Offenbar überzeugte meine Fähigkeit, Lyrik und Musik in ein Dialogverhältnis zueinander zu bringen und dadurch poetische Erbaulichkeiten herzustellen. Die Abende in unserem Dünaburger Kreis waren für diese Sendungen eine gute Vorübung gewesen.

Das Gespräch mit der Redaktion hatte zur Folge, daß ich noch mehrmals nach Riga kam, um die entsprechenden Aufnahmen zu machen. Zwar grauste mir jeweils vor der beschwerlichen Reise, aber das Glück, das ich bei meinen Aufnahmen empfand, ließ mich die Strapazen schnell vergessen. Damals entzündete sich meine Vorliebe für das Medium Rundfunk, die meinen späteren Berufsweg entscheidend beeinflussen sollte.

In Dünaburg entwickelten sich meine deutsch-lettischen Aktivitäten erfreulich. Unser Gesprächs- und Konzertkreis wurde bekannt. Zu unserer Gruppe stieß ein musischer Oberstabsarzt,

Dr. Loh, der auch Organisationstalent besaß. Er schmiedete unentwegt Pläne für kulturelle Veranstaltungen. Schließlich brachte er einen »Bunten Abend« im Theater zustande, für den er mich als Moderator ausersah. In einem vier Seiten langen Papier legte er die Einzelheiten fest, die uns zum Erfolg führen sollten. Sie waren dilettantisch und naiv, aber die Begeisterung ersetzte die mangelnde Professionalität, und der Abend wurde ein Erfolg. Es war das erste und einzige Mal in meinem Leben, daß ich als Moderator eines »Bunten Abends« aufgetreten bin. Der Gefreite Siegfried Caspar schrieb in der örtlichen Soldatenzeitung, ich hätte dem Abend zu einer »geschmackvollen Aufeinanderfolge« verholfen und »in liebenswürdiger Weise und mit heiteren Anekdoten gewürzt« die verbindenden Worte gesprochen. Ich war natürlich sehr stolz auf meine Leistung, nicht zuletzt deshalb, weil ich mit diesem Abend einen besonderen Sieg über meine Stotterhemmung davongetragen hatte.

Maria war 1941 von Darmstadt nach München gewechselt und hatte sich an der dortigen Universität eingeschrieben. Im Zentrum ihres Studiums standen die Seminare bei Artur Kutscher. Wir schrieben uns unentwegt. Sie berichtete mir von ihren München-Erfahrungen, und ich versuchte in meinen Briefen, dem Bild vom Soldaten, das sich ein junges Mädchen vielleicht zu machen wünschte, einigermaßen zu genügen. Sie war aber viel zu erfüllt von ihrer neuen Erlebniswelt Universität und Theater, um die kärglichen Signale aus meiner Dünaburger Kulturszene ernstnehmen zu können. Auch gingen ihr wohl meine hilflosen Briefversuche, sie enger an mich zu binden, auf die Nerven. So ergab sich schließlich eine Verstimmung, die zum vorläufigen Abbruch unserer Beziehung führte.

Prompt verliebte ich mich in jene Dünaburger Schauspielerin, die mir in der Aufführung von ›Meine Schwester und ich‹ durch Spiellaune, Charme und Lebhaftigkeit aufgefallen war. Sie war 13 Jahre älter als ich. Aber das störte mich gar nicht. Sie erschien mir als der Inbegriff einer schönen, erfahrenen und lebensreifen Frau, bei der ich menschlichen Schutz suchen konnte. Denn ohne Maria stand ich nun wirklich sehr allein da. Zwar hielt ich unermüdlichen Briefkontakt mit meiner Mutter, aber einen Menschen, an den ich mich wirklich anlehnen und dem ich mich anvertrauen konnte, hatte ich nicht mehr. Irma, so hieß die Schauspielerin, nahm die Sache zunächst amüsiert hin, bekam dann aber doch einen Schreck, als sie merkte, wie ernst es mir war. Ich drang auf Verlobung, denn ich wollte die Verbindung um jeden Preis legalisieren.

Meine Freunde, die lettischen und die deutschen, beschworen mich, keinen Unsinn zu machen. Der Altersunterschied sei viel zu groß; auch habe die Dame eine bewegte Vergangenheit – und schließlich sei sie auch noch eine Lettin. Aber ich war blind vor Leidenschaft und bereit, dem Gang der Weltgeschichte unser Bündnis entgegenzustellen. Sie ihrerseits war wohl klug genug, um abzuschätzen, daß dieser Bund keine Zukunft haben könne. Irma ahnte, daß der Krieg nach den letzten Vorstößen im Jahr 1942 verloren und damit auch der Untergang Lettlands besiegelt war. Angesichts dieser Aussichten war ein solches Versprechen fürs Leben ohnehin nichts wert. Sie willigte also ein: und mit dieser Einwilligung begann eine Kette von Schwierigkeiten. Obwohl von Heirat noch nicht die Rede war, sorgte bereits die Verlobung für Einsprüche von deutscher Seite. Sowohl der Gebietskommissar Wieckenberg als auch der Stadtkommandant mußten tätig werden, um mir wieder einmal eine Ausnahmegenehmigung zu verschaffen. Wer weiß – vielleicht dachten auch sie, daß sowieso alles verloren sei und man diesem idealistischen Jungen die Illusion treuer Liebe nicht nehmen solle. Ohnehin war der Schritt, den ich tat, absolut lächerlich. Viele hatten sich eine Geliebte zugelegt – selbst Dr. Loh, der verheiratet war. Warum ich diesen bequemen Weg, der zu nichts verpflichtete und alles bot, nicht ging, verstand keiner.

Nun: ich ging diesen Weg. Er war kurz. Im Dezember und Januar 1942/43 wurde die deutsche Armee in Stalingrad vernichtet. Als die Sondermeldung durchs Radio kam, Stalingrad sei gefallen, täuschten auch die Phrasen vom tapferen Widerstand nicht darüber hinweg, daß hier militärische Würfel gefallen waren. Doch Hitler war bereit, bis zum letzten Blutstropfen zu kämpfen. Er bot die letzten Reserven auf. So war auch meines Bleibens in Dünaburg nicht mehr länger. Ob garnisonsverwendungsfähig oder nicht: im Frühjahr 1943 wurde ich an die Front beordert. Der Abschied von Irma brach mir, um den altmodischen Ausdruck zu gebrauchen, schier das Herz. Ich wollte mir nicht eingestehen, was ich ahnte: dies ist ein Abschied für immer. Sie versuchte mich zu trösten, aber ihr Trost klang halbherzig. Ich spürte das. Tief bedrückt marschierte ich zur Sammelstelle in die Festung Dünaburg. Ich sah Irma nie wieder, und ich hörte auch nichts mehr von ihr. Der Krieg verschluckte sie und unsere Dünaburger Romanze. Erinnerung…

Ich kam zu einem Regiment der 69. Infanteriedivision, die südlich des Peipussees eingesetzt war, und wurde später zum Obergefreiten befördert. Die Division wurde in die schweren Kämpfe im unteren Nordabschnitt verwickelt, die den Sommer 1943 hindurch tobten. Tagelang wußten wir Soldaten nicht, ob wir vorwärts oder rückwärts marschierten. Erschöpft lagen wir in warmen Sommernächten in den tiefen Wäldern südöstlich des Peipussees. Ob wir für Deutschland marschierten und schossen, war uns inzwischen ziemlich gleichgültig geworden. Wir schossen für uns, wir schossen um unser Leben, und wir marschierten für unser Leben. Der kreatürliche Wunsch nach Überleben beherrschte den Tag und die Nacht.

Erstaunlich ist, wie sehr der Mensch in Extremsituationen auf sein Existenz-Minimum reduziert wird. Sogar der Gedanke an Irma, die aus meinem Gesichtsfeld verschwunden war, erfüllte mich nicht mehr mit Wehmut oder Sehnsucht. Ich lebte für den Tag, marschierte für den Tag und verfluchte Hitler, der dies alles angerichtet und mich in seine Weltgeschichte verwickelt hatte. Andererseits wußte ich, daß ich »die da oben« brauchte, um noch ein Fünkchen Hoffnung auf Überleben hegen zu können. Wenn sich diese Front in Chaos auflöste, war unser Untergang besiegelt – dessen war ich mir sicher.

Im Herbst 1943 flauten die Kämpfe ab. Allerdings: Wir waren noch in der Nähe des Peipussees, weit von der deutschen Grenze entfernt. Erneut wurde der Winter hart. Die tiefste Temperatur, die wir maßen, waren 42 Grad minus. Unter solchen Bedingungen konnte weder die eine noch die andere Seite die strategischen Muskeln spielen lassen. Dennoch brachen von Zeit zu Zeit heftige Kämpfe aus. Wir wurden eingekesselt und wieder freigekämpft – und wir hatten keine Ahnung, wo wir eigentlich herumtappten in diesem unendlich weiten, verschneiten und bitter kalten Land.

Zum Frühjahr 1944 hin wurde ich aus einem mir bis heute unerfindlichen Grund in den Stab der 69. Infanteriedivision versetzt, um dort den absurden Auftrag entgegenzunehmen, die Geschichte dieser Division im Zweiten Weltkrieg, insbesondere während des Norwegen-Feldzuges, zu Papier zu bringen. Die Quellen waren spärlich. Man traute wohl meiner Phantasie zu, aus den Partikeln ein Epos formen zu können. Natürlich gab ich mir zunächst große Mühe, einen möglichst heroischen Einstieg in dieses Epos zu finden: die abenteuerliche Fahrt eines Stoßtrupps mit einer Draisine durch einen norwegischen Eisenbahntunnel mitten in die feindlichen Linien hinein gab zwar einiges her – doch dann fand sich kaum mehr etwas in der Chronik dieser Division, das diesem Effekt hätte standhalten oder ihn gar überbieten können. Überall waren die Kompanien der Division in Norwegen schlichtweg nur »einmarschiert« – und dort bis zu ihrer Verlegung nach Rußland auch verblieben. Die Erzählungen aus der Norwegenzeit der Division klangen fast wie Märchen aus einer anderen Kriegswelt ...

Ich habe heute den Eindruck, daß diese Divisionsgeschichte nur ein Vorwand war, um mich in den Stab zu holen. Mehr als an meiner Geschichtsschreiberei waren die Stabsoffiziere nämlich an meinen literarischen Kenntnissen und auch an meiner Kulturbegeisterung interessiert. Besonders der aus Darmstadt stammende Oberstleutnant Henrici forderte mich immer wieder auf, Hölderlin und Rilke vorzulesen. Er seinerseits versorgte mich mit Hinweisen auf verbotene Schriftsteller, vornehmlich mit Zitaten aus Werken von Walter Hasenclever, den er wohl besonders bevorzugte. Ich war verblüfft, daß ein hoher deutscher Offizier derart blasphemische Texte auswendig wußte und auch noch einem schlichten Landser vorzutragen wagte. Die anderen Herren, die zuhörten, lachten sich jeweils halbtot über die expressiven Sarkasmen des Herrn Hasenclever.

Im Sommer 1944 begann der letzte Akt der weltgeschichtlichen Tragödie, die Zweiter Weltkrieg hieß. Die Russen traten zum großen Durchbruch an, und in der Normandie landeten die Alliierten. Den deutschen Städten geschah, was Hitler den englischen angedroht hatte: Sie wurden eine nach der anderen ausradiert. Auch Darmstadt, meine Heimatstadt, wurde vernichtet, und selbst Königsberg blieb nicht verschont. Das geliebte München fiel ebenfalls in Schutt und Asche. Ich hörte dies im Radio; und gelegentlich kamen ja auch Zeitungen zu uns durch. Am Peipussee brach die Hölle los. Der deutsche Widerstand hielt nur kurz, dann wurden wir zurückgedrängt und zurückgedrängt. Noch einmal berührte unsere Einheit Dünaburg. Für einen Tag oder zwei war der Divisionsstab in der Festung untergebracht; dann mußten wir den südlichen Zipfel Lettlands räumen. Von Irma keine Spur. Sie war wohl noch rechtzeitig nach Riga entwichen.

Nordöstlich von Kowno gruben wir uns auf den Anhöhen entlang des kleinen Flusses Neris ein, um die russischen Truppen aufzuhalten. In dieser Stellung erreichte uns die Nachricht vom Attentat auf den Führer und vom versuchten Staatsstreich. Wir einfachen Soldaten waren empört. Nun fallen sie uns auch noch in den Rücken – das war die erste, primitive Reaktion in unserer bedrängten Lage. Die Offiziere äußerten kein Wort – auch nicht später, als die Nachricht kam, der Staatsstreich sei vereitelt worden und der Führer lebe. Mich verwunderte das sehr …

Die Befestigungslinie, die wir eingenommen hatten, versprach zunächst Erfolg. Die Abhänge zu stürmen, war schwierig, Panzer konnten hier nichts ausrichten, allenfalls die feindlichen Flieger hatten eine Chance, uns mit Bomben zu bewerfen. Aber unsere Rechnung war längst ohne den strategischen Wirt gemacht. Der russische Vorstoß fand südlich von uns statt. Wir mußten die mühsam aufgebaute Stellung kampflos räumen und weiter zurückweichen in Richtung deutsche Grenze. Noch waren wir in Litauen; aber nur wenige Tage später ging die Kunde durch die Reihen: Jetzt sind wir in Ostpreußen.

Es stimmte. Wir waren in Ostpreußen. Und zwar östlich von Schloßberg, dem früheren Pillkallen. Endlich, noch vor Schloßberg, kam die Front zum Stehen. Offenbar wollten die Russen vor dem entscheidenden tödlichen Schlag noch einmal Atem holen.

Der Divisionsstab wurde in einem ostpreußischen Dorf, das inmitten einer freundlichen Moränenlandschaft mit viel Wald lag, untergebracht. Der Abteilung Ic, der ich zugeordnet war, stand ein lebenslustiger Hauptmann aus Bayern mit Namen Köberle vor. Als Quartier diente uns das geräumte Haus einer Lehrerin. Offensichtlich hatten die Einwohner Hals über Kopf das Dorf verlassen, dem Zustand der Wohnräume nach zu urteilen. Alles war noch an seinem Platz – so, als hätten sich die Familien zum Kirchgang wegbegeben. Eine gespenstische Atmosphäre. Mich zog natürlich sofort die unversehrte Bücherwand an, wo unter anderem das Sammelwerk ›Die großen Deutschen‹ stand neben der von Suhrkamp herausgegebenen zweibändigen Anthologie ›Deutscher Geist‹. »Diese Bücher müssen wir unbedingt retten«, sagte ich. Der Hauptmann stimmte mir zu und stellte bei Abzug aus dem Haus die Beschlagnahme der Bände durch die Division in Aussicht. Er selbst entdeckte Schellackplatten mit Songs aus der ›Dreigroschenoper‹, die er mit dem größten Vergnügen immer und immer wieder abspielte. Soviel ich aus den krächzenden Aufnahmen heraushören konnte, war dieser Brecht durchaus mein Fall. Sein Moritaten-Stil, seine Aggressivität und sein Sarkasmus gefielen mir.

Weihnachten nahte, und die Nachrichten aus der Heimat wurden immer bedenklicher und bedrückender. Die eigene Lage war so gut wie aussichtslos. Aber die Hoffnung klammert sich an jeden Zwirnsfaden. Von neuen Waffen war die Rede und vom totalen Krieg, der alles wenden müsse.

In den Tagen zwischen Weihnachten und Neujahr schickte mich die Division mit einem Pferdeschlitten auf Truppenbesuch. Die 69. Division war in den umliegenden Gütern und in den dazugehörigen Dörfern untergebracht, zum Teil recht feudal. Nun absolvierte ich meine Leseabende in Regimentsstäben und Bataillonsunterkünften. Gerade in dieser ausweglosen ostpreußischen Lage, fern der Heimat und dem Untergang preisgegeben, erwachte in vielen Soldaten die Sehnsucht nach einer anderen, unkriegerischen Welt. Diese Sehnsucht bedeutete keine Flucht aus den Bedrängnissen des Tages. Flucht war unmöglich, das wußte jeder. Aber die Gewißheit menschlicher Bereiche, in denen Gefühle mehr galten als der Umgang mit Waffen, halfen vielen, ans Überleben zu glauben. Insbesondere mit dem ›Cornet‹ von Rilke fand ich großen Widerhall und Beifall. Dieses Werk schilderte unsere seelische Lage bewegend – und erhöhte sie poetisierend.

Silvester kam und das neue Jahr brach an. Hauptmann Köberle trank mit uns auf dieses Jahr 1945 – und wir taten so, als wäre dieses Jahr ein Jahr wie jedes andere. Zwar war ein Ausweg aus unserem Dilemma unvorstellbar. Was jedoch vorstellbar war, das war der nächste Tag und die nächste Stunde. Und jeder Tag und jede nächste Stunde, die uns nicht umbrachten, war ein Tag des Lebens und eine Stunde des Lebens – und eine Stunde der Hoffnung.

Am 13. Januar 1945 hob sich dann der Vorhang dieses Krieges über dem letzten Akt. Zwei Stunden lang donnerte die russiche Artillerie auf unsere Stellungen in den Dörfern. Die Fetzen flogen und kein Stein blieb auf dem anderen. Wir verkrochen uns in die Keller und versuchten mühsam, die Verbindung zur Front aufrechtzuerhalten. Aber alle Verbindungen waren gestört und Melder kamen nicht mehr durch. Was hätten sie auch melden sollen? Die Front war zermalmt. Wer übrig blieb, versuchte sich zu retten. Die deutschen Soldaten rannten mit den Russen um die Wette in Richtung Westen. Auch wir begannen zu rennen. Russische Panzer überholten uns, sie schenkten uns überhaupt keine Aufmerksamkeit. »Die kriegen wir sowieso«, dachten die Besatzungen wahrscheinlich. Die Tiefflieger dagegen schossen auf jeden einzelnen von uns wie auf Hasen bei der Treibjagd. Bald fanden sich versprengte Trupps zusammen aus den verschiedenen Einheiten. Alle strebten sie nach Westen in Richtung Königsberg. Bald hatten wir die Russen vor uns, bald hinter uns. Waren sie vor uns, dann erwarteten uns in den Dörfern, die sie erobert hatten, furchtbare Szenen. Die Gauleitung von Ostpreußen hatte der Bevölkerung bei Todesstrafe verboten, sich aus den Gebieten hinter der Front zurückzuziehen und in Sicherheit zu bringen. Wer fliehe, sei Defaitist und zeige Feigheit vor dem Feind. Nun versuchten die Menschen Hals über Kopf den Kämpfen zu entkommen. Sie wurden dabei oft von den Russen überrascht und überrollt. Und diese Russen kannten kein Pardon. Sie machten alles und jeden nieder. Die Frauen wurden auf entsetzliche Weise vergewaltigt und entweder niedergestochen oder erschossen. Schließlich hatte Ilja Ehrenburg die Soldaten ja quasi offiziell zur Rache an den Deutschen aufgefordert. Gnadenlos überrollten die russischen Panzer die hastig zusammengestellten Flüchtlingstrecks. Auf den Durchgangsstraßen stießen sie die Gefährte wie Müll auf die Seite. Menschen und Tiere waren verkeilt in Leiterwagen, zersplitterten Hausrat, in Bettzeug oder zerbrochene Stühle. Überall Schreie – es war einfach entsetzlich. Keiner konnte dem anderen helfen, auch wir nicht. Kamen wir in Dörfer, die noch nicht von den Russen besetzt waren, trafen wir auf völlig verstörte Einwohner, die nicht wußten, was sie tun sollten. Dem Befehl gehorchen und bleiben oder fliehen. Aber wohin? Schon machte das Gerücht die Runde, Ostpreußen sei völlig abgeriegelt. Keiner komme mehr hinaus, es sei denn über den Hafen Pillau, nördlich von Königsberg. Groteske Szenen spielten sich ab: in einem Schreibwarengeschäft zum Beispiel verkaufte der Inhaber noch Bleistifte für 20 Pfennige (eine Art Kriegsschlußverkauf) an die Soldaten, während andere im Keller bereits das Eingemachte einsammelten, um für die nächsten 20 Kilometer gerüstet zu sein. Am Dorfrand fielen schon die ersten Schüsse der herannahenden Russen.

Der Untergang Ostpreußens wurde mir zum Lebenstrauma. Habe ich heute eine unruhige Nacht, bringe ich im Halbschlaf Maschinengewehre in Stellung oder werfe mich vor anrollenden Panzern in schlammige Gräben. Nie bin ich im Angriff, immer in Verteidigungsstellung – und immer werde ich gejagt. Rache ist schrecklich, zumal sie vornehmlich solche trifft, an denen gerächt wird, was sie nicht getan oder doch zumindest nicht unmittelbar zu verantworten haben. Aber an dieser schrecklichen Paradoxie wird sich wohl im Lauf der Weltgeschichte auch zukünftig nichts ändern…

Nach etwa zehn Tagen erreichte unsere Truppe den Stadtrand von Königsberg. Groß stand auf dem gelben Straßenschild zu lesen:»Königsberg i. Pr.« Wie durch ein Wunder waren wir nicht nur den russischen Soldaten, Panzern und Tieffliegern entkommen, sondern wir hatten auch die Strapazen des Wintermarsches auf eigene Faust gemeistert. In die Stadt selbst kamen wir erst gar nicht hinein. Schon am Stadtrand wurden wir aufgehalten und zu einer Sammelstelle (meiner Erinnerung nach eine nicht zerstörte Kaserne) gebracht. Königsberg, so hieß es, sei zur Festung erklärt und werde unter allen Umständen gehalten. Die Festungsanlagen seien noch intakt und böten Schutz genug, auch für die Bevölkerung. Später hörte ich, daß noch 90 000 Zivilisten in der von Bomben ruinierten Stadt gehaust haben sollen. Von unserer Division war nicht mehr viel übrig. Bei dem Großangriff östlich von Schloßberg waren sowohl General Rein, er stammte aus Salzburg, als auch sein Stabschef, Oberstleutnant Henrici, gefallen. Angeblich waren sie im offenen Kübelwagen den anstürmenden Russen entgegengefahren. So recht vermochte ich mir diesen heroischen Selbstmord des Oberstleutnants Henrici allerdings nicht vorzustellen.

Die Einheit, in die ich eingeteilt wurde, erhielt Marschbefehl in Richtung Pillau. »Wollen die uns evakuieren?« dachte ich, und leise Hoffnung keimte auf. Aber schon bei Fischhausen am Frischen Haff (auf halbem Weg nach Pillau) war der Marsch zu Ende. Die Russen waren in das Samland vorgestoßen und drohten, den Weg von und nach Königsberg abzusperren. Wir bekamen Befehl, nach der Stadt zurückzukehren, und zwar über das östliche Haff. Das Haff war fest zugefroren. Man konnte es also zu Fuß überqueren. Wir marschierten los, und wir begegneten Trecks, hochbeladen, die versuchten, ebenfalls über den Eisweg in Richtung Danzig aus dem Kessel Ostpreußen zu entkommen. Natürlich hatten die Russen bald erkundet, was sich auf dem Haff abspielte. Ein Flugzeug kam nach dem anderen und warf Bomben auf das Eis, das barst und buchstäblich Mann und Roß und Wagen in die eisigen Fluten riß. Wir Soldaten hüpften, so gut es ging, von Eisscholle zu Eisscholle, um das rettende Ufer zu erreichen. Endlich, gegen Abend, betraten wir bei Brandenburg südlich von Königsberg wieder festen Boden. Die Front verlief schon einen Kilometer jenseits des Uferhanges. Wir mußten also versuchen, am Strand entlang unter dauerndem Beschuß nach Königsberg zurückzufinden. Mitten in der Nacht, als unweit wieder eine Granate einschlug, erinnerte ich mich an das Datum dieses Tages. Es war der 14. Februar, mein Geburtstag. Ich war 23 Jahre alt geworden. Aber das war mir völlig gleichgültig. Hier zählten nicht die Jahre, hier zählten die Stunden, die man lebte und noch zu leben hatte.

Frühmorgens erreichten wir Königsberg, verdreckt, übermüdet, kaputt. Die Falle hinter uns schlug zu. Königsberg war eingekesselt – und dabei beließen es die Belagerer zunächst. Erneut wurden die Reste der 69. Infanteriedivision in der Stadt zusammengesucht und in den Festungsgürtel bei Ponarth eingewiesen. Der Divisionsstab befand sich in einem Fort, das noch aus dem Ersten Weltkrieg stammte. Vor diesem Fort zog sich ein breiter Wassergraben hin – und jenseits von diesem lagen die Russen. Eineinhalb Monate blieb es fast gespenstisch ruhig. Nur ab und zu fielen Gewehrschüsse oder eine Granate schlug in den Trümmern der Stadt ein. Wieder stellte sich so etwas wie die Normalität des Absurden ein. Man gewöhnte sich im Angesicht der tödlichen Gefahr an die gewährte Galgenfrist. Was blieb einem auch sonst übrig? Entweder man verzweifelte am Leben und gab sich selbst auf, oder man entschied sich für den Tag und die Stunde.

Der März war ein sonniger Monat in Ostpreußen und in Königsberg. Die Leute gingen durch die zerstörten Straßen, als sei nichts geschehen. Mütter schoben Kinderwagen, Milch wurde ausgetragen, die Postämter waren geöffnet: alle spielten Frieden im Krieg. Sogar der Frühling spielte mit und ließ erstes Grün sprießen. Offenbar befanden sich genug Vorräte in der Stadt, um ein paar Wochen Belagerung aushalten zu können.

Aber der Spielraum für Illusionen blieb eng. Öffentliche Verkehrsmittel gab es keine mehr. Man mußte entweder zu Fuß oder mit dem Fahrrad die Stadt durchqueren. Auch war es manchmal notwendig, vor heranpfeifenden Artilleriegeschossen Deckung zu nehmen. Aber das störte die Menschen, ob Soldaten oder Zivilisten, nur am Rande. Die Gefahr war zur Alltäglichkeit geworden; es konnte nur schlimmer kommen – also genoß man die kargen Vorteile des besseren Heute.

Sogar ein unzerstört gebliebenes Kino öffnete wieder seine Pforten. Der berüchtigte Gauleiter Koch, der durch seine verspäteten Räumungsbefehle die ostpreußische Bevölkerung ins Unglück gestürzt hatte, ließ nun den Propagandafilm ›Kolberg‹ in die Festung einfliegen und vorführen. Der Regisseur Veit Harlan hatte diesen bombastischen Historienfilm über die Belagerung der Stadt Kolberg durch Napoleon und den Widerstand des Bürgermeisters Nettelbeck noch in den Kriegswirren des Jahres 1944 mit großem Aufwand gedreht. Das Filmgeschehen sollte uns nun in ähnlicher Situation zum Durchhalten ermuntern. Der Gauleiter selbst war nur per Vorspann anwesend. Er redete markige Worte vom letzten Blutstropfen, indessen er selbst in Pillau seine persönliche Habe auf ein Marineboot zu verfrachten versuchte. Uns Soldaten empörte die Kraftmeierei des braunen Herrn von der Leinwand herab ungemein. Der Film wirkte auf uns, die wir die Realität der Belagerung erlebten, ausgesprochen lächerlich. Helfen konnte er uns überhaupt nicht, weder moralisch noch taktisch. Zwar wurde die von den Russen hermetisch abgeriegelte Stadt für wenige Wochen im Norden freigekämpft und dadurch die Verbindungslinie zu dem wichtigen Hafen Pillau wieder hergestellt. Aber jeder wußte: Wenn es losgeht, schnappt die Falle gleich wieder zu.

Die Russen ließen die Belagerten auch nicht im Unklaren über ihr Schicksal. Immer wieder forderten sie uns über Megaphone auf, die Stadt zu übergeben, bevor das Inferno anbräche. Lew Kopelew war einer von diesen Rufern in deutscher Sprache. Ich habe später mehrfach mit ihm über jene eigenartigen Belagerungswochen gesprochen, deren Folgen auch ihm zum Verhängnis wurden. Da er gegen die russischen Grausamkeiten in Ostpreußen protestierte, wurde er degradiert und in ein Straflager verbracht.

Die deutschen Truppen versuchten, ihre Verteidigungsstellung auszubauen, so gut es ging. Die alten Festungsanlagen boten zusätzlichen Schutz. Aber angesichts der Übermacht, die rings um die Stadt aufmarschierte, konnte sich auch der Dümmste ausrechnen, daß hier ein Entkommen unmöglich war. Die Ostfront selbst verlief schon weit entfernt an Weichsel und Oder.

Die Apathie der Verlorenen ist eine merkwürdige Erscheinung. Offenbar schränkt sie die Wahrnehmung der Realität auf enge Horizonte ein. Man weiß, daß man sterben wird, aber die Angst vor dem Sterben stellt sich nicht ein. Man wird gefühllos dem eigenen Schicksal gegenüber. Aus den Briefen, die ich nach Hause schrieb, geht deutlich hervor, daß ich meine Lage als hoffnungslos einschätzte, aber an Ort und Stelle selbst keimte mit jedem Tag die Hoffnung.

Zusammen mit einigen Kameraden und dem Direktor der Graphischen Kunstanstalt, Dikreiter, der noch ein paar funktionsfähige Druckmaschinen im Keller seines zerstörten Verlagshauses besaß, richtete ich eine Soldatenzeitung für die Verteidiger von Königsberg ein. In dieser Soldatenzeitung wurden nicht etwa Durchhalteparolen à la ›Kolberg‹ veröffentlicht, sondern eher Genre-Bildchen aus einer belagerten Stadt. Dieses Blättchen war an Harmlosigkeit kaum zu überbieten; heute ist solche Harmlosigkeit angesichts der tödlichen Gefahr, in der wir damals schwebten, weder zu verstehen noch überhaupt annähernd verständlich zu machen. Auf ebensowenig Verständnis können die rührenden Versuche stoßen, im Keller des halbzerstörten Königsberger Funkhauses nahe dem Nordbahnhof und schräg gegenüber vom Schauspielhaus das ›Schatzkästlein‹ seligen Angedenkens wiederzubeleben. Mit Hilfe von Bändern aus dem Musikarchiv und unterstützt von Ensemble-Mitgliedern des Schauspielhauses baute ich literarisch-musikalische Sendungen zusammen, denen vor allem große Teile der miteingeschlossenen Bevölkerung dankbar zuhörten.

Auch die Universität war zerbombt. Vor dem ausgebrannten Gebäude befand sich unter dem Paradeplatz die Bunkeranlage des Festungskommandanten, General Lasch. Schräg gegenüber war meine geliebte Buchhandlung Graefe und Unzer ebenso total ausgebombt wie an der anderen Seite des Platzes die Oper. Dennoch gelang es meiner Phantasie, die Stätten, in denen ich heimisch gewesen war, als lebendige Gegenwart zu rekonstruieren. Ich blickte in die leeren Fensterhöhlen bei Graefe und Unzer, und schon ging ich in Gedanken die Treppen hoch ins Antiquariat. Ich stieg über den Schutt der Universität und hörte unversehens wieder Worringer oder Pyritz zu. Die erlebte Vergangenheit war stärker als die bedrohliche Gegenwart. An Zukunft zu denken, wagte ich ohnehin nicht mehr. Alles schien aus und vorbei zu sein. Im Wehrmachtsbericht hörte ich, daß die Westalliierten am Rhein standen und sich Darmstadt und damit auch meinem Dorf näherten. Es konnte nur noch Tage dauern, bis die Verbindungen endgültig abgerissen waren. Bisher wurde die sogenannte Ostpreußen-Post mit Vorrang befördert. Noch im März jedenfalls erhielt meine Mutter die letzten Nachrichten. Dann war Poststille.

Was würde aus uns werden? Wie gesagt: Wir stellten uns diese Frage und ignorierten sie gleichzeitig. Am Vorabend des 6. April

1945 riefen uns die Russen über ihre Megaphone zu, am nächsten Morgen beginne der Sturm auf Königsberg. Noch hätten wir Zeit, uns zu ergeben. Wir hörten die makabre Botschaft, und wir zweifelten nicht, daß es tatsächlich so kommen würde. Trotzdem legten wir uns in den Kasematten auf unsere Strohsäcke, deckten uns zu und schliefen ein.

Am nächsten Morgen um 6 Uhr brach die Artillerie-Hölle los. Unser Fort wurde mit Eisen eingedeckt. Aber es brach unter dem Eisen nicht zusammen. Einen Tag und eine Nacht hielten wir aus. Am 7. April erreichte uns der Befehl zum Rückzug Richtung Stadtmitte. Rückzug? Unter diesen Umständen? Konnten wir überhaupt noch durchkommen? Wir wurden in kleine Gruppen eingeteilt, die wie Brieftaubenschwärme den Kasematten entflohen. Über den Vorort Ponarth und eine Freifläche, »Nasser Garten« genannt, gelangten wir in die Nähe des Hauptbahnhofs und von dort über die Breite Straße, an der eigenartigerweise fast noch unbeschädigten Börse vorbei, zum ausgebrannten, teilweise eingestürzten Schloß. Auch die Pregel-Insel mit der Altstadt und dem Dom war bereits dem Bombenangriff im August 1944 zum Opfer gefallen. Nur an der Seitenwand des zerstörten Doms hatte das Kant-Grabmal mit dem Sarg des Philosophen überdauert. Auch dem Untergang Königsbergs hielt das Grabmal stand. Und es steht dort noch heute…

Um die Schloßruine wurde heftig gekämpft. Wir hatten den Auftrag, uns hinter die Universität zurückzuziehen, um dort in den Kellern rings um die Bunkeranlage von General Lasch Stellung zu beziehen. Diese Stellungen waren als innere Verteidigungslinie vorgegeben. Was die Bomben nicht verwüstet hatten, verwüsteten nun die Granaten. Insbesondere explodierten die Granathagel auf dem Steindamm, auf dem Paradeplatz und in den Trümmern des Opernhauses und der Universität. Hinter der Universität, in der Tragheimer Pulverstraße, gab es noch einige nur leicht beschädigte Häuser, deren Inventar von Soldaten in die jeweiligen Keller gebracht wurde. Auch hier schlugen Granaten ein, und wir verzogen uns in den nächstgelegenen Keller.

Ein Kamerad zeigte mir ein Buch, das er gerade aus einer geräumten Wohnung mitgenommen hatte. »Du interessierst dich doch für sowas«, sagte er zu mir. Ich sah auf den Titel. Darauf stand: Stefan Zweig, ›Amok‹. Von Stefan Zweig und auch von diesem Erzählband hatte ich schon einmal gehört. Verbotene Literatur.

Interessiert griff ich nach dem Buch. In diesem Augenblick gab es eine ungeheure Detonation. Mir wurde schwarz vor den Augen, mein Körper war plötzlich mein Körper nicht mehr, sondern eine leichte Feder, die durch die Luft geweht wurde. In meinen Ohren brauste und siedete und donnerte es, und ich fiel und fiel und fiel – offenbar in eine unendliche Tiefe. So ist es also, wenn man stirbt, dachte ich. Mir kam dieser Gedanke ganz sachlich in den Sinn, ohne Bedauern, ohne Angst. Eher fühlte ich eine Erleichterung: Endlich ist alles vorbei. So einfach ist das also. Und wir hatten solche Furcht vor diesem Schritt über die Schwelle…

Ich fiel noch immer, doch auf einmal hörte das Fallen auf. Schluß. Aus. Aber ich konnte immer noch denken und stellte ganz banal fest: Wenn du noch denken kannst, bist du nicht tot. Ich versuchte, die Augen aufzumachen – es ging nicht. Entsetzen packte mich. Du bist blind, fuhr es mir durch den Kopf. Aber ich war nicht blind. Der Dreck hatte mir nur die Augen zugedrückt. Ich wollte mir den Dreck aus den Augen reiben, aber ich hatte plötzlich keine Hand mehr. Jedenfalls gelang es mir nicht, mit den Händen an mein Gesicht zu kommen. Durch den Dreck sah ich, als ich endlich die Augen aufbekam, den Himmel, denn das Haus war aufgerissen bis auf seine Grundmauern, und vor der klaffenden Lücke befand sich ein riesiger Erdaufwurf. Ich bewegte den Kopf nach links und nach rechts. Dreck, zerborstene Einrichtungsgegenstände und leblose Gestalten lagen um mich herum verstreut. Schreien konnte ich nicht, rufen konnte ich nicht. Jeder Laut blieb mir im Halse stecken. Und mein Hirn schien zu bersten von dem Gedröhn in meinen Ohren.

Du bist nicht tot, dachte ich, du mußt hier raus. Ich wollte aufstehen. Aber es ging nicht. Ich wollte mich mit meinen Armen aufstützen, aber es ging nicht. Ich schaute an mir herunter. Die Uniform war zerfetzt, aber nirgendwo war Blut zu sehen. Was war mit mir geschehen?

Offenbar wurde ich wieder ohnmächtig, denn ich kam erst wieder zu mir, als ich auf einer Bahre (oder war es auch nur eine herausgebrochene Tür?) hastig durch Kellerräume getragen wurde, in denen Bücherregale, mit Büchern bestückt, lichterloh brannten. Wie ich später hörte, waren das Bände aus der evakuierten Universitätsbibliothek. Bücher – mein Schicksal? Den Kameraden gelang es, mich durch die lodernden Bücherreihen auf labyrinthischen Wegen in einen anderen Kellerbezirk zu tragen, wo offenbar ein Notlazarett eingerichtet war. Gottlob waren damals alle Luftschutzkeller wegen der Fluchtwege miteinander verbunden, so daß man von einem Haus in das andere wechseln konnte. Wieder wurde ich ohnmächtig. Ich nahm lediglich noch wahr, daß ich zwischen vielen anderen zerfetzten Körpern niedergelegt wurde. Manche Verwundeten stöhnten noch, viele aber gaben bereits kein Lebenszeichen mehr von sich. Über uns dröhnte und bebte die Decke, als ginge die Welt unter.

Als ich das nächste Mal zu mir kam, lag ich wirklich auf einer umgedrehten Tür als Operationstisch. Über mir sah ich verschwommen das Gesicht eines Mannes, dem eine halb abgerauchte Zigarette im Mund hing. Die Asche war noch nicht abgefallen. Der Mann trug eine weiße Schürze, die von oben bis unten mit Blut bespritzt war. Er hantierte an mir herum, ohne daß ich etwas spürte. Es war ein Arzt. Ein paar Mal zeigte er mir mit der Pinzette einen Eisenbrocken. Ich höre ihn noch sagen: »Da ist wieder einer« und »Da ist noch einer«. Offensichtlich steckten viele Eisensplitter in meinem Körper…

Zwei Tage dauerte es noch, bis die Hölle über uns zu verstummen begann. Daß überhaupt noch ein Stein auf dem anderen blieb in Königsberg, daß noch ein Keller nicht einstürzte und die Schutzsuchenden begrub, ist ein Wunder. Unser unterirdisches Lazarett war vollgestopft mit elend zugerichteten Landsern. Am 9. April wurde es gänzlich still oben. Schnell verbreitete sich das

Gerücht: Wir haben kapituliert. Wenig später drangen die ersten Russen in unsere Katakomben ein. Wir hörten das Geschrei der vergewaltigten Schwestern. Die Frauen waren immer die ersten, die drankamen, wenn russische Soldaten einzogen. Dann brachen sie in unseren Raum ein, schossen in die Luft und erschossen bei dieser Gelegenheit auch einen von uns. Vielleicht wurde er dadurch erlöst – wer weiß es. Uns rissen sie Armbanduhren ab und nahmen uns die Ringe weg. Und immer wieder schrien sie vor Begeisterung: »Kaputt, kaputt, kaputt!« Dann verschwand der Spuk, und wir blieben noch zwei oder drei Tage uns selbst überlassen. Dann wurden wir auf Lastwagen verladen, auf deren Ladefläche Stroh geschüttet war. Einer nach dem anderen wurde hinaufgehievt und auf das Stroh geworfen. Wir fuhren ab. Von Königsberg sah ich nur noch rauchende Trümmer. Wir fuhren auf der Straße ostwärts zurück, auf der wir im Januar nach Westen in Richtung Königsberg gezogen waren.

In Insterburg machten wir halt. Hier wurden wir entlaust, so hieß es. Die Entlausungsstation war die Waschküche eines größeren Mietshauses. Wir wurden vom Lastwagen herunter in diese Waschküche gebracht. Dort überschüttete uns Hilfspersonal mit lauwarmem Wasser. Ich war von oben bis unten in Mullbinden eingehüllt. Klatschnaß hievten die Soldaten mich aus der Waschküche wieder hinaus auf einen Leiterwagen, der ebenfalls mit Stroh angefüllt war. Dieser Leiterwagen fuhr uns, von Pferden gezogen, naß wie wir waren, quer durch die Stadt in ein nur mäßig zerstörtes Gebäude, das hastig und primitiv als Lazarett eingerichtet worden war. Dort wurde ich mit den anderen in einem Zimmer auf dem blanken Fußboden abgelegt. Stroh gab es erst später. Ich zitterte und phantasierte wohl auch. Jedenfalls bekam ich von der russischen Ärztin, die für uns zuständig war, eine mächtige Dosis Morphium, die mich innerhalb kurzer Frist im Zimmer schweben ließ. Ich spürte weder den kalten und harten Boden noch die allmählich schmerzenden Wunden.

Wieder schien jener fast selige Zustand zwischen Leben und

Tod erreicht. Aber dieser Zustand löste sich nur allzu schnell wieder in physische Realität auf. In meinem Körper schienen sich ungeheure Dramen abzuspielen. Ich wurde vom Schüttelfrost unmittelbar in glühendes Feuer geschleudert und von diesem wieder in Eiswasser getaucht. Die Außenwelt spaltete sich von mir ab; das Getöse in meinen Ohren war zu laut und infernalisch, um überhaupt noch etwas anderes wahrnehmen zu können. Wieder besuchte mich die russische Ärztin. Unter ihren Helfern waren deutsche Kriegsgefangene, offenbar Sanitätsoffiziere, wie aus den Uniformresten, die sie trugen, zu erkennen war. Einer dieser Helfer beugte sich zu mir, tupfte mit den Fingerspitzen in meinen Ohren herum und roch an den Sekreten. »Sie haben Mittelohrentzündung«, sagte er zu mir. Er sagte »Sie«, auch das war grotesk in dieser Lage; aber es kennzeichnete sie auch. »Ich bin Ohrenarzt und könnte versuchen, Ihnen zu helfen. Und ich sage Ihnen auch, was ich für Werkzeuge habe: ein Rasiermesser, einen Hammer, einen Meißel. Es müßte gehen.« Mit Hilfe eines Dolmetschers sagte er wohl der Ärztin, daß er den Versuch machen wolle, mir die Ohren aufzumeißeln. Sie nickte. Also operierte er mich. Ich wurde mit einem Betäubungsmittel bewußtlos gemacht, aber ich höre noch in der Erinnerung gegenwärtig die grausam dröhnenden Schläge, die mich durch die Anästhesie hindurch trafen. Es klang, als würde im Kölner Dom ein riesiger Gong mit einem nicht minder riesigen Hammer dröhnend angeschlagen.

Die Operation gelang. Ich überstand sie ebenso wie eine Lungenentzündung und die übrigen Verwundungen, die ich bei der Granatexplosion erlitten hatte. Insgesamt 18 Narben weist mein Körper auf. Zwei davon bezeugen, wie nah mir der Tod war. Der eine Splitter traf meine Stirn und blieb in der Schädeldecke hängen, der andere wurde mir später unmittelbar vor der linken Herzkammer entfernt. Meine Mutter bewahrte ihn bis zu ihrem Tod zusammen mit der Schrapnellkugel, die meinen Vater das Leben gekostet hatte, in einem Pillendöschen auf. Jetzt hebe ich das Döschen auf. Manchmal nehme ich diese beiden

Schicksalsmetalle in die Hand und betrachte sie: Zweimal Weltkrieg, zweimal betroffen und getroffen, von der Geschichte gezeichnet …

Da lag ich nun also im Gefangenenlazarett Insterburg und konnte mich kaum bewegen. Meine linke Hand war gelähmt, mein linker Oberschenkel war schwer lädiert, meine Ohren dröhnten, und meinen rechten Arm konnte ich nur mühsam bewegen. Ich war ausgezehrt bis auf die Knochen. Die täglichen Essensrationen reichten eher zum Sterben als zum Leben. Es gab meistens aufgeweichtes altes Brot und den sogenannte Kascha, ein Graupengericht mit ausgekochten Fischköpfen oder ähnlichen Küchenabfällen darin. Gebräuntes Wasser wurde als Tee ausgegeben. Was sollte aus mir werden? Mehr als 1000 Kilometer von zu Hause weg; überall zusammenbrechende Fronten und Chaos – vergessen und verraten, zum Verrotten verdammt – das schien unser Schicksal in diesem Insterburger Elends-Lazarett …

Jedoch: In jenen Tagen um das Kriegsende herum, je schwächer ich auch wurde und zu zerfallen drohte, keimte in mir ein geradezu titanischer Überlebenswille. »Das kann es nicht gewesen sein! Das darf dein Leben nicht gewesen sein! So darfst du nicht untergehen!« Unablässig hämmerte ich mir diese Gedanken ein. Ich wollte nicht sterben. Fünf Jahre lang war ich mißbraucht worden für eine Sache, die nicht die meine war. Deutschland – ja. Für Deutschland stand ich jederzeit ein. Aber ich brauchte weder Lebensraum im Osten noch völkische Ideologien noch Massen- und Rassenmord, um ein Deutscher, ein »echter« Deutscher sein zu können. In jenen Tagen in Insterburg, in denen ich offensichtlich eine entscheidende physische Krise durchmachte und überstand, löste ich mich endgültig aus der Umklammerung eines nationalen Wahns, dem ich über ein Jahrzehnt ausgeliefert war, ohne ihm je bedingungslos zu verfallen. Es war meine innere Verfassung, die Widerstand geleistet hatte und mir immer wieder die schlimmsten Unterwerfungen erspart hatte. Und es war die gleiche innere Verfassung, die mich nun, auf dem primitiven Sterbelager in Insterburg, davor bewahrte, aufzugeben. Ich wollte leben, ich mußte leben um einer Zukunft willen, von der ich mir zwar noch keine Vorstellung machen konnte, von der ich aber wußte, daß es sie geben würde.

Gewiß: das klingt pathetisch. Und es klingt nicht nur so – es war Pathos, existentielles Gedankenpathos, durch das ich meinen Lebensmut herausforderte. Ohne dieses Pathos wäre ich zugrundegegangen und wie viele andere in jenen Tagen auf dem Müllhaufen der Geschichte vermodert. Seither weiß ich, welche therapeutische Kraft große Gedanken entfalten – und wie wenig das »kritische Bewußtsein« im Ernstfall hilft. Pathos ist ein großes Wort der Antike. Es kennzeichnet ein menschliches Verhalten, in dem Leidenschaft und Stil zu höchster Ausdruckskraft sich vereinigen: Das Leid zerbricht den Menschen nicht, sondern steigert ihn. Es hilft ihm zu überleben – oder in Würde unterzugehen. Ich überlebte.

In der Nacht zum 1. Mai veranstalteten die russischen Soldaten auf dem Hof ein furchterregendes Feuerwerk aus Maschinenpistolen, Pistolen und Gewehren. Wir wußten nicht, was los war. Wenig später zogen sie wie in einer Polonaise durch die Räume, schossen in die Decke und schrieen unentwegt: »Hitler kaputt, Hitler kaputt!«

Prompt folgte wenige Stunden später das Gerücht: Der Führer ist in Berlin in vorderster Front gefallen. »Wenigstens hat er diesen letzten Schritt getan«, sagte neben mir auf der Strohschütte einer. Doch wie wir heute wissen, hat er diesen letzten Schritt nicht getan, sondern zynisch gesagt, wenn das deutsche Volk unterginge, dann habe es nichts Besseres verdient. Er sah wohl bis zuletzt nicht ein, daß er selbst diese entsetzliche geschichtliche Katastrophe und damit auch seinen eigenen Untergang zu verantworten hatte. Er hatte uns zu Tätern gemacht und zu Opfern. Und dann: Ein Schuß in den Kopf. Dieser Abgang war dann doch zu einfach. Eine Götterdämmerung fand nicht statt.

Es dauerte noch einmal eine Woche bis zum nächsten Feuerwerk und zur nächsten russischen Polonaise. Wieder tobten die Soldaten durch unsere Räume. Diesmal schrieen sie: »Krieg kaputt, Krieg kaputt!«

Der Krieg war aus. Wir hatten überlebt. Würde es je wieder einen Anfang geben? »Das darf es nicht gewesen sein, das kann es nicht gewesen sein…« Wie von einem Dampfhammer eingebläut jagten diese Gedanken durch mein Hirn. Die äußersten Lebenskräfte bäumten sich auf gegen den schmählichen Untergang auf dem Abfallhaufen der Geschichte. Ich wollte nicht auf diesem Abfallhaufen vermodern, nein: Ich wollte leben!

Die Stunde Null

Die Zeit steht nie still. Sie läuft weiter. Sie kennt keine Stunde Null, keine Minute Null und auch keine Sekunde Null. Wo Zeit vergeht, entsteht Zeit. Alles ist Übergang.

Auch das menschliche Leben geht nicht verloren in der Zeit, solange das Herz schlägt. Aber es gibt Abschnitte im menschlichen Dasein, in denen die Zeit leerzulaufen scheint, weil sie keine Hoffnung auf Zukunft erweckt. Ein Existenz-Vakuum entsteht und damit das Bewußtsein einer Stunde Null, die es eigentlich gar nicht geben kann. Niemand weiß, wie die Nadel zwischen Sein oder Nicht-Sein ausschlagen wird. Die Lebenshoffnung hält den Atem an. Im Niemandsland der eigenen Existenz fühlt sich der einzelne verloren in der Zeit.

Als Abfall der Geschichte lagen wir deutschen Verwundeten auf unseren Strohschütten im Gefangenen-Lazarett Insterburg: überflüssig, lästig, verachtet – noch nicht abgefahrener Müll.

Der Alltag ging schleppend weiter. Die Tage dehnten sich unendlich. Von Schmerzen und Hunger gequält dämmerten die meisten vor sich hin. Gelegentlich trugen Kameraden einen hinaus. Sein Name wurde durchgestrichen auf der Meldeliste, die jeden Abend abgefragt wurde. Aus. Ein Menschenleben – was bedeutete es? Oft wurden auch neue Elendsgestalten zwischen uns gelegt – meistens zum Sterben.

Die Versorgung war und blieb miserabel: in Wasser aufgeweichtes altes Brot, dünner Tee, grobe Graupengrütze mit von Gräten durchsetzten Fischresten drin, gelegentlich eine spärliche Suppe – das war alles. Abends, wenn es dämmerte, entwickelte sich als Folge des permanenten Hungers, unter dem wir litten, oft ein makaber-grotesker Rezepte-Wettstreit, der von Abend zu

Abend gargantueskere Züge annahm. Er begann meistens damit, daß einer mit dem Erzählen eines einfachen Rezepts anfing – etwa mit der Zubereitung einer Linsensuppe. Eifrig empfahlen andere Leidensgenossen immer raffiniertere Zutaten, bis schließlich keiner mehr wußte, was denn nun eigentlich gekocht werden sollte. Jeder kochte sich ein eigenes überdimensioniertes Phantasiegericht zusammen. Nach solchen Phantasie-Freßorgien ernüchterte die Rückkehr in die Realität um so heftiger. Man empfand angesichts der vorgestellten Schlaraffenländer den Hunger als körperliche Pein unerträglichen Ausmaßes. Sie übertraf den Wundschmerz und intensivierte ihn.

Ärztliche Versorgung fand kaum statt. Die deutschen Sanitäter taten mit primitiven Mitteln, was sie konnten. Alle paar Tage wurden die Wunden ausgewaschen und neue Papierbinden wie Klopapierrollen aufgewickelt. Aber die Wunden eiterten ziemlich bald wieder durch. Im Sommer umschwärmten Hunderte von Fliegen unsere stinkenden Kadaver und krochen gierig auf den Verbänden herum.

Immerhin fiel für mich zwischendurch auch ein menschlicher Lichtschein in dieses Elend. Eine junge Ärztin aus dem russischen Ärzteteam, das etwa zweimal die Woche teilnahmslos das Lazarett inspizierte, erkannte wohl meinen besonders elenden Zustand nach der Ohrenoperation. Sie kam nach der Visite noch einmal zurück, streichelte meinen eingewickelten Kopf und sprach mir auf russisch offenbar Mut zu. Dann richtete sie mich vorsichtig auf und schob mir einen Löffel mit Reis zwischen die Lippen. Sie fütterte mich Löffel für Löffel aus einem Napf, den sie mitgebracht hatte – und zwar eine ganze Woche lang. Ich sagte immer wieder »spassibo«, und sie strich mir jedes Mal begütigend über den Kopf. Dann entschwand diese gute Fee. Sie war offenbar abkommandiert worden. Immerhin hatten mir die täglichen Zusatzportionen an Milchreis wieder ein wenig physischen Lebensmut gegeben. Vielleicht retteten sie mich sogar vor dem Zusammenbruch. Warum sich die Ärztin derart um mich kümmerte – ich weiß es nicht. Sehr anziehend dürfte ich kaum gewirkt haben, eingewickelt von Kopf bis Fuß in stinkendes Papier. Aber vielleicht war es gerade dieser Elendsanblick, der ihr Mitleid erregte. Ihr freundlich lächelndes Gesicht über meinem zerstörten Körper erscheint mir, wenn ich mich schlecht fühle, noch heute manchmal im Traum.

An sonnigen Tagen im Sommer durften die Schwerverwundeten von ihren Kameraden für zwei Stunden in den Hof des Gebäudeareals getragen werden. Wir lagen dann auf primitiven Tragen unter Linden und Kastanien und erfreuten uns an dem herrlichen Grün: Lebensbäume, die aus einer anderen, hoffnungsvolleren Welt herübergrüßten. Sie fragten nicht nach Krieg und Frieden. Sie grünten, sie blühten und wurden von Bienen umsummt und von Vögeln belebt wie eh und je. Die Natur nahm sich unserer an. Was scherten uns da die Fliegen, die im Hof noch zahlreicher und heftiger an unseren Eiterbinden saugten als in den Stuben? Wir blickten entspannt ins Laub und fühlten das Sommerglück.

Gelegentlich drangen gerüchteweise Nachrichtenfetzen von draußen in unser Niemandsland. Verwundete, die so weit genesen waren, daß sie zu Arbeiten herangezogen werden konnten, mußten mithelfen bei Aufräumarbeiten in der Stadt Insterburg. Die Stadt sei leer, berichteten sie. Alle Einwohner seien weggebracht worden. Überhaupt, so sei zu hören, werde ganz Ostpreußen und auch Westpreußen von der deutschen Bevölkerung geräumt. Ostpreußen gebe es nicht mehr. Aber wenn es Ostpreußen nicht mehr gibt – was wird dann aus uns? Schulterzucken. Wir müßten abwarten …

Immerhin sickerte auch durch, daß in Potsdam eine Konferenz stattfinde, auf der »alles« geregelt werden solle. Alles? – Was war »alles«, und was gab es da noch zu regeln? Den Sieg? Hoffentlich vergessen die nicht, daß wir da noch rumliegen, meinte einer. Aber zunächst sah es so aus, als hätten sie uns tatsächlich vergessen. Der Juni kam und verging. Juli, August, September kamen und vergingen. Nichts geschah. Das Lazarett entleerte sich zwar von Monat zu Monat – aber nicht in die Heimat, sondern entweder ins Grab oder ins Innere Rußlands. Wer noch einigermaßen arbeitsfähig war, wurde abtransportiert in die Gefangenen-Arbeitslager.

Manchmal brachten Kameraden, die noch in Insterburg arbeiteten, alte Zeitungen mit oder ein Buch. Mir legte einer ›Das zweite Gesicht‹ von Hermann Löns auf die Decke. »Da«, sagte er, »du liest doch gern.« Ich verschlang das Buch, bis mir schwarz vor den Augen wurde. Und ich las es immer wieder von vorn – denn ich lechzte nach einer anderen als meiner Elendswelt. – Als ich späterhin mein Lese-Erlebnis von damals noch einmal nachvollziehen wollte, enttäuschte mich das Buch allerdings ziemlich. Meine Phantasie hatte damals den Text wohl sehr aufgewertet…

Mein Zustand war noch immer lebensbedrohlich. Zwar konnte ich mich wieder einigermaßen bewegen; aber Gehübungen oder Krankengymnastik machte niemand mit mir. Und die tieferen Wunden wollten nicht zuheilen; die Binden waren nach wie vor von Eiter durchtränkt. Auch das Gehör funktionierte schlecht, und das Pfeifen in den Ohren brachte mich fast um. »Das geht nie mehr weg«, sagte mir der Ohrenarzt-Sanitäter, der mich operiert hatte. Inzwischen sagte er Du zu mir. »Damit mußt du leben«, setzte er hinzu. Schöne Aussichten…

Allmählich besserte sich die Essenslage ein wenig. Es gab nicht mehr täglich den scheußlichen Kascha (Graupen, denen oft noch garstige Spelzen anhafteten), sondern zwischendurch wurden auch Suppen oder gar ein Stückchen Fleisch gebracht. Leider vermehrte sich das Ungeziefer. Wanzen und Läuse plagten uns zusätzlich zu unseren Wundschmerzen. Nimmt dies Elend je ein Ende? Und wenn ja: welches? Das war die Frage, die uns Tag und Nacht quälte. Abend für Abend gingen die russischen Posten durch die Zimmer: Zählappell. Werden wir bis ans Lebensende gezählt?

Über die Potsdamer Konferenz eskalierten die wildesten Gerüchte. Einmal hieß es, Russen und Alliierte hätten Deutschland unter sich aufgeteilt. Aber es war auch davon die Rede, daß die

Russen und Amerikaner sich in die Haare geraten seien und daß die West-Alliierten nun mit den Deutschen gemeinsame Sache gegen die Russen machen wollten. Wieder andere wollten sogar wissen, daß Ostpreußen unter die Verwaltung einer Weltorganisation gestellt werden solle. »Dann wären wir ja fein raus«, sagten wir zueinander.

Anfang Oktober verdichtete sich allerdings hartnäckig ein Gerücht, dem aber niemand so recht zu trauen wagte, nachdem sich bereits so viele Gerüchte als Luftblasen erwiesen hatten. Das Lazarett werde geräumt, flüsterten uns einige Kameraden zu, die bei der Kommandantur arbeiteten. Wer arbeitsfähig sei, komme in ein Gefangenenlager. Die übrigen, nun ja: die übrigen würden zunächst einmal in ein Sammellazarett gebracht. Und dann? Das wisse keiner …

Das Gerücht war kein Gerücht. Nur wenige Tage später wurde das Lazarett sozusagen Hals über Kopf aufgelöst. Die bettlägerigen Verwundeten wurden auf Tragen gepackt und von ihren gehfähigen Kameraden zum Bahnhof gebracht. Dort standen Güterwagen bereit, in denen jeweils zwei oder drei Pritschen übereinander die Wände entlang aufgestellt waren. Das wurde zu unserem Reise-Zwischenlager. Nach langem Hin und Her ruckelte der Zug schwerfällig an. Wohin fuhren wir? Nach Rußland? Nach Deutschland? Nirgendwohin? Niemand wußte eine Antwort.

Wir fuhren. Wir hielten an. Wo waren wir? Keine Orientierung. Die Bahnhofsschilder meldeten polnisch klingende Namen, die noch niemand gehört hatte. Wir fuhren zwei Tage und zwei Nächte – oder waren es drei? Wir fuhren durch das Niemandsland unserer Geschichte, der persönlichen und der nationalen. Kein Halt gab uns einen Hinweis, wohin die Reise ging. Wir wurden abtransportiert …

Endlich war das Ziel erreicht. Es hieß: Auffanglager. Wieder machte ein Gerücht die Runde: »Wir sollen bei Frankfurt an der Oder sein«, hieß es. In der Tat: Wir waren bei Frankfurt an der Oder. Kameraden stützten mich und schleppten mich in eine Baracke. Dort legten sie mich auf ein Feldbett. Dessen vier Füße standen in umgedrehten Schuhcremedosen-Deckeln, die mit Petroleum angefüllt waren. Warum, das sah ich mit Entsetzen in der ersten Nacht, als ganze Heerscharen von Wanzen sich über den Fußboden zwischen den Pritschen bewegten. Dort, wo ihnen die petroleumgeschützten Bettfüße nur mangelhaften Widerstand leisteten, krochen sie hoch und machten sich erbarmungslos über die fluchenden und kratzenden Männer her. Gottlob: mein Petroleum reichte offenbar aus, um die Meuten abzuschrecken.

Am nächsten Morgen führten uns russische Soldaten zur Entlausung. Sie rissen mir die Binden herunter und übergossen mich mit lauwarmem Wasser. Dann trockneten sie mich oberflächlich ab und sprühten mich, ungeachtet meiner eiternden Wunden, von oben bis unten mit einem weißen Puder gegen Läuse ein. Ich verlangte nach neuen Binden. Sie hätten keine, sagten die deutschen Helfer. Schließlich fand einer doch noch ein paar alte Mullbinden, mit denen er mich provisorisch umwickelte. Dann wurde mir ein zerrissenes Hemd zugeworfen sowie eine alte Drillichhose ohne Knöpfe, eine alte wattierte Jacke und ein Brotbeutel. Die »Ausrüstung« – hieß es kurz und bündig. Mit Hilfe von Kameraden schlüpfte ich in das Hemd und in die Drillichhose. Dann wurden mir noch zwei Stiefel ohne Schnürsenkel hingeschoben. »Und Strümpfe?« fragte ich. »Gibt's keine«, war die Antwort. Also schlüpfte ich ohne Strümpfe in die Schuhe, die wenigstens einigermaßen paßten. Als mir die Jacke angezogen wurde, fiel mir die Hose herunter. »So geht das doch nicht«, sagte ich verzweifelt. Die Kameraden zuckten wieder einmal mit den Schultern. Ich mußte sehen, wie ich zurechtkam.

Nach Empfang einer kärglichen Verpflegungsration und meiner Entlassungspapiere wies man mich an, zusammen mit anderen Entlassenen zum nahegelegenen Bahnhof zu gehen, um von dort mit dem nächsten Zug nach Berlin zu fahren. »Und dann?« fragte ich. Dann müsse ich mich im zuständigen Sektor melden. »Im zuständigen Sektor?« Die deutschen Helfer klärten mich auf, daß Berlin in vier Sektoren aufgeteilt sei, und ich, als Hesse, falle in die Zuständigkeit der Amerikaner. Und wo das sei – der amerikanische Sektor? Da müsse ich mich nach der Ankunft in Berlin erkundigen …

Aber schon wurden wir zum Tor des mit Stacheldraht und Drahtzaun bewehrten Areals gebracht und regelrecht hinausgeschoben. Man konnte uns offenbar gar nicht schnell genug loswerden. Hinter uns schloß sich das Tor. Wir waren frei. Frei?

Wie auch immer: Der Zeiger der Stunde Null schien sich auf Eins zuzubewegen …

Heimkehr

Der Bahnhof, an den man die Entlassenen verwiesen hatte, lag nicht so nah wie versprochen. Etliche Kilometer mußten zu Fuß bewältigt werden. Seit meiner Verwundung vor über einem halben Jahr hatte ich noch keinen Schritt ohne fremde Hilfe getan. Und nun war ich, mit einer rutschenden Hose, völlig auf mich gestellt. Die Gefangenschaft hatte ich überlebt; sollte ich nun ausgerechnet beim ersten Schritt in die Freiheit draufgehen? Ich flehte die Kameraden an, mich mitzunehmen. Zwei nahmen sich meiner an und schleppten mich etwa zwei Kilometer mühsam in Richtung Bahnhof. Es wurde dämmrig. »Wir schaffen das nicht«, sagten die zwei, »wir bringen dich zu dem Hof da drüben.« Etwas abseits von der Straße kam tatsächlich ein Bauernhof in Sicht. An der Tür klopften sie. Niemand meldete sich. Sie klopften nochmals und nochmals. Endlich öffnete sich vorsichtig die Tür einen Spalt und die Bauersleute wurden sichtbar. »Wir können niemand aufnehmen«, sagte die Bauersfrau barsch und schlug die Tür wieder zu. Meine beiden Helfer zuckten mit den Schultern. »Immer zucken sie mit den Schultern …«, registrierte mein trüber Kopf. »Wir können dir nicht mehr helfen«, sagten sie und gingen weiter. Ich sackte vor der Tür zusammen und kam erst wieder zu mir, als die Tür noch einmal geöffnet wurde. Die Bäuerin sah mich liegen und rief ihren Mann. »Hier kannst du nicht liegen bleiben«, sagte der Mann. »Ich kann nicht weiter«, entgegnete ich mit fast schon versagender Stimme. Mir war schon alles gleichgültig. »Nun gut«, sagte der Mann, »diese Nacht. Aber nur diese Nacht. Und bei den Kühen.« Ich nickte nur noch.
Die beiden trugen mich mühsam in den Kuhstall und legten mich vor die Kühe am Futtertrog ins Stroh »Die tun dir nix«,

sagte die Frau. Sie taten mir auch nichts, die Kühe. Im Gegenteil: ich spürte seit jenem kurzen menschlichen Intermezzo mit der russischen Ärztin in Insterburg zum ersten Mal wieder Zeichen der Zuneigung, des Vertrauens und vielleicht auch des Mitleids. Die Kühe beschnupperten mich, ich spürte ihren warmen Atem, spürte ihre Nüstern und ihre Zungen, die mich vorsichtig betasteten. Kurzum: ich fühlte mich geborgen in dieser Obhut von Mitgeschöpfen und schlief tief und fest.

Am nächsten Morgen weckte mich der Bauer. Ich nahm Abschied von »meinen« Kühen – und ich begegne ihnen noch heute wieder in jeder Kuh, die ich treffe. Ich möchte sie umarmen und ihr dafür danken, daß ihresgleichen mir in großer Not kreatürlicher Trost waren. – Die Bauersleute gaben sich freundlicher und zugänglicher als am Abend zuvor. Sie versorgten mich mit Milch und Brot, und sie brachten mich sogar wieder bis zur Straße, wo sie vorbeikommende Entlassene überredeten, mich den restlichen Kilometer bis zum Bahnhof mitzunehmen.

Ich war also wieder ein Stück weiter, als ich endlich auf der kleinen Station am Bahnsteig stand und den Zug nach Berlin herbeisehnte. Er ließ erstaunlicherweise nicht lange auf sich warten. Oder gab es doch eine Enttäuschung? Offenbar fuhr nur ein Güterzug durch. Aber der Zug hielt; es handelte sich doch um den Personenzug nach Berlin. Er bestand aus Güterwagen, in die noch nicht einmal Sitze eingebaut waren. Die herumstehenden Landser stürmten den Zug, als gälte es, feindliche Linien zu überrennen. Ich jedoch blieb hilflos auf dem Bahnsteig zurück. So sehr ich auch flehte – es half mir keiner hinauf. Wahrscheinlich zuckten wieder einige mit den Schultern ...

Da kam ein Bahnbeamter und schrie die Soldaten an: »Entweder ihr nehmt den da mit, oder der Zug fährt nicht ab!« Daraufhin kamen endlich zwei oder drei Männer aus dem Waggon und hievten mich hinauf und hinein. Da lag ich nun, ein Häufchen Elend, zwischen den Beinen der dichtgedrängt stehenden Männer. Der Zug fuhr an. Mir wurde schlecht. Ich kam erst wieder zu mir, als mich welche anfaßten und einer zum andern sagte: »Der ist hin.« »Werft ihn raus«, schrie einer von weiter hinten. Ich fühlte, wie sie mich hochhoben. »Nein!« schrie ich. »Ich lebe noch.« »Dein Glück«, sagten die Männer und ließen mich wieder auf den Boden sacken.

Am frühen Nachmittag kamen wir endlich in Berlin am Schlesischen Bahnhof an. Am Bahnsteig warteten Rot-Kreuz-Schwestern. Sie gaben mir Tee zu trinken und führten mich fürsorglich bis zum Ausgang. Mehr konnten und durften sie nicht für mich tun. Es war ihnen verboten, das Bahnhofsgelände zu verlassen. Aber sie sagten mir, wie ich den amerikanischen Sektor und »mein Auffanglager« erreichen könne: mit der Straßenbahn gegenüber.

Doch wie erreichte ich diese Straßenbahn? Die große Bahnhofsfreitreppe war für mich bereits ein unüberwindbares Hindernis. Hilfesuchend blickte ich mich um. Ein Mann mittleren Alters kam auf mich zu und sagte in vertraulichem Berlinerisch: »Na Junge, du hast den Kriech wohl ooch nich jewonn…« »Nein«, sagte ich ziemlich hilflos. »Na, nu mach dir ma keene Sorgen. Jetzt biste erst mal in Berlin. Is doch was, oder?« sprach er mir Trost zu. Ich schaute mich um und sah nur Trümmer. Viel war das nicht… Aber der Mann ließ nicht locker. »Wie siehste denn aus? Mensch, dir falln ja de Hosen runter. Wart – ick hol dir wat.« Er stieg auf den Häusertrümmern am Bahnhofsvorplatz herum und kam schließlich mit einem Stück Draht zurück, das er mir, als Gürtel-Ersatz, um den Hosenbund herumführte und die beiden Enden vorne miteinander verknotete. »So«, sagte er, »det sieht schon besser aus. Na, und denn woll wa mal. Wo willste denn hin?« Ich erklärte ihm, daß ich zur amerikanischen Sammelstelle müsse und nannte ihm die Adresse. »Kein Problem«, sagte er, »da drüben steht die Linie, die du brauchst.«

Er faßte mich unter und schleppte mich über den Bahnhofsvorplatz. Die Insassen der Straßenbahn halfen mir in den Wagen. Mein Begleiter sagte ihnen, wo ich mich melden müsse. Auch sie sagten: »Keen Problem« und brachten mich auf einem Sitz unter. »Na denn: Allet Jute!« rief mir der freundliche Herr noch zu.

»Bis hierher hastes jeschafft. Wär doch jelacht, wenn de den Rest nich ooch noch schaffen tätst.« Die Straßenbahn fuhr an; er winkte noch einmal, dann war er verschwunden. Du bist wieder bei den Deinen, dachte ich gerührt. Aber daheim war ich trotzdem noch nicht. Die Leute in der Straßenbahn kümmerten sich rührend um den zum Skelett abgemagerten und zum Auswurf verkommenen großdeutschen Obergefreiten, obwohl sie doch selbst genug gelitten hatten und offensichtlich noch litten. Kilometerweit fuhren wir nur durch Trümmer. Eigentlich gab es Berlin gar nicht mehr.

Dann gelangten wir in ein Villenviertel (es war wohl in Charlottenburg), das noch einigermaßen in Ordnung zu sein schien. Man sah amerikanische Soldaten auf den Straßen und viele amerikanische Jeeps und Lastwagen. »Hier mußte aussteigen«, sagte der Mann, der neben mir saß. »Da drüben, auf der anderen Straßenseite in der Villa, da ist die Sammelstelle.« »Wie komme ich dahin?« murmelte ich verzweifelt. Wieder so ein Problem – aber: »Keen Problem«, sagte der Mann, »ick helf dir.« Er sagte dem Triebwagenführer, er möge einen Moment warten mit dem Weiterfahren. Dann brachte er mich nach draußen und sprach den erstbesten Passanten an: »Ach entschuldigen Se, könnten Se vielleicht den Jungen uff de andere Seite bringen?« Wieder kam das vertraute: »Keen Problem«. Der Mann stützte mich und ging mit mir vorsichtig über die Straße zu dem bezeichneten Haus. An der Tür gab er mich dem Posten ab. Ich dankte ihm sehr. Er sagte: »Mach's jut!« und verschwand.

Die Villa war überbelegt mit Landsern, die in die amerikanische Zone, vornehmlich aus gesundheitlichen Gründen, entlassen werden sollten. Zunächst wurden meine Entlassungspapiere geprüft und meine Personalien aufgenommen. Man mußte mir einfach glauben, daß ich der sei, für den ich mich ausgab. Außer dem dürftigen Entlassungsschein der Russen besaß ich nichts, womit ich mich ausweisen konnte. Aber ich war da sicher kein Einzelfall …

Dichtgedrängt verbrachten wir die Nacht in den ausgeräumten Zimmern auf Strohlagern. Am nächsten oder übernächsten Tag wurden wir in Gruppen, je nach Region, zusammengefaßt und auf Omnibusse verteilt. An die Fahrt, die von Berlin über Eisenach nach Marburg führte, habe ich kaum eine Erinnerung. Mir war, nach den Anstrengungen der letzten Tage, derart elend, daß ich nur noch vor mich hin dämmerte.

In Marburg wurden wir auf einem Wiesengelände unterhalb der Stadt ausgeladen. Auf der Wiese standen große Zelte: das Auffanglager für Hessen. Der Boden war, nach Regen, ziemlich aufgeweicht. Der Schlamm schwappte schon nach den ersten Schritten in meine Schuhe. Wieder mußten mich Kameraden zu einem der Zelte schleppen. Ich war unfähig, allein zu gehen. Und ich starrte vor Schmutz und Eiter. Ich ekelte mich vor mir selber.

Und wieder wurden Personalien aufgenommen. Die Amerikaner verhielten sich (im Gegensatz zu den Russen, die uns Gefangene distanziert-sachlich behandelt hatten) ziemlich arrogant. Sie zeigten mit jedem Blick, mit jeder Geste, wie sehr sie uns verachteten. Sie traten nicht nur als Sieger, sondern auch als moralische Instanz auf. Hier wurden wir auch zum ersten Mal politisch befragt nach Parteimitgliedschaft und nach Zugehörigkeit zur SA oder SS. Wenn einer zugab, in der Partei gewesen zu sein, kam er mit ein paar Fußtritten davon. Wehe jedoch, es wurde die SS-Tätowierung bei einem Verhörten entdeckt: Die Befrager schlugen ihn brutal zusammen. Ich war entsetzt. Und ich mußte an unsere Juden in Dünaburg denken. Nun waren wir die Besiegten. Konnte diese Welt jemals wieder zu einer verträglichen Ordnung zurückfinden? Nun machen sie mit uns, was sie wollen. Und wir sind selbst schuld, daß es so gekommen ist. Wir? Es führte kein Weg an dieser Erkenntnis vorbei: Aus diesem »Wir« gab es keine Desertion. An diesem Nachmittag ahnte ich, daß ich zwar davongekommen, aber noch nirgends angekommen war. Schließlich sehnte ich nur noch ein Ende der Strapazen herbei: Ich wollte heim, gleichgültig, ob daheim noch daheim war und ob ich jemals dort, wo ich zu Hause war, wieder eine Heimat fände …

Aber noch eine letzte Strapaze stand mir bevor. Wieder wurden wir gruppenweise verladen, diesmal auf LKW, die mit Planen bespannt und mit hölzernen Sitzbänken ausgestattet waren – je eine Reihe an den Seiten und eine Doppelbank in der Mitte, durch eine Holzlehne in zwei Teile geteilt. Hier saßen wir dichtgedrängt und holperten über die Autobahn dem Ziel unserer Reise zu: Darmstadt. Dort würden wir am Hauptbahnhof und am Ostbahnhof abgesetzt, hieß es. Jeder müsse dann selbst sehen, wie er weiterkomme.

Der Hauptbahnhof in Darmstadt war von den Bombenangriffen verschont geblieben. Am Haupteingang hielt unser Transporter. Viele Soldaten stiegen aus, um ihre Züge in die Heimat zu erreichen – ins Ried oder an die Bergstraße. Kein überschwenglicher Abschied, keine Freude; nur ein müdes Winken. Sah so »Heimkehr« aus?

Bevor der LKW weiterfuhr, schlugen die amerikanischen Begleitsoldaten die Planen zurück, damit die restlichen Heimkehrer freie Sicht hatten. Sie wollten uns zeigen, was »unser« Krieg angerichtet hatte. Sie fuhren uns kreuz und quer durch das völlig zerstörte Darmstadt.

Daß Darmstadt in der Nacht vom 11. auf den 12. September 1944 schwer heimgesucht worden war durch einen alliierten Bombenangriff, wußte ich aus Berichten und aus Briefen meiner Mutter. Aber wie furchtbar, wie gründlich die Bomben tatsächlich gewütet hatten, nahm ich nun mit steigendem, die Fassungskraft lähmendem Entsetzen wahr. Die Innenstadt bot sich als ein gewaltiger Schutthaufen dar, aus dem die mächtige Ruine des Schlosses wie ein erratischer Block herausragte. War das alles, was unser Größenwahn übriggelassen hatte?

Mein Gymnasium, das Museum und fast alle anderen bedeutsamen Gebäude waren ausradiert – auch das Theater verbrannt. Darmstadt war von der Bomber-Harris-Strategie, also von totaler Zerstörungsabsicht, in einer Nacht in eine Trümmerwüste verwandelt worden und war nur noch an den Rändern bewohnbar.

Diese Stadt war meine Stadt nicht mehr. Etliche Trümmerstädte hatte ich gesehen. Den Untergang Königsbergs hatte ich miterlebt und miterlitten. Und Berlins Trümmerwüste stand mir noch lebhaft vor Augen. Aber nun die eigene Stadt, die Stadt meiner kulturellen, meiner künstlerischen Jugenderlebnisse und Jugendträume derart verwüstet, ja: erloschen wiederzusehen, traf mich wie ein Schock. Keine Trauer, keine Tränen, nur Leere, grausame Leere. Ich nahm die Trümmerreste meiner Heimatstadt wahr, wie ich die Trümmer Warschaus oder Dünaburgs, Königsbergs oder Smolensks wahrgenommen hatte: als ramponierte Kulissen einer Bühne, für die es kein Stück mehr gab. Europa, an dem ich mit allen Bildungsfasern hing, war tot. Ich hatte es sterben sehen.

Vor fünfeinhalb Jahren war ich von Darmstadt aufgebrochen in einen furchtbaren Krieg. Als ein Ausgestoßener kehrte ich zurück in eine Kriegswüste, über der ein Fluch der Geschichte hing. Ich, der ich bewußt oder unbewußt doch immer auch ein Europäer war, indem ich Deutscher zu sein versuchte, kehrte nun zurück in Dreck und Lumpen – auch in geistigen Lumpen. »Versöhnung mitten im Streit«? Wer konnte sich hier noch mit wem versöhnen? Die Zerstörer als »Befreier«? Die Absurdität dieses Blickwinkels zersprengte mir fast den Kopf. Besiegt waren wir, bestraft wurden wir – aber »befreit«?

Mehr tot als lebendig landete ich nach dieser Kreuzfahrt durch das zerbombte Darmstadt schließlich mit einigen anderen Kameraden am Ostbahnhof, meinem langjährigen Schulbahnhof. Der Bahnhof war unversehrt. In den fünfeinhalb Jahren hatte sich nichts geändert. Das Inventar des Warteraums war das gleiche wie vor sechs Jahren, und die Langweiligkeit des Wartens war auch die gleiche.

Der nächste Zug ging gegen Abend. Wir dösten den Nachmittag vor uns hin. Als es auf die Abfahrtszeit des Zuges nach Roßdorf und Groß-Zimmern zuging, kamen auch noch andere Fahrgäste. Allmählich füllte sich der Warteraum. Teilnehmend fragte mich ein Mann: »Wo willste dann hie?« »Nach Roßdorf«, sagte ich. »Nach Roßdorf? – Ei, wer biste dann?« »Ich bin der Heinz Friedrich.« »Aus der Erbacher Straß?« hakte er nach. »Ja, so hieß die früher …« »Ja, und jetzt hoast se wirrer so. Von Horst Wessel is kaa Red mehr …«, setzte er hinzu. »Kumm, mer helfe der.« Wie ein Lauffeuer gingen meine Antworten durch den Warteraum. Gemeinsam brachten mich die Roßdorfer Fahrgäste in den Zug. Er fuhr die altbekannte Strecke durch den Wald. In meinem Dämmerzustand kam es mir vor, als fahre ich wieder von der Schule nach Hause. »Bessunger Forsthaus!« hörte ich den Schaffner ausrufen. Noch fünf Minuten bis Roßdorf …

Der Roßdorfer Bahnhof, ein rotes Backsteingebäude, stand ebenfalls noch so da, wie ich ihn Jahre zuvor verlassen hatte. Auch am Bahnhofsvorplatz hatte sich nichts verändert. Auch mein Dorf war mein Dorf geblieben. Es hatte den Krieg überstanden. Und trotzdem kam es mir merkwürdig fremd vor auf den ersten Wiedersehens-Blick.

Die Leute, die mich aus dem Zug gehoben hatten und nun mit mir vor dem Bahnhof standen, berieten, wie sie mich am schonendsten nach Hause bringen könnten. Einer lief voraus, um meiner Mutter Bescheid zu sagen.

Da kam ein Leiterwagen, von zwei Pferden gezogen, am Bahnhof vorbei. Meine Helfer hielten ihn an und fragten den Bauern, der vorne auf dem quergelegten Sitzbrett saß, ob er mich transportieren könne. »Ei, des mache mer …«, sagte der Bauer. Ich wurde auf das über das Wagenende hinausragende Bodenbrett gesetzt. Zwei Männer hielten mich fest – und der Wagen fuhr an. Er holperte auf der brüchig gewordenen Dieburger Straße meinen Schulweg entlang bis zur Kirche und bog dann in die Erbacher Straße nach links ein. Unser Haus am Ortsende kam in Sicht.

Die ganze Nachbarschaft war schon zusammengelaufen. »De Hoinz kimmt haam …«, hörte ich rufen. Dann schloß mich, völlig aufgelöst und tränenüberströmt, meine Mutter in die Arme. Ich fühlte nichts. Noch immer konnte ich nicht weinen.

Da stand unser Haus. Da umarmte mich meine Mutter. Ich war dreiundzwanzigeinhalb Jahre alt. Ich hatte das Niemandsland endgültig verlassen. Ich war daheim. Es war alles wie immer. Und es war doch alles ganz anders …

Aufbruch ins zweite Leben

»Den Heinz können wir so dreckig nicht ins Bett legen«, sagte Frau Schweizer, die vor Jahren unsere Frau Nick als Mieterin abgelöst hatte. Ihr fast dialektfreies Deutsch war mir schon immer sympathisch gewesen, und es mutete mich gerade in meinem verkommenen Zustand fast poetisch an. Sie half meiner Mutter, mich ins Haus zu bringen. »Ei, was mache mer dann bloß?« jammerte meine Mutter verzweifelt und total verwirrt. »Ich stelle heißes Wasser auf«, sagte Frau Schweizer, »holen Sie die Bütte.« Sie legten mich auf das Sofa und beruhigten mich: »Mer kumme glei wirrer, mer holle nur Wasser.« Mein Bruder, inzwischen dreizehn Jahre alt, stand völlig verdattert und ratlos im Zimmer.

Ich dämmerte wieder weg. Mein Sofa! Ich lag auf meinem Sofa! Daheim auf meinem Sofa! Oder lag ich doch noch in Insterburg auf dem Fußboden oder in Marburg auf der nassen Wiese? Nein – ich lag in Roßdorf auf dem Sofa, auf dem ich in einem anderen Leben Weltreisen geträumt hatte. Nun lag meine erste Weltreise schon hinter mir – ein Alptraum, der Realität war. Er ließ sich nicht so einfach wie Schlaf aus den Augen wischen. Das war mir klar. Aber jetzt lag ich auf dem Sofa. Ich fühlte den Stoff, ich sah, wenn ich blinzelte, das vertraute Muster. Das Sofa umarmte mich wie meine Mutter. Das Sofa sagte: Du bist, egal was hinter dir liegt, wieder daheim …

Inzwischen hatten Frau Schweizer und meine Mutter das Badewasser hergerichtet und in eine große Zinkwanne, in der sonst Wäsche gewaschen wurde, geschüttet. Sie weckten mich. »Komm«, sagte meine Mutter, »mer bade dich ganz vorsichtig.«

Das Wasser dampfte in der Wanne. Die beiden Frauen zogen mich aus. Sie entsetzten sich über meine Kleidung, die sie sofort zusammenpackten und zunächst einmal in den Hof schmissen. Aber noch mehr entsetzten sie sich über meinen sterbenselenden Zustand. »Ei Bub, wie siehste dann aus«, jammerte meine Mutter. »Ei, was hawwe se dann mit dir gemacht? Ei, dees is ja schrecklich, dees eidert ja alles noch! Und e lahm Hand hast aa noch… Ei, des is ja schrecklich. Awwer du lebst noch. Du lebst noch – dees ist die Hauptsach. Dees anner, des kriche mer schon…«

Die beiden Frauen setzten mich in die Wanne und wuschen mich gründlich. Dann tupfte mir Frau Schweizer die Wunden aus und verband sie, so gut es mit dem kärglichen Verbandmaterial ging, das noch als Kriegsvorrat im Haus war. Nach dem Abtrocknen legten sie mich auf meines Vaters Platz ins Ehebett, der seit 13 Jahren verwaist war. Ich schlief ein. Und ich schlief fest und tief. Es war der Schlaf in ein neues Leben – ohne Träume.

Als ich am nächsten Morgen erwachte, standen meine Mutter, Frau Schweizer und eine Nachbarin an meinem Bett. Wo war ich? Phantasierte ich? Einen Augenblick lang kam es mir vor, als läge ich wieder im Transportwagen und würde gnadenlos durchgerüttelt. Zu oft hatte ich mich in meinen Phantasien nach Hause geträumt, um dann von der Wirklichkeit umso heftiger eingeholt zu werden. Aber ich war tatsächlich daheim. Meine Mutter hatte einen großen Topf Kartoffelsuppe gekocht. Den ersten Teller, den sie mir davon gab, verschlang ich mit Heißhunger; den zweiten auch und den dritten. Ich aß so lange, bis der Topf leer war. Und ich fühlte mich plötzlich viel kräftiger als in den mühsamen Tagen zuvor, aber mir wurde auch gleich ziemlich übel. Dennoch: ich übergab mich nicht. Mein Magen nahm das Essen an.

Im Lauf des Vormittags kam unser alter Arzt Dr. Baumann und untersuchte meine Wunden. »Wenn der Heinz wieder einigermaßen gekräftigt ist, heilen die Verletzungen auch endgültig ab«, sagte er. So war es dann auch.

Aber die Genesung war langwierig und auch mühsam, denn in den langen Monaten, in denen ich mich nicht von meinem Lager hatte erheben können, waren meine Muskeln erschlafft; die schlechte Ernährung hatte ein übriges getan, um meine körperlichen Aktivitäten einzuschränken. Meine Ohren sausten und brausten immer noch ununterbrochen, und ich hörte, vor allem auf dem rechten Ohr, ziemlich schlecht. Mein linker Arm hing kraftlos herab; Hand und Finger ließen sich nicht mehr bewegen. Mein linkes Bein schmerzte bei jedem Tritt; die Wunde am Oberschenkel wollte sich nicht schließen. Hinzu kamen Beschwerden in der linken Herzgegend. Im Krankenhaus, das aus dem zerbombten Darmstadt nach Nieder-Ramstadt verlegt worden war, stellten die Ärzte mit Hilfe einer Röntgen-Untersuchung noch einen größeren Splitter in der Nähe der linken Herzkammer fest. Ich wurde operiert. Der Splitter wurde entfernt. Daß er nur Millimeter vom Herzen entfernt steckengeblieben war, damals am 7. April in Königsberg, ist ebenso ein Wunder wie das Faktum, daß ein anderer Splitter nur eine Narbe auf meiner Stirn zurückließ, anstatt in den Schädel einzudringen, und noch ein weiterer bis heute in meiner Schädeldecke steckt.

Mit jedem Tag besserte sich meine Lage leicht. Rührend umsorgt von meiner Mutter und auch von den Nachbarn, nahm mein Körpergewicht, das auf 90 Pfund abgesunken war, wieder zu. Als ich die hundert Pfund erreichte, triumphierte meine Mutter. »Mer schaffe des…«, sagte sie immer wieder, mir und auch sich selbst zur Ermunterung. Ich muß wohl, als ich daheim wieder ankam, mehr tot als lebendig ausgesehen haben.

In dem Maß, in dem ich zu Kräften kam und mich aus dem Zustand des kreatürlichen Überleben-Wollens löste, begann ich auch wieder, die Welt um mich herum wahrzunehmen und mich in ihr zurechtzufinden. Mit Entsetzen rekapitulierte ich die Katastrophe, aus der ich davongekommen war. War ich davongekommen? Sie hatte mich beschädigt, und zwar schwer, physisch und psychisch. Und sie war noch lange nicht zu Ende. Wahrscheinlich würde sie mich nie mehr aus ihrem Trauma entlassen.

In Nürnberg saßen die führenden Männer von gestern auf der Anklagebank. Es waren die Männer, die junge Menschen wie mich zum Untergang verpflichtet hatten. Ihr ideologischer Wahn und ihre herrenmenschliche Arroganz hatte sie zu Taten verführt, die weder vor der Geschichte noch vor dem deutschen Gewissen, geschweige denn vor einem irdischen Gericht gerechtfertigt oder auch nur verteidigt werden konnten. Das Blut der Untaten befleckte nun, wie ich schon in Dünaburg entsetzt geahnt hatte, uns alle, und kein ratloses Schulterzucken sprach uns frei. Wir Heimgekehrten, die wir selbst so viel erlitten hatten, mußten nun auch noch die Schuld und die Schulden der Jahrhundertkatastrophe tragen. Und wieder dachte ich bei mir: Das darf es nicht gewesen sein. Es muß einen Weg geben, der das Leben, auch unser Leben, wieder lebenswert macht. Wir müssen zu neuen Ufern aufbrechen, sonst war alles umsonst.

Ich war so aufgewühlt und fühlte mich gedrängt, meine Gedanken, Erregungen und Bewegungen in Worte zu fassen. Ich schrieb Gedichte, und ich schrieb eine Szenenfolge, die ich eine »dramatische Vision« nannte. Die Gedichte handelten fast nur vom Erlebnis des Kriegs-Infernos, das mich damals auch noch jede Nacht heimsuchte. Und die Szenenfolge stellte eine Art Totentanz um das Kreuz auf Golgatha vor, der den Widersinn menschlichen Treibens im Angesicht der Ewigkeit vergegenwärtigen sollte. Die Gedichte und das Drama sind keine Meisterwerke; dennoch legen sie Zeugnis ab für eine seelische Verfassung, die das Purgatorium der erlebten Apokalypse vorgab.

Das Jüngste Gericht
Ostpreußen Januar 1945

Eine Mutter hockt,
tief im Winter,
am Straßenrand.
An ihr vorbei hastet
apokalyptisch die Menge
in Flucht.
Sie hockt und starrt.
Das Kind trinkt längst nicht mehr,
tot ist es an der Brust ihr festgefroren.

Wilder Taumel,
schreckstarr und irr –
nirgendwohin.
Weiter – weiter!
Knattern Motoren,
Pferde keuchen.
Menschen mit irrem Schrei!
Einschläge – rums!
Ringsum Qualm!
Blut!
Alles einerlei!
Weiter! Weiter!
Panzer von hinten!
Panzer von vorn!
Hilf Himmel!
Anfang und Ende!
Sinn?
Vorwärts! Nirgendwohin!

Eine Mutter hockt
am Straßenrand,
versunken tief im Schnee.
Sie hockt und starrt.
Ihr Kind an der Brust
trinkt längst nicht mehr …
Tot ist es an der Brust ihr festgefroren …

Im Scheine meiner trauten Lampe

Wenn ich im Scheine meiner trauten Lampe sitze,
behaglich warm, inmitten meiner Bücher,
und von dem Grauen träume,
das mich einst umschwirrte,
kann ich es oft nicht fassen.
Mir ist, als ob ich irrte – als ob ich diese nackten, krassen
Grausamkeiten nicht in meiner Seele berge.
Dort stehen Goethe, Stifter – wie sie alle heißen,
die Gott und Welt mit hohen Worten preisen –

und ich, ich berge Krieg in meinem Herzen,
Granaten, Tod und tausend Schmerzen.
Das Grauen jagt auf falbem Pferd
vor meinem Blick vorbei und lacht:
»Du Narr, he – he – was bist du wert?
Hast du jemals daran gedacht,
daß ich dir ins Gesicht gelacht?
Mein Lachen wirst du nimmer los!«
Vorbei – vorbei – im Sturmgetos.
Es faucht und pfeift und kracht und klirrt:
Hei – Tod – wie deine Sense schwirrt!
Wo ist die Welt, und wo ist Gott? – –
Vorbei auf falbem Pferd das Grauen
und lockt und lacht
in Todesnacht –
Im Scheine meiner trauten Lampe
hockt das Grauen …

Apokalypse

Draußen jagen die Apokalyptischen Reiter vorbei.
Mir ist alles einerlei.
Ich hocke am Kamin,
das Feuer zischt,
und die Flamme weht mir ins Gesicht.
Ich spüre es nicht.
Ich starre verloren in die Glut.
Gestorben ist meine Seele,
gebrochen mein Mut,
und das Licht in meinem Auge verlöscht.
Funken stieben glühend an mir vorbei –
und draußen
toben die Apokalyptischen Reiter vorbei.

Rückkehr in die Wirklichkeit

Merkwürdig waren die ersten Wochen nach meiner Heimkehr. Nur sehr langsam kam ich zu Kräften, zumal die Versorgungslage noch elend war. Aber besser als das, was wir in Insterburg zu essen bekommen hatten, schmeckte das, was meine Mutter aus ihren dürftigen Gartenvorräten und den auf Marken zugeteilten Lebensmitteln zusammenkochte, allemal. Zunächst fiel es mir schwer, Gegenwart und Vergangenheit auseinanderzuhalten. Die Vergangenheit drängte sich geradezu brutal in die Gegenwart und bewirkte einen Existenznotstand besonderer Art. Ich fühlte mich ausgesetzt, und manchmal wünschte ich mich sogar auf das Strohlager in Insterburg zurück. Dort durfte, mußte mir alles gleichgültig sein, was um mich herum vorging. Nur leben wollte ich, überleben.

Aber wozu und für wen sollte ich nun hier weiterleben? Gelegentlich kamen mir Zweifel, ob es nicht besser gewesen wäre, wenn sie auch mich damals tot aus dem Jammerlager hinausgetragen hätten, erlöst von allen Übeln... Wie sollte, wie konnte ich mich zurechtfinden in dieser veränderten Welt, mit der mich nichts als meine Erschütterungen verbanden? Die Zeitungen druckten Fotos von den Leichenbergen in den Konzentrationslagern ab, und ich las von kaltblütigen Vergasungen und Erschießungen von Hunderttausenden, ja: Millionen Menschen. Gehörte ich zu den Überlebenden eines infernalischen menschlichen Holocausts, der in seiner letzten Phase alle menschlichen Sperren unterschiedslos niederriß? Er wütete total im für »total« erklärten Krieg. Und er betraf nun alle und zeichnete alle, die dieser Krieg mobilisiert hatte. Die zivilisierte Menschheit war aus den Fugen. Landete ich nun vielleicht doch noch, obwohl körperlich genesend und erstarkend, auf dem Müllhaufen der Geschichte? ›Draußen vor der Tür‹ – 1946 schrieb Wolfgang Borchert dieses Stück (uraufgeführt im Februar 1947), das diesem Gefühl, ausgestoßen, ja: ausgespuckt zu sein aus der Gesellschaft, aufbegehrend-anklagenden Ausdruck verlieh. Aber Gott antwortete nicht auf die Fragen, die draußen vor der Tür leidenschaftlich gestellt wurden.

Dennoch: ich gab nicht auf, keiner von den Heimgekehrten gab auf, so hoffnungslos die Lage auch sein mochte. Der kreatürliche Überlebenswille empörte sich gegen die Kapitulation vor dem Nichts. Vorsichtig begann ich das unsichere Niemandsland, das einmal Deutschland gewesen war, nach Orientierungspunkten abzusuchen. Ich hörte eifrig Radio, und unser bescheidener Schreibwarenhändler in Roßdorf versorgte mich mit den ersten Zeitschriften, die, in beschränkter Auflage (wegen der noch bestehenden Papierknappheit) und jeweils mit Lizenz der zuständigen Besatzungsmacht, erscheinen durften: die ›Frankfurter Hefte‹, die Zeitschrift ›Die Wandlung‹ und die in verkleinertem Zeitungsformat herausgegebene Publikation ›Die Gegenwart‹, die vornehmlich von Mitarbeitern und Redakteuren der früheren ›Frankfurter Zeitung‹ gestaltet wurde. Hinzu kam die von den Amerikanern in München herausgebrachte ›Neue Zeitung‹, die – zunächst vor allem im Feuilleton – mit erstaunlicher Unabhängigkeit kommentierte und berichtete.

Auch die Theater öffneten wieder ihre Pforten, die fast alle nur noch in Behelfs- und Ausweichspielstätten Einlaß gewährten. In Darmstadt war für das Landestheater in der unversehrten Orangerie am Übergang zum Stadtteil Bessungen eine provisorische Spielstätte hergerichtet, die durch ihre karge barocke Festlichkeit inmitten der Trümmerwüste einen eigenartigen Reiz ausübte. Die »Neue Sezession« wurde in Darmstadt ins Leben gerufen, die sich zur Aufgabe machte, der über zwölf Jahre verfemten modernen Kunst eine Plattform in der sich neu formierenden Gesellschaft zu sichern.

Und ich saß daheim in Roßdorf und verfaßte Gedichte oder

bastelte an meiner »dramatischen Vision« herum, mit der ich mich in das zukünftige Kultur-Leben hineinzuschreiben hoffte. Mir blieb gar keine andere Wahl, als mich diesem Zukunftstraum hinzugeben. Ein Studium, so wie ich mir das einmal in meiner Abiturzeit vorgestellt hatte, schloß unsere materielle Lage von vornherein aus – ganz davon abgesehen, daß damals das akademische Leben erst mühsam wieder in Gang kam, ich aber, nach fünfeinhalb Jahren Soldatendasein, keine Zeit mehr verlieren wollte, um von der Not meiner offensichtlich verlorenen Generation zu berichten und am kulturellen Wiederaufbau mitzuwirken. Denn von Tag zu Tag drängte sich mir entschiedener die Erkenntnis auf, daß dieses zertrümmerte Europa nur durch die Wiederherstellung einer kulturellen Einheit zu seiner ursprünglichen Identität zurückfinden könne.

Meinem Entschluß zu kulturellen Taten stand jedoch zunächst ein simpler, aber schmerzlicher Umstand im Weg: ich besaß keine Schreibmaschine, um meine handgeschriebenen Texte in Maschinenschrift umsetzen zu können. Allerdings hätte mir auch eine Schreibmaschine zunächst nur wenig geholfen, meiner gelähmten Hand wegen. Da hörte ich zufällig, daß der Lehrer Amann, Major der Reserve und Parteimitglied, seines Postens als Rektor der Fortbildungsschule enthoben sei und auf sein Spruchkammer-Verfahren warte. Er leide sehr unter diesem Druck ungewisser Zukunft. Noch mehr aber mache ihm der strafverordnete Müßiggang zu schaffen.

Ich setzte mich sofort mit Herrn Amann, dem ich als Junge stets mit gebotener Ehrfurcht vor seinem Lehreramt begegnet war, in Verbindung und fragte ihn, ob er mir helfen und meine Manuskripte abtippen wolle. Geld, um ihn zu bezahlen, hätte ich allerdings noch keines. Aber wenn meine Texte erfolgreich seien, könnten wir ja noch einmal über die Sache reden. Er ging sofort auf meinen Vorschlag ein. Im Hinblick auf Honorar müsse er sich ohnehin zurückhalten, sagte er, denn ihm sei ja ein Arbeitsverbot auferlegt. Aber »Gefälligkeiten« wie die von mir erbetenen, fielen nicht darunter.

So trat der ehemalige Major und angesehene Rektor um Gottes und meiner Dankbarkeit Lohn in die Dienste des vierundzwanzigjährigen Nachkriegs-Stürmers und -Drängers Heinz Friedrich. Er schrieb zunächst meine Gedichte und sodann meine »dramatische Vision« Akt für Akt akkurat ab. Das Manuskript in Maschinenschrift vor mir zu sehen, versetzte mich in kindliche Euphorie. Dein Werk! jubelte es in mir.

Es war mein Werk. Und es sah wirklich gut aus, so wie es maschinengetippt vor mir lag. Aber was nutzte das? Erst die Veröffentlichung macht ein Werk zu einem Werk, das wirkt. Also mußte ich mir einen Verlag suchen.

Aber zuvor ereignete sich einer jener Schicksals-Zufälle, die zunächst marginal erscheinen, dann aber lebensbestimmende und lebenslenkende Macht gewinnen. Im Februar 1946, ich war gerade 24 Jahre alt geworden, besuchte mich Maria, meine Freundin aus Abitur-Tagen und lebhafte Briefpartnerin in den ersten Kriegsjahren. Sie kam aus Eberstadt, wo sie derzeit in einer Theatergruppe tätig war, über die verschneite Straße von Ober-Ramstadt nach Roßdorf. Ein Bauer hatte sie ein Stück des Weges auf seinem Wagen mitgenommen.

Drei Jahre hatten wir nichts mehr voneinander gehört – durch meine Schuld. Ich hatte damals, 1942 in Dünaburg, Sehnsucht nach einem Menschen, der ganz zu mir gehörte – und sei es nur auf dem Feldpostwege. Maria verhielt sich zurückhaltend und gab mir zu verstehen, daß es für eine solche Entscheidung zu früh sei. Das traf mich damals sehr, zumal ich spürte: sie hat recht. Aber die Verletzungen, die durch die Einsicht, der andere habe recht, beigebracht werden, schmerzen ja bekanntlich am meisten. Der Briefwechsel verstummte. Jeder ging, sei es aus Trotz oder aus Enttäuschung, seine eigenen Freundschaftswege …

Und nun, im Februar 1946, stand sie plötzlich vor mir: fast schüchtern, durchgefroren, verlegen – aber bereit, alles zu vergessen, was uns vor mehr als drei Jahren getrennt hatte. Nach einer Stunde, in der wir uns die Katastrophen-Erlebnisse der vergangenen Jahre erzählten, war die innige entente cordiale et spirituelle, die uns verbunden hatte, wiederhergestellt. Sofort erzeugte das Gespräch kreative Funken. Wir schmiedeten Pläne, und wir besprachen auch meine Überlegungen, eine Vereinigung junger Künstler ins Kultur-Leben zu rufen. Meine Versuche, mich in Darmstadt den neugegründeten oder wieder etablierten Kultur-Institutionen auch nur zu nähern, waren nämlich auf Ablehnung, ja Ignoranz gestoßen. Was sollten die neuen »Kultur-Träger« auch mit einem entlassenen Landser anfangen, der nichts aufzuweisen hatte als die Naivität musischer Begeisterung?

Also beschloß ich, meine musischen Gemeinschafts-Ideen auf eigene Vereins-Füße zu stellen. Maria, wie gesagt, bestärkte meine Vorstellungen, zumal sie sowohl in einer Künstlergruppe in Wertheim am Main, wohin sie bei Kriegsende verschlagen worden war, als auch als Dramaturgie-Assistentin und Nachwuchs-Regisseurin in Göttingen während der letzten Kriegsjahre hatte Erfahrungen sammeln können. Wir beschlossen, das neue Unternehmen in den Wolken »Freie Darmstädter Künstlervereinigung« zu nennen.

Durch den Roßdorfer Schreibwarenhändler kam ich gelegentlich auch an das eine oder andere Buch heran. So besorgte er mir zum Beispiel die beiden Bände (kartoniert und auf schlechtem Papier) mit Texten der französischen Moralisten aus der Sammlung Dieterich – für mich Kostbarkeiten, die ich wie einen Schatz hütete. Besagter Schreibwarenhändler machte mich auch auf einen Verlag aufmerksam, der in Karlsruhe eine Reihe ›Ruf der Jugend‹ herausgab. Er hieß Stahlberg-Verlag.

An diesen Verlag schickte ich meine poetischen Versuche mit einigem Unbehagen. Ich rechnete eher mit einer umgehenden Rücksendung als mit einer interessierten Antwort. Zu meinem freudigen Erstaunen zeigte sich der Verlag nicht abgeneigt, sich meiner Manuskripte anzunehmen. Ein Schritt in die Nachkriegsöffentlichkeit stand bevor.

Inzwischen schrieb ich mit Hilfe des treuen Herrn Amann, der offensichtlich Spaß an meinen Aktivitäten fand, Institutionen und Personen des öffentlichen Lebens an (soweit man 1946 über-

Heinz und Maria Friedrich im Sommer 1947

haupt von »öffentlichem Leben« sprechen konnte), um für die »Freie Darmstädter Künstlervereinigung«, die es nur im Entwurf gab, zu werben. In der Regel empfing ich höfliche Absagen oder ausweichende Antworten. Aber jüngere Künstler zeigten Interesse und schlossen sich den Aufforderungen zum Mitmachen an. Vor allem drei Generations- und Schicksalsgenossen traten mir entschlossen zur Seite: Wolfgang Lohmeyer, Walter Hilsbecher und Eberhard Schlotter.

Auf Wolfgang Lohmeyer war ich aufmerksam geworden durch die Veröffentlichung einiger Gedichte in der Zeitschrift ›Merkur‹, in denen er in elegisch-sprachmächtigem Hölderlin-Ton die Leidensgeschichte der Geschlagenen beschwor und betrauerte. Es war kein leeres Pathos, das er vorführte; vielmehr meldete sich in Lohmeyers Versen eine antikisch anmutende Wehklage zu Wort, die ergreifend war.

Ich schrieb an Lohmeyer; er schrieb mir wieder – und so spann sich ein Freundschaftsfaden, der auch unserer Künstler-Vereinigung zugute kam: daß Lohmeyer zu uns stieß, hatte öffentliches Gewicht.

Auf Walter Hilsbecher waren wir durch Marias früheren Göttinger Intendanten aufmerksam geworden. Er wohnte damals in Heiligenhafen an der Ostsee. Hilsbecher, ein gutaussehender junger Mann und ein paar Jahre älter als ich, umgab sich gern mit der Aura des Zurückhaltenden. Er dachte elitär im Sinne Valérys – eines Autors, den er sehr schätzte und als seinen geistigen Mentor betrachtete.

Auch Hilsbecher schrieb ich, und auch er schrieb zurück. Es entspann sich über Jahre ein spannender Dialog über den Wert einer poésie pure in Zeiten politisch-geschichtlicher Umwälzungen, Brüche und Katastrophen. Sein Eintreten für die Künstler-Vereinigung bedeutete mir ebenfalls viel.

Schließlich: Eberhard Schlotter – ein genialischer junger Maler meiner Generation, der seinen künstlerischen Weg zu ertasten begann. Er suchte im Gegenständlichen das Magische, in der Farbe das Geheimnisvolle und zugleich Anschauliche. Rembrandt fühlte er sich manchmal nahe und oft den Impressionisten. Aber man spürte in allen Anlehnungen (Delacroix) das Eigene. Schlotter – und das zeigt seine spätere Entwicklung – war kein Epigone oder Artist zwischen den Stilen und Zeiten, sondern ein großes Talent, das den Dialog mit den Großen brauchte, um seine eigene Sprache zu höchstem Ausdruck zu bringen. Daß auch er sich unserer Künstlervereinigung anschloß, verbuchten wir als künstlerischen und menschlichen Vertrauensbeweis par excellence.

Im Oktober 1946 präsentierten wir uns und unsere »Freie Darmstädter Künstlervereinigung« im Saal der Paulus-Gemeinde in Darmstadt, der von Bomben verschont geblieben war. Lohmeyer und Hilsbecher lasen ihre Gedichte vor, ich rezitierte Szenen aus meinem Drama ›Die Straße Nirgendwo‹, und Eberhard Schlotter stellte Gemälde, Zeichnungen und Aquarelle aus. Der Saal war gut besetzt, und wir ernteten sehr freundlichen Beifall. Die Erinnerung an jenen denkwürdigen Abend bewahrt ein schmales Bändchen, das Lohmeyers, Hilsbechers und Friedrichs Gedichte unter dem Titel ›Bänkelsang der Zeit‹ vereinigt, erschienen 1948 im Stahlberg-Verlag.

Aber ich eile der Zeit und damit dem wichtigen Ereignis des Jahres 1946 voraus.

Nach unserem Wiedersehen waren Maria und ich unzertrennlich. Sie half mir rührend, mit meinen körperlichen Miseren dadurch fertig zu werden, daß ich sie einfach hinzunehmen und zu ignorieren begann. Sogar das Pfeifen und Klirren in meinen Ohren trat angesichts meiner neuen Aktivitäten in den Hintergrund. Die Hoffnung überwand alle Zweifel. Ich glaubte wieder an meine Zukunft. Und diese Zukunft konnte ich mir ohne Maria nicht vorstellen, und sie mochte offenbar auch an eine Zukunft ohne mich nicht glauben. Es war mehr als Liebe oder geschlechtliche Anziehung, was uns verband. Es war Übereinstimmung trotz wesens-verschiedener Spannungen (oder gerade deswegen), die uns im immerwährenden geistigen und seelischen Dialog miteinander verband – und verbindet, bis heute.

Im Sommer 1946 verlobten wir uns, am 1. September heirateten wir kirchlich in Wertheim, wohin es Maria verschlagen und wo sie nach dem Krieg Freunde und freundliche Helfer gefunden hatte.

Vorher, am 27. August 1946, besiegelten wir unseren Bund in Roßdorf standesamtlich. Der freundliche Bürgermeister blickte uns fast mitleidig-abwägend an und sagte dann leicht besorgt auf gut hessisch-roßdorferisch: »Ei, wollt ehrs dann wärklich waache…?«

Nun, wir wollten es wagen: zwei Habenichtse, die ihre Sache auf Nichts stellten, aber aneinander glaubten – und an die Sache, die sie vertraten, nämlich an die versöhnend-kreative Kraft der Kunst.

Orientierungen

Nun also waren wir verheiratet. Unser Bund war staatlich und kirchlich besiegelt. Das war aber auch alles. Kein eigenes Einkommen, viele Flausen im Kopf, aber keine realen Aussichten auf gesicherte Existenzgrundlagen. Ich konnte meiner Mutter nicht verdenken, daß sie diesen nach ihrer Ansicht überstürzten Ehebund skeptisch bewertete, zumal ihr stets, wenn sie meine brotlosen Künste beobachtete, jener unselige Onkel Willi vor Augen trat, der vor lauter Schöngeisterei versäumt hatte, einen handfesten Beruf zu erlernen, aber immer wieder Mittel und Wege fand, sich einigermaßen über Wasser zu halten. Und nun heiratete ihr »Onkel-Willi-gefährdeter« Bub auch noch ein Mädchen, das sich für die gleichen Spinnereien begeisterte wie er – ausgerechnet jetzt, wo so viel Not an der Frau und am Mann war.

Gottlob hatte ich noch ein bescheidenes Reichsmark-Bankkonto. Viel nutzte das nicht, zumal in Zeiten hoher Schwarzmarktpreise, aber ein klein wenig Unabhängigkeit sicherte uns die Sparsumme doch.

Trotz ihrer Skepsis angesichts unserer vermeintlichen Unvernunft überließ uns meine Mutter zwei Zimmer im Parterre unseres Hauses, die sie auch aus ihrem Haushalt einigermaßen möblierte. Die Küche mußte Maria mit ihr gemeinsam benutzen, was ihr manchmal Ungemach einbrachte. Denn ihre Kochkünste widersprachen oft der handfesten Küchentradition meiner Mutter, was deren Zweifel an unserer Überlebensfähigkeit erneut aktivierte.

In das Dorf wurden viele Flüchtlinge aus den deutschen Sudeten-Gebieten eingewiesen. Sie mußten sich die Unterkünfte mit den Ausgebombten aus Darmstadt teilen – und das hieß: die Einheimischen mußten noch mehr zusammenrücken, um Platz zu schaffen. Eine ungute Stimmung kam auf, die oft in Haß auf die »anderen« eskalierte. Das Wort »Flüchtling« wurde zum Schimpfwort. Vor acht Jahren, als das Sudetenland in das Großdeutsche Reich »heimkehrte«, hatten die Roßdorfer, wie überall in Deutschland, noch gejubelt und den neuen Volksgenossen Einigkeit und Recht und Freiheit versprochen. Nun waren die Bejubelten Fremde, ja: Aussätzige, mit denen man nichts zu tun haben wollte. Maria und ich standen diesem Gesinnungsumschwung fassungslos gegenüber. Wir sahen die große Not der Entrechteten, aber die im Dorf »Davongekommenen« dachten in der Mehrzahl nur an sich. Sie klammerten sich an den verbliebenen Besitz wie an einen Rettungsbalken, ohne Rücksicht auf die »anderen«.

Marias Eltern hatten bei dem großen Vernichtungsangriff amerikanischer und englischer Bomber auf Darmstadt im September 1944 buchstäblich alles (bis auf ein paar Kisten, die sie bei meiner Mutter einlagern konnten) verloren. Der Vater, den ganzen Krieg über, zuletzt als Korvettenkapitän, auf den nordfriesischen Inseln bei der Küstenartillerie und Luftabwehr eingesetzt, befand sich in britischem Gewahrsam. Maria und ihre Mutter hatten zunächst bei Freunden in Wertheim eine Bleibe gefunden. Einige Monate später kam Marias Mutter dann, mit ihrer treuen Haushelferin Dina, in einem primitiven Zimmer innerhalb einer Sammelwohnung in Frankfurt unter, in der Bornheimer Landstraße. Immerhin: sie hatte wieder so etwas wie eigene vier Wände, wenn auch in bedrängten Verhältnissen. Und vielleicht ließen sich hier in der Großstadt Frankfurt Verbindungen anknüpfen, die aus der Misere herausführten.

Maria wußte also, was es hieß, alles zu verlieren. Die Flüchtlinge galten vielen als »Pack« wie sie und ihre Eltern: Verlorene und Gezeichnete des Krieges, Besiegte.

Zwar gab es 1946/47 bereits wieder so etwas wie eine deutsche Verwaltungsstruktur; aber das Sagen hatten die jeweiligen Besatzungsmächte. Die große Reinigung begann – nicht nur in den Nürnberger Prozessen, sondern auch in jeder Stadt, in jedem Dorf. Mit Hilfe eines umfangreichen, sehr detaillierten Fragebogens wurde jeder einzelne nach Herkunft und Gesinnung durchröntgt und, falls sich Anhaltspunkte für nationalsozialistische Aktivitäten ergaben, in einem Spruchkammer-Verfahren abgeurteilt. Die meisten kamen als diejenigen davon, die sie de facto waren: »Mitläufer«. Aber, so bewies die gerade vorbeigedonnerte Geschichte, auch Mitläufer können grundstürzende Lawinen lostreten, die von Berg zu Tal tosen und alles mitreißen, was ihnen im Weg steht.

Ich wurde nach Abgabe des Fragebogens altersmäßig aufgrund des Gesetzes unter »Jugendamnestie« eingestuft und galt als »nicht betroffen«. Hatte ich mich wirklich herausgehalten? Wohl kaum. Aber ein Mit-Macher war ich nicht gewesen. Eher auch ein Mitläufer, ein Mitgerissener …

Was war mir anderes übriggeblieben angesichts meiner jugendlichen Unerfahrenheit? Ich kannte keine Alternative. Ich fühlte mich als Deutscher, und ich war auch Deutscher. Und obwohl mich diese deutsche Sache, für die ich als Soldat einzustehen hatte, nichts anging und mich zeitweise auch entsetzte: ich fühlte mich, wenn ich mich entsetzte und feststellte, daß das nicht meine Sache war, wofür ich einstand, als Außenseiter. Du bist kein Soldat und wirst niemals einer werden, dachte ich immer wieder bei mir. Doch die Rolle des Außenseiters gefiel mir auch nicht.

Aber wofür stand ich, der Außenseiter-Mitläufer, denn nun wirklich ein? Es mußte doch etwas geben, wofür ich mir treu zu bleiben wünschte in meinem Innern. Was war meine geheime »gemeinsame Sache« – und mit wem wollte ich sie vertreten, jetzt, nach dem Krieg? Die »Freie Darmstädter Künstlervereingung« markierte den ersten Versuch, eine aktive Antwort auf diese Frage zu finden. Aber die elektrisierende Orientierungs-Antwort kam von außen. Sie war eine Schicksalsantwort.

Der Buchhändler Felix Dörffel hatte sich unserer Künstlervereinigung angeschlossen und führte eine Behelfsbuchhandlung in der Darmstädter Bismarckstraße, wo es noch ein paar unversehrte Häuser gab. Wir kamen bei ihm oft in kleinem Kreis zusammen. Im Sommer 1946 hörte ich von ihm, daß demnächst in München eine neue Zeitschrift erscheinen werde, die vor allem der jungen Heimkehrer-Generation Nachkriegsstimme verleihen wolle. Titel: ›DER RUF‹. Dem Vernehmen nach sei diese Zeitschrift schon in den USA in einem Gefangenenlager erschienen; nun habe der Journalisten-Kreis um dieses Kriegsgefangenen-Blatt sich nach der Heimkehr in München mit US-Lizenz wieder neu gefunden.

Ich war natürlich sehr gespannt. Offenbar planten die Herausgeber Hans Werner Richter und Alfred Andersch, deren Namen ich zum ersten Mal hörte, ein Blatt, das sich deutlich von der 1933 unterbrochenen und jetzt wieder aufgenommenen Zeitschriften-Tradition der zwanziger Jahre distanzierte, um Zukunfts-Akzente für die Geschlagenen der Geschichte, nämlich die jungen Menschen, zu setzen.

Endlich, am 15. August 1946, war es soweit. Die erste Nummer des ›RUF‹ erschien im verkleinerten Zeitungsformat. Gleich der Leitartikel von Alfred Andersch schlug ins öffentliche Bewußtsein ein wie eine Bombe. Titel: ›Das junge Europa formt sein Gesicht‹. Schon diese Überschrift signalisierte, worum es ging – worum es uns, den Heimkehrern in dieses unselige Land, das Deutschland hieß, gehen mußte, wenn wir jemals wieder einen Schutzwall gegen uns selbst mitzubauen bereit sein sollten: um Europa! Daß sich Andersch in seinem Artikel einem »sozialistischen Humanismus« verschrieb, störte mich nur am Rande, zumal ich mir damals (und Andersch tat das auch) unter Sozialismus etwas viel Allgemeineres, nämlich ein von Toleranz und Selbstbescheidung geprägtes, von Besitzgier und Machtträuschen freies Verhalten vorstellte – eben so, wie es Andersch formulierte: »Das Gesetz, unter dem sie (die europäische Jugend) antritt, ist die Forderung nach europäischer Einheit. Das Werkzeug, welches sie zu diesem Zweck anzusetzen gewillt ist, ist ein neuer, von aller Tradition abweichender Humanismus, ein vom Menschen fordernder und an den Menschen glaubender Glaube, ein sozialistischer Humanismus.«

»Hier ist dein Platz, das sind deine Leute!« fuhr es mir durch den Kopf, als ich die erste Nummer des ›RUF‹ Seite für Seite und Zeile für Zeile geradezu verschlang. Und in der Tat: es waren meine Leute, trotz vieler Spannungen, Meinungsverschiedenheiten und politischer Widersprüche späterhin. Mit diesem 15. August 1946 begann mein endgültiger Aufbruch in die Nachkriegszeit. Ich hatte einen Wegweiser gefunden …

Unermüdlich wie Bienen, die nach Nektar ausschwärmen, versuchten Maria und ich damals die Signale aus den von uns noch überwiegend unentdeckten geistigen Kontinenten des Jahrhunderts aufzufangen, mit deren Hilfe wir ein eigenes Bild der Welt entwerfen wollten – ein Bild ohne ideologische Richtwerte. So wurde jeder Tag unserer jungen Ehe auch zu einem dies academicus: Im Selbststudium und indem wir uns gegenseitig kritisch prüften, drangen wir in uns unbekanntes Kulturgelände vor. Die Solidarität der geistigen Neugier und der musischen Kreativität, gepaart mit der Notlage der äußeren Existenz drückte unserer Ehe bereits in den ersten Bewährungsjahren einen Stempel auf, der sie noch in allen späteren Zeiten prägte.

Indessen strengten Maria und ich uns an, unserem Ehestand auch materiell wenigstens eine halbwegs solide Basis zu verschaffen. Wir fuhren mehrmals nach Frankfurt, um Kontakte zu knüpfen. Dort hatte uns Marias Mutter eine primitive Schlafstatt in dem Haus, in dem sie selbst untergekommen war, beschaffen können. Im Rundfunk versprach mir der Dramaturg Dr. Burger jedesmal, mein Drama ›Die Straße Nirgendwo‹ als Hörspiel zu bringen, aber jedesmal vertröstete er mich leider auch mit der nichtssagenden Wendung, an die sich meine ganze Hoffnung klammerte: »Bei nächster Gelegenheit«. Diese kam nie.

Dafür versetzte uns eine andere Nachricht in Euphorie. Mein Drama wurde vom Theater angenommen! Nicht nur dem Rundfunk und dem Stahlberg-Verlag nämlich hatte ich mein Stück angeboten, sondern auch verschiedenen Bühnen. Einige schrieben mir höflich zurück, sie sähen sich leider außerstande. Andere bescheinigten mir Talent, fanden aber das vorliegende Manuskript noch nicht ausgereift. Sollte ich noch an anderen Texten arbeiten, so sei man interessiert, ermunterten sie mich.

Aber *ein* Theater zeigte nicht nur Interesse, sondern griff auch zu: Das Schiffbauerdamm-Theater in Berlin, das damals noch nicht von Brecht, sondern von Fritz Wisten geleitet wurde. Und der Stahlberg-Verlag, der sich schon für den Gedichtband mit Versen von Hilsbecher, Lohmeyer und mir (›Bänkelsang der Zeit‹) entschieden hatte, sagte mir nun auch den Druck meines Stückes zu. »Das ist der Durchbruch«, dachte ich, und ich sagte es auch. Aber Maria, durch meine Erfahrungen mit dem Rundfunk und ihre Erfahrungen mit dem Theater gewitzigt, meinte: »Wir müssen abwarten, ob das alles wirklich was wird.« Nun, die bescheidenen Büchlein in der Reihe ›Ruf der Jugend‹ kamen zustande, aber die Uraufführung in Berlin platzte. Sie gedieh bis zur Generalprobe. Mühsam hatte ich für Maria und mich Karten für den amerikanischen Interzonenzug nach Berlin besorgt. Wir wollten unbedingt dabei sein, wenn sich der Vorhang über meinem Opus hob. Da erreichte uns telegrafisch die Nachricht, das Stück habe leider noch vor der Generalprobe abgesetzt werden müssen. Warum? Weswegen? Zunächst kein Kommentar. Aber dann bekam ich doch heraus, daß es innerhalb des Theaters Auseinandersetzungen über das Stück gegeben habe, die noch durch Bedenken von seiten der russischen Kulturbehörde geschürt worden seien. Dabei spielten sowohl die christliche Tendenz des Stückes als auch die gar nicht zeitgemäßen Revolutionsszenen eine entscheidende Rolle. Ziemlich niedergeschlagen nahmen wir die Enttäuschung hin. Auch der Druck als Buch konnte sie nicht mildern.

Allerdings demonstrierte uns ein anderes Theaterereignis in der Orangerie in Darmstadt auch, wie kärglich mein eigener Versuch war, der katastrophalen Gegenwart eine mehr als nur vordergründige Dimension abzugewinnen. Karl Heinz Stroux inszenierte die deutsche Uraufführung von Thornton Wilders ›Wir sind noch einmal davongekommen‹. Hier, so schien es, hatte einer die Existenz-Parabel unserer schrecklichen, verwirrten und verirrten Zeit geschrieben und jenseits von Sieg und Niederlage dem menschlichen Barbaren-Notstand packenden, ergreifenden Ausdruck verliehen. Die Darmstädter Schauspieler spielten dem Publikum nichts vor, sie waren selbst Davongekommene, von der Geschichte Blessierte – sie ver-körperten die Figuren, die sie darstellten – ob Mr. und Mrs. Antrobus oder Lilith oder Kain.

Die Darmstädter Aufführung von 1946 erregte Aufsehen in ganz Deutschland: ein Theater-Fanal ähnlich der Uraufführung von Borcherts ›Draußen vor der Tür‹ in Hamburg. Jahrzehnte später, als wir das Stück noch einmal in anderer Inszenierung ansahen, blickten Maria und ich uns erstaunt an: Handelte es sich um das gleiche Stück, damals und heute? Es handelte sich um das gleiche Stück. Aber Wilder selbst hatte schon wenige Jahre nach dem Darmstädter Ereignis Maria in einem Gespräch auf einem Empfang des Fischer-Verlages gesagt, er könne sich den Erfolg seines Textes gar nicht erklären – ›Wir sind noch einmal davon-gekommen‹ sei doch nur ein »College-Spaß« gewesen… Doch 1946/47 war dieser Spaß bitterer Theater-Ernst. Die ganze Welt war Behelfs-Bühne…

In Frankfurt fand ich Kontakt zur »Freien Deutschen Kultur-gesellschaft« und deren Leiterin Jo Mihaly, einem westdeutschen Ableger des Kulturbundes in der Ostzone, und vereinbarte eine Zusammenarbeit mit unserer Darmstädter Künstlervereinigung. Mit Maria erarbeitete ich – oder vielmehr umgekehrt: sie, die in Göttingen schon praktische Theaterarbeit geleistet hatte, er-arbeitete mit mir anspruchsvolle Rezitations-Abende, darun-ter eine Sprech-Aufführung der ›Antigone‹ von Sophokles in der schwierigen Übersetzung von Hölderlin. Wir erprobten diese Einstudierung im Roßdorfer Altersheim vor einfachem Publikum – mit fast eigenartig anmutendem lebhaftem Echo. Offenbar schuf das gesprochene Wort eine unmittelbare Ver-ständnisbereitschaft, die ohne tiefgründigen Text-Kommentar auskommt… Übrigens: anstelle von Eintrittsgeld mußte jeder Besucher zwei Briketts oder eine Tüte mit Kohlen mitbringen – einmal der Saal-Heizung wegen, und zum anderen, um unsere eigenen Heizvorräte zu ergänzen. Uns jungen Eheleuten war nämlich nicht nur erschreckend wenig, sondern auch noch vorwiegend nasses Holz für den Winter zugewiesen worden. Wir froren erbärmlich. Die Briketts garantierten uns einige warme Abende. Die bescheidenen Geld-Gagen, die uns die Rezitations-Abende in Darmstadt oder Frankfurt einbrachten, erwiesen sich demgegenüber – angesichts der allgemeinen Lebensmittelnot und der sündhaft teuren Schwarzmärkte – im Vergleich zu den Brikett-Erlösen als weit weniger attraktiv.

Maria war bei der Suche nach einem beruflichen Neuanfang auf einen Herrn Dr. Stichtenoth gestoßen, mit dem sich eine Familienfreundschaft entwickelte. Friedrich Stichtenoth war ein Mann von etwa fünfzig Jahren, vormals Musik-Kritiker in der ›Frankfurter Zeitung‹ und jetzt, wegen seiner Mitgliedschaft in der Partei, vorerst aus dem Publikations-Verkehr gezogen. Er litt sehr unter dem Berufsverbot und war dementsprechend leicht reizbar, worüber er sich selbst am meisten ärgerte. Er suchte seine Ausfälle stets durch Liebenswürdigkeit auszugleichen. Ich bewunderte seine Bildung, die weit über das Musikalische hinausreichte, und ich staunte über seine geistreiche Brillanz: ein Feuilletonist im besten Sinn. Die Zusammenkünfte mit ihm glichen Ausflügen in jene Welten geistiger Überlegenheit, zu denen auch wir eines Tages einen Zugang erhofften.

Immerhin: Meine Begeisterung für den ›RUF‹ trug auch praktische Schreibfrüchte. Ich nahm Verbindung auf zu den Herausgebern Andersch und Richter. Und am 1. März 1947 erschien in dieser Zeitschrift der Artikel, mit dem ich meine öffentliche Schreibarbeit (sie Journalismus zu nennen, fällt mir bis heute schwer) begann. Er trug den Titel ›Nationalismus und Nationalismus‹, und er beschäftigte sich mit der Frage, ob Nationalismus in Deutschland überwunden werden könne, wenn sich aus Frankreich, aber auch aus anderen Nationen vom Haß geschürte

National-»Gefühle« erneut zur politischen Debatte meldeten. Anlaß für diese Anmerkungen gab eine Veranstaltung der »Freien Deutschen Kulturgesellschaft« zum Thema »Frankreich« im Februar 1947. Was ich schrieb, hörte sich für damalige Verhältnisse ziemlich mutig an. Aber gerade das war es ja, was Andersch und Richter von ihren Autoren erwarteten: Mut.

Während Maria und ich versuchten, uns einigermaßen über Wasser zu halten mit Rezitationen und kleinen Vorschüssen auf meine Buch-Veröffentlichungen, las ich mich neugierig in die Literatur der vergangenen drei Jahrzehnte zurück. Von Hemingway bis Zuckmayer, von Brecht bis Döblin, von Camus über Sartre zu Gide und Claudel, tat sich allmählich ein weltliterarischer Gegenwartshorizont auf, den ich mit Staunen und Begeisterung absuchte ... An die Bücher heranzukommen, war nicht leicht. Manchmal blieb nur Tausch: zwei Ganghofer aus meinem Vorkriegs-Bestand gegen einen antiquarischen ›Alexanderplatz‹ von Döblin, das war so etwa die Antiquariats-Tauschwährung ... Späterhin, im Lauf des Jahres 1947, leisteten »Rowohlts Rotations-Romane« (rororo), die Taschenbuchvorläufer im Zeitungsformat, entscheidende Lesehilfen in Sachen Gegenwarts-Literatur.

›Die Epoche‹

Ungelernte Berufe: In den Journalismus kann man sich vielleicht »hineinschreiben«, aber als Chef eines Zeitungsressorts muß man in der Regel doch einiges Geleistete vorweisen können – zumindest Praxis und Erfahrung. Aber ich wurde ohne jede äußere Voraussetzungen Feuilleton-Chef. Wieder griff der Zufall ein.

Im Dezember 1946 erzählte Dr. Stichtenoth, daß in Frankfurt die Herausgabe einer großen Wochenzeitung für die amerikanische Zone geplant sei. Als Editoren seien Bruno Stuemke, ein früherer Redakteur der ›Frankfurter Zeitung‹, der tapfer zu seiner jüdischen Frau gehalten und sie dadurch gerettet habe, sowie ein jüdisches Bruderpaar mit Namen Wilheim, die das Ganze finanzieren sollten, vorgesehen. Zwar hätten die Brüder Wilheim ursprünglich eine Bar aufmachen wollen – aber dann habe sich die Chance mit der Zeitung ergeben, und die sei ihnen verlockender erschienen. »Und was haben Sie damit zu tun?« fragten Maria und ich. »Na ja,« sagte er, »ich soll das Feuilleton übernehmen. Aber vorerst habe ich noch Schwierigkeiten wegen meines Spruchkammer-Verfahrens.«

Die Zeitung wurde gegründet, aber Dr. Stichtenoth war noch nicht verfügbar. In seiner Not kam er auf den Gedanken, mich zunächst als eine Art Positionshalter in die Redaktion einzubringen; es könne, so meinte er, nur noch Tage, höchstens zwei Wochen dauern, bis er wieder eine Arbeitserlaubnis erhalte. Er bat mich dringend, seinem Plan zuzustimmen. Also wurde ich den Herren Stuemke und Wilheim in den zukünftigen Verlagsräumen in der Kronprinzenstraße 36 in Frankfurt vorgestellt. Offensichtlich fanden die Herausgeber mich annehmbar, und ich glaubte, auch mit ihnen auskommen zu können. Wie allerdings der kleine, etwas ängstliche Herr Stuemke, zuständig für Politik, mit dem robusten, zum Schwadronieren neigenden Alfred G. Wilheim, der sich selbst zum Chefredakteur ernannt hatte, zurechtkommen wollte, erschien mir fragwürdig.

Als Termin für den Start unseres Blattes, das als Pendant zur Wochenzeitung ›Die Zeit‹, die in Hamburg mit britischer Lizenz herauskam, gedacht war, wurde Anfang März 1947 ins Auge gefaßt. Dr. Stichtenoths Arbeitserlaubnis kam immer noch nicht in Sicht. Damit wurde aus meiner Rolle als »Positionshalter« journalistischer Ernst. Von einem Tag auf den anderen fand ich mich, gerade 25 Jahre alt, auf dem Chefsessel der Feuilleton-Redaktion unserer Wochenzeitung wieder, die auf den Titel ›Die Epoche‹ getauft wurde. Zwar traute ich mir einiges zu, aber Feuilleton-Chef – diese Funktion überforderte auch meine selbstbewußten Vorstellungen doch sehr. Ich bat die Herausgeber, von mir abzusehen – ich hätte keine Ahnung von redaktioneller Arbeit und wolle ihnen und mir Enttäuschungen ersparen. Aber sowohl Herr Stuemke als auch die Wilheims ließen nicht locker. Gerade so einen wie mich bräuchten sie als Partner; und je mehr ich mich wehrte, desto mehr bedrängten sie mich. Schließlich sagte ich ja, aber glücklich war ich dabei nicht.

In der Tat hatte ich auch wenig Grund, glücklich zu sein; denn kaum saß ich auf meinem »Chefsessel«, einem harten Holzstuhl, tauchten auch schon die Probleme auf. Zwei Seiten im Zeitungsformat sollte ich mit Texten versehen – und zwar mit solchen, die Aufmerksamkeit, ja vielleicht sogar ein wenig Aufsehen erregten. In so kurzer Zeit an bemerkenswerte Originaltexte heranzukommen, war unmöglich. Also faßte ich in meinem ersten Feuilleton Beiträge zusammen, die zum Teil zwar schon erschienen waren, die ich aber für wichtig genug hielt, noch einmal gedruckt und akzentuiert zu werden. Als sogenannten »Aufmacher« meiner zwei »epochalen« Seiten wählte ich einen Artikel, den drei Wochen zuvor die ›Neue Zeitung‹ in München veröffentlicht hatte und der bis heute ein wahres document humain geblieben ist: ein Auszug aus dem Vorwort zu dem Buch ›The Darkest

Germany‹ von Victor Gollancz. Dieses Buch enthält die erschütternde Bilanz eines Besuches im besiegten und besetzten Deutschland, die der Verfasser als Memento der notwendigen europäischen Versöhnung mitteilt. Gollancz wurde damals wegen seiner Ausführungen (insbesondere auch von seiner eigenen jüdischen Seite) heftig angegriffen. Er hielt tapfer stand, weil er glaubte, ja: weil er mit Bestimmtheit wußte, daß Gerechtigkeit nicht teilbar ist und nur auf dem Boden der Versöhnung das Schreckliche überwunden werden kann.

Angesichts der Kontroverse, die sich schon beim ersten Abdruck in der ›Neuen Zeitung‹ ergeben hatte, fand ich es sehr mutig von Alfred Wilheim, daß er (als Jude) in seinem ersten Leitartikel für diesen Abdruck im Feuilleton einstand und darüber hinaus sich auch mit einer eigenen Meinungsäußerung zu den Grundsätzen von Gollancz bekannte. Wilheim stieg in meiner Achtung. Ich hatte ihn wohl unterschätzt, als ich ihn zwar für liebenswürdig, aber auch für oberflächlich hielt.

Überhaupt: Die Wochenzeitung ›Die Epoche‹, die am 9. März 1947 zum ersten Mal erschien (zum Vergleich: die erste Nummer des ›Spiegel‹ trägt das Datum der ersten Januarwoche 1947), kann Züge der redaktionellen Hast und eine fast rührend anmutende Mischung aus Dilettantismus und journalistischem Selbstbewußtsein nicht verleugnen. Dennoch: die Wortmeldung der neuen Wochenzeitung zur deutsch-europäischen Frage wurde offenbar verstanden. Zwar war die uns zugebilligte Auflage von 20000 Exemplaren nicht hoch (und die Papier-Zuweisungen wurden auch späterhin wegen der Querelen zwischen den Herausgebern nicht erhöht), aber die Nachfrage war groß, zumal das Blatt von Ausgabe zu Ausgabe an journalistischem Format hinzugewann und einen eigenständigen Charakter entwickelte. Daß wir uns das nicht etwa nur einbildeten, sondern daß diese Entwicklung tatsächlich stattfand, konnten wir an dem Zuspruch wichtiger und interessanter Autoren (auch aus dem Bereich der Politik) erkennen. Und im gleichen Maß, in dem ›Die Epoche‹ den Dialog mit der unmittelbaren Nachkriegs-Gesellschaft in

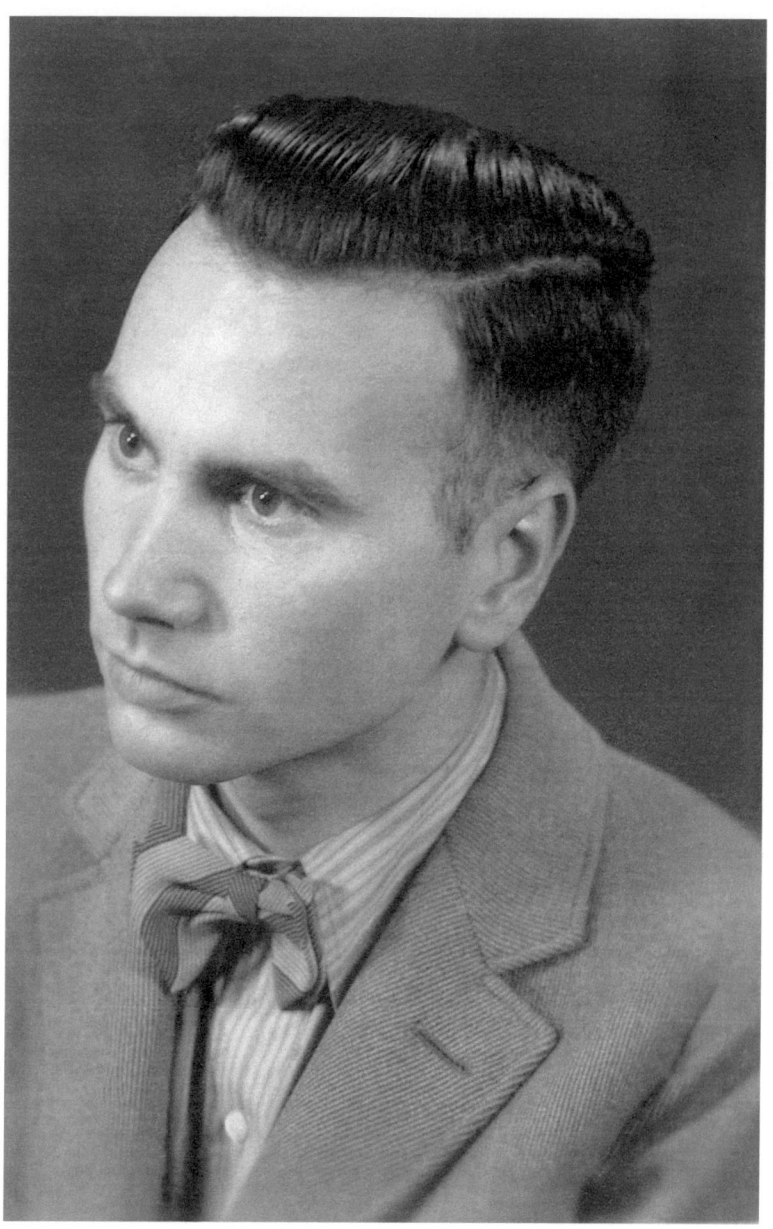

*1946 war Heinz Friedrich Schriftsteller und Journalist, im nächsten Jahr
bereits Feuilleton-Chef.*

Deutschland, aber auch mit den Alliierten aufnahm, wuchs ich in meine Aufgabe hinein und fand Zu- und Widerspruch in einer Öffentlichkeit, die mir bisher in dem sehr bescheidenen Rahmen der »Freien Darmstädter Künstlervereinigung« nicht beschieden war.

Aber zunächst standen mir noch einige Aufregungen und Bewährungsproben bevor. Wie gesagt: ich hatte keine Ahnung, wie man eine Zeitung macht – und Chefredakteur Alfred Wilheim auch nicht. Sein Bruder erwies sich zwar als guter Verwaltungskaufmann – aber das Geld, mit dem er wirtschaften sollte, mußten wir erarbeiten. Mehr als das Grundkapital der Wilheims stand nicht zur Verfügung.

Unsere Redaktion in der Kronprinzenstraße im noch erhaltenen Teil des Frankfurter Hauptbahnhofviertels war räumlich bescheiden und dürftig möbliert. Mehr als zehn Personen konnten hier kaum nebeneinander und miteinander arbeiten, und nur neun oder zehn Personen umfaßte auch unsere Mannschaft. Mehr Mitwirkende, die Herausgeber und Sekretärinnen eingeschlossen, konnte sich das Unternehmen nicht leisten. Dementsprechend intensiv mußte jeder mitmachen, um die Zeitung jeweils für den Sonntag, den Erscheinungstag, fertigzustellen. Monate später erst war der Verlag in der Lage, neue Mitarbeiter einzustellen, zum Beispiel einen jungen, hochbegabten und mutigen Journalisten mit Namen Dr. Günter Decker, der dem politischen Teil publizistisches Profil durch unbestechliche Artikel zur gegenwärtigen Lage gab. Dann stieß Dr. Henrich zu uns, ein solider, besonnener und sachlich ungemein kenntnisreicher Wirtschaftsredakteur, sowie – zu meiner Unterstützung im Feuilleton – Dr. Günther Engler, mit Schwerpunkt Musik und Musikkritik.

Aber für die Nummer eins verfügten wir leider noch nicht über diese kooperative Mannschaft. Der einzige, der etwas vom Machen einer Zeitung verstand, war Bruno Stuemke. Aber der verachtete seinen Mitherausgeber Wilheim von Anfang an derart, daß er ihm nicht nur keinen Rat und keine Unterstützung zukommen ließ, sondern ihn auch noch immer wieder seine Inkompetenz spüren ließ. Pannen standen dementsprechend fast auf der Tagesordnung. Daß es unter diesen Umständen dennoch zu dem Zeitungs-Ereignis ›Epoche‹ kommen konnte, erscheint im nachhinein fast als ein Wunder.

Die Wilheims hatten einen Vertrag mit der Frankfurter Societäts-Druckerei, die einstmals zur ›Frankfurter Zeitung‹ gehörte, abgeschlossen. Einige Maschinen dieser Druckerei liefen noch im Keller einer Ruine in der Frankfurter Schillerstraße – später Redaktion und Druckerei der ›Frankfurter Rundschau‹. Ihr gehörte dann auch Friedrich Stichtenoth über viele Nachkriegsjahre hinweg an, der seinen Rang als einer der führenden Musikkritiker Deutschlands bestätigen konnte.

Ich versuchte mich bei Herrn Stuemke zu informieren, wie die Manuskripte für den Druck herzurichten seien. Er sagte mir: »Geben Sie die Texte erst einmal in die Druckerei. Dann kommen die Fahnen zurück – und dann werden wir sehen…« Fahnen? Ratlos blickte ich Herrn Stuemke an. Aber der hatte sich schon wieder seinen Papieren auf dem Schreibtisch zugewandt. Und fragen mochte ich ihn nicht noch einmal. Also ging ich wieder an meinen Tisch, ordnete die Manuskripte und steckte sie in einen großen Umschlag, auf den ich schrieb: Texte für das Feuilleton ›Epoche‹. Ein Bote von der Druckerei holte sie ab. Fahnen? Darauf konnte ich mir keinen Reim machen.

Am nächsten Morgen brachte der Druckereibote die »Fahnen«. Sie kamen mir vor, als seien sie von breiten Klosettpapier-Rollen abgetrennt, auf die nun Texte aufgedruckt waren. Das also sind die Fahnen…, dachte ich. Aber was nun? Zuerst einmal Korrektur lesen, hieß es. Ich las die »Fahnen« durch und entdeckte da und dort kleine Fehler, die ich einfach im Text verbesserte. Mit diesen »korrigierten« Fahnen ging ich am Abend in die Druckerei. Vorsorglich hatte ich aus dem kostbaren Lebensmittel-Care-Paket, das mir durch Vermittlung der »Freien Deutschen Kulturgesellschaft« zugegangen war (dem einzigen, das ich jemals empfing), zwei Päckchen »Chesterfield-Cigaretten«

eingesteckt und mitgenommen – für alle Fälle. Amerikanische Zigaretten ersetzten damals eine harte Währung. Eine Zigarette kostete 5 bis 6 Reichsmark, ein Päckchen war demnach hundert Reichsmark wert. Mit Zigaretten konnte man auf dem Schwarzmarkt allerhand kaufen, insbesondere Lebensmittel.

Bewaffnet mit meinen Fahnen und den beiden Zigaretten-Packungen ging ich also die Treppe in die Druckerei hinunter, in der Arbeiter in blauen Arbeitskitteln an den mächtigen Maschinen vorerst noch mit Ölkannen herumhantierten. An einem Seitentisch breitete ich meine Fahnen aus. »Machen wir uns an die Arbeit«, sagte der Metteur, ein freundlicher Herr mittleren Alters. Ich nahm ihn beiseite. »Ich habe keine Ahnung«, sagte ich zu ihm und drückte ihm dabei eine Packung Chesterfield in die Hand. »Ich habe noch nie eine Druckerei von innen gesehen, und ich weiß auch nicht, wie man aus Fahnen eine Zeitung macht.« Ich gab ihm auch noch die zweite Schachtel. Er steckte die Zigaretten in die Kitteltasche und sagte dann auf gut Frankfurterisch: »Ei, da mache Se sich emal kaa Gedanke, des krieche mer schon ...«

Und geduldig zeigte er mir dann, was ein Umbruch war und wie man den Satz arrangieren mußte, um ihn optisch und inhaltlich sinnvoll auf einer Seite zu präsentieren. Natürlich waren fast alle Beiträge zu lang. Ich mußte sie an Ort und Stelle kürzen, damit sie sich dem Umbruch einfügten. Ich schwitzte vor Aufregung, und ich verfluchte die Stunde, in der ich eingewilligt hatte, Feuilleton-Redakteur zu werden – zumal der Metteur auch noch schimpfte, weil ich die Fahnen nicht ordentlich durch Korrekturzeichen für den Druck vorbereitet hatte. Er steckte mir einen Merkzettel mit den Korrekturzeichen zu mit der Bemerkung: »Des nächste Mal will ich des Gekritzel net mehr sehe von Ihne ...«

Immerhin: In dieser ersten Druck-Nacht unserer Zeitung lernte ich ein für allemal, wie man eine Zeitung »macht«. Wochen später klopfte mir der Metteur auf die Schulter und sagte: »Gell, des geht besser als mer glaabt ...« In der Tat: Es ging besser, als ich anfangs zu hoffen wagte. Ja, ich bekam sogar Spaß an der

Sache und freute mich jede Woche neu auf meinen Druckabend. Auch die mächtigen Maschinen, die anfangs so abweisend auf mich gewirkt hatten, wurden mir vertrauter. Wenn ich mir aus den ersten Zeitungsexemplaren, die sich aus der Maschine heraus aufs Band schoben, eines herausfischte und die Seiten meines Feuilletons aufschlug, beschlich mich ein Hochgefühl: Das ist dein Werk, und viele, viele Leute werden lesen, was du da zusammengestellt und auch selbst geschrieben hast …

Apropos: selbst geschrieben. Ich schrieb viel in »meiner« Zeitung – von Theaterkritiken bis Glossen, von kleinen Essays bis zu Erzählungen oder Dialogen, und ich meldete mich unermüdlich zu Wort, wenn bedrängende Fragen der Zeit und damit unserer Zukunft zur Debatte standen. Wann standen die eigentlich nicht zur Debatte? Diese Debatten ersetzten quasi unser täglich Brot, das wir nicht hatten.

Ein freundschaftlicher Helfer als Autor war in jenen ›Epoche‹-Monaten des Jahres 1947 Walter Hilsbecher. Er steuerte kluge Mini-Essays, pointierte Buchkritiken und Autorenportraits zu dem vielfältig sich entwickelnden Feuilleton bei, das – bei weltoffener Neugier und Liberalität – energisch den Standpunkt vertrat, daß Kultur, wolle sie kreativ den Wiederaufbau Europas mitgestalten, sich nie von einer Partei oder von der Tagespolitik instrumentalisieren lassen dürfe – und schon gar nicht von den Besatzungsmächten. Die damals schon erkennbaren Versuche, einfach wieder an den politisch-demokratischen und auch geistig-kulturellen status quo ante 1933 anzuknüpfen, um die Katastrophe des Jahrhunderts zu überwinden – diese Versuche erschienen uns in der Redaktion, Alfred Wilheim eingeschlossen, nicht nur »reaktionär«, sondern sogar gefährlich. Nur Bruno Stuemke vertrat sozusagen eine konservative Position zwischen den Meinungsfronten. Er neigte, wie auch die Herausgeber der ›Gegenwart‹ oder der Zeitschrift ›Die Wandlung‹, eher zu einer distanzierten, nobel-überlegenen Betrachtungsweise der Zeitumstände. Seine Herkunft aus der ›Frankfurter Zeitung‹ war eben unverkennbar.

Parallelen zur Haltung des ›RUF‹ sind in jeder Nummer der ›Epoche‹ erkennbar. Aber keine Nachäfferei führte hier Regie – vielmehr ergab sich die Übereinstimmung aus der gleichen Überzeugung, daß Europa vor einem gründlichen, grundlegenden Neuaufbau stehe, der nicht durch eine restaurative Beschwörung der politischen »Welt von gestern« geleistet werden könne.

Als die ›Epoche‹ im März 1947 zu erscheinen begann, ging die meinungsaufregende Arbeit des ›RUF‹ bereits zu Ende. Die zunehmend verärgerte Militärregierung stellte Alfred Andersch und Hans Werner Richter nämlich vor die Entscheidung, entweder ihre unabhängige, als herausfordernd empfundene Kritik an den bestehenden Verhältnissen zu moderieren oder die Leitung der Zeitschrift aufzugeben. Wahrscheinlich vermuteten die amerikanischen Behörden angesichts des aufdämmernden Ost-West-Konflikts hinter den sozialistischen Ideen Anderschs auch versteckte kommunistische Attacken.

Andersch und Richter zogen die Konsequenzen und schieden als Herausgeber des ›RUF‹ und damit auch aus der Redaktion aus. Zahlreiche Autoren, darunter Wolfdietrich Schnurre und Nicolaus Sombart, Walter Kolbenhoff und Friedrich Minssen, Walter Maria Guggenheimer und Walter Heist, kündigten ebenfalls ihre Mitarbeit. Ich nahm sofort Kontakt auf zu Hans Werner Richter und bot ihm eine Zusammenarbeit im Rahmen der ›Epoche‹ an. Aber nach einigem Hin und Her stellte sich heraus, daß sich die beiden ›RUF‹-Herausgeber doch nicht in eine bestehende Redaktion, unter welchen Vorzeichen auch immer, einordnen ließen. Ihnen schwebte die Neugründung einer Zeitschrift vor – so illusionär diese Vorstellung unter den obwaltenden Umständen auch erscheinen mochte. Immerhin wurde noch im gleichen Jahr aus der Illusion die Realität der »Gruppe 47«. Dazu im nächsten Kapitel.

Die Stimmung in der ›Epoche‹-Redaktion war hervorragend. Wir gingen mit Begeisterung zur journalistischen Sache, die wir mit jeder Nummer sicherer beherrschten. Betrübt nahmen wir allerdings die fast täglichen Auseinandersetzungen zwischen den

Herausgebern wahr. Diese Streitereien besorgten uns, und wir versuchten immer wieder auszugleichen. Dabei kamen wir, und das heißt: kam auch ich in prekäre Situationen. Jede Herausgeber-Partei bemühte sich nämlich, die Redaktion oder doch Teile der Redaktion auf ihre Seite zu bringen. Herr Stuemke lud mich zum Kaffee ein, den seine liebenswürdige, durch die schlimmen Jahre etwas verschüchterte Frau servierte. Er sagte mir, Alfred Wilheim sei ein ungehobelter, ungebildeter Mensch. Eine Schande, daß so einer Person eine so wichtige Zeitung anvertraut sei. Nun gut, dachte ich, der ich mit Wilheim auch immer wieder Bildungsschwierigkeiten hatte – nun gut: ganz unrecht hat der Stuemke natürlich nicht. Saß ich dann mit Wilheim zusammen, beschwerte der sich über Stuemke. Der sei unbeweglich, starrsinnig und konservativ. Immer wisse der alles besser – aber was komme bei der Besserwisserei heraus? Das Konzept eines langweiligen Blattes! Leider konnte ich auch Wilheim nicht so widersprechen, wie es meine Loyalität zu Stuemke verlangte. Denn zumindest stimmte, daß Stuemkes journalistische Zurückhaltung nicht gerade publizistische Spannung erzeugte. So gingen wir Redakteure unseren eigenen Weg zwischen den beiden Herausgeberfronten.

Morgens fuhr ich von Roßdorf über Darmstadt-Hauptbahnhof nach Frankfurt. Das war kein Vergnügen. Die Fahrt dauerte, mit Umsteigen, über eine Stunde, und oft mußte man diese Stunde regelrecht überstehen – was mir in meinem noch nicht stabilisierten Gesundheitszustand schwerfiel. Gottlob hatten Maria und ich die Notunterkunft bei Marias Mutter. Wir nutzten sie oft, denn wir nahmen mit wachsender Neugier und Begeisterung auch an dem wieder regen Frankfurter Kultur-Leben, an Theateraufführungen, Ausstellungen, Vorträgen, Konzerten teil. Ja: wir nahmen nicht nur teil, wir wurden aufgenommen in dieses Kultur-Leben, wir waren in wenigen Monaten Teil desselben geworden.

Dann kam der jähe Absturz der ›Epoche‹. Ende Oktober, Anfang November verschärften sich die Auseinandersetzungen zwischen Bruno Stuemke und den Wilheims. Die US-Militärverwaltung in Wiesbaden, zuständig für Zeitungs- und Verlags-Lizenzen, wurde aufmerksam und befahl die Kontrahenten zu sich. Der Streit ging weiter. Da erreichte auch mich die Aufforderung, in Wiesbaden bei einem Major Praeger vorzusprechen. Ich fuhr also nach Wiesbaden und suchte den Dienstsitz des Majors auf. Dort mußte ich zunächst einmal warten. Dann wurde ich in das Zimmer des Lizenz-Gewaltigen geführt. Er saß auf seinem Schreibtischstuhl und hatte die Füße auf die Schreibtischplatte hochgelegt. »Das kann ja heiter werden…«, dachte ich.

»Nehmen Sie Platz!« sagte Mr. Praeger. Sein Deutsch hatte einen Wiener Klang. Er selbst sah gut aus, mittelgroß; er wirkte sportlich und gab sich arrogant, was gar nicht zu seinem Wiener Tonfall paßte. Vor allem störten mich die Schuhsohlen, hinter denen sein Gesicht fast verschwand. Die Gummisohlen wiesen ornamentale Verzierungen auf. »Schlechter Geschmack…«, dachte ich. »Sie wissen, daß es Streit gibt zwischen Herrn Stuemke und den Brüdern Wilheim?« fragte Mr. Praeger. »Ja, das weiß ich«, antwortete ich. »Ich mache dieses Theater nicht mehr mit!« fuhr Mr. Praeger ziemlich heftig fort und nahm die Füße vom Tisch. »Den Herren wird die Lizenz entzogen. Und zwar sofort!« »Ja, aber…«, versuchte ich einzuwenden. »Kein: ja, aber…«, Mr. Praeger hob seine Stimme – fast schrie er mich an. »Und warum lassen Sie mich holen? Ich habe mit der Lizenzvergabe nichts zu tun. Ich bin Redakteur«, sagte ich. »Das kann ich Ihnen sagen!« Nun schrie er wirklich ein wenig. »Denn Sie werden in Zukunft mit dieser Lizenz zu tun haben.« Irritiert fragte ich: »Wieso?« »Weil Sie die Lizenz übernehmen müssen. Sonst verschwindet das Blatt!« gab er barsch zurück.

Noch heute erinnere ich mich an jede Einzelheit dieses Gesprächs – so, als habe es gestern stattgefunden. »Nein, das geht nicht«, sagte ich ganz perplex. »Und warum nicht?« fragte er. »Weil ich keine Ahnung habe, wie man so eine Zeitung führt, und Geld habe ich auch keins, und überhaupt: ich kann das einfach nicht.« Er redete noch eine Weile, nun freilich etwas sanfter, auf mich ein. Vor allem sagte er mir: die Lizenz sei das Kapital, mit dem ich wirtschaften könne. Geld könne ich mir pumpen – es sei sowieso nichts mehr wert und bald noch weniger als nichts. Aber ich, 25 Jahre alt und ungelernt, blieb hart. Zwar wußte ich, was dieses Nein für mich bedeutete – aber den Unternehmer zu spielen, erschien mir noch riskanter als der Verlust meiner Stellung. Mr. Praeger entließ mich ziemlich enttäuscht. Von Arroganz war nichts mehr zu spüren, nun hatte ich den Eindruck: der hält was von dir ...

Viele Jahre später begegnete ich Mr. Praeger wieder – auf der Frankfurter Buchmesse. Er hatte sich mit Fritz Molden zusammengetan und hoffte, mit diesem marktabenteuerlustigen Verleger ein Weltunternehmen auf die Beine stellen zu können. Enttäuscht zog er sich nach ein paar Jahren wieder zurück und gründete einen eigenen Verlag, der aber auch nicht recht vorankam. Erst nach seiner Rückkehr in die USA war ihm wieder Verlegerglück beschieden. Er gründete in Colorado einen Universitätsverlag, der nicht nur gute Umsätze machte, sondern auch höchstes wissenschaftliches Ansehen genoß. Trotz seiner sportlichen Lebensweise starb Praeger relativ früh Mitte der neunziger Jahre.

Ich traf ihn also in den sechziger Jahren wieder in Frankfurt auf der Buchmesse. Fritz Molden stellte mich ihm vor. »Ich kenne Sie«, sagte ich zu Praeger, »das heißt: noch besser kenne ich Ihre Schuhsohlen.« Er sah mich verblüfft an: »Wieso? Was soll das heißen?« Nun: Ich erinnerte ihn an den Novembertag im Herbst 1947 und an meine Audienz bei ihm in Wiesbaden. »Mensch, Sie waren das?« rief er. »Aber sagen Sie mal: die Sache mit den Schuhsohlen – was wollen Sie damit sagen?« »Sie hatten die Füße auf dem Schreibtisch, als Sie mit mir zu reden anfingen«, sagte ich. »Kann nicht sein!« meinte er. »Doch«, sagte ich, »war aber so. Ich kann noch heute das Ornament auf Ihren Schuhsohlen nachzeichnen.« »Ich wußte gar nicht, daß ich damals so ein arroganter Knochen war ...«, sagte er peinlich berührt. »Macht nichts«, erwiderte ich, »jetzt sind wir Kollegen.«

243

Wir gaben uns die Hand. Und aus den Kollegen wurden Freunde. Jedesmal, wenn mir der Freund, ehemaliger Major und Mister, begegnete, kam er auf unser Gespräch von damals zurück. Er tippte sich an die Stirn und sagte: »Wie konnte man nur so blöd sein. Du könntest heute über ein Zeitungsimperium herrschen, wenn du auf mich gehört hättest...«

Nun, ich hatte nicht auf ihn gehört, und so kam es im November 1947, wie es kommen mußte: Den Herausgebern wurde die Lizenz entzogen. Die lapidare Nachricht lautete: »Die Nachrichtenkontrolle der amerikanischen Militärregierung in Hessen hat den beiden Verlegern der Frankfurter Wochenzeitung ›Die Epoche‹, Bruno Stuemke und Alfred G. T. Wilheim, wegen gegenseitiger unüberbrückbarer persönlicher Gegensätze die Lizenzen entzogen.«

Damit war das Schicksal des Blattes besiegelt. Wie schmerzlich uns dieses Schicksal alle persönlich betraf und welche Hoffnungen wir mit diesem Lizenz-Entzug begraben mußten, dokumentiert der Leitartikel ›In eigener Sache‹, mit dem sich Verlag und Redaktion von ihren Lesern am 23. November 1947 verabschiedeten:

Als am 13. November 1947 der Sachbearbeiter der Nachrichtenkontrolle der US-Militärregierung die beiden zur Veröffentlichung der Epoche autorisierten Lizenzträger Bruno Stuemke und Alfred G. T. Wilheim von der sofortigen Zurücknahme der Lizenz unterrichtete, beendete dies die Entwicklung eines Publikationsorgans, das nach Auffassung weiter Kreise der deutschen Öffentlichkeit eine vielempfundene Lücke ausfüllte. In der Tat kann die Resonanz, die unsere Arbeit fand, gemessen an der geringen Auflage von nur 20 000 Exemplaren, außerordentlich genannt werden. Sie ging weit über die amerikanische Zone Deutschlands hinaus. Zahlreiche Aufsätze aus der Epoche wurden von den Rundfunkstationen übernommen, fanden Aufnahme in anderen deutschen Zeitungen und Zeitschriften, wurden in ganz Deutschland diskutiert und erschienen schließlich in der ausländischen Presse. In vielen anerkennenden Zuschriften aus dem In- und Ausland kam das Erstaunen über das Bestehen eines solchen Blattes zum Ausdruck.

Wir waren als deutsche Zeitung bemüht, jenseits von Sensation, Polemik und Ressentiments die Wahrheit zu finden, sachlich und fair die Zusammenhänge darzustellen und für die menschlichen Freiheiten einzutreten. Wir sahen es als unsere Aufgabe an, einen Weg zu zeigen aus dem Chaos in die Ordnung der Zukunft, und es war uns klar, daß nur durch die Seriosität der Form und des Inhalts das Vertrauen in die allzu diskreditierte deutsche Presse wieder hergestellt werden konnte.

Es liegt in der Natur der Sache, daß man die Menschen nicht zwingen kann, sich gegenseitig zu lieben; unsere Leser aber allmählich wieder daran zu gewöhnen, die Meinung des anderen zu tolerieren und den demokratischen Gedanken zu festigen, war das Ziel unserer Arbeit.

Wir wurden zu einem Zeitpunkt jäh unterbrochen, an dem unsere intensiven Bemühungen um ein gut ausgebautes Netz von Mitarbeitern Früchte zu tragen begannen. Korrespondenten in der Schweiz, Österreich, Schweden, Frankreich, England, Italien, Ägypten, in den Vereinigten Staaten und Argentinien waren mit Freuden bereit, unsere Leser zu informieren. Die besten Journalisten in allen Städten Deutschlands warteten auf ihr Stichwort. Es tut uns leid, daß wir es nicht mehr geben können. Wenn wir weiter oben von unserem Erfolg sprachen, so möchten wir nicht versäumen zu betonen, daß er das Ergebnis der demokratischen Redaktionsverfassung war, des ungeschriebenen Gesetzes unserer Zusammenarbeit. Jede gute Zeitung ist eine geistige Kollektivleistung, und keine Zeitung kann anders zu einem Erfolg geführt werden.

Wir bedauern den Entschluß der US-Militärregierung, der uns zunächst die Möglichkeit nimmt, unsere Arbeit für die Wiedererrichtung eines demokratischen Deutschland fortzusetzen.

Wenn wir nun diese vorerst letzte Ausgabe der Epoche der Öffentlichkeit übergeben, so grüßen wir damit noch einmal alle unsere Freunde im In- und Auslande und danken gleichzeitig unseren Mitarbeitern überall in der Welt, die wir noch nicht benachrichtigen konnten. Unser Dank gilt ebenfalls dem technischen Personal des Verlages der Frankfurter Rundschau, das mit Liebe und Interesse an der Epoche arbeitete.

Verlag und Redaktion

Dennoch war das Jahr 1947, das jetzt zu Ende ging, ein ertragreiches Jahr. Maria und ich standen zwar wieder einmal am Ende eines Anfangs, aber unsere Verbindungen zu anderen Redaktionen, zum Rundfunk und zu den kulturellen Institutionen in Frankfurt schufen doch eine wesentlich andere Ausgangsbasis als vor der Gründung der ›Epoche‹. Das Jahr 1947 war sogar ein entscheidendes Jahr, wie auch das nächste Kapitel zeigt.

Prolegomena zur »Gruppe 47«

Die neun Monate Arbeit an der Wochenzeitung ›Die Epoche‹ hatten mir eine breite Kommunikations-Ebene erschlossen, um die ich von Darmstadt aus so leidenschaftlich wie vergebens gekämpft hatte. Ich war zu einem anerkannten Theaterkritiker im Rhein-Main-Gebiet avanciert. Nach Einstellung der ›Epoche‹ erschienen meine Kritiken in Zeitungen wie den ›Deutschen Kommentaren‹, der ›Rhein-Neckar-Zeitung‹, der ›Rheinischen Post‹ oder der ›Westdeutschen Allgemeinen Zeitung‹, von kleineren Blättern wie den ›Hessischen Nachrichten‹ oder dem ›Wiesbadener Kurier‹ gar nicht erst zu reden. Diese Kritiken machten viel Arbeit und brachten wenig ein – aber in der Summe stellten sie dann doch einen beachtlichen Faktor in unserer bescheidenen Haushaltsrechnung dar. Überhaupt: Wenn ich heute meine alten Belegstücke durchsehe, erstaunen mich mein unbefangener journalistischer Fleiß und die Beharrlichkeit, mit der ich meinen Wissenshorizont zu erweitern versuchte. Ich erschrieb mir regelrecht die Grundlage meiner Bibliothek durch Buchbesprechungen, und ich besuchte häufig Vorträge und Ausstellungen, um meine Wissensgrundlagen zu erweitern und zu festigen.

Ein Autor erregte meine besondere Aufmerksamkeit: Franz Kafka. Seine absolute Leidenschaft, durch die Vordergründe der Realität in die Hinter- und Untergründe der menschlichen Denk- und Verhaltensweisen vorzudringen, ohne sich dabei in irrationale Tiefen zu verlieren, fesselte mich. Hier traf ich auf einen, der die Unheimlichkeiten der menschlichen Existenz ohne poetische Verbrämungen offenlegte, sich aber dem existentialistischen Kahlschlag versagte. Zunächst waren mir Kafka-Bände nur leihweise zugänglich. Später, noch vor der Währungsreform, erbat ich mir als Honorar für einen Aufsatz, den eine holländische Zeitschrift durch Vermittlung von Adriaan Morriën abgedruckt hatte, die Gesamtausgabe von Kafka aus dem israelisch-amerikanischen Schocken-Verlag. Eine Honorar-Überweisung in holländischen Gulden wäre damals ohnehin noch nicht möglich gewesen.

Dazu eine zeitcharakteristische Marginalie: Ich mußte das Paket aus Amsterdam beim Zollamt in Frankfurt abholen – mit Vorlage meines Personalausweises und des Briefes aus Holland, in dem die Bände als »Belegstücke« ausgewiesen wurden. Auf die Frage des Beamten, »Sind Sie der Autor dieser Bücher?« antwortete ich: Nein, ich sei nicht der Autor, aber ich wolle über diese Bücher schreiben … – Ich hatte mir nämlich einen Aufsatz über Kafka vorgenommen, den ich dann auch schrieb. Er erschien in den ›Berliner Heften‹.

Die Zollbeamten gaben sich, obwohl nur halbwegs überzeugt, zufrieden und ließen mich mit meinen Büchern gehen. Einpakken konnte ich sie nicht mehr, ich nahm sie einfach unter den Arm. An der Hauptwache in Frankfurt, wo ich auf die Straßenbahn wartete, sprachen mich unentwegt Leute an, die aufgeregt fragten: »Kafka? Wo haben Sie denn die Bücher her? Und gleich so viele? Wo bekommt man die?« Die Enttäuschung war groß, als ich stolz erklärte, dies sei mein Honorar aus Holland. Hier lägen die Bände leider noch nicht vor … Damals gab es, neben dem körperlichen Hunger, tatsächlich auch noch einen »Lese-Hunger«.

Im Laufe des Frühjahrs 1947 hatte sich ein fast freundschaftliches Verhältnis zwischen mir und dem Stahlberg-Verlag entwickelt, und das heißt, auch zu denen, die ihn »verkörperten«. Da gab es zunächst die Inhaberin, Fräulein Dr. Ingeborg Stahlberg, eine zurückhaltende, eher kühle Dame, gutaussehend, aber eher distanzierend als anziehend. Ihre Zuneigung konnte man nur erahnen, auch rauchte sie viel. Vor allem aber: sie war gescheit und sie traute sich etwas zu. Die Reihe ›Ruf der Jugend‹ fand, obwohl gelegentlich von den etablierten Literaten und Literaturkritikern als »Anfänger-Bibliothek« belächelt, Widerhall und Aufmerksamkeit. Inge Stahlberg besaß ein hervorragendes Gespür für kreative Substanz – auch im noch Unausgegorenen witterte sie die Essenzen späterer Reife.

Ihr zur Seite standen Angelika Knote (später Ehefrau des Schopenhauer-Kenners und -Herausgebers Arthur Hübscher) und Bernhard von Tauchnitz, ein nobler, höflich-freundlicher Lektor, gebildet und literarisch nicht nur interessiert, sondern auch kritisch-verständig und hilfsbereit.

Dieses Stahlberg-Trio kam, nicht zuletzt durch meine Aktivitäten in der »Freien Darmstädter Künstlervereinigung« ermuntert, auf die Idee, Autoren des Verlages zusammen mit Gästen aus dem Bereich der Literatur und Universität zu einem »Treffen« einzuladen – und zwar nach Hinterhör bei Altenbeuern in Oberbayern. Dort nämlich besaß die Gräfin Degenfeld, die zum Freundeskreis Hugo von Hofmannsthals gehört hatte, ein Gut, das durch Vermittlung ihrer mit einem Amerikaner verheirateten Tochter von Einquartierungen verschont geblieben war. Und auf dieses Gut lud nun die Gräfin, angeregt durch Herrn von Tauchnitz, der ebenfalls in Hinterhör wohnte (und wohl auch mit ihr verwandt war), vom 26. bis 28. Juli zu einem Treffen ein. Als besonderes Ereignis wurde ein Vortrag von Rudolf Alexander Schröder, der im nahen Bergen wohnte, angekündigt.

Maria und ich, wir waren begeistert und erregt. Wir sollten bei dieser Gelegenheit auch München wiedersehen, und ich durfte in meine geliebten Berge, und sei es auch nur für drei Tage, zurückkehren!

Ich schlug dem Stahlberg-Verlag vor, zu der Zusammenkunft auch Hans Werner Richter und einige ehemalige Mitarbeiter des ›RUF‹ einzuladen. Aber dort hatte man ohnehin diese Einladung bereits erwogen, da Ingeborg Stahlberg mit Richter über die Herausgabe einer neuen Zeitschrift verhandelte. Sogar deren Titel stand schon fest: ›Die Tribüne‹ …

Hans Werner Richter sagte seine Teilnahme an dem Treffen zu – und mit ihm meldeten sich auch Ilse Schneider-Lengyel und Wolfgang Bächler aus dem ›RUF‹-Mitarbeiterkreis an.

Auf das ersehnte Wiedersehen mit München mußten wir allerdings gar nicht erst bis Ende Juli 1947 warten. In der Redaktion der ›Epoche‹ erreichte mich nämlich eine Einladung bereits zum 28. Juni. Für dieses Samstagsdatum plante die Zeitung ›Echo der Woche‹, eine Münchner Konkurrenz zu unserem Blatt, eine große »Jugend-Kundgebung« in der noch einigermaßen intakten Aula der Münchner Universität. Als Hauptredner standen der holländische Schriftsteller und Widerstandskämpfer Jef Last und der große André Gide aus Frankreich auf dem Programm. Ich machte den Wilheims klar, daß dies ein Anlaß sei, zu dem ich unbedingt selbst hinfahren müsse. Ein Korrespondentenbericht genüge da nicht. Leicht widerstrebend gaben die beiden nach – sie sahen es nicht gern, wenn man herumreiste und Geld ausgab.

Also fuhren Maria und ich am letzten Juni-Wochenende 1947 nach München. Die Fahrt war mühsam und dauerte lange. Der Zug: überfüllt, die Luft: schlecht. Und ich, noch wenig eingeübt in meine Behinderung des linken Arms, hatte Mühe, mit dem Gepäck zurechtzukommen. Dennoch: die Landschaft zog wie ein Erinnerungs-Film an meinen Augen vorüber. Damals, 1938, hatten sich mir viele Einzelheiten unvergeßlich eingeprägt: der Melibokus, Heidelberg, Bruchsal, die Geislinger Steige, Ulm mit dem Münster, die ersten Zwiebeltürme in der bayrischen Landschaft…

Und dann: München. Schon der Bahnhof signalisierte ein trauriges Wiedersehen. Die Bomben hatten ihn entstellt. Immerhin: die Züge fuhren ein, die Züge fuhren ab. Vor dem Bahnhof: Trümmer, ausgebrannte Fassaden. Schutt. War auch »unser« München ausgelöscht?

Die Verwaltung vom ›Echo der Woche‹ hatte uns ein Quartier im Hotel »Regina« besorgt. Das »Regina« gehörte einst zu den führenden Hotels der Stadt, gelegen an den Anlagen des ehemaligen Stadtwalls zwischen Lenbachplatz und Maximiliansplatz. Auch das »Regina« war vom Krieg nicht verschont geblieben. Als stattliche Ruine stand es zwischen Ruinen. Wo sollten wir da unterkommen? Die Eingangshalle schien noch leidlich erhalten oder wieder hergerichtet. Wir meldeten uns beim Empfang, der unsere Reservierung bestätigte. Ein Hausdiener führte uns die Treppe hinab ins ehemalige Schwimmbad. Die Kabinen waren zu Schlafkabinen notdürftig umgebaut worden. Immerhin: wir hatten ein Hoteldach über dem Kopf.

Noch am späten Nachmittag unternahmen wir einen kleinen Erkundungsgang durch die Innenstadt. Wir gingen die Brienner Straße bis zum Odeonsplatz: Trümmer und leere Fassaden. Die Theatinerstraße: ein einziger Schutthaufen, durch den ein schmaler Pfad führte. Dort waren die Gleise der Trümmerbahn verlegt. Auf einige Loren verluden Frauen Ziegelsteine, die sie aus dem Schutt hervorholten. Baumaterial wurde dringend gebraucht. Neues Leben entstand zaghaft aus den Ruinen…

Die Ludwigstraße: ausgebrannt die eindrucksvollen Klenze-Fassaden links und rechts des Boulevards. Das Siegestor wies ein häßliches Loch dort auf, wo zuvor die Siegesgöttin den Vorübergehenden zugewinkt hatte. Die Residenz: ausgebrannt und zum Teil auseinandergesprengt. Das Nationaltheater: eine prächtige Fassade, dahinter nackt aufragende Brandmauern. Dort, wo einst die Parkettreihen die Besucher aufnahmen, gähnte ein Loch, in dem Regenwasser sich zu einer Seelache staute. München – ein einziges Kriegsjammertal…

Und dennoch: anders als in Darmstadt, das buchstäblich dem Erdboden gleichgemacht worden war, repräsentierten, übrigens ähnlich wie in Frankfurt, auch die Trümmerflächen und die leeren Fassaden noch das einst vertraute Stadtbild. Man spürte: die Stadt lebt noch, sie atmet noch – auch wenn man sich kaum vorzustellen wagte, daß sie jemals wieder ihr alt-neues Gesicht zurückgewinnen könnte. Wir waren förmlich hin- und hergerissen zwischen Wiedersehensfreude und Trauer – aber das Wiedersehen überwog alle Trümmer-Enttäuschung. München war und blieb unsere Stadt.

Am nächsten Morgen, wir schrieben den 28. Juni 1947, gingen wir die Ludwigstraße hinunter zur Universität. Der Treppenaufgang und der Aula-Flügel des Gebäudes schienen weitgehend unversehrt geblieben zu sein inmitten der Trümmerlandschaft. Viele Menschen strebten in die Aula. Sonnenlicht fiel durch die hohen Fenster, und auf der Stirnseite des Saales, über dem Podium, peitschte auf einem riesigen Mosaik Helios seine Pferde durch den strahlenden Himmel.

Sechs Jahre war es her, daß Maria hier ihr Studium begonnen hatte, und vor achteinhalb Jahren war ich selbst staunend und zukunftsträumend durch München gewandert. Sechs Jahre, acht Jahre – eine relativ kurze menschliche Zeitspanne unter kontinuierlichen Lebensverhältnissen. Aber die kurzen sechs oder acht Jahre unserer Generationsexistenz traf die Wucht der Geschichte – und sie trennte Daseinsepochen. Dies wurde uns beklemmend bewußt, als wir auf der Empore in der Aula der Universität saßen und gebannt zuhörten, was André Gide und Jef Last uns zuriefen, nämlich: daß sie vorurteilsfrei, aber auch ohne Mitleid auf uns zugingen, um uns die Hand zu reichen für einen neuen europäischen Bund, der Katastrophen wie die gerade erlittene unmöglich mache. Debatten über Kollektivschuld lehnten sie ab. Die Zukunft fordere das Gemeinsame heraus, nicht das Trennende.

Die Reden wirkten wie ein Befreiungsschlag. Hier sprachen Menschen, die uns ernst nahmen und die von uns, von unserer Kriegsgeneration etwas erwarteten, nämlich die Gestaltung des Friedens. Um so enttäuschender geriet danach der Auftritt der jungen, zum Teil sehr jungen deutschen Redner, die eher ein Psychogramm ihrer verwirrten, orientierungslosen Verfassung mit peinlicher rhetorischer Phraseologie vortrugen, als eine »Antwort der Jugend« auf die Thesen der großen Redner zu geben. Die verantwortliche Zeitung betonte später auf einer Pressekonferenz, sie habe absichtlich ganz junge Leute (und nicht die »junge Generation«) gebeten, ein Bild von der Lage der Jugend in Deutschland zu entwerfen. Daß diese Botschaft vom Bild der Jugend nicht so recht ankam, bewies das öffentliche Echo auf die Tagung, das sich, mit Recht, auf die Bedeutung der Hauptreden konzentrierte.

Im Juli befanden wir uns dann wieder auf der Fahrt nach München, wo wir vier Tage blieben. Dann stiegen wir in den Zug nach Rosenheim. Von dort gab es nach Altenbeuern, zum Autorentreffen des Stahlberg-Verlags, keine direkte Verkehrsverbindung. Man fuhr mit einer Nebenbahn nach Rohrdorf oder Raubling. Dann ging es zu Fuß weiter nach Altenbeuern. Mit Koffern in der Hand war der Weg, rund vier Kilometer lang, beschwerlich. Als Maria und ich endlich im Gasthaus gegenüber der Kirche in Altenbeuern ankamen, waren wir ziemlich erschöpft. Doch das sommerliche Voralpenland, in das wir in den vorangegangenen Wochen so viele Erlebnis-Hoffnungen gesetzt hatten, enttäuschte uns nicht. Der Tag war sonnig und heiß. Altenbeuern lag auf einem kleinen Moränenhügel, von dem man den Blick weit ins Inntal bis hinüber nach Rosenheim schweifen lassen konnte. Im Süden rückten die Berge ganz nah, von einem weichen Sfumato umflimmert.

Gräfin Degenfelds ländlich-großzügige Landhausvilla lag etwas abseits von Altenbeuern in Hinterhör – eine Idylle, die Krieg und Kriegsende heil überstanden hatte. Man fühlte sich in einer anderen, unbeschädigten Welt – und das heißt: in einer Welt, die eigentlich nicht mehr existierte. Aber gerade deshalb gaben wir uns ihr hin wie einem Zauber, von dem man weiß, daß er ein Zauber ist, der keinen Bestand haben kann vor dem Notstand der Zeit, in der wir lebten.

Die Gräfin Degenfeld, eine rustikal-vornehme Dame (sie muß damals wohl um die sechzig Jahre alt gewesen sein), deren einstige Schönheit noch als Aura ihre leicht mollige Gestalt umstrahlte, empfing uns wie alte Freunde. Unsere Hemmungen fielen rasch, zumal sie beim Tee auch von den vielen Begegnungen erzählte, die in diesem Haus stattgefunden hatten. Sie freue sich deshalb, daß nun, nach so langer Karenzzeit, wieder Literatur das Haus belebe.

Allmählich trafen auch die anderen Teilnehmer an der Tagung ein, darunter unsere Freunde Hilsbecher, Lohmeyer und Bächler. Darüber waren wir froh, denn viele der Eingeladenen kannten wir nicht, und das spontane Aufeinanderzugehen fiel noch schwer. Mich hemmte zusätzlich meine »Grundsatzrede« zur »geistigen Lage der jungen Generation«, die ich in meinem Koffer mitgebracht hatte. Der Stahlberg-Verlag hatte sie mir vor Wochen aufgetragen, und ich stimmte damals begeistert zu, nicht ahnend, was ich mir da auflud. Ich hatte intensiv an dem Text gearbeitet – und nun, da ich ihn in Hinterhör vortragen sollte, kam er mir albern vor, zumal der bewunderte Rudolf Alexander Schröder mit einer Rede über den »Beruf des Dichters in dieser Zeit« angesagt war. Am liebsten hätte ich mich auf dem Dachboden verkrochen, bis alles vorbei war. »Du bist ein Angeber«, flüsterte mir mein Gewissen zu. »Du willst mitreden, weißt aber viel zu wenig. Die diskutieren dich an die Wand ...« Maria sprach mir Mut zu.

Rudolf Alexander Schröder eröffnete die Tagung. Im großen Zimmer der Gräfin saßen wir ihm buchstäblich zu Füßen, denn es mangelte an Stühlen. Immerhin waren inzwischen sechzig bis siebzig Teilnehmer (darunter auch Hans Werner Richter und Ilse Schneider-Lengyel) zusammengekommen. Eigentlich, sagte Schröder, habe er, als alter Mann, eher das Bedürfnis, still unter den Jungen zu sitzen und – so wörtlich – »zu hören, was ihr zu sagen habt, und worin ihr das zu erblicken meint, was zwar jedem unter euch in besonderer Weise und mittels einer besonderen Gabe oder Veranlagung aufgetragen wäre, aber doch so, daß sich aus den einzelnen Versuchen und Leistungen so etwas wie eine gemeinsame Lösung ergäbe, die auf ein gemeinsames Ziel, eine gemeinsame Tendenz, sagen wir ruhig das Wort: auf eine gemeinsame Verpflichtung hinweisen würde«. Und er meinte: allein die Tatsache, daß so viele junge Schriftsteller die schwierige Reise nach Altenbeuern auf sich genommen hätten, beweise dieses große Bedürfnis nach Gemeinsamkeit und Übereinstimmung.

Man spürte: auch dem alten Herrn war unbehaglich vor seiner Rede. Was dachten diese jungen Menschen, die da vor ihm saßen oder hockten? Konnten sie überhaupt mit diesen Botschaften aus der »Welt von gestern«, die er vorzubringen sich anschickte, etwas anfangen? Dennoch: Rudolf Alexander Schröder hielt ein bedeutendes, kluges und auch leidenschaftliches Plädoyer für das »Amt des Dichters«, dem in schwerer Zeit besondere Bedeutung zukomme. Von Homer bis Goethe seien die Dichter, die Künstler die großen Bewahrer des Menschlichen gewesen, über die Zeiten hinweg.

So beeindruckend diese Rede auch sein mochte – uns jungen Zuhörern kam es vor, als rede Schröder an unseren Existenznöten vorbei oder gar über sie hinweg. Der Eindruck entstand: Respekt vor dem großen alten Mann und seiner souveränen Bildung. Er hat in allem, was er sagt und beschwört, recht, aber uns betrifft es nicht. Wir können das »Amt des Dichters« nicht mehr mit dieser geistigen Noblesse erfüllen, die hier vorausgesetzt wird. Es ist für uns kein hohes Amt mehr, sondern ein bitteres.

Ich selbst war hin- und hergerissen zwischen Zustimmung und Ablehnung. Einerseits teilte ich Schröders hohe Meinung von der Dichtung, andererseits grenzte sie sich elitär von den grausamen Wirklichkeiten des Lebens ab. Hier wurde zu einem poetischen Garten Eden die Tür geöffnet, den zu betreten zwar beglückte, aus dem jedoch wieder hinauszugehen die Welt um so schrecklicher erscheinen ließ. Aus heutiger Sicht muten diese Einwände fast harmlos an; damals hatten sie, was die sogenannte »junge Generation« anging, existentiellen Charakter.

Schröder sprach am Samstag, dem 26. Juli 1947, vormittags. Noch beim gemeinsamen Mittagessen wurde bewundernd – aber auch widersprüchlich, über den Text diskutiert. Nicht nur ich hatte offenbar Schwierigkeiten, Schröders Weisheiten mit der eigenen Existenz-Wirklichkeit in Einklang zu bringen. Am Nachmittag lasen dann Wolfgang Bächler, Wolfgang Lohmeyer, Nino Erné und Walter Hilsbecher, und zwar vornehmlich Gedichte. Aber ich war gar nicht mehr recht bei der Sache, denn ich fieberte meiner Rede am nächsten Morgen entgegen. Sollte ich sie überhaupt halten? Kam sie nicht einem Affront gleich gegenüber dem, was Rudolf Alexander Schröder als Dichter-

Bekenntnis vorgetragen hatte? Durfte ich es überhaupt wagen, mich an ihm zu messen? Denn darauf lief, wenn ich sie recht bedachte, meine leidenschaftlich-unbedacht formulierte Rede schließlich hinaus.

Meine Unruhe bescherte mir eine schlechte Nacht. In meinen Ohren tobte der Tinnitus-Lärm, durch Streß aktiviert, doppelt so laut wie sonst. Endlich, um zehn Uhr, war es soweit. Die Sonne schien, die Berge leuchteten, wir saßen im Freien im Schatten großer Bäume. Alle schauten mich erwartungsvoll an. Ich begann (wie auch R. A. Schröder) mit dem Bekenntnis, daß mir das Reden nicht leichtfalle, denn ich sei, wie wir alle, noch auf der Suche nach Orientierungspunkten für den Weg in eine neue Zeit. Beim Vortragen spürte ich Zustimmung und Vorbehalt fast körperlich. Ich spürte aber auch jeden Schwachpunkt meines Textes. Ich fand vieles dilettantisch oder ungeschickt vorgebracht – aber eine innere Stimme sagte mir, den Redetakt vorgebend, geradezu insistierend: Rede weiter!

Und ich redete weiter. Als ich geendet hatte, schüttelte mancher den Kopf, aber die meisten spendeten heftigen Beifall. Selbst R. A. Schröder blieb nicht unbeeindruckt. Er sagte mir das auch, allerdings mit der Einschränkung, daß ich an der einen oder anderen Stelle des Textes doch noch einmal korrigierend Hand anlegen müsse. Am wichtigsten war mir jedoch der Zuspruch von Hans Werner Richter. Er fand die Rede »prima« und setzte hinzu: »Da müssen wir nachher noch einmal darüber reden …« Zunächst aber entspann sich eine heftige Diskussion, in der die Universitäts-Leute insbesondere meine pauschalen Geschichts-Linien und Deutungen unter die Lupe nahmen und mir vorwarfen, meine polemische Leidenschaft widersetze sich doch öfter den rationalen Bewertungen. Womit sie zweifellos recht hatten als Wissenschaftler, aber weniger in der Sache selbst …

Wie auch immer: plötzlich kam Spannung in das Treffen, und diese Spannung sollte nicht ohne Folgen bleiben. Deshalb seien hier einige Abschnitte aus der Rede noch einmal aus dem Archiv hervorgeholt. Die Seiten dokumentieren, unbeschadet ihrer

Mängel, Naivitäten und unwissenschaftlichen Keckheiten, das Lebensgefühl und die Lebenseinsicht, die eine ganze Generation verband und die junge Solidarität jenseits parteilicher oder gar ideologischer Perspektiven herstellte – eine Solidarität, die den Nachlebenden heute fast unbegreiflich erscheint.

Meine Gedanken zur geistigen Lage der jungen Generation

Die Frage nach der geistigen Situation der deutschen Jugend ist nach dem Zusammenbruch des Hitler-Regimes oft und meistens mehr rhetorisch als herzlich gestellt worden. Man faßte mit dem Begriff Jugend so ungefähr die Jahrgänge 1925 bis 1935 zusammen. Die Parteien, die Behörden, die konfessionellen Institutionen waren sich darüber einig, daß in der Frage der Jugend etwas getan werden müsse. Neue Organisationen aller Art wurden ins Leben gerufen, ja es wurde sogar eine Amtsstelle der Stadt- bzw. Kreis-Jugendausschüsse inklusive heiligem Bürokratismus geschaffen. Trotz dieser vielseitigen Bemühungen, denen sich auch die amerikanische Militärregierung nicht entzog, sind die zu verzeichnenden Erfolge innerhalb der Jugenderziehung gering. Mir will scheinen, daß dieses Problem von einem ganz anderen Gesichtswinkel aus angefaßt werden muß. Man vergißt bei all diesen Bemühungen einen Menschenkreis, den wir mit dem Begriff »Junge Generation« bezeichnen, und der etwa die Menschen im Alter von 20 bis 40 Jahren umfaßt. Um diese Menschen bekümmert sich kaum jemand, und gerade sie haben einmal den jetzigen Jugendlichen den Boden zu bereiten, auf dem sie wirken müssen. An dieser Generation möchten sich die Jungen eine Orientierung verschaffen und sozusagen eine feste Währung erkennen. Das Problem der Jugendlichen löst sich organisch, wenn der Menschenkreis der jungen Generation festen Boden gefunden hat.

Die jungen Menschen – ob Mann oder Frau – zwischen 20 und 40 Jahren bestimmen das Bild unserer Tage; sie, die zum Teil noch im Prozeß der Reife begriffen sind, prägen die geistige Haltung unserer Zeit. Denn in diesem Kreis von Menschen steckt noch die Kraft der Jugend, gepaart mit einem großen Ernst und dem unbedingten Gefühl der Verantwortung. Und gerade in unseren Tagen gewinnt die Aussage dieser Generation noch dadurch besondere

Bedeutung, daß sie nicht aus dem wohlbehüteten Dasein heraus geformt wurde, sondern aus der unmittelbaren Erkenntnis des Todes heraus.

Heute hinken die Angehörigen dieser Generation auf Krücken durch die Straßen, sie lungern, verkommen und heimatlos, auf den Bahnhöfen und schwarzen Märkten der großen Städte herum, sie sind Bergarbeiter und Zugschaffner, und zum großen Teil sitzen sie noch hinter Stacheldraht in den Gefangenenlagern.

Das ist die Generation, nach der sich die Jugendlichen, die jetzt heranwachsen, eigentlich richten sollten. Sie könnte ihnen am meisten geben, sie könnte ihnen mehr Erkenntnis, mehr Wissen, mehr Lebenserfahrung mit auf den Weg geben als Pastoren und knöcherne alte Lehrer zusammengenommen! Denn es ist an sich doch selbstverständlich, ja ich möchte fast sagen: eine logische Folge, daß wir, die junge Generation, jetzt erst einmal die Basis schaffen müssen, auf der die, die nach uns kommen, weiterbauen können. Denn daß nunmehr, nach diesem letzten furchtbaren Krieg, alles zerschlagen ist, was bisher einen Halt zu geben vermochte, ist sicher jedem von uns klar. Selbst die dauerhaften, ewigen Werte der Vergangenheit müssen in dieser Zeit erneuert oder neu erworben werden.

So setzte sich bis heute kaum jemand für uns ein. Einzig an den Universitäten beginnt – durch die Initiative der Studenten – die junge Generation sich selbst zu regen und erzwingt buchstäblich Konzessionen, die man ihnen nur ungern gibt. In München trat eine Zeitschrift der jungen Generation auf den Plan – ›DER RUF‹ –, die sich mutig und durchaus positiv und, wie es schien, auch mit außerordentlichem Erfolg, für uns Junge einsetzte. Leider verkehrt sich ihre Absicht jetzt unter neuer Flagge ins Gegenteil. Auch der Stahlberg-Verlag ist ja, wie Sie wissen, ein Unternehmen der jungen Generation.

Ich will mit diesen Beispielen nur kurz andeuten, daß, wenn etwas für die junge Generation gesprochen wurde, es aus ihrer eigenen Initiative geschah, niemals von außen her. Vielleicht hat das auch einiges Gute für sich …

Die junge Generation hat den Anbruch eines neuen geistigen Zeitalters – jenes Zeitalters, das sich durch das Blut, das auf den Guillotinen in Frankreich floß, ankündigte, auf den Schlachtfeldern der ganzen Welt erlebt und erlitten. Und zwar handelt es sich jetzt nicht mehr um die junge Generation in Deutschland, sondern um die in der ganzen Welt!

Diese Menschen haben in Dreck, Regen und Feuer draußen gelegen, das Gewehr umkrallt – und sie haben die Zähne zusammengebissen, weil sie den Sinn der Welt nicht mehr verstanden. Sie haben in Nahkämpfen auf andere Menschen eingeschlagen, die sie nicht kannten und nicht haßten und nicht liebten, auf fremde Menschen, die ihnen nie etwas getan! Sie haben dem Tod Auge in Auge gegenübergestanden – und sie haben gebebt – vielleicht auch geflucht – er oder ich! Und sie haben geschossen. Geschossen! ... Und nachts waren die Sterne am weiten Himmel, und Leuchtkugeln stiegen in die Luft und MGs ratterten, daß es in die Nacht schallte ...

Und manche haben alles verloren – Heimat, Haus, Hof, Eltern, Weib, Kind –, manche darben in Gefangenschaft, andere sind amputiert, wieder andere haben keine Arbeit, manche haben sich bei einem Bauern verdingt. Sie sind wieder nach Hause gekommen. Sie alle haben dem Tod ins Gesicht gesehen – und wer einmal dem Tod ins Gesicht gesehen hat, der weiß, wie wenig die Welt an sich wert ist – und wie lieb man das Leben haben kann.

Wir machen uns nichts mehr vor. Wir stehen sozusagen nackt vor dem Ewigen da, klein und bescheiden. Wir fordern nicht die Güter der Welt, wir verachten den Tand, mit dem man sich früher das Leben behaglich machen wollte – wir wollen überhaupt kein bequemes Leben. Nun – wir wollen das Leben von aller Schlacke reinigen, wir möchten wieder die Quellen freilegen, die unser Dasein in Wahrheit speisen.

Und vor allem: wir haben wieder gelernt, zum Leben, wie es auch sei, Ja zu sagen. Die vielfältigen Formen unseres Daseins vermögen uns wieder zu beglücken, wir erkennen wieder den Wert eines Tages und einer Stunde und nutzen ihn. Und wir sind hellhörig geworden allem Falschen und Unechten gegenüber. Schöpferisch ausgewertet bedingen diese Erkenntnisse eine neue Form der geistigen Aussage.

Nach zwei Weltkriegen mit all ihren Folgeerscheinungen und Zerrüttungen ist es notwendig, das Verhältnis von Mensch zu Mensch auf einer neuen Basis neu zu formen. Die Aufklärung und in ihrem Gefolge die Technik haben die Welt entgeistet und damit entgottet. Das religiöse Gefühl schwindet mehr und mehr – die Maschine tritt mehr und mehr in den Vordergrund und nimmt die Stelle Gottes ein. Das Christentum, seiner wunderbaren Wirkungen beraubt, da es mit skeptischen Menschen zu keiner Höhe gelangen kann, wirkt sich mehr und mehr als Decadence aus. Ihm fehlen die Persönlichkeiten, die seine Ideen tragen, ihm Strahlkraft verleihen. Der Materialismus hat seine große Chance. Der Mensch, der nicht mehr glaubt, taumelt ins Nichts – er wird eines Tages zwischen den Rädern seines selbstgefügten Maschinengottes zermalmt werden.

Ich möchte hier keinem billigen Sozialismus das Wort geben. Der Kampfruf: »Proletarier aller Länder vereinigt euch!« hat längst seine verderblichen Wirkungen unter Beweis gestellt. Es ist nicht damit getan, die Masse aufzuwiegeln. Die Masse ist in der Hand des Führers wie des Verführers ein willenloses Machtwerkzeug. Zwölf Jahre Nationalsozialismus haben das deutlich genug gezeigt.

Wir können die Menschen reformieren, wenn wir ihnen wieder die Fähigkeit geben, sich hinzugeben, eine gläubige Gemeinschaft zu bilden. Das ist nicht damit getan, daß der eine einen katholischen Sozialismus vertritt, der andere vielleicht einen evangelischen.

Wir müssen überhaupt in den Menschen einmal wieder den Boden bereiten, wir müssen sie erlebnisfähig machen, sie aufrütteln, packen – und zwar mit den Mitteln der schöpferischen Gestaltung, die uns unsere Zeit in die Hand gibt – mit dem Erlebnis unserer Zeit!

Dieses Mittel aber ist das positive geistige Prinzip, das Wissen um die ständige fruchtbare Erneuerung allen Lebens. Panta rhei nannte es der griechische Philosoph Heraklit. Alles fließt.

In dieser Erkenntnis wird sich zugleich das religiöse Gefühl organisch miterneuern, ohne konfessionellen Sozialismus und ohne CDU.

Es ist selbstverständlich, daß sich diese Forderung nur jeweils in den Spitzen der menschlichen Gesellschaft kristallisieren kann und wird – aber diese Spitzen garantieren, daß dieses geistige Prinzip so weit und umfassend wie möglich realisiert wird. Das wollte ich unter dem geistigen Sozialismus verstanden haben: eine neue gläubige Gemeinschaft.

Die junge Kunst wird sich in diesem Erkenntnisvorgang, in diesem Erlebnis organisch mitentwickeln.

Die junge Generation steht also somit vor der Entscheidung. Sie muß sich entscheiden: negativ oder positiv. Ja oder nein.

Ich denke, wir haben Beweise, daß die Entscheidung ein JA ist!

Die »Gruppe 47«

Das Stahlberg-Treffen in Hinterhör, bei dem ich meine Rede vortrug, hatte Züge einer großen familiären Einladung. Die Gräfin bemutterte uns großzügig, und sie hörte aufmerksam zu, wenn die Autoren und Autorinnen ihre zum Teil zwischen rührender Hilflosigkeit und provokativem Auftrumpfen, zwischen Poesie und Prosa-Kahlschlag hin- und hertaumelnden Arbeiten vorlasen – Zeugnisse einer ratlosen Jugend, die Phantasie und Wirklichkeit nicht mehr oder noch nicht wieder in kreativen Einklang zu bringen vermochte. Die Aussprachen, die auf die Lesungen folgten, schwankten dementsprechend zwischen Zustimmung und Ablehnung – aber sie verliefen stets freundschaftlich und versuchten zu fördern statt kritisch zu vernichten. Selbst R. A. Schröder meldete sich gelegentlich zum poetisch-väterlichen Wort. Aber man spürte: viel anfangen konnte er mit diesen literarischen Gehversuchen nicht.

In einer Tagungspause trafen wir uns mit Hans Werner Richter, Ilse Schneider-Lengyel, Wolfgang Bächler, Walter Hilsbecher und einigen anderen Teilnehmern im Garten der Gräfin Degenfeld. Wir lagerten unter einem Apfelbaum, und Hans Werner Richter schwärmte von dem Treffen. »Was hier gelesen wird, ist ja nicht so toll«, sagte er. »Aber das Treffen ist eine glänzende Idee. Zusammenzukommen, um sich gegenseitig neue Arbeiten vorzulesen und darüber zu reden – das ist die ideale Redaktions-Sitzung für eine neue Zeitschrift! Wir sollten das eigentlich auch einmal probieren.« Mit »wir« meinte er die ehemaligen Mitarbeiter des ›RUF‹, die nach dem Ausscheiden der Herausgeber Andersch und Richter auf die neue, gemeinsame Zeitschrift hofften, die schon mit dem Stahlberg-Verlag vorbesprochen war. Gesagt, getan. »Ich nehme das mal in die Hand«, sagte Richter. »Wir sollten nicht zu lange warten.«

Am Dienstag, dem 29. Juli, war die Tagung zu Ende. Erfüllt von soviel liebenswerter Gastfreundschaft der Gräfin und von den anregenden Begegnungen und Gesprächen fuhren wir, mit Station in München, nach Hause. In München, wo wir in einem notdürftig mit Betten ausgerüsteten Luftschutzbunker zwischen Marienplatz und Sendlinger Straße übernachteten (tagsüber durfte man ihn, wegen mangelnder Belüftung, nicht betreten), besuchten wir noch einmal die Ausstellung Alter Meister im ehemaligen »Haus der Deutschen Kunst«. Die Bilder hatte der amerikanische »collection point« für geborgenen Museumsbesitz in Wiesbaden »ausgeliehen«. Vornehmlich die gläubige Geborgenheit, die aus den mittelalterlichen Gemälden der deutschen und niederländischen Meister sprach, ergriff Maria und mich erneut. Sie erinnerten uns heftig daran, wie sehr wir selbst »unbehaust« (H. E. Holthusen) in unserer zertrümmerten Welt lebten, die kein Glaube mehr tröstete. Vor allem aber: sie bestärkte mich in den Gedanken, die ich in Altenbeuern vorgetragen hatte.

Richter, ein entschlossener Mann, handelte rasch. Schon im August erreichte uns die Nachricht, daß er eine Zusammenkunft ehemaliger ›RUF‹-Mitarbeiter Anfang September plane. Aus dem Plan wurde umgehend Wirklichkeit, denn die Angesprochenen zeigten starkes Interesse, und viele sagten zu. Diesmal lud Ilse Schneider-Lengyel in ihr Haus (verglichen mit dem Haus der Gräfin Degenfeld war es nur ein »Häuschen«) am Bannwaldsee bei Füssen ein. Untergebracht werden sollten wir ringsum vornehmlich in Privathäusern.

Wieder war die Anreise beschwerlich. In München wohnten wir diesmal bei Wolfgang Bächler in der Amalienstraße. In einem nur mäßig beschädigten Haus hatte er eine Bleibe gefunden, in der wir nun auf Matratzen auf dem Fußboden nächtigten. Am Vortag der Weiterreise nach Füssen trafen sich bereits einige Teilnehmer des geplanten Treffens bei Hans und Toni Richter in der

Washingtonstraße 23, nahe dem Romanplatz in München-Nymphenburg. Eifrig besprachen wir die Möglichkeiten und Aussichten einer neuen Zeitschrift. Richter plädierte für ein Literaturblatt. Durch literarische Aussagen und Bekundungen, so meinte er, könnten die Existenz-Lage und die Orientierungs-Signale der jungen Generation entschiedener und vielleicht auch menschlich bewegender vermittelt werden als durch politische Polemik.

Am nächsten Tag brachen wir ins Allgäu auf. Das heißt: wir fuhren zunächst mit dem Zug nach Weilheim. Dort sollte uns ein Omnibus abholen. Da standen wir nun im Münchner Hauptbahnhof auf dem Bahnsteig, ein ziemlich heruntergekommen gekleideter Haufen dürrer, ausgehungerter junger Menschen: die Richters und die Kolbenhoffs, Wolfdietrich Schnurre und Wolfgang Bächler, Wolfgang Weyrauch und Walter Hilsbecher, Nicolaus Sombart, Walter Heist, Friedrich Minssen und Walter Mannzen – und nicht zuletzt der unvergeßliche Walter Maria Guggenheimer. Leider war Alfred Andersch nicht mit von dieser Landpartie. Maria und ich waren über seine Absage enttäuscht, denn wir hätten ihn gerne kennengelernt.

Die Reise wurde tatsächlich zur Landpartie. Denn in Weilheim stand weit und breit kein Autobus bereit. Keine Suche half, das bestellte Gefährt ausfindig zu machen. Schließlich gelang es Walter Maria Guggenheimer, einen mit Holzgas betriebenen Lastwagen aufzutreiben, dessen Fahrer sich bereiterklärte, uns gegen ein angemessenes Fahrgeld zum Bannwaldsee zu kutschieren. Es wurde eine ebenso lästige wie vergnügte Fahrt. Wir hockten auf der offenen Ladefläche, und der Fahrtwind wehte uns den Gestank aus dem Holzgasofen in die Nasen. Auch zockelte das Gefährt ziemlich gemächlich dahin. Aber wir fuhren wie ausgelassene Schulbuben und Schulmädchen auf einem Ausflug durch die spätsommerlichen Lande.

Am Nachmittag kamen wir am Haus von Ilse Schneider-Lengyel an. Es lag etwas abseits zwischen Bäumen und Schilf direkt an dem nicht allzu großen Bannwaldsee. Keine Häuser in der

Nachbarschaft. Nichts als Natur ringsum. Von fern grüßte König Ludwigs Traumschloß Neuschwanstein. Ilse Schneider-Lengyel, eine zigeunerisch-attraktive Frau, die auch in ihren Gedichten zum Exotisch-Surrealen neigte, empfing uns nicht minder herzlich, als die Gräfin Degenfeld vor mehr als einem Monat in Hinterhör uns empfangen hatte. Wir machten wohl einen ziemlich erschöpften und verdreckten Eindruck nach unserer Holzgasfahrt. »Wollt ihr baden?« rief Ilse Schneider-Lengyel. Natürlich wollten wir baden – aber wir hatten kein Badezeug dabei. »Das macht doch nichts!« sagte Ilse Schneider-Lengyel. »Dann badet eben ohne was. Ist sowieso angenehmer.« So kam es, daß die Hoffnungen der jungen deutschen Literatur antikisch-nackt mit ihren angetrauten Nixen den Bannwaldsee durchschwammen und wie neugeboren in ihre noch stinkenden Kleider zurückschlüpften.

Am nächsten Morgen begann die Tagung. Nach zum Teil beträchtlichen Anmärschen aus unseren Quartieren hockten wir nun in Ilse Schneider-Lengyels größter Stube und warteten gespannt auf die erste Lesung. Zuvor erklärte Richter, nachdem er uns alle begrüßt hatte, wie er sich das Ganze vorstelle: Jeder, der etwas Geschriebenes mitgebracht habe, sei zum Vorlesen eingeladen. Man müsse mit ihm nur die Reihenfolge besprechen. Nach der Lesung sei jeweils eine Aussprache über das Gehörte vorgesehen. Zum Schluß der Tagung werde man sich dann überlegen, welche Texte möglicherweise für eine Probenummer der geplanten Zeitschrift geeignet seien. Dann eröffnete Wolfdietrich Schnurre den Lese-Reigen. Er trug seine kurze Geschichte ›Das Begräbnis‹ vor – eine Parabel, die in lapidaren Sätzen schmuck- und gnadenlos den Existenz-Notstand der Kriegs-Hinterlassenen »zur Sprache« brachte. Fast schnoddrig hörte sich dieser Bericht vom Glaubensverlust einer »verlorenen Generation« an: ohne Anteilnahme von Trauergästen wird Gott zu Grabe getragen. Eine Todesanzeige in der Zeitung gibt kurz und bündig Gottes Ableben bekannt. Das war's.

Wir Zuhörer schwiegen betroffen. Hier wurde die gleiche Botschaft verkündet, mit der schon Wolfgang Borchert die Kriegs- und Nachkriegszeitgenossen herausgefordert hatte: Gott antwortet nicht. Gott ist tot. Jeder ist auf sich selbst gestellt und muß mit seiner Verzweiflung fertig werden – so oder so... Einen metaphysischen Ausweg schien es nicht mehr zu geben. Ein Kahlschlag der Seele hatte stattgefunden.

Die Wucht dieser existentialistischen Prosa überwältigte ebenso wie die harte Bilanz des Nihilismus. Zum einen bewunderte ich Schnurre, dessen Texte mir schon im ›RUF‹ aufgefallen waren, aber zum anderen erschütterte mich auch die Hoffnungslosigkeit, mit der hier Gott zu Grabe getragen wurde. In meiner dramatischen Vision ›Die Straße Nirgendwo‹ machte ich mir zwar auch nichts vor über die Niedrigkeit der Menschen und ihren barbarischen Glaubensverlust – aber ich setzte der Hoffnungslosigkeit den Glauben an den Menschen und dessen Kraft,

Heinz Friedrich an der Ostsee während einer Tagung der »Gruppe 47« in Niendorf, Mai 1952.

Gott wiederzufinden, entgegen. Gewiß: die Art und Weise, wie ich meine Hoffnung am Schluß des Stückes formulierte, mutete vielleicht etwas naiv oder gar religiös ritualisiert an (ein Kind tritt als Hoffnungsträger auf). Aber die »Botschaft« entsprach meiner damaligen Verfassung. Ich taugte nicht zum Nihilisten.

Daß ich meine besondere Betroffenheit in Sachen Schnurre richtig eingeschätzt hatte, bewies mein eigener Vortrag. Die Auszüge aus der ›Straße Nirgendwo‹ fanden ein geteiltes Echo. Diese Texte seien zu romantisch, zu poetisch-exzentrisch und damit ein wenig gestrig. Die Zeiten des Expressionismus, zumal des romantischen, seien vorbei. Schnurres Prosa-Stück habe dies klar bewiesen.

Dennoch erkannte die Kritik an, daß an meinem Stück »was dran sei«. Aber so recht anzufangen wußten die meisten mit meinem Geschreibe wenig. Vor allem die religiöse Dimension meiner »dramatischen Vision« befremdete sie.

Meine leise Enttäuschung über das geteilte Echo auf meine Lesung trennte mich aber nicht von der Gruppe, die hier im Haus der Ilse Schneider-Lengyel beisammensaß. Ich spürte, daß wir zusammengehörten – ich spürte aber auch, daß eine vorbehaltlose Übereinstimmung mit dieser Gruppe oder gar eine Identifikation kaum möglich sei. Obwohl ich, an ihm gemessen, für schwächer befunden worden war, fühlte ich mich Schnurre am nächsten. Bis zu seinem Tod zählte ich ihn zu meinen nächsten Freunden – und an seinem Werk versuchte ich in den nachfolgenden Jahren immer wieder zu demonstrieren, was mir seit der Lektüre Kafkas als eine unserer Zeit angemessene Stil-Vorgabe erschien: der »magische Realismus« (ein Begriff, mit dem sich sogar Hans Werner Richter auseinanderzusetzen bereit war). Kein die Wirklichkeit manieristisch-intellektualistisch verformender Surrealismus also, sondern die Schilderung einer Realität, die das in ihr Verborgene sichtbar werden läßt. Kritiker nannten dieses Stil-Manifest »ernüchterte Romantik«. Sie trafen damit sozusagen hämischerweise den poetischen Nagel auf den Kopf. Hier sollten in der Tat keine blauen Blumen gesucht werden. Dennoch wurde dafür plädiert, der Wirklichkeit den Zauber des Geheimnisvollen (auch im Schrecklichen) zu erhalten. Schnurre selbst bekannte sich späterhin mit seinen köstlichen Geschichten vom »Pudel Ali« zu seinem großen romantischen Mentor E. T. A. Hoffmann – eine Hommage aus Ironie, Poesie und tieferer Bedeutung.

Mit einem anderen Poeten der Runde hatte ich schon in den Monaten zuvor lebhaften, ja freundschaftlichen Kontakt: mit Wolfgang Bächler. Auch er war kein Kahlschläger. Er traute sich, auch nach diesem Katastrophenkrieg (und auch nach Auschwitz) noch Gedichte zu. Er besaß die lyrische Kraft, auch das Schreckliche in die Form des Schönen zu zwingen, ohne seine Gefühle dabei der sentimentalen Lächerlichkeit preiszugeben. Seine Verse entwuchsen der frühexpressionistischen Tradition von Heym, Stadler und Trakl. Kühne Bilder, durch eine melodische Grammatik verbunden und ineinander verschränkt, signalisierten: hier meldet sich ein bedeutender junger Lyriker zu Wort. Niemand in der Runde konnte sich der poetischen Aura dieses jungen Mannes entziehen. Einhellige Zustimmung schlug ihm entgegen.

Zwischen den Lesungen (es stellten unter anderen noch Nicolaus Sombart und Heinz Ulrich ihre Texte vor, und Schnurre präsentierte mit Kolbenhoff einen Briefwechsel über die Möglichkeiten der Literatur, das gesellschaftliche Dasein mitzubestimmen) saßen wir auf der Wiese vor dem See und diskutierten eifrig. Walter Heist und Friedrich Minssen, deren Aufsätze ich im ›RUF‹ mit Bewunderung gelesen hatte (so müßte man schreiben können, soviel müßte man wissen…) – Heist und Minssen sprachen mit mir freundlich, nachdem mich schon Maria über meine Enttäuschung zu trösten versucht hatte. »Nehmen Sie das nicht so wichtig«, sagte Heist zu mir. »Sie sind doch begabt und Sie haben was zu sagen. Da wird schon noch was draus.« »Das ist alles ganz schön und gut. Nur eins verstehe ich nicht: der Stahlberg-Verlag bringt das Stück heraus, und uraufgeführt sollte es in Berlin auch werden…«, sagte ich. »Gewiß«, gab Heist zu bedenken, »aber das hier ist ein ganz anderes Podium.«

Es war und blieb ein »ganz anderes Podium« – und wahrscheinlich faszinierte es gerade deshalb im Laufe der Jahre viele junge Schriftsteller von Rang. Ohne den spiritus rector Hans Werner Richter allerdings hätte dieses Podium kaum jene Anziehungskraft ausüben können, die zwei Jahrzehnte lang der »Gruppe 47« einen legendären Ruf verschaffte. Er hatte großen Spaß an diesem zwanglosen, liberalen und polemisch-toleranten Literaturbetrieb, der von Treffen zu Treffen zunehmend öffentliche Aufmerksamkeit erregte und die deutsche Literaturszene beunruhigte. Aber so weit war es am Bannwaldsee noch lange nicht. Die einzige Zeitung, die von der Tagung Notiz nahm, war ›Die Epoche‹. Als Berichterstatterin verbarg sich Maria hinter dem Pseudonym Maria Eibach, dem Mädchennamen ihrer Großmutter. Sie schrieb den allerersten Artikel über die Mitglieder der »Gruppe 47«.

Wir gingen auseinander mit der Vorgabe, so bald wie möglich wieder zusammenzukommen, um die Zeitschrift endgültig zu etablieren. Bis dahin sollte auch eine Probenummer erarbeitet werden. Als Titel für die Publikation wurde nun statt »Tribüne«, die es schon gab, »Der Skorpion« in die engere Wahl gezogen.

Die Probenummer kam zustande, für das nächste Treffen lud Richter Anfang November nach Herrlingen bei Ulm in das Haus von Hans und Odette Arens ein. Inzwischen trug unser Bannwaldsee-Kreis auch einen Namen. Hans Georg Brenner von der ›Neuen Zeitung‹ schlug ihn in einem Gespräch nach der Tagung vor: »Gruppe 47«. Richter soll damals gesagt haben, der Name gefalle ihm gut, denn er verpflichte zu nichts. Tendenziöse Parteilichkeit verabscheue er. Nur die Freiheit literarischen Bekennens, so meinte er, könne der jungen Generation aus dem Trümmerfeld der Geschichte heraushelfen. Diesen Gedanken formuliert auch der ausgezeichnete Leitartikel in der Probenummer des ›Skorpion‹. Er stammt von Hans Werner Richter. Auch hier wird auf den »magischen Realismus« Bezug genommen. Der Text liefert ein bedeutendes Zeugnis für die aufrüttelnde Kraft, die von dieser »Gruppe 47« in ihren Ursprungsjahren ausging:

Ja, es ist an der Zeit. Es ist an der Zeit, daß wir an Stelle der zergliedernden Prüfung die reine Kritik, an Stelle eines müden Formalismus das lebendige Leben, an Stelle der literarischen Wiederbelebungsversuche unsere allumfassende Wirklichkeit setzen. Wir haben den Gegenstand so lange seitwärts angeschielt aus Furcht, er könne anders aussehen, als wir ihn zu sehen wünschten. Wir haben uns betäubt aus Angst vor der Wirklichkeit und wir sind wiederum daran, uns betäuben zu lassen. Die Narkose der Propaganda, die Phrasen einer politischen Tendenzkunst und das Rauschgift eines verstiegenen Ästhetizismus sind die Betäubungsmittel unserer Zeit. Das Wort ist leergelaufen. Brutal und verlogen auf der einen Seite, verspielt und verträumt auf der anderen, hat es jede innere Beziehung zu seinen Gegenständen verloren. Es führt ein Scheinleben. Schattenrißartig gleicht es den Marionetten auf der politischen Bühne unserer Zeit. Wir empfinden es nicht mehr als wirklich. Es klingt nur noch, aber es sagt uns nichts mehr. Wir sind überschüttet worden von einer Flut literarischer und politischer Traktätchen, Broschüren und Zeitschriften, Magazinen und Heften. Ein Herbstwind frühreifer Lyrik ist über uns dahingegangen. Wir waren geduldig und sahen zu. Wir haben es gelesen und nichts empfunden. Wir hatten das Gefühl, daß eine untergehende Zeit ihre letzten späten Früchte von den welkenden Bäumen schüttelt.

Wir aber wollten das Leben, wir wollten die Wirklichkeit, wir wollten die reine Kritik und die Freiheit als echtes Erlebnis. Das wollten wir nicht – diese Reflexionen über das Leben, den Schein statt der Wirklichkeit, die schönfärbende Besprechung statt der Kritik und das mißbilligende Gesicht eines Lizenzträgers als Erlebnis der Freiheit.

Wir wollten die Gestaltung des ganzen Menschen, des Menschen unserer Zeit, der durch das Labyrinth der Furcht gegangen ist, der in Hunger und Elend lebt, der das Grauen der Konzentrationslager erlitt, der Krieg, Angst, Leid und Tod erlebte und der nun auf den Landstraßen und Bahnhöfen, in den Bunkerhotels und in den Einzimmerwohnungen in seinem täglichen Kampf um die notdürftigste Existenz nach seinem neuen Leben sucht. Dieser Mensch hat viel verloren. Er verlor nicht nur seine materielle Sicherheit. Er verlor mehr, sehr viel mehr. In ihm zerbrach eine Welt. Seine inneren unsichtbaren Trümmer sind adäquat den sichtbaren äußeren Trümmern.

Aber nun werden einige kommen und sagen, wir seien Nihilisten, weil wir uns zu den Trümmern in uns bekennen, nun werden sie kommen und sagen, wir wollten das Nichts, wir wollten die Zerstörung, wir wollten die Kritik um der Kritik willen, wir wollten das Negative, um negativ sein zu können. Nihilismus – ein Schlagwort unserer Zeit, mißbraucht, entstellt und verzerrt. Doch das Bekenntnis zu den Trümmern unserer Zeit hat nichts mit Nihilismus zu tun. Jede Neuentwicklung kann nur mit diesem Bekenntnis beginnen. Indem wir uns zu den Trümmern um uns bekennen, bejahen wir gleichermaßen das Leben um uns, setzen wir einen neuen Anfang, können wir das Veraltete von dem gegenwärtigen trennen, dienen wir der Klärung und der Desillusionierung statt der Verhüllung und der Täuschung. Es ist nachgerade üblich geworden, die zerstörten Fenster mit Seidenpapier zu verkleben und Rosenwasser auf die Wunden von gestern zu gießen. Wir glauben, daß das eine schlechte Therapie ist.

Nein, wir wollen die Wirklichkeit unserer Zeit. Die einen nennen es Realismus, die anderen magischer Realismus. Die einen sagen Gestaltung der Wirklichkeit, die anderen Synthese zwischen Magie und Wirklichkeit. Vertiefung der Wirklichkeit, das heißt die Oberfläche des Naturalismus überwinden, das heißt das Magische unserer Zeit, ihre Zwiegesichtigkeit, ihre Dämonie, ihre irrationale Unsicherheit in den Bereich des Wirklichen ziehen. Im magischen Realismus ist die Wirklichkeit transparent und das Unwirkliche real, sind die zwei Komponenten des Lebens, das Sichtbare und das Unsichtbare, das Physische und das Metaphysische, das Wirkliche und das Unwirkliche in eine Form gegossen. In ihm lebt der Wille unserer Zeit, aus der Detaillierung, aus der Individualisierung und Zergliederung wieder zur Gestaltung des Ganzen zu kommen. Ein vertiefter Realismus, ein Realismus, der sich mit der Gestaltung der Oberfläche nicht begnügt, der nicht nachzeichnet oder fotografiert, sondern das Hintergründige unserer Zeit in den Vordergrund rückt, das Unbewußte bewußt werden läßt und für den die irrationalen unsichtbaren Vorgänge ebenso zur Wirklichkeit gehören wie ihre sichtbaren Wirkungen, das ist es, was uns von dem deutschen Realismus der Vergangenheit trennt.

Wir stehen an den Grenzpfählen einer neuen Zeit. Der Blick in das Land jenseits der Grenzpfähle ist uns versperrt. Wir befinden uns zwischen Gestern und Morgen. Unsere Zeit ist ein Niemandsland zwischen den Zeiten. Sie ist voller Dunkelheit. Sie lebt in einer seelischen und geistigen Verwirrung, die ohne Grenzen ist. In einer solchen Zeit wächst der Literatur eine neue Aufgabe zu. Sie muß klären und führen. Sie kann sich nicht zurückziehen. Sie muß auf die Straße gehen und mit der Straße leben. Schon taucht allerorten die Frage auf »Wo steckt unsere junge Literatur?« Nun, sie wird kommen. Sie steht schon diesseits der Grenzpfähle. Wir werden sie sammeln und fördern, wir werden sie zusammenhalten und vorwärtstragen, denn »es wäre an der Zeit, dem Gegenstand, welchen die Beurteiler so lange nur seitwärts angeschielt haben, auch einmal von vorn gerade ins Auge zu schauen«. Ja, es ist an der Zeit. Wir wollen dem Gegenstand gerade ins Auge schauen.

Auf der »Gruppe 47«-Tagung in Herrlingen begegnete ich zum ersten Mal Alfred Andersch. Er wirkte auf mich ein wenig abweisend, nicht arrogant, aber elitär. Und er sprach wenig. Dafür brillierte er auf dem Empfang des Ulmer Oberbürgermeisters (so offiziell wurde die Gruppe bereits zur Kenntnis genommen) mit einer Rede zur Lage der jungen Generation, deren intellektuelle Kühle mich fast befremdete. Vor allem aber: ich fühlte mich diesem Alfred Andersch weit unterlegen. Obwohl nur acht Jahre älter als ich (er war Jahrgang 1914), verkörperte er wie Richter (Jahrgang 1908) bereits eine andere, ältere Generation, die sehr bewußt und politisch aufmerksam die Zeit vor 1933 erlebt hatte und weitaus zuständiger über Grenzen und Möglichkeiten der Demokratie und ihrer kulturellen Freiräume diskutieren konnte als die nach 1920 Geborenen, denen sozusagen noch die Eierschalen der NS-Zeit anhafteten.

Die Resonanz auf die Tagung in Herrlingen war erstaunlich. Sogar die ›Neue Zeitung‹ in München berichtete ausführlich über Anderschs Vortrag und die Lesungen von Kolbenhoff, Hilsbecher, Bächler und den anderen. Und man wartete gespannt auf das Erscheinen des ›Skorpion‹, dessen Probenummer, akzentuiert durch Vignetten des genialen Zeichners Franz Wischnewski, der schon am ›RUF‹ mitgewirkt hatte, einige Bewegung in der Zeitschriften-Szene versprach. Der ›RUF‹ schien literarische Wiederauferstehung zu feiern. Ich war sehr stolz, mich im Impressum als einer der Gründungs-Väter dieser Zeitschrift wiederzufinden.

Aber Vorfreude hin, Vorfreude her: aus dem Projekt wurde

nichts. Der Stahlberg-Verlag fühlte sich (schon von der Papierzuteilung her) überfordert; der Rowohlt-Verlag zögerte, und die Lizenzbehörden zögerten auch, zumal es zuvor Querelen mit der Redaktion der ›Neuen Zeitung‹ gegeben hatte – ausgerechnet wegen des Prosastückes ›Das Begräbnis‹ von Schnurre. Erst sollte der Text gedruckt werden, dann nahm die Redaktion ihn wieder aus dem Blatt. Als sich Schnurre deshalb bei Erich Kästner, dem Feuilleton-Chef der ›Neuen Zeitung‹, beschwerte, wollte dieser die Geschichte erneut in seine Feuilletonseiten einbringen. Die Redaktionsmehrheit protestierte jedoch – und auch Hans Werner Richter verzichtete deshalb auf einen Abdruck im Probeheft, weil er befürchten mußte, die Lizenz durch einen derart brisanten Beitrag zu gefährden.

Die Lizenz für den ›Skorpion‹ ließ auf sich warten und wurde schließlich endgültig verweigert. Warum, das ist bis heute unklar. Wahrscheinlich wirkten verschiedene Faktoren zusammen: die wirtschaftlich unsichere Lage des Verlages, die Skepsis der Militärbehörden gegenüber Andersch und Richter, vielleicht aber auch die Kompromißlosigkeit, mit der Richter seine publizistischen Absichten vertrat und auch zukünftig zu vertreten versprach.

In dieser Lage versuchte ich Richter noch dazu zu bewegen, sich für die von mir abgelehnte Lizenz in Sachen ›Epoche‹ zu bewerben. Aber Richter winkte ab: Chefredakteur – ja. Aber Lizenzträger: nein.

So blieb es bei der denkwürdigen Probenummer des ›Skorpion‹. Wieder war ein Traum ausgeträumt. Aber die »Gruppe 47« lebte weiter und wuchs zu einer literarischen Institution der unmittelbaren Nachkriegszeit bis in die späten sechziger Jahre hinein. Ausgerechnet die Jung-Revolutionäre der »APO« machten ihr dann nach zwanzig Jahren den Garaus, 1967 in der Pulvermühle zu Waischenfeld in Oberfranken. Die jungen Protestierer versuchten die »alten Knochen« in ihren Widerstand gegen den sich etablierenden und wiederaufrüstenden Wohlfahrtsstaat Deutschland zu integrieren. Allgemeine Ratlosigkeit antwortete ihnen. Die einen plädierten für Solidarität, andere, zu denen auch ich gehörte, verwahrten sich heftig gegen diese Vereinnahmung, und wieder andere versuchten sich ganz aus den Auseinandersetzungen herauszuhalten. Als dann auch noch ein weiteres Treffen in Prag wegen der Niederschlagung des Prager Frühlings platzte, war das Schicksal der »Gruppe 47« besiegelt. Es gab sie nur noch als lockeren Freundeskreis, nicht mehr als öffentlichkeitswirksame Gruppe.

An die kreative Not des Jahres 1947 erinnert, noch heute bewegend, eine Sammlung von Gedichten deutscher Kriegsgefangener, die Hans Werner Richter unter dem Titel ›Deine Söhne, Europa‹ herausgab. Auch einige meiner Gedichte waren darin abgedruckt. Viele unbekannte Namen tauchen in dem Band auf. Manche Verse muten rührend-dilettantisch an, manche wirken lyrisch überanstrengt – aber wahr in der Mitteilung menschlicher Not sind sie alle. Ein Gedicht charakterisiert den existentiellen Notstand der Gefangenen wie kein anderes in diesem Band. Lapidar zieht Günther Eich die Bilanz eines Überlebenden, die zugleich die Eröffnungsbilanz für das »weite Leben« dieser Generation liefert. Es trägt den Titel ›Inventur‹ – ein exzellentes Beispiel für den »Kahlschlag« auch in der Lyrik. Die poetische Mitteilung beschränkt sich lapidar auf das Notwendige:

Dies ist meine Mütze,
dies ist mein Mantel,
hier mein Rasierzeug
im Beutel aus Leinen.

Konservenbüchse:
Mein Teller, mein Becher,
ich hab in das Weißblech
den Namen geritzt.

Geritzt hier mit diesem
kostbaren Nagel,
den vor begehrlichen
Augen ich berge.

Im Brotbeutel sind
ein Paar wollene Socken
und einiges, was ich
niemand verrate,

so dient er als Kissen
nachts meinem Kopf.
Die Pappe hier liegt
zwischen mir und der Erde.

Die Bleistiftmine
lieb ich am meisten:
Tags schreibt sie mir Verse,
die nachts ich erdacht.

Dies ist mein Notizbuch,
dies meine Zeltbahn,
dies ist mein Handtuch,
dies ist mein Zwirn.

Währungsreform

Die drei Jahre zwischen dem Zusammenbruch des dritten deutschen Reiches und der Währungsreform mit anschließender Teil-Autonomie der westlichen Bundesrepublik Deutschland (ehemalige westalliierte Besatzungs-Zonen) und dem sowjetisch-sozialistischen Satelliten-Staat »DDR« waren merkwürdige Jahre. Der Krieg war zu Ende, die gröbsten Trümmer wurden beiseitegeräumt. Aber die Nachkriegszeit hatte noch nicht begonnen. Als dumpfer, lähmender Druck bemächtigte sich das allmähliche Bewußtwerden der fürchterlichen Geschichts-Katastrophe der Hirne und Gemüter aller »Hinterbliebenen«. Wie aus einer schweren Alptraumnacht torkelten die Deutschen einer ungewissen Zukunft zu. Die Industrien, soweit noch vorhanden, wurden weitgehend demontiert, die meisten Städte glichen Wüsteneien – und wo noch Stadtteile heil geblieben waren, mußten sie oft für die Alliierten geräumt werden. Die Verkehrswege befanden sich in desolatem Zustand. Die Post funktionierte nur mangelhaft. Überall herrschte Mangel, und auf dem stark geschrumpften Staatsgebiet drängten und bedrängten sich die Davongekommenen, die Flüchtlinge und die Ausgebombten. Keiner war unversehrt.

Aber die Menschen sind zäh, wenn sie in Not geraten. Schon gegen Ende 1945 begann der Lebenswille die Ohnmacht zu verdrängen. Die eigene Existenz legt dafür Zeugnis ab. Es entstand eine eigenartige Lage und auch menschliche Atmosphäre in der Übergangszeit vom Krieg zum Nach-Krieg (vom Frieden wagte ohnehin noch keiner zu reden): der Ausnahmezustand als tägliche Realität, ja Normalität. Deutschland war besetzt und blieb besetzt. Die Besatzungsmächte hatten das Sagen. Und die Deutschen bemühten sich redlich, unter dieser Besatzungshoheit wenigstens einen Teil Autonomie unter demokratisch-republikanischem Vorzeichen zurückzugewinnen. Die Weltlage begünstigte diese Bemühungen. Bald stellte sich nämlich heraus, daß die Sowjets aus den Potsdamer Beschlüssen besondere ideologisch-strategische Vorteile zu gewinnen hofften. Sie schirmten ihre mittel- und ostdeutsche Besatzungszone immer entschiedener ab, und sie brachten auch Länder wie Polen, die Tschechoslowakei oder Ungarn mehr und mehr in ihre ideologische und militärische Gewalt. In allen Ländern der Erde keimte der Kommunismus – und wo er ausbrach, bedrohte er revolutionär die Interessen der westlichen Alliierten (sogar auf ihren eigenen Territorien). Was uns damals, im Kriegsgefangenenlager Insterburg, zugeraunt worden war: daß nämlich die Alliierten mit den Russen über Kreuz seien – dieses Gerücht gewann nun, bereits ein Jahr oder zwei Jahre später, Konturen. Offensichtlich wurden die Deutschen über kurz oder lang auch wieder gebraucht. So war die Lage. Schon im Frühjahr 1946 hatte der amerikanische Außenminister Byrnes vorsorglich auf sie hingewiesen.

1948 spitzte sich diese Lage dann zu, als die Alliierten versuchten, die marode reichsdeutsche Mark durch eine neue, stabile Währung abzulösen. Sie verbanden damit den Vorschlag einer vorläufigen Teillösung der Deutschlandfrage unter Einbeziehung der Sowjets, die sich jedoch weigerten. Als Konsequenz aus dieser Weigerung beschlossen die Westmächte, die Währungsreform unter Ausschluß der Ostzone vorzunehmen. Gerüchtweise wurde Mitte Juni als Termin genannt. Aber niemand wußte oder konnte sich auch nur vorstellen, wie diese Währungsreform, von der man sich so viel versprach, beschaffen sei. Erstaunlich war nur, daß gegen den Juni 1948 hin die Angebote in den Läden, die ohnehin spärlich genug gewesen waren, sich noch einmal verknappten – so, als ginge es uns nun besonders schlecht. Auch trafen die noch ausstehenden Honorare aus meinen Veröffentlichungen fast überpünktlich auf unserem Konto ein. Unser Monats-Etat mutete (für unsere beschränkten Verhältnisse) sogar ein wenig üppig an. Aber am 20. Juni 1948 gingen mit einem Schlag wieder einmal alle Lichter für unseren jungen Haushalt aus, und die Existenznöte, aus denen wir uns gerade hochgewurstelt hatten, begannen von neuem.

Sechzig »Deutsche Mark«, so hieß die neue Währung, erhielt jeder Einwohner zugeteilt. »Kopfgeld« hieß diese Quote. Vierzig D-Mark wurden am 20. Juni ausbezahlt und die restlichen zwanzig folgten im August. Mehr als diese D-Mark gab es nicht. Die weiteren D-Mark mußte man dann selbst verdienen. Wer angestellt war oder einen festen Arbeitsvertrag besaß, konnte sich freuen: sein nächstes Gehalt half ihm bereits wieder auf die finanziellen Sprünge. Aber wir beide? Wie lange konnten wir von unseren anfänglich achtzig D-Mark leben? Einen Monat, zwei Monate, drei Monate? »Wir müssen eisern sparen«, sagte Maria. Sie hatte recht: Wir mußten eisern sparen. Die Zeitschriften, für die ich Essays geschrieben hatte, gingen nach der Währungsreform in der Mehrzahl ein. Und die paar Mark aus den Zeitungsartikeln und Rezensionen brachten auch keine Entlastung, zumal wir finanziell viel zu eingeschränkt waren, um unsere Rhein-Main-Theaterreisen aufrechterhalten zu können.

Wir waren so bettelarm, daß uns Dr. Richtzenhain, ein Psychiater aus Darmstadt und Vizevorstand der Darmstädter Künstlervereinigung, nach einem Besuch in Roßdorf einen Zwanzigmarkschein auf dem Tisch zurückließ. Wir schämten uns nicht, ihn anzunehmen ...

Was sollten wir tun? Frankfurt – das war unser gemeinsames Stichwort. »Wir müssen nach Frankfurt. In Darmstadt haben wir keine Chancen«, sagte Maria. Das war mir auch klar. Aber wie nach Frankfurt kommen? Die Reise hätte unseren Kopfgeld-Vorrat bedenklich angegriffen. Noch nicht einmal einen Putzlumpen, den wir dringend brauchten, konnten wir uns leisten – geschweige denn etwas von den anderen notwendigen Sachen, die nun die Schaufenster füllten und Begehrlichkeiten erweckten.

»Wir müssen mit den Fahrrädern fahren«, sagte Maria. »In zweieinhalb Stunden schaffen wir das.« Sie war eine erfahrene und auch trainierte Radfahrerin. Sogar zwischen Wertheim und Frankfurt war sie unmittelbar nach dem Krieg mehrfach mit dem Fahrrad gependelt. »Wie stellst du dir das vor?« fragte ich Maria. »Ich – mit meiner lahmen Hand …« »Ich bin sicher, du schaffst das«, sagte Maria zu mir. Und wir fuhren Probe. Meine Mutter entsetzte sich über ihre Schwiegertochter, die offenbar bereit war, das Leben ihres Buben aufs Spiel zu setzen. Aber Maria, die eher zur Ängstlichkeit neigte, erwies sich in kniffligen Situationen stets als tatkräftig, entscheidungswillig und souverän. Sie vertraute darauf, daß ich das Radfahren mit einer Hand schaffen könne – und ich schaffte es. Es machte mir sogar Spaß. Wir radelten durch den Wald, an Darmstadt vorbei, übers Oberwaldhaus und das Kranichsteiner Schloß nach Arheiligen. Diese Strecke war, an sonnigen Tagen, ein reines Ausflugsvergnügen. Ab Arheiligen fuhren wir dann auf dem Gehweg der Hauptstraße nach Langen und weiter nach Neu-Isenburg und Frankfurt. In der Tat: wir brauchten rund zweieinhalb Stunden bis zu unserem Nachtquartier in der Bornheimer Landstraße. Vor einem Jahr noch war ich Feuilleton-Chef einer großen Zeitung hier in Frankfurt – und jetzt kam ich als ein armer Hund zurück, der einen Knochen sucht. Fand er einen?

Gottlob, er fand einen – zwar keinen großen, aber immerhin einen, der was zum Knabbern hergab. Dr. Burger von Radio Frankfurt sicherte mir nach etlichem Hin und Her eine monatliche Buchbesprechung zu – ich glaube, es war dienstags um 17.00 Uhr. Fünfzehn Minuten standen mir zur Verfügung. Die Auswahl der Bücher konnte ich selbst bestimmen. Honorar: einhundert D-Mark. Und da ich selber vortrug, noch Sprecher-Lohn: zwanzig D-Mark. Frohgemut kehrte ich in die Bornheimer Landstraße zurück. Die Radfahrten hatten sich zweifach gelohnt: ich war wieder einmal körperlich selbstsicherer geworden, und ich hatte einen Schreibauftrag, mit dem wir in des Wortes unmittelbarster Bedeutung »rechnen« konnten …

Leider wirkte in jenen schweren Monaten auch noch eine Enttäuschung oder gar Niederlage nach, die ich im Frühjahr erlitten

278

hatte. Durch meine Vermittlung lud nämlich im Frühjahr 1948 Dr. Christaller, ein Sohn der Schriftstellerin Helene Christaller, der in Darmstadt eine kulturorganisatorische Rolle spielte, die »Gruppe 47« zu einer Tagung nach Jugenheim an der Bergstraße ein. An Einzelheiten dieser Zusammenkunft erinnere ich mich kaum; sie verlief eher matt als aufregend. Aber zwei Ereignisse jener drei Tage prägten sich mir ein: Schnurres öffentliche Lesung seiner Kurzerzählung ›Das Begräbnis‹ und meine Niederlage als Lyriker im internen Kreis der Gruppe. Weder neben den lakonischen Versen Günter Eichs konnte ich mich behaupten noch neben Wolfgang Bächlers poetischer Melancholie. Was ich schrieb, wurde eher als befremdlich eingestuft. Auf Widerspruch stieß insbesondere mein Menschheits-Pathos, das kaum sozialistischer Gesellschaftskritik entsprach. Kurzum: ich war verstimmt, verletzt, zumal ich bei der öffentlichen Lesung, im Gegensatz zu Schnurre, durchaus Erfolg mit meinen Texten hatte. Aber Richter sagte zu Maria kurz und bündig, dieses Publikum sei im Grunde ohnehin das falsche. Darüber war Maria sehr erbost.

Aber wie gesagt: Diese Tagung verlief überhaupt schwunglos. Die Stimmung war fade, um nicht zu sagen mißgelaunt. Und sie fand ihren Höhepunkt im Skandal um Schnurre. Zum ersten Mal trat die »Gruppe 47« an die (wenn auch regional bescheidene) Öffentlichkeit, und schon krachte es. Bereits nach Schnurres ersten ›Begräbnis‹-Sätzen kam Unruhe auf im Saal, die sich dann beinahe von Satz zu Satz steigerte. Protestrufer versuchten Schnurre zu unterbrechen, aber der las mit stoischer Ruhe weiter. Die ersten Zuhörer verließen laut schimpfend den Saal. Weitere folgten. Schnurre war trotzig betroffen. Er wollte aufrütteln, auf Existenznotstände aufmerksam machen, aber die Leute verstanden ihn nicht. Im Gegensatz zu mir gab Schnurre schriftstellerisch jedoch nicht auf. Er ging unbeirrt seinen Weg in die Nachkriegsliteratur – und seine Werke rechtfertigten seinen schriftstellerischen Trotz. Ich aber begann an mir selbst zu zweifeln. Mein Trotz reichte nicht aus, um an mein Talent zu glauben…

Trotz dieser erneuten Vorleseerfahrung (nach dem Treffen am Bannwaldsee) blieb ich in der »Gruppe 47«. Sie war ständig ein wichtiger Treffpunkt junger Autoren. Ich verdanke ihr die Bekanntschaft und auch Freundschaft mit vielen Schriftstellern, die in der späteren Nachkriegszeit den Rang der deutschen Literatur bestimmten. Gewiß: auch ohne die »Gruppe 47« wären Siegfried Lenz, Heinrich Böll, Günter Grass, Hans Magnus Enzensberger oder Ingeborg Bachmann geworden, was sie sind oder was sie waren. Aber die »Gruppe 47« führte sie zusammen, sie eröffnete den freundschaftlich-kritischen Dialog untereinander, und sie schuf ein Diskussionsforum über ästhetische und auch (partei-)politische Gräben hinweg, das zwar in der Substanz meist nicht viel erbrachte, aber letzten Endes doch das Gespräch miteinander aufrechterhielt und förderte. Von Kolbenhoff zu Enzensberger oder von Ingeborg Bachmann zu Grass scheinen die Kunstwege weit und schwierig, aber in der »Gruppe 47« kamen sie einander nah, ja: sie berührten sich, und stimmten sogar, jenseits von Tagesgezeter, überein. Selbst ein so schwieriger Einzelgänger und Außenseiter wie Uwe Johnson fand hier einen Platz.

Je intensiver die »Gruppe 47« öffentliche Aufmerksamkeit auf sich zog, desto mehr versuchte sie, sich in Szene zu setzen. Sie verlor im Lauf der Jahre viel von ihrer freundschaftlichen Intimität und damit auch von ihrer literarischen, aber auch sozial-programmatischen Unschuld. Verleger, Lektoren, Journalisten und Rundfunkredakteure wurden nun eingeladen, und die Aussprachen über die vorgestellten Arbeiten gerieten zu einem Forum mehr oder weniger brillanter Kritikerauftritte. Aber dennoch: auch diese Veränderungen lösten die freundschaftlichen Bande nicht endgültig auf, die sich in dieser Gemeinschaft geknüpft hatten. Diese freundschaftliche Solidarität war auch nötig, denn die jungen Autoren, die sich in der »Gruppe 47« zusammengefunden hatten und von ihr auch so etwas wie die Bereitstellung eines Sprungbretts in die literarische Welt erhofften, wurden de facto vorerst nur spärlich wahrgenommen. Die einschlägige, das heißt: meinungsbildende Literaturkritik charakterisierte diese

*Alte Freunde aus der »Gruppe 47«: Heinz Friedrich und Siegfried Lenz,
hier während der Buchmesse 1981*

jungen Autoren sogar ironisch-herablassend als Gernegrößen der Literaturszene. Besonders Friedrich Sieburg hielt nicht zurück mit seiner negativen Einschätzung dieser literarischen Revoluzzerszene, die er eher für Nachkriegskulturabfall denn als Merkzeichen für Kulturhoffnungen hielt.

Die großen Autoren der zeitgenössischen Welt-Literatur dominierten auf dem deutschen Büchermarkt – von André Gide bis Sartre, von Hemingway, Faulkner bis zu Thomas Wolfe, von Eliot bis Huxley. Und in Deutschland erregten Romane wie ›Das unauslöschliche Siegel‹ von Elisabeth Langgässer oder ›Die Stadt hinter dem Strom‹ von Hermann Kasack, ›Das siebte Kreuz‹ von Anna Seghers oder ›Stalingrad‹ von Theodor Plivier die Lesegemüter. Thomas Mann und Heinrich Mann, Carl Zuckmayer und Hermann Hesse feierten glorreiche literarische Heimkehr in das Trümmerfeld Deutschland. Dahinter verschwanden Kolbenhoff, Weyrauch, Sombart, Schnurre oder Bächler fast im Bücher-Nichts. Unter den Jüngeren erlebte nur Ernst Kreuder mit seiner ›Gesellschaft vom Dachboden‹ mehr als nur einen Achtungserfolg.

Die Währungsreform hatte ihre Folgen. Maria und ich unternahmen unsere beruflichen Fahrrad-Erkundungstouren nach Frankfurt und versuchten auch in Darmstadt und Roßdorf ein paar finanzielle Rettungsanker auszuwerfen. Zufällig wohnte in Roßdorf ein junger Schauspieler, den Maria wenige Jahre zuvor in der Darmstädter Schauspielschule kennengelernt hatte. Er war ebenfalls frisch verheiratet, und er und seine geliebte Erika besaßen ebensowenig wie wir, nämlich nichts. Wir besuchten uns häufig. Der Schauspieler hieß Jochen Schwarz. Er war ein munteres Multitalent: er konnte schauspielern, singen, moderieren und, was sehr wichtig war, organisieren. Eines Nach-Währungsreform-Tages rückte er mit der (wie er meinte: großartigen) Idee heraus, ein bescheidenes Wandertheater aufzumachen, mit dem wir durch die umliegenden größeren Gemeinden ziehen könnten, um dort abends Theater zu spielen. Er hatte auch schon ein Stück bereit. Es trug den Titel: ›Ich liebe Dich!‹ und stammte von

Roman Niewiarowicz. Dieses Lustspiel biete den Vorteil, daß es nur zwei Personen benötige: einen Schauspieler und eine Schauspielerin. Außerdem genüge eine einfache Wirtshausbühne, die wir durch einige mitgebrachte Requisiten szenisch akzentuieren könnten. Jochen Schwarz rechnete uns vor, was so ein Abend im Schnitt einbringe. Allzu viel war es nicht, aber für unsere Verhältnisse nahm sich die Summe beachtlich aus. Also griff Maria nach dem Strohhalm der weiblichen Hauptrolle in diesem Zwei-Personen-Stück. »Und nun kommt der Clou«, sagte Jochen Schwarz am Schluß unserer Überlegungen. »Ich kenne da einen Mann, der ist zwar ziemlich kauzig, aber der kann Klavier spielen und läuft gern. Wenn wir den zur Truppe nehmen, brauchen wir uns um die Nebensachen nicht zu kümmern ...«

Mir war zwar nicht klar, warum wir einen Läufer brauchten, aber wir stimmten auch diesem Vorschlag zu. Einen Tag darauf kamen wir mit dem Helfer zusammen. Er war in der Tat ein seltsamer Kauz – aber er engagierte sich sichtlich mit Begeisterung für unsere Sache. »Ich wandere ein paar Dörfer in der Umgebung ab«, schlug er vor, »und besichtige die Wirtshäuser, und wenn ich einen brauchbaren Saal finde, mache ich einen Termin fest.« »Ja – und dann? Wie kommen die Leute im Dorf drauf, daß wir gerade an diesem Abend ...«, warf ich ein. »Wir müssen natürlich Plakate machen. Ich bin mit einem Drucker bekannt. Der liefert die uns günstig. Vor allem aber: wir müssen auf die Plakate draufschreiben: anschließend Tanz. Sonst kommt keiner.« »Wir haben doch gar keine Musik«, sagte Maria. »Ich spiele Klavier«, sagte der Kauz. Uns allen wurde ein wenig schummrig zumute. Aber dann dachten wir wohl übereinstimmend: wenn der das so bestimmt sagt, wird schon was dran sein ... Also stimmten wir zu – und waren von nun an eine reisende Theatergruppe: Jochen Schwarz mit seiner Erika, Maria und ich sowie der Kauz.

Der Kauz war in der Tat unverzichtbar. Seine Wanderlust bescherte uns in wenigen Tagen einige Termine. Der erste Auftritt sollte in Niedernhausen bei Lichtenberg im vorderen Odenwald, etwa 15 km von Roßdorf entfernt, stattfinden. Der Kauz besorgte, wie versprochen, die Plakate mit der ominösen Schlußzeile: »Anschließend Tanz«. Und er besorgte die Plakate nicht nur, sondern er sorgte auch dafür, daß sie aufgehängt wurden. In einer der Nächte vor dem Aufführungstermin wanderte er unseren Spielort und die umgebenden Ortschaften ab und hing eigenhändig die Plakate auf. Er war in der Tat ein tüchtiger Läufer.

Maria und Jochen Schwarz probten und probten. Am Abend unserer Premiere setzten wir uns auf unsere Fahrräder und strampelten los in Richtung Niedernhausen, das »Theatergepäck« auf unseren Gepäckträgern. Die Spielstätte war ein schlichter Wirtshaussaal, nicht allzu groß und mit Tischen und Bänken ausgestattet. Immerhin: in der einen Ecke neben der Bühne stand ein Klavier. Erika übernahm die Kasse, ich half dem Kauz, die Bühne mit Tisch und Stühlen und unseren »Requisiten« auszustatten. Dann kamen die ersten Besucher. Ich hörte einen Burschen zum anderen sagen: »Ei, siehst du e Kapell?« Ich zog mich an der Kasse hinter Erika zurück. »Das kann ja heiter werden…«, dachte ich.

Nun, der Saal füllte sich leidlich, und auch die Kasse füllte sich leidlich. Maria und Jochen Schwarz spielten erfrischend munter und witzig, und die Leute applaudierten freundlich. Dann trat Jochen Schwarz an die Rampe und teilte dem Publikum mit, jetzt käme es zum Tanz. Leider sei unsere Kapelle heute abend wegen einiger Erkrankungen nicht verfügbar – aber wir hätten einen glänzenden Klavierspieler mitgebracht, der könne leicht eine Kapelle ersetzen. Bevor die Leute zu murren anfangen konnten, legte der Kauz auch schon los. Die Tische und Stühle wurden beiseite geschoben, und einige junge Paare tanzten tatsächlich ein paar Runden. Die meisten jedoch trotteten nach Hause. Wir packten rasch unsere Sachen zusammen und schnürten sie auf die Räder. Hauptsache, die Kasse war in Sicherheit.

Die Tänzchen dauerten nicht allzu lange. Die befürchteten Proteste blieben gottlob aus. Dann packte auch der Kauz seine Noten zusammen und wir machten uns auf den Heimweg – er zu Fuß, wir per Rad. In der Dunkelheit kam uns der Weg fast doppelt so lang vor wie auf der Hinfahrt. Immerhin: wir wiederholten das Abenteuer dann noch ein paar Mal – zum Beispiel in Groß-Zimmern und in Roßdorf. Auf diese Weise brachten wir wenigstens ein paar Überlebens-Pfennige in die Haushaltskasse. Aber dann überforderte uns angesichts unserer Radfahrreisen nach Frankfurt das nächtliche Wandertheater doch merklich. Wir stiegen aus der »Truppe« aus; Jochen Schwarz jedoch hielt mit seiner Erika, die nun Marias Rolle übernahm, mit Hilfe unseres Kauzes noch bis in den Herbst hinein durch.

Während wir unser täglich Brot auf Wirtshausbühnen zu erarbeiten versuchten, wurde auf der Weltbühne die Trennung von Ost und West besiegelt. Durch die westliche Währungsreform, der eine östliche auf dem Fuße folgte, zerfiel das besetzte Deutschland in zwei Währungszonen: in die zusammengeschlossenen D-Mark-Zonen und die östliche »Ost-Mark«-Zone. Es lag auf der Hand, daß diesem währungspolitischen Schritt auch politische Taten folgen mußten, um die jeweilige »Mark« zu stabilisieren und wirtschaftlich zu aktivieren. In Westdeutschland wurden die Vorbereitungen für eine westdeutsche Verfassung getroffen, und in Ostdeutschland berieten die Parteien, die längst keine Parteien mehr waren, sondern von den Kommunisten beherrscht wurden, über die Gründung eines eigenen Staates. Die Teilung Deutschlands in Ost und West war beschlossene Sache – für wie lange? Die Besatzungszeit ging (zumindest formal) ihrem Ende zu; die Nachkriegszeit begann. Nun sollte Westdeutschland »Bundesrepublik Deutschland« heißen. Als Bundeshauptstadt wurde Bonn vorgesehen – zur Enttäuschung Frankfurts, das bereits einen Plenarsaal mit Nebengebäuden im Rohbau errichtet hatte, und zwar im Norden, nach Eschersheim zu. Im September 1949 fanden dann die ersten Bundestagswahlen statt. Knapp erreichte die CDU/CSU mit 31 % eine Mehrheit als stärkste Partei, gefolgt von der SPD mit 29,2 % und der FDP mit 11,9 %. Theodor Heuss wurde zum ersten Präsidenten der Bundesrepublik Deutschland und Konrad Adenauer zum Bundeskanzler gewählt. Die Adenauer-Ära brach an.

Gottfried Benn und Ludwig Klages

Eifrig mühten wir uns, Maria und ich, einen einigermaßen standfesten Finanzboden für unseren Haushalt zu gewinnen. Aber dieser Boden trug allenfalls einen Monat. Wir lebten sozusagen von der Hand in den Mund. Zwei Aufträge zu wenig, und schon war Not an der jungen Familie. Außer Theaterbesuchen (auf Kritiker-Freikarten) und durch Rezensionen erschriebenen Büchern für unseren noch bescheidenen Bücherbestand konnten wir uns keine kulturellen Aufmunterungen leisten. Umso intensiver wuchs meine Korrespondenz. Ich war fast süchtig nach geistigem Dialog, und ich wundere mich noch heute, wenn ich die vergilbten Briefdurchschläge in die Hand nehme, mit welcher Leidenschaft ich damals Briefe schrieb – und in welchem Umfang. Meine vielen kulturellen Aktivitäten waren längst zu einer Art Ersatz-Universität geworden. Auch die Briefwechsel übernahmen damals die Rolle einer bildenden »Universität«. Als einer meiner freundschaftlichen Korrespondenzlehrer erwies sich Walter Maria Guggenheimer, der früh wieder aus der Emigration nach Deutschland zurückgekehrt war – ein hochintelligenter Kopf, den seine Intelligenz aber nicht zu abstrakten dialektischen Zirkusspielen verführte, sondern der sich den Realien des Lebens, den politischen und den kulturellen gleichermaßen, stellte: zunächst im ›RUF‹, dann als Kommentator im Bayerischen Rundfunk und als einer der führenden Köpfe in der Redaktion der ›Frankfurter Hefte‹.

Ein anderer Lehrer in diesem lebenspraktischen Universitäts-Sinn war Walter Heist, ein eher bieder anmutender Herr aus dem Hessischen, der sich meiner väterlich annahm. Gelesen und bewundert hatte ich zuvor seine sachlich-klaren Artikel im ›RUF‹,

Auf der Mathildenhöhe in Darmstadt (v.l.): Heinz Friedrich, Walter Maria Guggenheimer und Rudolf Goldschmit (Frühjahr 1955).

die energisch vor einer Restauration vorfaschistischer Republik-Konzeptionen warnten und sich statt dessen für den Mut zu neuen Anfängen aussprachen. Heist und Guggenheimer gehörten zu meinen schärfsten Kritikern, aber ihre Kritik tat nicht weh, sondern förderte. Ich zügelte und präzisierte meinen Stil, und ich lernte, mich beim Schreiben nicht ins Marginale zu verlieren, sondern konzentriert bei der Hauptsache zu bleiben.

Inzwischen hatte ich mir auch den Bezugsschein für eine Schreibmaschine erkämpft – ein Privileg, das mir ohne den Hintergrund der »Freien Darmstädter Künstlervereinigung« und ohne das Zwischenspiel der ›Epoche‹ wohl kaum eingeräumt worden wäre. Was diese Schreibmaschine für mich bedeutete, mag eine kleine Glosse belegen, die ich als Liebeserklärung an mein neues Arbeitsgerät schrieb und die in der ›Gießener Freien Presse‹ am 13. September 1948 erschien:

Aus dem Tagebuch meiner Schreibmaschine

… führten mein Vater und seine Frau einen Freudentanz um mich auf. Beide benahmen sich wie kleine Kinder an Weihnachten. Sie betrachteten mich von allen Seiten, betätschelten mich, sagten mir zärtliche Koseworte und klimperten ein wenig auf mir herum. Sie schrieben ganz dummes Zeug. Zuerst: qwertzuiopüäölkjjmnvtu – vft! und dann: +»/%&o–6-XYZ. zuletzt aber: ICH HAB DICH LIEB und: Frankfurt-Main und: Zuzugsgenehmigung und: Sehr geehrter Herr – Sie sind sehr dumm! »Das ist eine sehr gute Maschine«, sagte mein Herr und stülpte mir wieder den Kasten über den Kopf. »Gott sei dank, daß wir sie haben!« meinte seine Frau, und ich wurde behutsam vom Schreibtisch gehoben und irgendwo hingestellt.

Am nächsten Tag ließ man mich in Ruhe – nur gegen Abend wurden zwei Briefe auf mir getippt. Der eine ist mir noch in Erinnerung. Er enthielt eine Bitte um Vorschuß. Ich nehme an, daß mein Herr sehr viel Geld für mich auf den Tisch legen mußte und nun einen leeren Geldbeutel hat. Jeder Besuch, der zu meinem Herrn ins Zimmer kommt, bekommt zu hören, daß eine neue Schreibmaschine da ist. Ich werde aufgedeckt und bestaunt. Lästig sind diese Menschen! Ich möchte arbeiten.

Ich habe gearbeitet. Ufff – mir ist noch ganz schlecht! Man soll so etwas doch nicht herbeiwünschen … Fünf Stunden lang wurde auf mir herumgedroschen – dazu habe ich keine Nerven. Noch ein solcher Tag und ich bin ruiniert.

Die Buchstaben wirbelten durch mein Hirn wie aufgeschreckte Flöhe, ich stöhnte und ächzte – aber mein Herr hatte einfach kein Erbarmen mit mir. Dabei war der Brief, den er schrieb, so langweilig. Kein Wort habe ich davon verstanden. Meine Typen preßten METAPHYSIK und KANT und GOETHE auf das Blatt. Was die Menschen alles im Kopf haben …

Ohne ein Wort des Dankes hat mir mein Herr, als er fertig war, den Kasten aufgesetzt und mich weggestellt. Ich bin sehr unglücklich.

… gewinne ich ein besonders nettes Verhältnis zu der Frau meines Herrn. Sie schreibt manchmal einen Brief zusammen mit mir. Ihr Anschlag ist eher weich als energisch. Sie flucht nie, auch wenn ich mich einmal verhaspele. Ab und zu streichelt sie mich. Das ist auch für eine Schreibmaschine sehr aufregend. Ich muß mich dann sehr zusammennehmen. (Ich bekenne, daß es doch Augenblicke gibt, in denen man seine Grenzen hart fühlt. Ich glaube, ich beginne meinen Herrn zu verstehen …)

Ich möchte damit nichts gegen meinen Herrn gesagt haben. Aber er ist eben ein Mann. Er findet nicht so leicht zärtliche Worte, viel eher flucht er einmal und klopft mir mit der Faust auf den Deckel, wenn er zu wenig konzentriert ist. Daran gewöhnt man sich auch – wie an so manche Ungerechtigkeit. So ist das Leben …

… nun bin ich schon ein Vierteljahr bei diesen Leuten und fühle mich recht wohl. In letzter Zeit hat mein Herr manche Sorge. Es ist viel die Rede von einem Ereignis, das »Währungsreform« heißt. Der Begriff ist mir neu und ich weiß zunächst nur, daß furchtbar auf diese Sache geschimpft wird. Doch seitdem dieser Begriff bei uns aktuell ist, ist auch mein Herr besonders nett zu mir. Manchmal fährt auch er mir über den Rücken und sagt: »Was würde ich nun ohne dich tun? Ich wäre glatt verloren! Donnerwetter!« Und er gibt mir noch einen Klaps extra. So etwas freut einen. Man wird sich dabei erst recht seines Wertes bewußt.

Neulich abends, ich war bereits zugedeckt, und meine Herrschaften lagen schon im Bett, da sagte die Frau zu meinem Herrn: »Hast du eigentlich unserer Schreibmaschine ›Gute Nacht‹ gesagt!« »Nein«, sagte da mein Herr, »aber ich werde es gleich tun«. Und da hörte ich doch wahrhaftig, wie er noch einmal aus dem Bett herausrutscht und mit bloßen Füßen zu mir herpatscht, auf den Deckel meines Kastens klopft und sagt: »Gute Nacht, du treue Seele!«

Das war der schönste Tag meines Lebens!

Erstaunlich rasch hatte ich inzwischen dank Marias Hilfe gelernt, mit der rechten Hand relativ zügig auf der Maschine zu tippen, während ich die gelähmte linke mittels einer Schleife mit der Taste fürs Groß- und Klein-Schreiben verband, um den Umstellhebel zu betätigen. Wieder war ein wesentlicher Schritt zur Überwindung meiner Behinderungen getan.

Ich belebte auch meine Aktivitäten für die Darmstädter Künstlervereinigung neu, aber sie befriedigten meinen kulturellen Ehrgeiz längst nicht. Die Plattform Darmstadt erschien mir zu klein, nachdem ich in Frankfurt gelebt hatte und erlebte, welche musischen Kräfte eine Großstadt wie diese, obgleich sehr zertrümmert, freisetzen und anfeuern konnte. Von der Bank- und Wirtschaftsmetropole war in dem ersten Nachkriegsjahrzehnt noch nicht die Rede – und der Wiederaufbau im großen Stil ließ noch auf sich warten. Aber das kulturelle Leben pulste in dieser Zeit wie nie mehr in späteren Jahrzehnten.

An den Städtischen Bühnen, denen im unbeschädigten Börsensaal nahe der Frankfurter Hauptwache ein Ausweichquartier eingerichtet worden war, fanden aufregende Aufführungen statt: O'Neills ›Trauer muß Elektra tragen‹ inszenierte Karl Heinz Stroux als deutsche Uraufführung mit Maria Pierenkämper, der späteren Ehefrau von Ernst Rowohlt, in der Rolle der Lavinia, und Heinz Hilpert studierte Zuckmayers ›Des Teufels General‹ mit Martin Held in der Hauptrolle ein – zwei Stücke, die uns Zuschauer nicht minder existentiell trafen und betrafen als im Jahre 1946 Wilders ›Wir sind noch einmal davongekommen‹ in der Darmstädter Aufführung.

Im Lauf des Jahres 1947 begegnete ich in Frankfurt zum ersten Mal Victor Otto Stomps, einem merkwürdig verkauzten Mann, leicht verschlampt, aber gelegentlich mit einem Anflug großbürgerlicher Eleganz auftretend (mit Lederhandschuhen in der linken Hand, mit Gamaschen und gekleidet in ein ältlich geschnittenes helles Sommerjackett). Stomps arbeitete als Lektor und Berater im neugegründeten Siegel-Verlag in Frankfurt, dessen Inhaber, Otto Müller, große Stücke auf ihn hielt. Denn dieser Stomps war in den zwanziger Jahren Verleger der legendären Raben-Presse in Berlin gewesen, die damals junge, aber auch bereits anerkannte Autoren, insbesondere des Expressionismus, in kleinen Bändchen mit bibliophilem Touch herausgebracht hatte. Einer dieser anerkannten, aber nicht sehr erfolgreichen Autoren war Gottfried Benn.

V. O. Stomps, dessen liebenswerte Verschmitztheit (er war berlinisch geprägt) mich anzog, soll als Soldat ein Kumpel ungewöhnlicher Art gewesen sein. Hans-Joseph Mundt vom Desch-Verlag, der ihn von Einsätzen in Rußland her kannte, erzählte, daß Stomps als Oberstleutnant ein sogenanntes Feuerwehr-Regiment, das in allen kämpferischen Notfällen als Eingreiftruppe eingesetzt wurde, geführt habe – ein Draufgänger von Format, aber auch ein guter Vater seiner Truppe. Die Soldaten seien für ihn durch dick und dünn gegangen.

Das also war V. O. Stomps oder, wie er vertraulich genannt wurde, »VO«. Mit diesem »VO« verstanden Maria und ich uns auf Anhieb. Die großen Namen der Moderne in Deutschland – er kannte sie nicht nur als Namen, sondern war mit ihren Trägern persönlich ins Gespräch gekommen oder sogar mit ihnen befreundet. Bei Stomps in der Raben-Presse veröffentlicht zu werden, kam in den zwanziger Jahren einer Auszeichnung gleich. Auf große Auflagen legte »VO« keinen Wert – ja: sie waren ihm verdächtig. Am liebsten numerierte er seine Ausgaben, um ihre Exklusivität zu betonen. Vor allem aber: er druckte sie selbst auf der eigenen Handpresse – eben auf der legendären »Raben-Presse«.

Von solch elitärer Verlegerei konnte natürlich im Siegel-Verlag nicht mehr die Rede sein. »VO« mußte oder sollte sich nun auch um Bücher bemühen, die sich verkaufen ließen. Für diese Rolle war er jedoch denkbar ungeeignet. So wechselte er bald vom Lektor zum literarischen Berater des Siegel-Verlages. Diese Rolle lag ihm eher.

»VO« erzählte mir lange von seinen Tätigkeiten in den zwanziger Jahren in Berlin, besonders ausführlich von seiner Zusammenarbeit mit Jean Gebser, der damals noch keine philosophischen Werke, sondern Gedichte schrieb und Stomps beim Drucken half. Vor allem ein Name aber ließ mich aufmerken: Gottfried Benn. Zum ersten Mal war mir dieser Name aufgefallen, als mir (es war am 7. Mai 1936) im Zug nach Darmstadt zwei Männer gegenübersaßen, die sich über einen Artikel in der SS-Zeitung ›Das Schwarze Korps‹ unterhielten, den der eine gerade las. »Das muß ja eine ziemliche Sau sein, dieser Dr. Benn«, sagte der Leser. »Wieso?« fragte der andere. Und dann las ihm sein Kollege einige Verszeilen vor – sie stammten wohl aus der frühen, wild-expressionistischen Lyrik Benns. »Ist ja wirklich eine Sauerei«, sagte der andere. »Und sowas läuft frei rum?« »Hoffentlich nicht mehr lange!« kam prompt die Antwort. Ich sah dann umgehend in der Landesbibliothek in Soergels ›Dichtung und Dichter der Zeit‹ nach, was es mit diesem Dr. Benn auf sich hatte. Die Hinweise erweckten meine Neugier. Ob ich dann vergaß, mir die Bücher zu entleihen oder ob sie aus dem Leihverkehr ausgeschlossen waren – jedenfalls las ich Benn damals noch nicht und vergaß seinen Namen auch wieder. Und nun schwärmte »VO« von diesem Vergessenen, der sich Mitte der dreißiger Jahre aus dem öffentlichen Leben als Sanitätsoffizier in den Militärdienst zurückgezogen hatte und nun wieder in Berlin als Arzt für Haut- und Geschlechtskrankheiten praktizierte.

»VO« lieh mir dann Benns ›Gesammelte Gedichte‹ aus dem Jahr 1922. Ich war fasziniert. Hier machte sich einer nichts mehr vor über die menschliche Existenz und ihre höllischen Abgründe, doch er glaubte an das Gegenglück des Geistes und die Macht des schöpferischen Ausdrucks. Max Beckmanns Bilder (sie waren gerade in einer Frankfurter Ausstellung zu sehen) und Benns Gedichte erschienen mir als Höhepunkte des Expressionismus.

Sie beschworen die groteske Tragik des Jahrhunderts, in das ich hineingeboren worden war.

Als »VO« merkte, wie sehr mich dieser Benn fesselte, lieh er mir weitere Bände, darunter die Rönne-Novellen sowie eine Sammlung der Essays und die späteren, so heftig umstrittenen Aufsätze, die der Band ›Fazit der Perspektiven‹ vereinigte. Je mehr ich von Benn las, desto heftiger ergriffen mich seine Aussagen. Ich fühlte Benns Verwandtschaft mit Nietzsche, aber es wurde mir auch klar, wieviel radikaler Benn dachte als Nietzsche. Hier sprach der Nihilist des 20. Jahrhunderts, der (wie es in einem seiner Gedichte hieß), »dennoch die Schwerter« hielt. Kein Übermensch wird mehr beschworen; was bleibt, ist das »gezeichnete Ich«. Benns Schriften der Jahre 33 und 34 lassen fatal erkennen, daß hier einer an den politischen Tatsachen und Taten vorbeiredet. Diese Appelle aus den Welten, in denen das »gezeichnete Ich« gegen den Untergang aufbegehrt, konnten nur auf taube Optimisten- und Opportunisten-Ohren stoßen. Übermenschen beschworen sie nicht – und auch keine nordischen Herrenmenschen … Und gegen Ideologien waren sie lächerlich machtlos.

Ich spürte den dringenden Wunsch, mich mit diesem Autor eingehender zu beschäftigen und vielleicht auch über ihn zu schreiben. Das Erscheinen der ›Statischen Gedichte‹ 1948 im Schweizer Verlag »Die Arche« bestärkte meine Absicht. Hier trat hinter dem lyrischen Zyniker Benn der Poet einer grandiosen Jahrhunderttrauer hervor, wie ich ihn seit der Lektüre Trakls und Rilkes nicht mehr erlebt hatte. Als ich dann auch noch hörte, daß der Limes-Verlag in Wiesbaden die Veröffentlichung älterer und neuerer Werke von Benn beabsichtigte, stand mein Entschluß fest, den geistigen Dialog mit diesem Autor aufzunehmen.

Aber manchmal ergeben sich eigenartige Konstellationen, die empfindliche Irritationen auslösen. Im Februar 1948 nämlich erhielt ich durch Vermittlung meines früheren Deutschlehrers Dr. Ratz eine Einladung zu einer Tagung der Evangelischen Akademie in Echzell in Oberhessen. Ich wurde sogar gebeten, dort einen Vortrag zu halten über die »geistige Lage«. Nun, ich widmete mich mit Feuereifer dieser Aufgabe, obwohl ich auch diesmal im Zweifel war, ob meine Kenntnisse ausreichten, um mehr zu bieten als philosophische Allgemeinheiten. Aber mein naives Selbstbewußtsein gab mir ausreichenden Mut.

In Echzell kam ein ansehnliches Auditorium zusammen. Ein Gesicht, aus dem große, dunkle Augen hervorleuchteten, fiel mir besonders auf. Der Herr saß ziemlich weit hinten – so, als habe er mit dieser Veranstaltung nur beiläufig zu tun. Als ich meinen Text vortrug, merkte ich allerdings, daß sich seine gelangweilten Züge strafften. »Er hört ja zu«, dachte ich, und meine Stimme wurde sicherer.

Nun: Mein Auftritt verlief einigermaßen zufriedenstellend. Es gab das, was man »freundlichen Beifall« nennt. »Kennen Sie den Herrn dort hinten – den mit den großen Augen?« fragte ich Dr. Ratz. »Gewiß kenne ich den«, sagte er, »das ist doch Werner Deubel.« Mir fiel es wie Schuppen von den Augen: natürlich, das ist Werner Deubel. Das ist der Mann, dem ich gern nähergekommen wäre, damals, als er seinen Triumph im Darmstädter Theater feierte mit dem Stück ›Der Ritt ins Reich‹. Sogleich bekam ich auch wieder Minderwertigkeitsgefühle. Wie sollte ich vor Werner Deubel bestehen mit meiner Rederei vom magischen Realismus und vom Widerstand der Seele gegen den Zeitgeist? Ich vermied es, in seine Nähe zu kommen. Aber am Abend stand er, im Eßsaal, plötzlich an meinem Tisch und fragte: »Darf ich mich zu Ihnen setzen?« »Aber selbstverständlich«, antwortete ich ein wenig verdutzt. »Mein Name ist übrigens Werner Deubel«, sagte er, indem er sich den Stuhl neben meinem Platz heranzog. »Ich weiß, ich weiß …«, stotterte ich, und ich wurde wahrscheinlich rot wie ein Schulbub. »Ich habe heute morgen Ihren Vortrag gehört«, fuhr er fort. Oje, jetzt kommt's …, dachte ich. Aber es kam etwas anderes als der Einspruch, den ich befürchtete. Werner Deubel sagte mir Freundliches über meinen Text. Er bewundere die Instinktsicherheit meiner Aussagen und Bekenntnisse. Sie seien zwar gelegentlich nicht sehr geschickt vorgebracht, auch fehlten mir wohl noch wichtige Kenntnisse – aber insgesamt: eine mutige Leistung in dieser intellektuell verwirrten Zeit. Und er wollte wissen: »Kennen Sie eigentlich Ludwig Klages?« Ja, den Namen hätte ich schon einmal gehört, aber kennen – nein: das könne ich nicht behaupten. »Der ist aber wichtig für Sie!« sagte Deubel, und seine großen Augen begannen zu leuchten. »Klages ist der Mann, der uns die Augen öffnet für das Verhängnis, in das uns die intellektuelle Arroganz des lebensfernen Denkens hineintreibt.« Und er begann mir die Lebensphilosophie von Klages auseinanderzusetzen. Ich hörte aufmerksam zu. ›Der Geist als Widersacher der Seele‹ – dieser Schlagwort-Titel zog mich an. Daß die Kopflastigkeit der Epoche nicht zu ihrem Vorteil gegenüber anderen Epochen ausschlägt, wurde mir bereits ahnend bewußt, als ich mich mit den Zeugnissen der sogenannten abstrakten Kunst konfrontiert sah in den Ausstellungen der »Neuen Darmstädter Sezession«. Vornehmlich die Bilder von Willi Baumeister erschreckten mich: ihre kühle Bildverneinung zugunsten eines Formkonstrukts entsinnlichte die Kunstmitteilung zu einem rationalen Skelett. Ich konnte damit nichts anfangen. Diese Bilder sprachen nicht zu mir, sie »sagten« mir nichts im wörtlichen Sinn dieser Redewendung. Vergeistigung als Entsinnlichung der Kunst – das erschien mir absurd. Aber war und ist der Geist tatsächlich der Widersacher der Seele? Benn sprach immerhin vom »Gegenglück, dem Geist« – war er deshalb ein Kopf-Lyriker? Im Gegenteil. Poetische Räusche entfalten seine Gedichte selbst dort, wo sie zynisch verneinen:

> … schweigend strömt die Aeone,
> kaum noch von Ufern ein Stück –
> gib nun dem Boten die Krone,
> Traum und Götter zurück.

Werner Deubel merkte wohl, daß ich mit mir uneins blieb in Sachen Klages. Er brach das Gespräch ab, zumal noch andere Teilnehmer an den Tisch kamen und die Unterhaltung ins Allgemeine lenkten. Aber wenige Tage später schon schrieb ich Werner

Deubel einen Brief, in dem ich ihm noch einmal versicherte, wie wichtig mir die Begegnung mit ihm gewesen sei und daß ich mich durch das Gespräch auch in eigenen Gedanken bestätigt gefunden habe. Gern würde ich ihn, wenn er mir das erlaube, einmal in Heppenheim besuchen.

Er lud mich ein. Wieder hatte ich einen Lehrer für meine »Ersatz-Universität« gefunden – einen Lehrer und Verführer zugleich. Das Charisma dieses Mannes war schier unwiderstehlich. Als glühender (in der Tat: aus bekennerischer Leidenschaft »glühender«) Verehrer und weltanschaulicher Gefolgsmann von Ludwig Klages öffnete er mir die Erkenntnistore zu dessen Lebensphilosophie und versuchte mich intensiv für diese biozentrische Weltsicht in die weltanschauliche Pflicht zu nehmen. Aber so sehr mich auch die Gedankenwelt von Klages beeindruckte und bis heute herausfordert – der missionarische, ja: geradezu messianische Eifer, mit dem Deubel für diese Gedankenwelt absoluten Wahrheitsanspruch erhob, irritierte mich sehr. Wie kann einer, der so umfassend und geistig schlüssig wie Klages denkt, den Geist schlechthin als »Widersacher der Seele« brandmarken? fragte ich mich und fragte ich auch Klages, indem ich mich, von Deubel angeleitet, mit den Texten des Philosophen bekanntzumachen und auseinanderzusetzen begann. »Der Geist« – was ist das? Klages meinte, verkürzt ausgedrückt, der Geist sei irgendwann von außen wie ein Blitz in den Typus Mensch eingeschlagen. War ihm bewußt, daß er damit die Meinung der biblischen Schöpfungsgeschichte vertrat, die den Baum der Erkenntnis mit verführerischen Früchten behängt, deren Genuß den Ausschluß aus dem Paradies provoziert? Das heißt: machte sich Klages, indem er diesen biblischen Bewußtseinsakt als Ausgangspunkt für seine polemische Auseinandersetzung mit den, wie er sagte, »jahwistischen« Geist-Religionen beanspruchte, etwa nicht den Bewußtseins-Schöpfungsakt dieser »Weltbilder« zu eigen, anstatt sich die Frage zu stellen, ob »Geist« nicht auch ein evolutionärer Faktor und damit körperimmanent sein könne? Ich verstand damals noch wenig von Biologie und noch weniger von

Neurophysiologie – aber ein naives Gespür sagte mir, daß die Vorstellung zweier Welten, einer geistigen und einer biozentrischen, nicht schlüssig sei. Mein Zweifel wurde späterhin bestärkt durch die Lektüre des Werkes ›Nietzsches psychologische Errungenschaften‹, in dem Klages zwei Aktionsfelder in der Philosophie Nietzsches gegeneinander abzugrenzen versuchte: ein »logozentrisches« und ein »biozentrisches«. Einen ähnlichen »Zwiespalt« glaubte er auch bei Goethe diagnostizieren zu können. Ich konnte diese angemerkten »Widersprüche« nicht nachvollziehen, aller Bewunderung für die Analysen, Einsichten und Erkenntnisse dieses Philosophen zum Trotz.

Aber die Bewunderung, ja: Faszination hielt die Skepsis in Grenzen. Benn und Klages – für mich markierten sie keine Gegensätze, sondern sie boten zwei Perspektiven auf dasselbe Problem, nämlich auf die »cerebrale« Verwirrung und Verirrung des neuzeitlichen Homo sapiens. Seit fünfhundert Jahren, schrieb Benn, sei die zivilisierte Menschheit damit beschäftigt, »ihren Nihilismus zu bekämpfen«. Ob geistiger Einschlag von außen oder cerebrale Hypertrophie der Species von innen – die Symptome waren die gleichen. Im Hinblick auf die seelischen Verhältnisse des Menschen, die urtümlichen und die spätzeitlichen, bot Klages durch die wohlgeordnete und belegkräftige Wissensfülle seiner Schriften ein anthropologisch-philosophiegeschichtliches und psychologisches Studium par excellence. Hamann und Herder, Goethe sowie die romantischen Naturphilosophen und Bachofen erschlossen sich mir in teils unbekannten oder nur wenig bekannten Dimensionen. Was mich jedoch am meisten bewegte und erregte, das war das Bekenntnis zur sinnlichen Wahrnehmung und Erfassung der Welt. Mir ging auf, daß meine dilettantischen Bekenntnisse zur »schöpferischen« Weltgestaltung in der sinnlich-unmittelbaren Weltverbundenheit aller Wesen, insbesondere aber des erkennenden Menschen, ihre Erklärung fanden. Nur durch Religion, nur durch Kunst, so begann ich zu ahnen, ist der Mensch in der Lage, diese Ursprünglichkeit seiner Weltverbundenheit wieder herzustellen. Im Spannungsfeld zwischen Nietzsche, Benn und Klages entwickelte sich nun die Dialektik meiner Erkenntniswelt, die schließlich – aber das wußte ich damals und auch viele Jahre später noch nicht – zu Goethe führen sollte, ja: zu ihm führen mußte...

Hessischer Rundfunk

Im September 1948 feierten wir ein Wiedersehen mit Altenbeuern und mit der Gräfin Degenfeld. Sie lud nämlich nach dem
denkwürdigen Stahlberg-Treffen im Sommer des vorangegangenen Jahres wieder zu einer literarischen Runde ein – und zwar
dieses Mal die firmierende »Gruppe 47«. Die ›Hessischen Nachrichten‹ in Kassel finanzierten unsere Reise. Wieder wurden wir
freundlich, ja herzlich von der Gräfin aufgenommen. Aber die
Atmosphäre war eine andere als im Vorjahr. Hier wurde nicht
mehr vom »Amt des Dichters« oder von der schöpferischen
Erneuerung eines Katastrophen-Jahrhunderts gesprochen, sondern hier kamen die Vorleser überwiegend sehr unpoetisch zur
gesellschaftskritischen Sache. In den Texten von Hans Jürgen
Soehring, Heinz Ulrich oder Bastian Müller war von »magischem
Realismus« nicht mehr die Rede; hier wurde Realismus pur (oder
was die Autoren dafür hielten) geboten. Als in einem Stück Prosa unentwegt von »Scheißhaufen« gesprochen wurde, die her-
umlagen, ging die Gräfin aus dem Raum. Als sie zurückkam, sagte sie: »Ich kann mir nicht helfen: Mein Hof muß eine Ausnahme
sein. Wo ich auch hinschaute, ich habe keine Scheißhaufen bemerkt. Selbst im Stall nicht.« Alle lachten, aber es war ein betre-
tenes Lachen. Die Gräfin hatte den kritischen Nagel auf den
Kopf getroffen: Hier wurde eine Realität als Realität beschworen, über die man eigentlich nur noch lachen konnte. Dennoch
ging die Diskussion ernsthaft weiter über die Frage, ob Poesie
oder gnadenlose Realitäts-Aussage die politische und soziale
Reaktivierung der Deutschen zu provozieren imstande sei. Das
kritische Gespräch eskalierte beim Anhören der Gedichte von
Günter Eich und Ilse Schneider-Lengyel, denen »zuviel Lyrik«

vorgeworfen wurde. Ich hielt mich gottlob zurück, zumal mir erneut (mit der Lesung aus einem geplanten Eulenspiegel-Stück) eine Niederlage beschert worden war. Enttäuscht fuhren wir heim. Was sich da in Altenbeuern abspielte, hatte nur allzuwenig mit dem zu tun, worüber ich mir gerade Gedanken machte: mit dem Werk von Gottfried Benn. Ich fand die vorgetragenen realistischen Rücksichtslosigkeiten zwar verständlich angesichts der desolaten Nachkriegslage, aber in ihrer Aussage kamen mir die Texte trivial, banal und auch zynisch vor. Gewiß: den »faulen Zauber« attackierte auch Benn. Auch er beschwor das Nichts, auch er verachtete den Menschen, »das Schwein...«. Aber er versuchte zugleich, dem »gezeichneten Ich« seine Menschenwürde zu erhalten, indem er dem Nichts das »Gegenglück« des Geistes als humanitäre Waffe entgegenhielt. Drohte die »Gruppe 47« zu einer Randerscheinung der Nachkriegsliteratur zu degenerieren – innerhalb von nur einem Jahr? War das alles, was vom ›RUF‹ übriggeblieben war? Ich schrieb an Hans Werner Richter einen langen Brief, in dem ich ihm meine Bedenken, ja: meine Sorgen auseinandersetzte. Hier mein Brief in Auszügen:

Heinz Friedrich   Roßdorf bei Darmstadt, 2. Okt. 1948
                         Erbacherstraße 38

Lieber Hans Werner Richter!

Nach Hause zurückgekehrt, habe ich mir das Treffen der »Gruppe 47« noch einmal eingehend durchdacht. Es sind mir dabei Bedenken gekommen, die ich Ihnen nicht vorenthalten möchte, weil ich glaube, daß sie grundsätzlicher Natur sind und daß sich ein Gespräch darüber lohnt. Ich möchte dabei betonen, daß meine Haltung durchaus loyal ist – das heißt nicht von einem Ressentiment bestimmt wird. Die ablehnende Kritik, die ich in Altenbeuern erfuhr, steht mit meinen Überlegungen kaum in Verbindung, vor allem bestimmt sie diese Überlegungen nicht. Das ist sehr wesentlich. Auch menschliche Erwägungen oder Enttäuschungen drängen mich nicht zu diesen Bedenken – ich fühle mich Ihnen und der GRUPPE nach wie vor freundschaftlich eng verbunden. Allein aus dieser Freundschaft, aus dieser menschlichen Bindung heraus fühle ich mich verpflichtet, Sie jetzt anzusprechen. Sonst könnte ich ja ohne Weiteres meinen »Austritt« erklären …

Es ist eine alte Erkenntnis, daß der Mensch nicht nur aus Materie besteht, sondern auch aus Geist. Saint-Exupéry sagt einmal, daß das ETWAS im Menschen ihn erst über das Tier erhebe. Dieses ETWAS ist unzweifelhaft der Geist. Geist ist letztlich undefinierbar. Man kann ihn mit logischen Grenzwerten in seinen Erscheinungsformen einigermaßen umreißen, sein Wesen, seine Substanz jedoch entzieht sich der realen Erfahrung.

Nun gut: Es zeigt sich, daß der Mensch zum wesentlichen Teil geistiger Natur ist, also am Ewigen teilhat. Er ist also der Endlichkeit der Materie nur bedingt unterworfen. Die Erscheinungen also, die mit dieser materiellen, körperlichen Erscheinungsform des Menschen zu tun haben, sind also zweitrangiger Natur. Halten wir das fest.

Die Kunst – hier im Besonderen: Die Dichtung – ist eine Aussage aus dem imaginären Raum. Sie ist geistiger Natur. Denn sie wendet sich ja nicht an den endlichen Teil im Menschen, sondern an den unendlichen. Sie wendet sich nicht an das Materielle, sondern an das Immaterielle. Die Kunst verbindet den Menschen mit dem Leben – so wie ihn auch die Religion mit dem Leben, mit dem Sein, mit dem ewigen Geist verbindet. Sie macht ihm seine Ewigkeit bewußt. Einiges, glühendes Leben ist alles – sagt Hölderlin am Schluß seines ›Hyperion‹. Die Einordnung des Menschen in dieses »einige, glühende Leben« ist die Aufgabe des Dichters (des Künstlers überhaupt). Diese Einordnung überwindet die Angst und die Not und die Grausamkeit und Gebrechlichkeit des materiellen Alltags – auch dort, wo sie ihn schildert – im Geist. Sie macht ihn unwirklich.

Das läßt sich natürlich nicht rational fassen. Und darin besteht die einzige Schwierigkeit einer Verständigung. Ein Weltgefühl kann das andere kaum überzeugen. Hierin sehe ich die Schwierigkeit der Mentalität. Doch davon etwas später.

Ich komme jetzt konkret zum Treffen der GRUPPE.

Es wurde viel von realistischer Dichtung gesprochen. Der Begriff Realismus ist sehr vage – und vor allem sehr willkürlich. Denn er kennzeichnet das, was gelesen wurde, garnicht. Der Realismus, von dem in Altenbeuern gesprochen wurde, ist im Grunde ein geschickt montierter, oft auch expressionistisch ausstaffierter Naturalismus, dessen bereits historisch gewordene, soziale Tendenzen in einen gefährlichen, selbstmörderischen Existentialismus ausarten. Die einzige ehrliche Aussage wurde mir (außer von Eich und Frau Schneider-Lengyel) von Ihnen zuteil. Sie wollten nämlich von vornherein Ihre Reporte als Zeitroman, nicht als Dichtung, sondern als Zeitbild gewertet wissen. Durch diese selbstgewählte Begrenzung gewann das von Ihnen Gelesene an substantieller Bedeutung. Die Schilderung des Trommelfeuers in dieser letzten Einfachheit erschütterte – als Tatsache, als wunderbar sachlich interpretierte Tatsache – nicht als Dichtung.

Und da sind wir am Kernpunkt. Die GRUPPE 47 gibt vor, eine junge Dichtung zu pflegen – oder aber erst möglich zu machen. Der schöpferischen Kritik wird dabei ein bedeutender Platz zugestanden.

Aber wird in dem Zusammenhang der GRUPPE 47 eine Dichtung möglich? Und ist die Kritik schöpferisch?

Diese beiden Fragen will ich subjektiv – aber, wie betont – ohne Ressentiment – zu beantworten versuchen.

Ein großer Teil der Gruppen-Leute bekennen sich zum Politischen. Das ist keine Einschränkung. Aber das ist im Zusammenhang unseres Gesprächs wichtig. Die politische Position, die die einzelnen Leute einnehmen, ist im Augenblick nicht wesentlich. Ein großer Teil vertritt die Anschauung, daß die Dichtung der Gegenwart politisch sein müsse. Diese politische Einstellung bedinge jedoch nicht eine nebulöse, illusionistische Darstellung – sondern sie verlange eine Konfrontierung mit der Realität (im naturalistischen Sinn). Der Mensch müsse nackt gezeigt werden.

Das Bekenntnis zum Politischen bedingt eine eigene Form der Aussage. Diese Form der Aussage ist die Publizistik. Das publizistische Element lässt sich ohne Vergewaltigung mit dem politischen verbinden. Beide Bereiche bedingen sich. Aber vor der Dichtung muß das politische Element, dort wo es sich tendenziell aufdrängt, kapitulieren. Dichtung braucht Wahrheit. Der Bereich der Politik ist nicht die Wahrheit, er ist eine menschliche – versuchte – Ordnung gesellschaftlichen Zusammenlebens. Also eine durch die materiellen Gegebenheiten bedingte Zweckform.

Da aber die Dichtung das Ewige, das Dauernde will – da sie dem Menschen die Wahrheit des Lebens, seine eigene Substanz vermitteln will – ihn erheben in des Wortes echter Bedeutung will, wird sie den Bereich des Politischen meiden.

Der tragische Zwiespalt der meisten Leute der GRUPPE 47 ist der, daß einem zweifellosen technischen und gestalterischen Können eine Mentalität entgegensteht, die eine Schöpfung unmöglich macht. Die Bemühungen sind publizistisch und bleiben publizistisch, weil sie sich im materiellen Raum abspielen, weil sie – und nun komme ich doch auf die Art des Politischen – die Gesellschaft verändern wollen. Ich bin weit davon entfernt, die Veränderung der menschlichen Gesellschaft zu verneinen. Das Bürgerliche ist mir ein Greuel. Auch ich bin für eine neue soziale Ordnung. Aber – der geistige Bereich entzieht sich letztlich einer soziologischen Analyse.

Die Kritik der GRUPPE 47 verquickt auch das formale Urteil mit der politischen Mentalität. Aus diesem Kreis heraus kann DICHTUNG nicht möglich werden, weil die Grundlagen dazu sowohl bei den Produzierenden als auch bei den Kritisierenden nicht vorhanden sind. Ich kann mich ebenso wie die übrigen an den ausgezeichneten Romanpartien von Soehring und Geschichten von Ulrich erfreuen, aber: Das ist nicht Dichtung. Das ist verbrämte Reportage. Vordergrundsschilderung – auch dort, wo sie scheinbar hintergründig wirkt. Psychologische Raffinements, die die existentielle Verzweiflung verdecken sollen. ANGST – das ist ein Bannwort, mit dem viele der Gruppe zu fassen sind. Aus Angst werden sie zynisch, provozieren sie, klagen sie an, werden sie »realistisch« und umstürzlerisch. Wozu wollen diese Leute provozieren, frage ich mich immer. Und wen wollen sie provozieren? Und warum wollen sie provozieren? Um die Gesellschaft zu verändern? Um den Bürgerlichen Schrecken einzujagen und um sie von ihren Positionen zu vertreiben?

Sie wollen sozialistisch sein, aber was sie tun, grenzt hart an Snobismus (verzeihen Sie das harte Wort). Sie entfernen sich nämlich vom Menschen, von jedem Menschen, auch vom Arbeiter. Diese materielle Verzweiflung und die (von Soehring als hervorragendem Vertreter angesprochene) existentielle Ausweglosigkeit gibt keinem Menschen mehr Halt. Sie stimmt ihn trostlos und selbstmörderisch. Sie stößt ihn ab. Sie ist nicht hell. Sie ist stockdunkel. Und wir brauchen heute das Helle.

Ich frage mich nun: Warum wird die Frage nach dem Geist niemals in der Gruppe gestellt (und ich treffe damit auch mich, denn ich habe geschwiegen). Warum hören wir immer als große Vorbilder Hemingway, Steinbeck, Faulkner, Scholochow und Gorki (die ich alle ebenfalls außerordentlich schätze, aber in dieser Einseitigkeit nicht ertragen kann) genannt und niemals Valéry, André Gide, Claudel – oder auch Goethe, oder Hölderlin oder Heraklit (ganz willkürlich herausgegriffen)? Warum ist der geistige Bereich offenbar als »unrealistisch« tabu?

Die Frage ist nicht unberechtigt, da gerade Leute wie Bächler und Hilsbecher dieser »realistischen« Versuchung erlegen sind und völlig verkorkste Aussagen lieferten. Ich selbst habe mich ebenfalls für einige Zeit durch diese realistischen Bemühungen verkorkst (das nicht als Vorwurf, nur als Symptom).

Es geht überhaupt nicht um Realismus oder Surrealismus, nicht um Sozialismus oder Kapitalismus, nicht um Ost oder West in der Dichtung. Diese Fragen werden auf einer anderen – eben der publizistischen – Ebene diskutiert. Diese Erkenntnis müßte sich, will sich die GRUPPE 47 weiterentwickeln, grundsätzlich einmal durchsetzen. Und dann müßte sich die GRUPPE entscheiden – entscheiden zwischen publizistischer Aussage oder schöpferischer Aussage. Dieser vorherrschende Zwitterzustand verwirrt und ist auf die Dauer nicht fruchtbar. Diese dargebotenen Arbeiten werden (ich nehme Ihren Roman hier wieder aus, weil er bewußt eindeutig festlegt und darum anspricht) keine Resonanz finden beim Publikum – auch nicht in geschickt drapierten Magazinen. Sie sehen den Menschen unter falschen – materiellen – Voraussetzungen, was die Kunst angeht. Das ist ein fundamentaler Fehler.

Entweder entschließt sich die Gruppe nun eindeutig zur Politik und gewinnt dadurch ihre alte avantgardistische Aktion zurück – oder sie bekennt sich zur Dichtung und wird damit für die Entwicklung der deutschen Dichtung fruchtbar.

Das möchte ich zu bedenken geben.

Lieber Hans Werner Richter! Ich würde mich freuen, wenn das, was ich Ihnen hier vortrug, Anlaß zu einer fruchtbaren Auseinandersetzung gäbe.

In alter Freundschaft und mit herzlichen Grüßen
für Ihre Frau und Sie – auch von meiner Frau –
Ihr Heinz Friedrich

Meine Zugehörigkeit zur »Gruppe 47« führte durch einen Zufall zu meinem nächsten größeren Berufsabschnitt:

Auf einem meiner Bittbesuche bei Radio Frankfurt (der Sender wurde erst später in »Hessischer Rundfunk« umbenannt) kam mir auf der Treppe des damaligen Bürogebäudes in der Eschersheimer Landstraße (»Gotha-Haus«) eine kleine Menschengruppe entgegen, in der ich zunächst nur die Programmdirektorin, Frau Kaminsky, erkannte. Ich grüßte höflich – da winkte mir ein Mann zu und sagte: »Wie kommen denn Sie hierher?« Es war Alfred Andersch. Ich gab ihm die Hand. »Dasselbe könnte ich Sie fragen…«, entgegnete ich. Er lächelte kaum merklich. »Ich bin hier zu Hause«, sagte er. »Wieso das?« fragte ich erstaunt. »Herr Andersch ist zum Leiter unseres Abendstudios berufen worden«, mischte sich Frau Kaminsky ein. »Da gratuliere ich aber!« sagte ich. »Danke«, sagte Andersch. »Und Sie?« »Na ja: ich schreibe Theaterkritiken und Buchkritiken und manchmal auch was Größeres.« »Für den Funk?« »Nein, im Funk habe ich nur eine Buchsendung pro Monat.« »Und worüber arbeiten Sie gerade?« »Ich versuche einen Essay über Gottfried Benn zu schreiben.«

»Gottfried Benn?« Andersch horchte auf. »Darüber sollten wir mal reden. Besuchen Sie mich doch in meinem Büro…« Er gab mir die Hand, und der Pulk zog an mir vorüber. Ich hütete mich zu jubeln. Zu oft waren meine Hoffnungen enttäuscht, zu oft war ich von einem Termin auf den anderen vertröstet worden und hatte nur kostbare Zeit verloren. Deshalb ließ ich auch zwischen dieser Begegnung und meinem Anruf bei Andersch mehr als eine Woche vergehen. Telefongespräche von Roßdorf aus waren damals gar nicht so einfach. Zwar konnten wir uns inzwischen wieder die Bahnfahrten nach Frankfurt leisten – aber ein eigenes Telefon war noch unerreichbar. Also mußten wir jedes Mal, wenn wir dringend jemand anrufen wollten, ins benachbarte Altersheim gehen und dort um eine Telefonerlaubnis bitten. Die Anschlüsse kamen nur nach Wartezeiten zustande, denn es wurde noch von Hand vermittelt, und die Leitungen waren knapp.

Ich rief also via Altersheim im Frankfurter Funkhaus an und erbat eine Verbindung mit Alfred Andersch. Er war tatsächlich an seinem Schreibtisch. »Ich habe schon auf Ihren Anruf gewartet«, sagte er zu mir. »Wann können Sie kommen? Bringen Sie mal Ihr Benn-Material mit.« Wir vereinbarten einen Termin einige Tage später – und ich fuhr, diesmal doch etwas hoffnungsvoller als bei früheren Gelegenheiten, nach Frankfurt.

Andersch empfing mich an seinem leergeräumten Schreibtisch, auf dem nur pedantisch geordnetes Schreibzeug lag. Er gab sich freundlich-distanziert, aber nicht abweisend. Er kannte mich und meine Arbeiten nur flüchtig via »Gruppe 47«; ich hatte immerhin seine beeindruckende Rede in Herrlingen erlebt und konnte mir ein ungefähres Charakterbild von ihm machen. Er war streng mit sich selbst und nahm sich in die intellektuelle Pflicht. Er ließ sich von niemandem vereinnahmen oder gar instrumentalisieren. Er glaubte an den Sozialismus, aber er war liberal genug, um sich auch für andere Ideen und Konzepte zu interessieren und sich mit ihnen auseinanderzusetzen. Er war das, was man damals einen »heimatlosen Linken« nannte. »Heimatlos«, weil die stalinistischen Kommunisten den Sozialismus an eine imperiale Diktatur des Proletariats verraten hatten, die in Wirklichkeit die Diktatur eines Einzelnen und seiner Herrschafts-Camarilla war. Ich spürte: die Aura des Elitären, des Abgesonderten und Eigensinnigen, die Alfred Andersch umgab, war auch der selbstgewählte Schutzmantel eines solchen »Heimatlosen«. Dieser Mann ist im Grunde einsam, dachte ich. Er ertastet im Gegenüber einen Partner, einen Gesinnungsfreund – aber einen, der stets Distanz hält.

Andersch schaute mich aus seinem kantig-schmalen Pokergesicht mit den kurzen Kräuselhaaren auf dem Kopf prüfend an. Stets hatte man den Eindruck, von ihm auf die Probe gestellt zu werden. »Wie geht es Ihnen?« fragte er. »Es könnte mir besser gehen«, antwortete ich. »Aber ich will nicht klagen. So allmählich bekomme ich wieder Boden unter die Füße.« »Ich muß mich hier auch erst mal richtig einleben«, sagte Andersch. »Schade, daß ich Sie nicht als meinen Assistenten verpflichten konnte. Aber als wir uns trafen, hatte ich mich schon für Hartmann Goertz, einen früheren Lektor des Goverts-Verlages, entschieden.« Lauter Enttäuschungen, dachte ich. Doch Andersch fuhr fort: »Aber vielleicht ergibt sich was anderes für Sie. Kennen Sie sich wissenschaftlich ein wenig aus?« Tapfer sagte ich: »Ja, ein wenig vielleicht…« Ich hielt die Antwort so vage wie möglich. Meine Gespräche mit Deubel, die Lektüre von Klages und die kontinuierliche Beschäftigung mit Nietzsche und Benn hatten mich nur einführend mit naturwissenschaftlichen und naturphilosophischen Fragen vertraut gemacht und mir die Einsicht vermittelt, daß ohne Naturbetrachtung die Erkundung der Welt nur Stückwerk sei. Diese vagen Gedanken, die mir in diesem Augenblick durch den Kopf jagten, ermunterten mich zu meinem schüchtern-wagemutigen »Ja«.

»Im Grunde ist die Sache ziemlich harmlos«, sagte Andersch. »Es geht darum, innerhalb der Kulturredaktion eine bescheidene Sparte ›Volkstümliches Wissen‹ einzurichten, einmal die Woche nachmittags. Dafür brauchen wir einen Redakteur auf freier Pauschal-Basis. Würde Ihnen so was Spaß machen?« Es war mir gleichgültig, ob mir die Stelle Spaß machen könne oder nicht – die Hauptsache: ich saß wieder in einer Redaktion und hatte ein regelmäßiges Einkommen. Bevor Zweifel sich meiner bemächtigen konnten, sagte ich erneut »Ja« – diesmal mit Nachdruck. »Es wird wohl noch etwas dauern«, dämpfte Andersch meine Euphorie. »Die Stelle wird erst im nächsten Frühjahr eingerichtet. Und viel bringt sie auch nicht ein: etwa 300 DM pauschal im Monat sind angesetzt, eigene Beiträge werden extra bezahlt, aber nur zur Hälfte des Honorars. Also: wir werden sehen, was sich machen läßt… Und nun zu Benn.«

Ich erörterte Andersch die Dramaturgie meiner geplanten Sendung. Er war erstaunt, wieviel Material ich (nicht zuletzt mit Hilfe des Limes-Verlages in Wiesbaden) zusammengetragen hatte – und er war noch mehr erstaunt, als ich ihm erklärte, daß ich Benns Bekenntnisse zum »neuen Staat« (1933) ausdrücklich in meine Dokumentation aufzunehmen gedachte. Sie sind zum Verständnis von Benns geistiger Haltung ebenso notwendig, sagte ich, wie die nachfolgende Abkehr vom Nationalsozialismus.

»Mein Fall ist Benn zwar nicht«, sagte Andersch. »Aber was Sie da erzählen, klingt interessant. Vielleicht hängen wir ein kleines Streitgespräch an. Also: wir machen die Sendung. Eine Stunde, ungefähr 24 Schreibmaschinenseiten. Honorar: 1000 DM plus Sprechen.«

Glücklich fuhr ich nach Hause, um Maria die frohen Botschaften zu übermitteln. Wir überschlugen unser zukünftiges Monats-Salär: 300 DM Pauschale, 120 DM Buchrezension, im Schnitt 150 bis 200 DM aus Kritiken, Aufsätzen etc. – machte alles in allem 600 bis 700 DM im Monat. Das war nicht üppig, aber damit ließ sich leben, vor allem: es ließ sich ohne tägliche Existenzangst leben. Aber auch ein neues Problem tauchte auf: konnten wir die neuen Aufgaben von Roßdorf aus bewältigen? Auf die Dauer wohl kaum. Jedoch: an eine Wohnung in Frankfurt zu kommen, schien angesichts unseres begrenzten Etats und der fortdauernden Wohnungsnot aussichtslos.

Das Jahr 1949 ließ sich gut an. Anderschs Versprechungen wurden Realität. Ich bekam tatsächlich einen Dreihundert-Mark-Vertrag mit Radio Frankfurt und auch das Sendedatum meines Funk-Essays über Benn rückte in verläßliche Nähe. Bei der Vorbereitung meiner neuen Reihe ›Volkstümliches Wissen‹ half mir mein Schwiegervater, der mein unermüdlicher Mentor in den Naturwissenschaften war.

Er war Anfang 1948 aus britischer Gefangenschaft heimgekehrt. Nun hausten meine Schwiegermutter und er, die ich in so wohltuend großbürgerlicher Umgebung damals in Darmstadt kennengelernt hatte, in einem primitiven Zimmer in der Bornheimer Landstraße in Frankfurt mehr schlecht als recht. Ohne Einkommen und ohne berufliche Aussichten konnte er vorerst nicht auf Veränderung der mißlichen Familienlage hoffen. Er trug sein Schicksal tapfer, obwohl er sich zutiefst gedemütigt fühlte. Das Ausmaß des deutschen Debakels wurde ihm erst ganz allmählich bewußt. In seinem persönlichen Unglück stand er mir jedoch als ein weiterer wichtiger Gesprächspartner mehr als nur hilfreich bei. Denn er, der begeisterte Biologe, weckte meine Neugier und mein Verständnis für die Naturwissenschaften – und er erschloß mir dadurch nicht nur einen neuen, wichtigen Erfahrungsbereich, sondern half mir auch, ohne daß wir uns dessen bewußt waren, bei meiner beruflichen Pfadfinderei ein großes Stück weiter.

Er machte mich vor allem auf einen Wissenschaftszweig aufmerksam, den bis dahin nur wenige Eingeweihte kannten: die Verhaltensforschung. Was er mir von Konrad Lorenz und seinen Mitstreitern, insbesondere von Erich von Holst, erzählte, fesselte mich. Ich spürte: Diese Forscher bewegen sich in einem Übergangsfeld von Tier und Mensch, und in diesem Übergangsfeld schienen sich auch Natur- und Geisteswissenschaften zu berühren, wenn nicht sogar zu verschränken. Bezüge zu Klages, zu Nietzsche, zu Benn deuteten sich an. Meine Neugier war geweckt, und ich beschloß, diese Funkreihe zu eigenen Erkundungsfeldzügen in mir unbekannte Wissensgebiete zu nutzen. Meine Ersatz-Universitäten: Wieder tat sich eine Tür auf…

Mein Schwiegervater wies mich auch auf Dr. Grzimek hin, den Direktor des Frankfurter Zoos. Auch dieser Mann sei einer der namhaften Verhaltensforscher. Vielleicht könne er die Verbindung zu Konrad Lorenz herstellen. Just diesem Hinweis verdankt der nachmals medienberühmte Dr. Grzimek seinen Aufstieg in die große Öffentlichkeit. Denn seine ersten Tiervorträge wurden in der Reihe ›Volkstümliches Wissen‹ gesendet und fanden auf Anhieb ein großes Echo. Sie entwarfen das Grundmuster für die späteren Fernsehsendungen, die Grzimek für Jahrzehnte zum beliebten Fernsehstar avancieren ließen.

Mit Hilfe von Bernhard Grzimek fand ich dann auch tatsächlich viele Kontakte zu den renommierten Verhaltensforschern – zu Konrad Lorenz und Erich von Holst, zu Otto Koehler und Nikolaas Tinbergen. Später veranstaltete der Frankfurter Sender in Zusammenarbeit mit dem Zoologischen Garten sogar eine sonntägliche Matinée-Reihe mit Vorträgen dieser Forscher, die anschließend in der ebenfalls von mir etablierten Reihe ›Hier spricht die Wissenschaft‹ mit beachtlicher Resonanz gesendet wurden. Denn ich ließ es, als ich erst einmal auf dem Redaktionssessel Platz genommen hatte, nicht bei dem ›Volkstümlichen Wissen‹ bewenden, sondern richtete, den Hörer-Erfolg im Rükken, bald noch eine zweite Reihe, ›Lebendiges Wissen‹, und schließlich noch eine dritte, eben ›Hier spricht die Wissenschaft‹, ein. Und ich schrieb nach Herzens- und Geisteslust Sachbuchautoren und Wissenschaftler an, von denen ich etwas zu erfahren hoffte für meine eigenen Welterkundungen. Von Adorno bis Klages, von Viktor von Weizsäcker bis Hans Freyer, von Max Bense bis Karl Kerényi reichte das Spektrum, das meine Ein-Mann-Redaktion zu einem Erkenntnis-Lichtstrahl (wie ich selbstbewußt feststellen durfte) vereinigte.

Aber ich greife der Zeit voraus. Bleiben wir im Jahr 1949. Der Beginn meiner täglichen Arbeit im Frankfurter Sender aktivierte das Wohnungsproblem neu. Wir suchten und suchten, aber wir fanden nichts – zumindest nichts, was wir vorerst hätten finanzieren können. Als wir schon resigniert aufgeben wollten, machte uns jemand darauf aufmerksam, daß in der Eschersheimer Landstraße 91 ein kriegszerstörtes Hinterhaus wieder aufgebaut werde. Ein Hinterhaus? Naja. Maria und ich gingen hin, zumal die Nummer 91 nicht weit vom damaligen Funkhaus entfernt lag. Das Vorderhaus war weitgehend unversehrt. Das dreistöckige Hinterhaus erwies sich eher als ein Häuschen, das sich vor dem großen Vorderhaus und den übrigen Häusern ringsum in den Hinterhof duckte. Wir schauten uns die Rohbauwohnungen an. Die Zweizimmerwohnung im zweiten Stock mit dunkler Küche, aber mit einem Balkon, davor eine große Linde, gefiel uns, Hinterhaus hin, Hinterhaus her. Wir fragten nach den Bedingungen.

Die Miete war erträglich: 120 DM pro Monat. Wenn wir uns einschränkten, konnten wir diesen Betrag aufbringen. Aber … nun kam das große Aber: 1500 DM als Mietvorauszahlung. Was tun? Wer gab uns Habenichtsen Kredit?

Doch das Jahr 1949 schien uns wohlgesonnen. Ein Kriegskamerad meines Schwiegervaters, Herr Eckstein, nahm in der

Deutschen Bank in Frankfurt inzwischen eine entscheidende Stellung im Kreditwesen ein. Dieser Herr Eckstein ermöglichte uns die Mietvorauszahlung, und er verhalf sogar auch noch meinen Schwiegereltern zum Einzug in die Dachwohnung über uns. Endlich, endlich konnten wir unsere beengten und abhängigen Verhältnisse in Roßdorf verlassen und in der Stadt wohnen, die uns zur ersten Nachkriegsheimat wurde: Frankfurt am Main.

Wir zogen also um. Und wir fühlten uns wie Könige in unseren eigenen vier Wänden. Es ging aufwärts. Wieder war ein wichtiger Schritt getan.

Förderliche Irritationen

Im Rundfunk besaß ich zwar ein eigenes Bürozimmerchen, aber eine Sekretärin war mir nicht zugeteilt. Ich mußte mir von der Sekretärin des Hauptabteilungsleiters Kultur, dem etwas konfusen, aber liebenswürdigen Herrn Bopp, aushelfen lassen. Die Dame zeigte sich von solchen Hilfsdiensten wenig erbaut und schob stets »Wichtigeres« vor, wenn ich sie um ein Diktat bat. So blieb mir gar nichts anderes übrig, als meine Schreibmaschine eigen-einhändig zu bedienen – was mir inzwischen recht flott gelang. Insofern scherte mich der Hochmut der Dame wenig.

Meine Aufgabe als »Sachbearbeiter für Erwachsenenbildung« nahm ich mit ebenso viel Leidenschaft wie kritischer Konzentration ernst. Mit jedem Beitrag, den ich in Auftrag gab oder annahm, erwies ich mir auch selbst einen Wissensdienst. Dabei kannte meine Wissensneugier keine disziplinären Grenzen. Ich wollte wissen, wie alles mit allem zusammenhing, ohne mich allzu tüftelnd in Details zu verlieren. Alles mit allem: Je intensiver ich mich mit den Naturwissenschaften, insbesondere mit der Verhaltensforschung beschäftigte, um so deutlicher wurde mir, daß jeder Mensch (wie überhaupt jedes Lebewesen) als individueller Organismus das gestaltende, gestaltenbildende Exempel der schöpferischen Natur statuierte. Eine Trennung anthropologischer Einsichten in naturwissenschaftliche und geisteswissenschaftliche Erkenntniskategorien kam mir absurd, ja gefährlich vor. Geradezu instinktiv wehrte ich mich dagegen, die sogenannten »exakten Wissenschaften« gegen die nicht exakten (das heißt: nicht mathematisch beweiskräftigen) Wissenschaften auszuspielen. Ohne das philosophische Band und ohne die denkerische Reflexion, die dieses Band fachübergreifend gewährleistet, mußten, davon war ich immer entschiedener überzeugt, die Forschungen ins Unsichere wuchern. Das heißt: die exakten Wissenschaften als des Wissens letzte Schlüsse warfen mehr Probleme auf, als sie lösen konnten. Aufgrund dieser Einsicht gruppierten sich die Beiträge für »meine« Reihen mehr unabsichtlich als absichtlich zu dem Generalthema: Was ist der Mensch? Was kann der Mensch und was kann er nicht, obwohl er glaubt, daß er alles könne? 1952 bot ich schließlich im Rahmen von ›Hier spricht die Wissenschaft‹ einen ganzen Themenzyklus zum »Problem des Menschen« an, in dem herausragende Vertreter aller Wissenschaftsgebiete mit Beiträgen vertreten waren. Die Reihe erregte viel Aufhorchen und Beifall. Daraus erwuchsen auch Buchveröffentlichungen: 1950 erschien der erste Sammelband ›Lebendiges Wissen‹ in der Dieterichschen Verlagsbuchhandlung, 1955 die zweite Folge mit weiteren Beiträgen aus meinem Sendeprogramm im Kröner-Verlag.

In einem Programmvorwort umriß ich mein Konzept mit folgenden Worten: »Denn die Wissenschaft beschäftigt sich ja mit den Erscheinungen des Lebens. Auch da, wo sie sich abstrakten Themen zu widmen scheint, mündet sie schließlich ins Leben zurück. So ist jede Wissenschaft, im Goetheschen Sinne, Lebens-Wissenschaft. Und darum geht sie auch jeden von uns an – und deshalb bemühen wir uns auch, in unseren Sendereihen Wissenschaftler und Laien zu fruchtbarer Begegnung einander entgegenzuführen. Wir glauben, daß die menschenbildnerische Absicht, die wir damit verfolgen, unsere Bemühung rechtfertigt.«

Menschenbildnerische Absicht – das klingt wie ein humanes Glaubensbekenntnis. Und das war es wohl auch und ist es für mich noch immer. Nur war ich mir dessen in jenen Lehrjahren zwischen 1947 und 1952 durchaus noch nicht sicher. Machte ich mir vielleicht selbst etwas vor? War mein musisches Verhältnis zur menschlichen Lebenswelt in Wahrheit eine Flucht vor der brutalen und auch trivialen Wirklichkeit der menschlichen Existenz, die ich im Krieg so hautnah (im wörtlichen Sinn) erlebt und erlitten hatte? Suchte ich blaue Blumen, wo nur Brennesseln wucherten? Wieder einmal kam ich mir als Außenseiter vor in einer Gesellschaft, die sich unter Krämpfen, Verrenkungen und intellektuellen Hochstapeleien neu zu formieren versuchte. Ich zögerte, an den politischen und zeitgeistig-tendenziösen Auseinandersetzungen teilzunehmen und versuchte einen eigenen Weg in die Zukunft zu finden – entfernt von Tagesparteilichkeit und einer Kultur-Humanität verpflichtet, die nicht trennt, sondern verbindet. Die Zugehörigkeit zu Rassen, Nationen oder gesellschaftlichen Gruppen erschien mir schon in meiner Jugend als zweit- oder gar drittrangig. Die Einzelnen und deren Schicksale interessierten mich, sie berührten und rührten mich – und an dieser mitmenschlichen Befindlichkeit änderte sich bis heute nichts. Im Gegenteil: was ich damals, von den Zeitströmungen unentwegt irritiert, nur ahnte, wurde mir in späten Jahren erst zur endgültigen Gewißheit – nämlich: daß »der Mensch« nicht nach seinem Wissen, nach seinem »Blut« oder seiner staatlichen oder gesellschaftlichen Herkunft und schon gar nicht nach seinen materiellen Verhältnissen beurteilt und eingeschätzt werden darf, sondern einzig und allein am Rang seiner humanen Qualität, an seinem eigentlichen Charakter gemessen werden sollte.

Aber wie bemerkt: sicher war ich mir damals, in den Jahren zwischen 1947 und 1952, meiner weltanschaulichen Sache durchaus nicht. Die Niederlagen in der »Gruppe 47« und die biozentrischen Beschwörungen von Werner Deubel und Ludwig Klages, Benns illusionsloses Bekenntnis zur »formfordernden Gewalt des Nichts«, Nietzsches ästhetische Rechtfertigung des Daseins und Konrad Lorenz' ethologische Ernüchterungen des selbstherrlichen Homo sapiens – ich war hin- und hergerissen zwischen geistigen Fronten, Positionen und Polen, ohne selbst einen Standort zu finden. Meine zahllose Leitzordner füllenden Briefwechsel jener Jahre legen Zeugnis ab von meinem geradezu unbändigen Willen zur Orientierung und vom Wanken zwischen Gewißheit und Zweifel. Insbesondere Walter Hilsbecher erwies sich damals als gescheiter und diskussionsbereiter Freund und Briefpartner.

Heinz Friedrich (3. v. l.) war Gründungsmitglied der »Gruppe 47« und blieb auch später der Gruppe treu, hier beim Treffen in Saulgau 1963 mit Christian Ferber (li) und Carl Amery.

Mein Verhältnis zur »Gruppe 47« blieb zwiespältig. Die Gruppe befremdete mich paradoxerweise in dem Maß, in dem ich in sie hineinwuchs, ja: ein Teil von ihr wurde. Obwohl mir viele Texte der »zeitgenössischen« jungen Literatur, die auf den Tagungen kritikreich Revue passierten, belanglos oder gar ärgerlich erschienen, ermöglichten mir andererseits die Zusammenkünfte, Begegnungen und Freundschaften, die mich mit der Literatur meiner Generation und auch der nachfolgenden »Halb-Generation« enger verbanden, als dies Rundfunk, Zeitung und Verlag jemals hätten leisten können. Die dichterische Erfahrungs- und Gestaltungswelt der Gegenwart blieb mir durch die Gruppe nah – in allen Facetten und Niveau-Variationen. Daß die Gruppe mich ertrug, obwohl sie meine Außenseiterrolle wahrnahm, ist weitaus bemerkenswerter als die Tatsache, daß ich meinerseits die Gruppe ertrug. Denn ich brauchte die Gruppe, aber sie brauchte mich nicht. Oder brauchte sie mich doch – als Verbündeten der »anderen Seite«?

War ich ein Romantiker? Man hielt mich für einen Romantiker – und ich fühlte mich gelegentlich auch als Romantiker, nicht nur, weil ich noch an Welt-Gefühle glaubte, sondern sie auch noch unmittelbar zu spüren meinte. Das Zergrübeln der Erscheinungen, da stimmte ich mit Klages überein, zerstörte die Wirklichkeit, anstatt Wirklichkeiten zu schaffen. Die Rückkehr zu den Ur-Sachen des Lebens konnte ein Bollwerk gegen den Zerfall errichten. Aber woraus sollte in so später Zeit dieses Bollwerk errichtet werden?

Hier elektrisierte mich der Einspruch Gottfried Benns: Benn bekannte sich zur »formfordernden Gewalt des Nichts«, die dem von Nietzsche beschworenen europäischen Nihilismus die Kunst als Gegenwelt abrang und entgegenstellte. Nicht mehr der Übermensch steht jenseits des Nihilismus, sondern das »gezeichnete Ich«. Konnte der Einzelne, der Artist das Unmögliche leisten, dem Untergang standzuhalten?

Und dann Konrad Lorenz. Kennt der Mensch die »Weltbilder« anderer Lebewesen? Weiß er, ahnt er, wie Gänse oder Hunde mit ihresgleichen, aber auch mit den Menschen kommunizieren? Kann er sich vorstellen, wie sie denken und fühlen, agieren und reagieren? Jede »Welt« hat ihren eigenen Wert, die tierische ebenso wie die menschliche. Hier von »niederen« oder »höheren« Welten oder Weltbildern zu reden, erschien Konrad Lorenz wenig angemessen. Jeweils die Perspektiven der Welterfassung und Weltschau (und die damit verbundenen Spiel-Räume eigenen und eigenverantwortlichen Handelns) seien bei Mensch und Tier verschieden, behauptete er. Die Selbstherrlichkeit des Menschen entbinde ihn nicht von seinen elementaren Lebensprinzipien: Eros und Aggression. Sie seien die bestimmenden Pole und Kraftfelder seiner Existenz. Hier schloß sich offenbar wieder der Kreis hin zu Nietzsche, der im Dionysischen diese beiden Elemente (Eros und Willen zur Macht) im Zwist sich vereinen und trennen sah. Das Widersprüchliche schien sich zum Eindeutigen wieder zusammenzufinden, ohne sich im Romantischen zu verlieren.

Nicht nur die »Gruppe 47«, auch Alfred Andersch erhielt mir konstant sein Vertrauen, und ich hielt ihm die Treue. Ich war ihm über alle Maßen dankbar für seinen Hilfsdienst, der mir wenigstens eine erste, kleine Anlegestelle im Frankfurter Sender verschafft hatte. Anfangs beaufsichtigte noch die amerikanische Militärregierung das Unternehmen, mit Golo Mann als Control-Officer und Hans Mayer als Chefredakteur. Vorläufiger Intendant war Eberhard Beckmann, ein ehemaliger Journalist, der, seiner jüdischen Frau wegen, im Dritten Reich mit Berufsverbot belegt war – ein eleganter, leicht snobistischer Herr, der, nach soviel Jahren öffentlicher Abstinenz, seinen neuen Rang offensichtlich genoß. Um die Literatur kümmerte sich Stephan Hermlin, ein junger, gutaussehender Mann, der mir vorkam wie das Urbild von Rilkes Cornet. Stephan Hermlin galt als Kommunist. Aber ich lernte ihn vor allem als brillanten Interpreten, Übersetzer und Kommentator der zeitgenössischen französischen Literatur kennen und schätzen – und als Bewunderer von Karl Kraus, mit dessen ›Letzten Tagen der Menschheit‹ er an zwei Abenden im großen Sendesaal des Rundfunks eine aufregende Lese-Aufführung mit Schauspielern des Frankfurter Schauspielhauses und hauseigenen Sprechern veranstaltete. Hermlin faszinierte mich. Er schien das zu verkörpern, das heißt: in seiner Person zu vereinigen, woran die jungen Talente der »Gruppe 47« immer wieder scheiterten: nämlich literarischen Rang mit sozialistischem Human-Anspruch auf einen kreativen Nenner zu bringen. Um so heftiger war ich später enttäuscht, als Hermlin, nach seiner Übersiedlung in die DDR, eine ziemlich zwielichtige Rolle zwischen elitärer Abgrenzung und realsozialistischer Anpassung spielte, über Jahrzehnte hinweg. Ich begegnete ihm noch einige Male – zuletzt, noch vor der Wende, bei einem Empfang für Hans Werner Richter ausgerechnet beim Bundespräsidenten, Richard von Weizsäcker, in Bonn. Wir begrüßten uns herzlich, wechselten ein paar Worte – und gingen uns aus dem Wege.

Meine Sendereihen im »Hessischen Rundfunk« (so hieß Radio Frankfurt nach Umwandlung in eine »Anstalt des öffentlichen

Rechts« der neuen Bundesrepublik Deutschland) erregten nicht nur, am Hörer-Echo war es abzulesen, in der Öffentlichkeit Aufmerksamkeit. Auch innerhalb des Funkhauses interessierte man sich für den jungen »Erwachsenen-Bildner«, der offensichtlich erfolgreiche Rundfunkarbeit leistete. Mir selbst machte die Arbeit, trotz geringen Lohns, regelrecht Spaß – und zwar nicht nur der redaktionellen »Studien«-Erlebnisse wegen, sondern auch im Hinblick auf die Rundfunkpraxis. Am liebsten saß ich im Regieraum oder schnitt mit der Cutterin meine Aufnahmen sendegerecht zu, oder ich trat selbst als Sprecher oder Gesprächspartner in Aktion. Vor dem Mikrophon vergaß ich alle Scheu; ich fühlte mich frei und ungezwungen, während mich öffentliche Auftritte mit Publikum noch immer (und noch viele Jahrzehnte lang) in Lampenfieber höheren Grades versetzten.

Bereits 1950 eröffnete mir Andersch, daß sein Assistent Hartmann Goertz wahrscheinlich die Hörspiel-Dramaturgie des Senders übernehmen werde. Die Stelle im Abendstudio würde somit frei. Ob ich bereit sei, zu ihm zu kommen? Meine Redaktion »Erwachsenenbildung« könne ich beibehalten; ja: mein Verbleiben dort sei von der Sendeleitung sogar ausdrücklich gewünscht. Ich sagte selbstverständlich zu. Offensichtlich kam ich wieder ein Semester in meinem autodidaktischen Studiengang weiter. Ich wurde nun offiziell Angestellter des Hessischen Rundfunks mit einem Monatsgehalt von siebenhundertfünfzig Mark. Maria und ich kamen uns vor, als hätten wir das große Los gewonnen. Wir brauchten dieses große Los auch dringend. Denn Maria erwartete ein Kind.

Wir freuten uns sehr auf den Nachwuchs, aber wir hatten auch Angst vor der neuen, unerprobten Lage. Würden wir mit dem Baby zurechtkommen? Wir ließen uns von erfahrenen Müttern beraten und kauften auch Ratgeber, darunter den unvermeidlichen Titel ›Die Mutter und ihr erstes Kind‹. Das machte uns aber auch nicht sicherer.

Als Geburtstermin war uns der April 1951 vorausgesagt. Aber die Wehen meldeten sich bei Maria Anfang März. Sie wurde sofort ins Krankenhaus gebracht. Am 6. März erreichte mich der Anruf. »Ihre Frau hat ein Töchterchen geboren. Es war eine schwierige Geburt, aber Kind und Mutter sind wohlauf.« Ich fuhr sofort ins Krankenhaus. Maria lag blaß und abgespannt, aber glücklich in ihrem Bett. Wir umarmten uns. Die Schwester führte mich vor das Glasfenster, das den Saal mit den Neugeborenen vom Flur trennte. Eine andere Schwester im Saal hielt mir ein kleines Bündel Mensch entgegen, in dessen verrunzeltem Gesichtchen wie auf einer Karikatur meine Gesichtszüge mit denen Marias abzuwechseln schienen. Der Eindruck währte nur ein paar Sekunden – dann war das Baby ein Baby wie jedes andere.

Ulrike, so hieß unsere Tochter, schob sich in unsere Welt. Wir waren nun zu dritt. Und unsere Welt sollte zukünftig auch ihre Welt werden. Aber zunächst strampelte sie noch ziemlich hilflos, aber doch energisch in dieser Welt herum, die aus einem Wäschekorb auf Rädern bestand. Wir ließen von der ohnehin kleinen und dunklen Küche noch einen Verschlag abtrennen, der Ulrikes Babyschlafzimmer wurde. Viele unserer zahlreichen Hinterhausbesucher (von Gottfried Benn bis Wolf von Niebelschütz, von Carl Schmitt bis Mathias Wieman, von Enzensberger bis Wolfdietrich Schnurre) erinnerten sich noch viele Jahre später an die familiär-dramatischen Begleiterscheinungen ihrer Treffen mit uns: Maria oder ich mußten nämlich abwechselnd in dem Verschlag verschwinden, um das Kind zu beruhigen. Wir schoben den Wäschekorb jeweils ein paar Zentimeter hin und her, manchmal allerdings stundenlang …

Aber dank der über uns wohnenden Schwiegereltern und deren treuen Haushälterin Dina kamen wir nicht nur verhältnismäßig gut über die ersten Wochen und Monate, sondern auch über die ersten Jahre. So langsam entwickelte sich aus dem schreienden und strampelnden Bündel ein Menschlein, das uns anlächelte und mit dem wir sprechen und spazierengehen konnten – und dessen Kindlichkeit uns erfrischte und beglückte, allen Anstrengungen, Anforderungen und auch Krankheiten zum Trotz. Ich spürte: auch dieser Abschnitt gehört zu meiner Lebens-Universität.

Alfred Andersch

Die Zusammenarbeit mit Alfred Andersch war höchst anregend und produktiv. Obwohl von der marxistischen Dialektik geprägt, handelte Andersch damals erstaunlich liberal. »Man verfügt nur dann über ein beachtenswertes geistiges Niveau«, sagte er gleich zu Anfang unserer gemeinsamen Programmüberlegungen zu mir, »wenn man bereit ist, dieses Niveau auch bei denen anzuerkennen, die anderer Meinung sind. Auf dieser Ebene geistigen Anspruchs wird jeder Dialog möglich und sowohl im Für als auch im Wider fruchtbar.« Diese Devise konnte ich mir ohne Einschränkung zu eigen machen. Sie bewahrte mich vor Urteils-Einseitigkeiten und erlaubte mir interessante Annäherungen auch an Themen und Autoren, die mir fremd schienen oder gar entgegenstanden. Daß Andersch keine pseudo-liberalen Phrasen drosch, bewies sein Programm und auch seine Nachsicht gegenüber meinen programmatischen Eigenwilligkeiten, die oft seinen Vorstellungen widersprachen. Er hielt mich für einen antirevolutionären Romantiker, den man hin und wieder zur rationalen Ordnung rufen mußte. Andererseits bewunderte er insgeheim jene Intellektuellen, die souverän rationale Luzidität mit irrationaler Intuition synergetisch verbanden. So fühlte Andersch sich zum Beispiel, wenn auch mit kritischen Vorbehalten, extrem angezogen von Ernst Jünger. Die kühle, distanzierte Art dieses Schriftstellers, sich mit den Phänomenen des Lebens – ob mit Insekten, menschlichen Verhaltensweisen oder geschichtlichen Zusammenhängen oder mit Kunst oder Literatur – zu befassen, sie zu analysieren und tiefgreifende Erkenntnisse aus ihnen zu gewinnen, faszinierte ihn. Solch souveränen Abstand zu den Dingen und zu den Menschen, aber auch zu sich selbst strebte auch er an. Sich nur nicht hineinziehen lassen in emotionale Strudel, nur keine unauslotbaren Tiefen – das war sein unausgesprochenes Leitmotiv. Klarheit des Erkennens, Klarheit des Denkens – dies entdeckte er auch bei den französischen Zeitgenossen – bei Sartre, bei Camus, bei Valéry und Gide, bei Montherlant oder in der luziferischen Sexualität von Jean Genet. Sogar der machiavellistische Pragmatismus des umstrittenen Völker- und Verfassungsrechtlers Carl Schmitt erweckte seine intellektuelle Neugier. Carl Schmitt damals, Anfang der fünfziger Jahre, in das Programm eines Senders aufzunehmen (mit seinem Werk ›Land und Meer‹), war kühn. Aber auch in diesem Fall siegte Anderschs Niveau-Devise über den zeitgeistigen Zwist. Jenseits der Auseinandersetzungen um Carl Schmitt wurde der Text als aufregender und herausfordernder Akzent des Abendstudio-Programms akzeptiert und diskutiert. Andersch selbst blieb jedoch uneins mit Schmitt. Er hielt ihn für »einen bösen Mann« von hohem geistigen Rang, dessen verführerische Rationalität nicht über den irrationalen Hintergrund seines Denkens hinwegtäuschen durfte.

Durch meinen Programmvorschlag in Sachen Benn aufmerksam geworden, suchte Andersch auch einen Zugang zu diesem berühmten Dichter und seinen ästhetischen Perspektiven der »formfordernden Gewalt des Nichts«. An Benn interessierte ihn die existentielle Bereitschaft eines Künstlers und Denkers, sich dem Zeit-Schicksal zu stellen und Kunst-Entscheidungen gegen die Zeit zu treffen um den Preis der Vereinsamung. Aber er hielt diese Entscheidungen nicht für zukunftsweisend, sondern für reaktionär, ja: für faschistoid. Insofern erschien ihm meine Benn-Apologetik nicht ganz geheuer.

Er faßte seine Stellungnahme zu meinem fertiggestellten Sendemanuskript auf der Rückseite eines alten DIN A5-Briefumschlages mit ein paar Bleistiftnotizen zusammen, die sich bis heute in meinem Archiv erhalten haben. Diese Notizen sind ein beeindruckendes Beispiel für die Übereinstimmung Anderschs mit marxistischen Thesen, aus deren Sicht mein Versuch, Benn als

Rechtfertiger des Daseins durch Kunst zu verteidigen, zwangs-
läufig reaktionär erscheinen mußte. Daß Andersch die Sendung
dennoch mit ein paar Änderungen, die ich einsah, ohne inhalt-
liche Zensur senden ließ, beweist, daß er auch in diesem für ihn
schwierigen Fall seine liberale Programm-Maxime nicht aufgab.
Allerdings ließ er auf die Sendung ein Gespräch folgen, in dem er
seine Meinung zu dem »Problem Benn« vortrug.
Anderschs Bleistiftnotizen lauteten wörtlich:

> Benns »revolutionäre« Position ist (auch nach dem Manuskript)
> noch heute ratio-feindlich, also nach der seit Jahrhunderten gülti-
> gen Definition von revolutionär anti-revolutionär, also reaktionär.
> (Die zunächst zersetzende Ratio führt _nur_ im Rahmen der bür-
> gerlichen Position zum Nihilismus, im Rahmen dieser Position
> verbleibt Benn – insofern er nicht proletarisch, d.h. marxistisch
> wird –. Deshalb bleibt er reaktionär in dem spezifisch »edelfaschi-
> stischen«, romantischen Sinn.)
>   Es ist Friedrich natürlich unbenommen, das obenstehende nicht
> anzuerkennen. Eine Auseinandersetzung damit ist aber _unbedingt_
> erforderlich, um a) die Stellung Benns _in heutiger Zeit_ klarzuma-
> chen b) dem Manuskript seinen apologetischen und kritiklosen
> Charakter zu nehmen c) dem Publikum Anhalt zum Nachdenken
> zu geben, d) nicht nur auf dessen unklares Gefühl wirkende faschi-
> stische Propaganda zu machen (Spengler, Zehrer, Benn! Hitlers
> Ansatz war instinktiv »richtig«.) e) die wirkliche geistesgeschicht-
> liche Stellung Benns scharf herauszustellen.

Meine Benn-Sendung wurde, da ich auf meiner Interpretation
beharrte, trotzdem ausgestrahlt, ohne irgendwelche Verstim-
mungen zu hinterlassen.
    Andersch arbeitete während seiner Redaktionszeit an einem
autobiographischen Werk, über dessen Inhalt er so gut wie nicht
sprach. Aber irgendwann fragte er mich dann doch ziemlich unvermittelt: »Haben Sie jemals im Krieg daran gedacht zu desertieren?« Ich war verblüfft. Seine Militär-Biographie kannte ich
nicht. Sonst hätte ich gleich gewußt, worauf er hinauswollte. Ich
überlegte nicht lange. »Eigentlich nicht«, sagte ich. »Und warum

nicht?« fragte mich Andersch. Ja, warum nicht? »Der Gedanke ist mir nie gekommen«, sagte ich. »Ich hatte ja auch gar keine Alternative. Auf der anderen Seite lagen die Russen. Und zu denen überzulaufen, erschien uns schlimmer als die Todesgefahr in den eigenen Reihen. Nicht zuletzt aber beschämte mich allein schon der Gedanke, mich aus der Verantwortung für die Gemeinschaft gleichsam hinauszustehlen.« »Also Pflichterfüllung«, meinte Andersch. – »Wenn Sie so wollen: ja. Ich hatte einen Eid geschworen. An den fühlte ich mich gebunden.« »Auf Gedeih und Verderb?« bohrte Andersch weiter. »Die Entscheidung lag nicht bei mir«, sagte ich. »Mein Krieg war das nicht. Ich fühlte mich zur Pflichterfüllung eher verdammt als patriotisch berufen. Aber ich hatte gelernt, Pflichten zu erfüllen, allen individuellen Widerständen zum Trotz. Und wie gesagt: zu den Russen überzulaufen wäre ohnehin keinem von uns je in den Sinn gekommen.« »Man merkt«, sagte Andersch fast ein wenig resigniert, »Sie sind acht Jahre jünger als ich. Sie kommen aus einer anderen Welt. Sie dachten nicht nach …« Und vielleicht stand unausgesprochen die Fortsetzung dieses Satzes im Raum. »Ja, ich glaube, Sie denken auch heute noch nicht genügend nach …« Er hielt mich für einen hoffnungslos unpolitischen Menschen, ohne jede dialektische Intelligenz. Daß er mich trotzdem sehr schätzte, rechnete ich ihm hoch an.

Wir sprachen dann nicht mehr über das Thema. Aber als dann 1952 Anderschs heftig umstrittenes Buch ›Die Kirschen der Freiheit‹ mit der Schilderung seiner Desertion in Italien (Sommer 1944) in der Frankfurter Verlagsanstalt erschien, wurde mir in vollem Umfang bewußt, worüber wir gesprochen hatten: Über das Existenzproblem von Freiheit und Gehorsam. Bezeichnenderweise hatte Andersch seinem Buch einen Satz von André Gide aus dessen Tagebuch (vom 11. Mai 1941) vorangestellt: »Ich baue nur noch auf die Deserteure.«

Das Buch war damals eine mutige Tat. Ja, manche vermuteten in und hinter dieser offenen, den Menschen Andersch entblößenden Schrift sogar intellektuelle Arroganz – eine Arroganz, die für die eigene Person eine Entscheidungsfreiheit inmitten einer geschichtlichen Katastrophe einforderte, zu der sich kaum jemand, der in die Schicksalsgemeinschaft einer Armee eingebunden war, entschließen konnte oder mochte.

Selbst Ernst Rowohlt, gewiß kein Parteigänger der Nationalsozialisten, aber Wehrmachtsoffizier im Krieg, hatte sich nicht bereitgefunden, Anderschs Manifest zu verlegen. Wahrscheinlich beunruhigte ihn das Thema ebenso wie es mich beunruhigte. Lag die Wahrheit wirklich so persönlich existentiell auf der Hand, wie Andersch sie beschrieb? Aber ich bewunderte die Tapferkeit (und Klarheit), mit der Andersch sich zu seinem Schritt hinaus »aus den Reihen der Wehrmacht« bekannte. Feigheit jedenfalls war es nicht, was ihn zu diesem Schritt bewog. »Mein Buch«, so schreibt er, »hat lediglich die Aufgabe, darzustellen, daß ich, einem unsichtbaren Kurs folgend, in einem bestimmten Augenblick die Tat gewählt habe, die meinem Leben Sinn verlieh und von da an zur Achse wurde, um die sich das Rad meines Seins dreht. Dieses Buch will nichts als die Wahrheit sagen, eine ganz private und subjektive Wahrheit. Aber ich bin überzeugt, daß jede private und subjektive Wahrheit, wenn sie nur wirklich wahr ist, zur Erkenntnis der objektiven Wahrheit beiträgt.« Und zu welchem Schluß kommt nach Anderschs Meinung »subjektive Wahrheit«? »Die Freiheit«, heißt es in den ›Kirschen der Freiheit‹, »ist nur eine Möglichkeit, und wenn man sie vollziehen kann, so hat man Glück gehabt – worauf es ankommt, ist: sich die Anlage zur Freiheit zu erhalten.« Daß er, Andersch, sich diese Anlage zur Freiheit erhalten konnte, rechnet er sich zur existentiellen Ehre. Seine Desertion war eben keine Flucht, sondern eine Demonstration, die zwar in der trivialen Realität kläglich unterging (der dann folgende »Empfang« durch die amerikanische Truppe war keineswegs dem Entschluß des deutschen Soldaten Andersch angemessen), aber im nachhinein doch ihren Sinn der Selbstachtung vor der Geschichte zu erfüllen schien. Dementsprechend ausführlich setzt sich Andersch mit dem Problem des Eides auseinander, dem er, dialektisch sehr geschickt, jede bindende Kraft abspricht, da er auf eine religiöse Gläubigkeit als letzte Instanz setze, die längst nicht mehr vorhanden sei. Andersch kommt zu dem lapidaren Schluß: »Die Entscheidung zum Kampf auf Leben und Tod setzt den freien Mann voraus. Der Eid kann nur von Gläubigen einem Gläubigen gegenüber geleistet werden. (…) Gegen den äußersten Zwang einer bedingungslosen Konskription und eines befohlenen Eides kann er (der Mensch) die äußerste Form der Selbstverteidigung wählen: die Desertion.« Deshalb, so argumentiert Andersch, könne er sich zukünftige Armeen nur als Freiwilligen-Armeen vorstellen. Und sehr idealistisch glaubt er voraussagen zu können: Diese »Armee wird riesig sein, wenn sie die gerechte Abwehr eines ungerechten Angreifers vorbereitet.«

Andersch und ich vermieden es nach Erscheinen seines Buches, unser vormaliges Gespräch noch einmal aufzunehmen. Er spürte wohl, daß ich mit ihm zwar eines idealistischen Sinnes, nicht aber derselben realitätsbezogenen Ausdeutung war. Die Geschichte stellt keine Gerechtigkeiten her. An den Sinn der Geschichte glauben heißt: an deren machtpolitische Unwägbarkeiten zu glauben und sie als Sinn zu deuten. So glorreich sich eine Gegenwart der Geschichte auch empfehlen mag – über kurz oder lang sieht sie sich mit ihrer eigenen Widersprüchlichkeit erneut konfrontiert. Und: wenn die Geschichte sich heftig ereignet oder gar katastrophal entlädt, überrollt sie die Freiheit der Einzelnen unbarmherzig ohne Anflug von Gerechtigkeit. Man kann nur noch, als Betroffener und Getroffener, »schweigend die Verwandlung erwarten« (Benn). Vielleicht ist auch das eine Form der Desertion. Sie belastet möglicherweise noch mehr das Gewissen als der körperliche Frontwechsel, weil sie sich die Ohnmacht vor dem Untergang eingestehen muß und dennoch ihren Glauben an den Menschen nicht verlieren will.

Ein weites Feld, würde Fontane sagen. In der Tat: ausgeschritten werden kann dieses Feld wohl nie, solange Menschen leben, die sich in Liebe ebenso verbinden wie sie sich in Haß entzweien. Durch die ›Kirschen der Freiheit‹ wurde mir Alfred Anderschs

Nähe zu Ernst Jünger erst deutlich bewußt. Ihn zeichnete der gleiche Wille zur Distanz aus und der kühle Blick auf die Welt und deren Phänomene, der auch Jüngers Haltung und Stil prägte. Auch Andersch suchte wie Jünger durch subjektive Erkenntnisse (»Wahrheit«) objektive Exempel zu statuieren und aus der Reihe der Zeitgenossen herauszutreten, um nicht in den tendenziösen Zeitgeist verwickelt zu werden.

Andersch ertrug die heftigen Diskussionen um sein Buch mit scheinbar stoischer Gelassenheit; aber ich spürte: sein letztes Wort war in diesem Diskurs über Pflicht und Ungehorsam noch nicht gesprochen. In seinem späten Roman ›Winterspelt‹ (1974) steht dann das Thema noch einmal zur Nachkriegs-Debatte. Andersch führt nach eigener Aussage in diesem Buch »ein Sandkastenspiel« vor, in dem ein deutscher Major mit seinem ganzen Bataillon vor der Ardennen-Offensive im Winter 44/45 zu den Amerikanern desertieren möchte – eine Situation, die es während des Zweiten Weltkriegs de facto jedoch nie gab. Was wäre gewesen, wenn es viele Offiziere wie diesen fiktiven Major Dincklage gegeben hätte – das ist die hypothetische Frage, die Anderschs Buch gleichsam durch eine epische Utopie zu beantworten versucht.

Als die Schrift ›Kirschen der Freiheit‹ erschien, tauchte Andersch nur noch sporadisch im Frankfurter Sender auf. Die Tätigkeit in der Abendstudio-Redaktion machte ihm zwar Spaß, aber sie band ihn auch an einen Büroschreibtisch. Und der behagte ihm wenig. Auch hatte er inzwischen die Malerin Gisela Gronauer geheiratet und einen kleinen Sohn bekommen. Schon lange hatte er auf der Burg Kerpen in der Eifel ein Refugium, wo er ungestört schreiben konnte. Und da er wohl den Eindruck gewann, daß ich meine redaktionelle Arbeit gut machte und mit Leidenschaft das Abendstudio-Programm in seinem programmatisch liberalen Sinn fortentwickele, überließ er mir weitgehend die Arbeit im Sender. Nur ein- bis zweimal im Monat kam er in die Redaktion, um mit mir seine Pläne zu besprechen, zumal er nun auch noch mit dem NDR in Hamburg und dem Hessischen Rundfunk eine gemeinsame Feature-Redaktion aufbaute und leitete.

Feature – was ist das? Was war das? Das Feature war und ist eine eigenständige Kunstform des Hörfunks, dramaturgisch geflochten aus Hörbild, Reportage, Reflexion und Kommentar. Sie verbindet geschickt das Essayistische mit dem Anschaulichen, das Nachdenkliche mit dem Sinnlichen – also jene Elemente, die Werke bedeutender Journalisten, insbesondere die Feuilletonisten auszeichneten – von Heinrich Heine bis Egon Erwin Kisch und von Fontane bis Friedrich Sieburg oder Alfred Kerr. Das Feature bot Unterhaltung und vermittelte Inhalte. Andersch trat ebenso als Meister dieser Hörfunk-Kunstform in Erscheinung wie Ernst Schnabel, Peter von Zahn oder Martin Walser und Erich Kuby. Der Themenbogen reichte von aktuellen Problemen bis zu historisch-archäologischen Wissensvermittlungen, von Reisebildern bis zu Themen der Zeitgeschichte und von Portraits bedeutender Zeitgenossen bis zu Anmerkungen über die Alltäglichkeiten der Gesellschaft. Mit der Heraufkunft des Fernsehens allerdings nahm die Popularität dieser Sendungen rapide ab. Das Hörfunk-Feature konnte die Eindrücke und Bilder nur in Worten anschaulich schildern; das Fernsehen zeigte die Bilder selbst, und zwar bewegt, später sogar in Farbe. Dagegen kam der Hörfunk nicht an. Das Feature behauptete sich zwar als dramaturgische Sendeform, aber es verlor seine herausragende Bedeutung in der Öffentlichkeit.

Andersch schied 1953 endgültig aus dem Hessischen Rundfunk aus. Er blieb weiterhin beim Funk in Hamburg tätig und übernahm 1955, aber auch nur für drei Jahre, die Leitung des ›Radio-Essay‹ beim Stuttgarter Sender. In Frankfurt schlug er mich als seinen Nachfolger in der Redaktionsleitung vor – der ich dann auch wurde.

Ich verdanke Andersch nicht nur meine Rundfunk-Karriere – ich verdanke ihm auch eine Freundschaft über nicht unbedeutende Meinungs-Hindernisse hinweg, die mich förderte, meine Urteilskraft schärfte und vor allem meinen – gelegentlich etwas sentimental-deutschen – Hang zum Romantischen moderierte, ohne meine romantischen Neigungen schlechthin zu verdammen. Um so mehr betrübte mich, daß Andersch in seinen späten Jahren, die er im Tessin verbrachte, sich zunehmend geistig einigelte und versperrte. Vor allem in der Zeit seiner Krankheit litt er unter der Vorstellung, Deutschland könne wieder diktatorische Tendenzen restaurieren. Er fühlte sich als emigrierter Einzelkämpfer gegen diese Tendenzen, und es erbitterte ihn, daß die deutsche Öffentlichkeit diese Rolle nicht anerkennen wollte. Die letzte Sammlung seiner Gedichte mit dem Titel: ›empört euch der himmel ist blau‹ legt bewegendes Zeugnis ab für Anderschs Seelenlage in den siebziger Jahren des 20. Jahrhunderts. Überzeugt von der Notwendigkeit, ja: Erlösungskraft des Sozialismus und im Bewußtsein gesellschaftlichen Werte-Zerfalls unter kapitalistischen Vorzeichen, veröffentlicht er 1977, drei Jahre vor seinem Tod, unter dem Titel ›Öffentlicher Brief an einen sowjetischen Schriftsteller, das Überholte betreffend‹ ein Schreiben an Konstantin Simonow mit folgenden Sätzen. Sie geben eine lapidare Antwort auf den nicht minder lapidaren Existenzanspruch: Erkenne die Lage. Die Sätze lauten:

»Es gibt einen integralen Anti-Humanismus der kapitalistischen Produktionsweise. Auch sozialistische Macht kann in der Anstrengung, sich zu behaupten, entarten. Sie und ich haben das erlebt. Nicht unabhängig von den Systemen, sondern gerade abhängig von ihnen, gibt es eine Einheit der Kultur als kritische, als zweifelnde, als ständig revolutionierende Substanz. Kritische Kultur hat jedoch in einer kapitalistischen Gesellschaft eine andere Funktion als in einer sozialistischen. Sterbende Gesellschaften sind liberal bis zur Sittenlosigkeit; neue, aufsteigende, sind immer puritanisch. Auf diesen verschiedenen Wegen begegnen wir uns heute, in einer Synthese der Kritik und mit großer Selbstverständlichkeit.«

In diesem Sinne war Andersch ein sozialistischer Puritaner, ein elitärer Asket der Freiheit par excellence. Arrogant gab er sich nie. Wer ihn für arrogant oder intellektuell hochmütig hielt, kannte ihn nicht. Auch Ernst Jünger war ja trotz seiner bekannten Zurückhaltung und Distanz nicht arrogant. Doch er wußte, wer er war. Und Andersch wußte es auch: Sie waren einsame Deserteure aus der Zeit, in der sie lebten – ganz im Sinne Gides, dessen Zitat Andersch als Motto zu den ›Kirschen der Freiheit‹ wählte.

Begegnungen

In den sieben Jahren, in denen ich für das Abendstudio und die Bildungs-Sparte des Hessischen Rundfunks tätig war, wuchs ich in das deutsche Nachkriegs-Kulturleben hinein und spielte schließlich sogar eine eigene Rolle darin. Denn die Abend- und Nachtstudios der großen deutschen Sender fanden Ende der vierziger, Anfang der fünfziger Jahre als geistige Kommunikationsforen einen bemerkenswerten Widerhall in der Öffentlichkeit. Wen ich auch nach Frankfurt bat, zu Gesprächen, zu Vorträgen oder essayistischen Sendungen einlud – ich bekam nie eine Absage aus Desinteresse oder gar Geringschätzung. Der Hessische Rundfunk war eine noble Kulturadresse. Und auch mein geistiger Hunger war unstillbar. Endlich bot sich mir Gelegenheit, »meine Universitäten« mit Gastprofessoren zu bevölkern, denen zu begegnen ich nie zu träumen gewagt hätte. Ob Carl Zuckmayer oder Gottfried Benn, ob Carl Schmitt oder Max Horkheimer, ob Theodor W. Adorno oder Max Bense, ob Wolf von Niebelschütz oder Adolf Portmann – sie saßen bei mir in Frankfurt vor dem Mikrophon, und sie stellten sich meinen Fragen und kamen mit mir ins Gespräch. Das heißt: im Abendstudio herrschte kein Kommen, Abliefern und Gehen, sondern die Autoren spürten, daß sich hier mehr ereignete als schiere Programmabwicklung. Vor ihnen stand ein wißbegieriger junger Mensch, der nach Wegweisern suchte, um sich nicht im Labyrinth der eigenen, oft wirren Gedanken und Gefühle zu verlaufen. Und es machte ihnen offensichtlich Spaß, dem jungen Mann auf die geistigen Sprünge zu helfen. Sie bezogen mich ein in ihre Lebenskreise. Das war viel – nicht zuletzt im Rückblick auf die jüngste Geschichte, die, insbesondere den zurückkehren-

Heinz Friedrich (stehend) als Redakteur des Hessischen Rundfunks mit (v. l.) Theodor W. Adorno, Walter Dirks, Hans Joachim Schoeps und Hans Joachim von Merkatz im Aufnahmestudio.

den Emigranten, eher Distanz als Vertraulichkeiten nahelegte. Wir gingen aufeinander zu und schätzten unsere menschlichen Sympathien ab. Sie entschieden über das Gemeinsame – sachlichen Meinungsverschiedenheiten und Kontroversen zum Trotz. Einzig mit Adorno kam ich damals nur unter Schwierigkeiten zurecht. Wie er dachte, wie er schrieb, war mir fremd. Die dialektische Brillanz seiner Beweisführungen und die treffsichere Pointierung seiner Einsichten und Ansichten kamen mir gekünstelt vor – so, wie der Satzbau seiner Texte oft geradezu kokett auf mich wirkte. Hinzu kam eine schier unerträgliche Eitelkeit. Der kleine, glatzköpfige Mann konnte sich keinen Augenblick ruhig verhalten. Entweder trat er von einem Fuß auf den andern oder zuckte mit den Händen, indes seine flinken Augen unruhig hin und her blickten. Er erwartete ständige Bestätigungen seiner Eloquenz und Geistesgegenwart, und stets war seine Enttäuschung groß, wenn man zugeben mußte, seine letzten Veröffentlichungen noch nicht gelesen zu haben. Am ehesten fand ich noch einen Zugang zu Adorno über seine Äußerungen zur Musik. Hier war er, entgegen seiner dialektisch kühlen Rational-Philosophie, begeisterungsfähig. Er konnte sich regelrecht hinreißen lassen durch Musik.

Ich erinnere mich noch lebhaft an einen Abend in der Frankfurter Oper Anfang der fünfziger Jahre. ›Der Freischütz‹ von Carl Maria von Weber wurde gespielt. In der Pause trafen Maria und ich den enthusiasmierten Adorno. »Es tut mir leid, Herr Professor«, sagte ich zu ihm, »aber ich habe mit Weber oder besser gesagt: speziell mit dem ›Freischütz‹ meine Schwierigkeiten. Zuviel Romantik – die Fabel, die Melodien, das musikalische Flair schlechthin.« »Aber mein Lieber«, unterbrach mich Adorno, »der ›Freischütz‹ ist doch *die* deutsche Oper!« Ich konnte mir nicht verkneifen, zu antworten: »Drum, Herr Professor.« Er sah mich einen Augenblick fast entgeistert an, versuchte mir dann aber wortreich auseinanderzusetzen, worin die Vorzüge dieser Oper bestünden. Meinen Einwurf ignorierte er schlichtweg – oder er hatte ihn gar nicht verstanden oder nicht verstehen wollen.

Völlig anders gestaltete sich mein Verhältnis zu Horkheimer. Auch er war ein Dialektiker, aber er verabscheute die intellektuelle Koketterie. Er wollte de facto aufklären und nicht durch Aufklärung glänzen. Was ihn bewog, sich immer wieder mit mir zusammenzusetzen und mit mir zu diskutieren, ist mir bis heute verborgen. Intellektuellen Scharfsinn konnte ich ihm nicht bieten, und meine magisch-realistischen oder realistisch-magischen Vorstellungen von der Welt mußten ihm fremd und auch unreif erscheinen. Zudem entstammte ich der Kriegsgeneration, war im Dritten Reich aufgewachsen und Frontsoldat gewesen – gebot dieses Faktum nicht Zurückhaltung? Aber Horkheimer ging freundlich auf mich zu, als lägen keine Abgründe zwischen unseren Lebensgeschichten. Er brachte mich auch dazu, mich eingehender mit Karl Marx zu beschäftigen. »Man kann nicht gegen etwas polemisieren, das man nur aus zweiter Hand kennt«, sagte er zu mir.

Auch zu Horkheimer fällt mir eine Anekdote ein. Sie ist so lustig nicht, wie Anekdoten in der Regel zu sein pflegen. Aber sie charakterisiert Horkheimer trefflich und weist auf den humanen Ernst hin, mit dem er seine philosophische Sache vertrat – bis in die letzten Konsequenzen des Widerspruchs.

Eines Abends erzählte Horkheimer in fröhlicher Runde, daß Voltaire bei einer ähnlichen Gelegenheit gesagt habe: »Und sollte ich in meiner Todesstunde nach einem Priester verlangen – glaubt mir nicht!« »Was soll ich Ihnen sagen«, fuhr Horkheimer fort, »– auf dem Sterbebett rief er nach einem Priester!« Alle lachten wir. Aber Jahre später, nicht lange vor seinem Tod, verhielt sich der Jude und aufklärerische Sozialphilosoph Max Horkheimer nicht anders: er trat zur katholischen Kirche über ...

Mit Carl Schmitt verstand ich mich auf Anhieb von Mensch zu Mensch. Der kleine, rundliche, jovial-freundliche Herr, viel bewundert und viel gescholten, verströmte einen schier unwiderstehlichen Charme. Und er machte den Eindruck eines welterfahrenen, sehr gescheiten Mannes, der, wenn ich ihn recht verstand, so etwas wie einen theologischen Machiavellismus oder doch zumindest eine verträgliche Übereinkunft von (katholischer) Religion und Politik (und der von ihr verantworteten Geschichte) vertrat oder doch anstrebte. Worum es ihm genau ging, wurde mir zunächst nur in Umrissen klar; hatte ich doch bisher nur seine Arbeit ›Land und Meer‹ gelesen, die im Abendstudio gesendet worden war. Immerhin erkannte ich, daß es diesem außergewöhnlichen Mann um mehr ging als um nationale verfassungsrechtliche Problemlösungen; er suchte gleichsam nach einem Grundmuster für eine politische Welt-Verfassung, die sich nicht auf Utopien, sondern auf Realitäten stützt.

Daß ein Mann, mit Charme ebenso begabt wie mit luzider Klugheit, auch eine »schillernde Figur« abgibt, liegt fast in seiner Natur. Wer die Realität der Politik in sein geschichtlich-übergreifendes Kalkül einbezieht, anstatt sich auf Utopien zu verlassen, gerät leicht in die Abhängigkeit dieser Realität. Auch Schmitt blieb diese Erfahrung nicht erspart, oder polemischer ausgedrückt: er entzog sich ihr nicht. Aber er lieferte sich ihr nicht mit seiner geistigen Existenz aus. Seine verfassungsrechtlichen Erkenntnisse haben Bestand – über seinen Tod hinaus. Aber wie gesagt: damals, Anfang der fünfziger Jahre, war Carl Schmitt quasi als freundlicher Onkel bei uns zu Gast in unserem Hinterhaus. Erst im Lauf der späteren Jahre wurde mir, nach der Lektüre wichtiger Bücher von Carl Schmitt (›Verfassungslehre‹, ›Politische Romantik‹), erst richtig bewußt, wer dieser freundliche Herr wirklich war.

Apropos: Hinterhaus. Es wurde eng und enger in diesem Hinterhaus in der Eschersheimer Landstraße 91. Ulrike entwuchs ihrem Körbchen und wurde in ein Paidi-Bettchen umgesiedelt. Aber der Bretterverschlag in der Küche als Kinderzimmer – das ließ sich auf Dauer nicht bewerkstelligen. Wir hielten also Ausschau nach einer neuen Wohnung. Dabei fiel uns 1953 das Angebot einer Doppelhaushälfte in Neu-Isenburg südlich von Frankfurt in die Hand. Ein Haus mit Garten, ganz allein für uns, und dazu noch zu einem finanzierbaren Preis! Die Entfernung zur Innenstadt störte uns nur mäßig, wir besaßen inzwischen einen

VW-Käfer, mit dem wir schon große Reisen bis nach Italien, Frankreich und Österreich unternommen hatten. Die neun Kilometer bis Frankfurt waren kein Problem – jedenfalls nicht für mich im Auto. Doch Maria saß weitab von der Straßenbahn fest in Neu-Isenburg. Das wurde uns klar, als wir 1954 »draußen« zu wohnen begannen. Maria machte schnell den Führerschein, verfügte aber erst Jahre später täglich über unseren Wagen und gewann ihre Frankfurt-Beweglichkeit zurück.

Hier in Neu-Isenburg bekam unsere Tochter Ulrike noch ein Schwesterchen. Kurz vor Weihnachten 1955, an einem heiteren Wintersonntag, meldete sich das Kind drei Wochen früher als erwartet an. Das Mädchen, dessen Anmut und Lebendigkeit vom ersten Lebenstag an auffielen, wurde Ute Sabine genannt. »Ute-Bine«, wie sie gerufen wurde, stellte uns vor immer neue überraschende Situationen. Lange konnten wir uns nicht erklären, wie sie die Gitter ihres Kinderbettchens übersteigen, durch Gartenzäune und Maschendrähte dringen und Fallhöhen überwinden konnte. Der Unfallarzt wurde bald zum Vertrauten der Familie und erschien immer gelassener mit Nadel und Faden in unserem Heim … Der Garten, der mehr und mehr Gestalt annahm, war für beide Kinder ein idealer Spielplatz.

Die kleine Doppelhaushälfte in Neu-Isenburg avancierte in kurzer Zeit zu einem Treffpunkt uns befreundeter junger Leute, die aufbrachen, um ihre geistig-kulturelle Neugier mit der Gegenwart zu konfrontieren und ihre musisch-intellektuellen Fähigkeiten, sei es kritisch, sei es gestalterisch, zu erproben. Zustande gekommen war dieser Freundeskreis durch einen bisher unbekannten Journalisten, auf den Alfred Andersch aufmerksam machte. Dieser Journalist schrieb in den ›Frankfurter Heften‹ Anfang der fünfziger Jahre bemerkenswerte Kritiken und Aufsätze – und Andersch meinte, das sei doch sicher auch ein interessanter Mann für das Abendstudio. Er hieß Joachim Kaiser. Ich erkundigte mich bei Guggenheimer, wer das sei und wie man an ihn herankomme. »Ein ganz junger Mensch, ein Student aus Göttingen. Aber sehr begabt. Ich arbeite gern mit ihm.«

Guggenheimer erklärte sich bereit, die Verbindung herzustellen. Aber der begabte junge Mann aus Göttingen meldete sich nicht. Auf Rückfrage teilte mir Guggenheimer mit, er habe Kaiser schon zweimal an meine Anfrage erinnert. Nun ja: der sei eben manchmal etwas schlampig, was Termine anginge... Ich war erstaunt und auch ein wenig verstimmt. Er behandelte offensichtlich unser Abendstudio wie eine Nebensache. Und ich beschloß, ihn zu vergessen.

Wenig später stand ein schmächtiger junger Mann in einem engen Mantel mit Samtkragen im Türrahmen meines Büros. Er sah aus wie ein Abiturient, der gerade sein mündliches Examen bestanden hatte. »Guten Tag«, sagte er, »ich bin Joachim Kaiser.« Mein Ärger über ihn verflog von einer Minute zur anderen. Hier begegnete ich keinem arroganten, frühreifen Intellektuellen, sondern einem eher schüchternen Menschen, der sich für seine Versäumnisse artig entschuldigte. Es sei eben so viel zusammengekommen in der letzten Zeit, sagte er.

Schnell und unkompliziert kamen wir miteinander ins Gespräch, und ich spürte, daß er mir, allein schon durch sein Studium, da und dort (und vor allem in musikalischen Fragen) durchaus überlegen war. Aber das störte mich nicht. Im Gegenteil: diese teilweise Überlegenheit gab dem Dialog noch mehr Reiz und Spannung.

Auch Andersch war von Kaiser beeindruckt. Und er setzte sich für ihn ein. Als die Stelle eines Sachbearbeiters für Kulturkritik im Hessischen Rundfunk geschaffen wurde, erhielt Kaiser einen Anstellungsvertrag. Er gehörte zu uns. Und die Kulturkritik des Frankfurter Senders wurde durch ihn zu einer feuilletonistischen Institution weit über das Sendegebiet hinaus.

Merkwürdig: Kaiser war nur sechs Jahre jünger als ich. Dennoch lag zwischen ihm und mir der Abstand fast einer Generation – so wie mich von Alfred Andersch ein Generationsunterschied von acht Jahren trennte. Worin bekundete sich die Generations-Tragweite dieser doch relativ geringen Zeitspannen?

Freunde seit 1952: Joachim Kaiser und Heinz Friedrich, hier im September 1981 beim zwanzigjährigen Jubiläum des Deutschen Taschenbuch Verlags.

Nun: was Andersch und mich angeht, so war Andersch 1933 bereits neunzehn Jahre alt; ich war elf. Er erlebte den Bruch der Zeiten bewußt, ich erlebte ihn kindlich mit staunenden Augen. Vor allem aber: er kannte das politische und geistige Für und Wider der letzten und entscheidenden Jahre der Weimarer Republik – und bezog entschieden Stellung. Er wurde Kommunist. Ich beobachtete dieses Für und Wider sozusagen aus dem Fenster meines Kinderzimmers, ohne recht zu verstehen, was da eigentlich vorging. Daher der Seufzer Anderschs, als wir über Fahnenflucht sprachen: »Sie sind eben acht Jahre jünger als ich...«

Im Verhältnis zu Kaiser stellte sich die Lage umgekehrt dar. Hier war ich der Ältere. Aber dennoch verband uns existentiell viel: Auch er war im Dritten Reich aufgewachsen und hatte das brutale Ende des Krieges miterlebt: als Flüchtling aus dem Zusammenbruch in Ostpreußen. Aber im Gegensatz zu den nur wenig Älteren fand er nach dem Krieg, wenn auch unter sehr erschwerten Verhältnissen, Möglichkeiten vor, sich halbwegs »normal« auszubilden: Abitur und Studium. Das schmerzhafte, niederdrückende Bewußtsein des geschichtlichen und auch kulturellen Bruchs der Epochen blieb zwar auch ihm nicht erspart, aber doch fand er bereits wieder Orientierungspunkte vor, die ihm den Blick in eine gestaltbare Zukunft eröffneten.

Wir waren in Frankfurt täglich beisammen. Wir aßen zusammen, wir berieten uns gegenseitig, und wir besuchten miteinander die Theaterpremieren in Frankfurt, in Darmstadt, Mainz oder Wiesbaden. Und wir trafen uns oft abends in unserem Reihenhaus, wo Maria nicht nur als gastgebende Hausfrau, sondern auch und insbesondere als lebhafte Gesprächspartnerin aktiv wurde.

Kaiser machte uns mit seinen Göttinger Kommilitonen Rudolf Stephan und Carl Dahlhaus bekannt, zwei lebhaft-gescheiten Musikstudenten, die späterhin zu den führenden Professoren der deutschen Musikwissenschaft zählten. Ivo Frenzel gehörte ebenso zu unserer heimischen Runde wie Ivan Nagel und der brillant diskutierende Hans Magnus Enzensberger. Schließlich stieß noch Reinhold Kreile, der bei Eugen Kogon in Darmstadt studierte, zu uns – ein musisch begeisterungsfähiger Jurist, der sich schon damals recht gut in Steuersachen auskannte und uns dementsprechend freundschaftlich beriet. Mein Berater blieb er ein ganzes Leben lang – bis heute. Als oberster Chef der GEMA praktiziert er noch immer die fruchtbare Ambivalenz von Musik und Juristerei.

Selten blieben wir unter uns. Oft luden wir Gäste ein und Freunde – und oft wechselte auch die Zusammensetzung des Kreises. Walter Maria Guggenheimer war manchmal mit von der Partie und Walter Heist; sogar Alfred Andersch schaute gelegentlich vorbei. Hier fand auch die denkwürdige Begegnung zwischen Andersch und Carl Schmitt statt (es war am 14. Juli 1955), bei der es zu einem heftigen Disput über die Frage von Konjunktiv und Indikativ in der Geschichtsbetrachtung kam. Andersch widersprach heftig dem Realisten Schmitt, der darauf bestand, daß die Geschichte Fakten schaffe, die hinzunehmen seien als Notwendigkeiten für zukünftige Entscheidungen. Eine Analyse der Fehler erbringe nichts; die Geschichte liquidiere ihre Fehler jeweils selbst. Daß Andersch den Argumenten von Carl Schmitt kategorisch widersprach, ihm aber zugleich mit der Bezeichnung als »brillantester Kopf der faschistischen Intellektuellen« Rang zuerkannte, versteht sich aus Anderschs Charakter und politischer Haltung fast von selbst.

1956 tauchte in Frankfurt, halb verlegen, halb furios ein junger Mann »aus dem Osten« auf, der im Zuge von Adenauers Kriegsgefangenen-Initiative 1955 aus einem russischen Zwangsarbeiterlager freigekommen war. Den Gerüchten nach war er Schüler Bertolt Brechts im »Berliner Ensemble«, als er 1951 wegen staatsfeindlicher Umtriebe verhaftet und von einem russischen Militärgericht zu fünfundzwanzig Jahren Zwangsarbeit in den Bergwerken von Workuta verurteilt wurde. Vier Jahre davon hatte er durchlitten. Vor seiner Festnahme (er war damals einundzwanzig Jahre alt) galt dieser junge Mann als einer der hoffnungsvollsten Autoren der damals jüngsten DDR-Schriftsteller-Generation. Sein Name: Horst Bienek.

Wie ein nervöser Spürhund suchte Bienek nun im Westen nach intellektuellen Kontakten. Die Jahre im Bergwerk hetzten ihn wie ein Trauma. Er hatte das Gefühl, alle Anschlüsse verpaßt, alle Verbindungen verloren zu haben. Er attackierte uns geradezu mit seinen Annäherungsversuchen. Angesichts seines schweren Schicksals sahen wir ihm die Ungereimtheiten seines widersprüchlichen Charakters und seine ausfallenden Äußerungen nach – und wir, ob Kaiser, Enzensberger oder ich, entdeckten allmählich hinter dem quirligen, ungeduldigen und hochfahrenden Bienek den anderen, eigentlichen Bienek: sensibel, genau beobachtend, lyrisch begabt und lechzend nach Freundschaft. So blieb es nur eine Frage der Zeit, bis er auch in unseren Freundeskreis einbezogen wurde. 1957 erschien dann bei Hanser Bieneks erstes Buch im Westen. Titel: ›Traumbuch eines Gefangenen‹ mit Prosa und Gedichten zu dem Lebensthema, das ihn umtrieb: Gefangenschaft und Arbeitssklaverei. Das Büchlein erntete nicht nur freundliche Zustimmung, sondern provozierte auch Widerspruch, eigenartigerweise sogar von der eher poetisch-konservativen Seite wie etwa von Hans Egon Holthusen. Denn Bienek versuchte seine erinnernden Gefühle nicht durch lapidaren Kahlschlag des Ausdrucks zu kaschieren oder gar zu beherrschen, sondern war bemüht, ihnen poetische Wortgestalt zu verleihen. Das heißt: er versuchte das zu tun, was seit jeher Kunst anstrebt, nämlich auch das Schreckliche derart human-allgemeingültig zu verklären, daß es bewegt und ergreift ohne niederzudrücken.

Das permanente Grundsatzthema der »Gruppe 47« – auch hier meldete es sich wieder zu Wort: poésie engagée oder poésie pure – Wille zur Desillusion der menschlichen Existenz oder Wille zum Dennoch einer ins Große projizierten Humanität. Horst Bienek war zweifellos ein Poet – das signalisierte dieses Traumbuch eines Gefangenen deutlich.

Meine Lehrjahre

Nicht nur die Literatur beherrschte mein Leben in Frankfurt und im Frankfurter Sender. Auch die Musik und das Theater spielten eine bedeutende Rolle. Insbesondere lernte ich die zeitgenössische Musik dadurch intensiv kennen, daß unser Abendstudio jeweils aus zwei Teilen bestand: einem Wortteil und einem Musikteil. Im musikalischen Programm, das von Heinz Schröter und Hermann Linssen geleitet wurde, kamen die großen Komponisten des 20. Jahrhunderts, von Bartók bis Strawinsky, von Schönberg bis Webern und von Egk bis Hindemith, ebenso zu Ton wie Werke junger Komponisten aus der jüngsten Nachkriegszeit. So lernte ich auf diesem Abendstudio-Weg zum Beispiel Hans Werner Henze kennen – und blieb ihm ein Leben lang verbunden.

In der Frankfurter Oper dominierte Georg Solti und faszinierte das Publikum mit leidenschaftlich-intensiv dirigierten Aufführungen. ›Carmen‹ habe ich nie wieder derart existentiell ergreifend, ja aufwühlend erlebt wie unter Soltis Stabführung in Frankfurt – auch von Carlos Kleiber und von Karajan nicht. Und unvergeßlich bleibt mir auch Mozarts ›Figaro‹, zumal in der von Solti dirigierten Aufführung musikalische und szenische Gestaltung kongenial übereinstimmten. So entstand ein Gesamtkunstwerk aus mozartischem Geist, wie es später leider kaum mehr erlebt werden konnte. Die szenischen »Hinterfragungen« der musikalischen Meisterwerke, die in Zeitgeist-Mode kamen, machten die großen Werke tatsächlich »fragwürdig«; was übrigblieb, waren szenische Gedanken-Bruchstücke oft sehr trivialen Zuschnitts …

Der Regisseur der Frankfurter ›Figaro‹-Aufführung hieß Leopold Lindtberg. Er hatte in Berlin und Wien mit Max Reinhardt zusammengearbeitet, bevor er, als Jude verfemt, in die Schweiz emigrierte und am Schauspielhaus eine Regie-Zuflucht fand. Dort blieb er auch nach dem Krieg, aber er kehrte oft an deutsche Bühnen zurück und begeisterte das Publikum mit hervorragenden, werkgerechten Aufführungen. Für die Salzburger Festspiele zum Beispiel setzte er Goethes ›Faust I und II‹ denkwürdig in Szene (mit Will Quadflieg als Mephisto und Thomas Holtzmann als Faust). Im Zürcher Schauspielhaus sah ich eine von Lindtberg einstudierte Aufführung von William Faulkners schwerblütig-aufregendem Stück ›Requiem für eine Nonne‹. Noch während der Vorstellung kam mir der Gedanke, diese Inszenierung für das Abendstudio zu adaptieren. Ich setzte mich mit der Direktion des Schauspielhauses in Verbindung und bekam rasch die Antwort: Herr Lindtberg sei bereit, das Werk aufzunehmen. Wir sollten ihm einen Vorschlag machen für eine funkgerechte Einrichtung des Textes. Für diese Arbeit konnten wir einen Frankfurter Kritiker, Willy H. Thiem, gewinnen. Die Fassung, die er ablieferte, fand Lindtbergs Beifall. Also vereinbarten wir einen zweitägigen Aufnahmetermin mit dem Schweizer Rundfunk im Zürcher Rundfunkhaus. Diese zwei Tage vermittelten mir einen praktischen Bühnen-Unterricht par excellence. Lindtberg belastete seine Schauspieler, darunter Heidemarie Hatheyer, gar nicht erst mit hintergründigen Bemerkungen zum Stück, sondern arbeitete den Text Abschnitt für Abschnitt durch; er setzte behutsam Akzente (»da machen wir einen Punkt, dort verlangsamen wir das Sprechtempo – und nun: prestissimo«) und ließ Spannungsbögen entstehen – sehr behutsam, ohne viel Aufhebens. Manchmal kam es mir vor, als arbeite ein Dirigent mit seinem Orchester. Und das Ergebnis dieser Arbeit war auch eine Orchesterleistung: wie aus einem Guß präsentierte sich Faulkners Stück, das auf der Bühne so anschaulich-intensiv das Publikum gefesselt hatte, nun als Hörspiel. Die Deutsche Grammophon hielt dieses einzigartige Dokument auf einer Langspielplatte fest, deren Reiz bis auf den heutigen Tag nicht verwelkte.

Frankfurt in den fünfziger Jahren – eine bewegte, bewegende

Zeit. In Frankfurt verbrachte ich die Zeit meiner Lehrjahre, in denen ich die Fühler meiner geistigen Neugier nach allen Seiten hin ausstreckte und aufregend-anregende Signale empfing. Die Zeit des Suchens und Findens, des Irrens und doch nicht die Richtung eigenen Denkens und Urteilens verlierenden Strebens. Hungrig war ich auf Dialoge mit Zeitgenossen, hungrig nach menschlichen Begegnungen und nach geistigem Zuspruch. Unter diesen Vorgaben bedeutete es für mich ein Glück, daß ich meine Lehrjahre zwischen 1949 und 1959 gerade in Frankfurt verbringen durfte.

Die Stadt war durch den Bombenkrieg nicht nur hart getroffen – sie war regelrecht verwüstet. Vom einstigen Bürgerglanz kündeten nur noch kümmerliche Reste. Aber man spürte fast körperlich den Willen zum Aufbruch in den Wiederaufbau, den kulturellen wie den materiellen. Zwar enttäuschte die Frankfurter, daß ihrer Stadt (ein Bundestagsgebäude war ja schon fast fertiggestellt) das rheinische Bonn als Regierungssitz und »Bundeshauptstadt« vorgezogen wurde – aber die Metropole am Main resignierte nicht. Binnen weniger Jahre entwickelte sie sich zur Finanz-Hauptstadt der neuen Republik und schuf damit kostbare Voraussetzungen für Investitionen auch zur Gestaltung einer neuen Stadtlandschaft. Daß diese Stadtlandschaft das gewachsene Stadtbild des Vorkriegs-Frankfurt nur noch ahnen ließ, empfanden damals viele schmerzlich, hielten diese Entwicklung aber, um des raschen Wiederaufbaus willen, für unvermeidlich.

Noch litt in den fünfziger Jahren das kulturelle Leben der Stadt nicht unter dem später übermächtigen Schatten der Mainhattan-Finanzhochhäuser. Im Gegenteil: Die geistig-kulturelle Regsamkeit Frankfurts erregte bundesrepublikanische Aufmerksamkeit. Man war neugierig auf das, was kulturell in der Stadt am Main geschah, und man nahm erregt an dem soziologisch-philosophischen Diskurs der »Frankfurter Schule« teil, den Max Horkheimer, Theodor W. Adorno und Ernst Bloch gesellschaftskritisch herausforderten. In den sechziger Jahren sollte dieser

Diskurs politisch-greifbare Gestalt in den revolutionären Attacken der »APO« annehmen. Schließlich verlieh die Spaltung Deutschlands dem »Standort« Frankfurt zusätzliches Gewicht, da Berlin, zur Enklave verdammt, seine zentrale Bedeutung für das Nachkriegs-Deutschland verlor. Frankfurt erreichte zusehends weltstädtisches Format, ohne die hessische Grundierung einzubüßen, und gewann so einen besonderen urbanen Charme.

Meine Tätigkeit im Hessischen Rundfunk ermöglichte mir nicht nur die Begegnung mit bedeutenden Persönlichkeiten der inneren und der äußeren Emigration, sondern auch mit umstrittenen Kultur-Persönlichkeiten aus der Ära des Dritten Reiches. Ich wurde als Journalist und Rundfunkredakteur eingespannt in das Für und Wider einer fast erdrückenden Geschichtsbewältigung, die mehr Fragen aufwarf als beantwortete. Früh wurde mir bewußt: hier kann im Grunde nichts bewältigt, vergeben oder vergessen werden. Hier kann nur der Wille, eine gemeinsame Zukunft zu gestalten, über die Katastrophe Brücken schlagen in eine vielleicht wieder lebens- und gestaltenswerte Gegenwart und Zukunft. Jenseits schmerzlicher Geschichtserfahrungen und politischer, aber auch religiöser und weltanschaulicher Vorstellungen und Verschiedenheiten stellte sich, zumindest im kulturellen Wirkungsfeld der unmittelbaren Nachkriegszeit, ein heute kaum noch nachvollziehbares Gemeinschaftsgefühl auch zwischen Siegern und Besiegten her, das Hoffnungen weckte. Wer unter Europa mehr verstehen wollte als nur eine kontinental eingefärbte Fläche auf dem Globus, war sich mit vielen Gleichgesinnten darin einig, daß das Abendland so kläglich nicht untergehen durfte, wie seine Trümmer anzuzeigen schienen.

Nur unter diesem Blickpunkt kann die Nachwelt erahnen, welch ein kreativer Prozeß damals die Heimkehrer aus dem Krieg und die Überlebenden einer aberwitzigen Vernichtungshysterie gleichermaßen ergriff und die Geister sehr verschiedener Meinungs-Lager, aber auch sehr verschiedener Generationen, synergetisch mobilisierte. Hätten mich sonst Heimkehrer aus dem Exil wie Horkheimer und Adorno, Hermann Kesten oder Carl

Zuckmayer, Friedrich Torberg oder Gottfried Bermann Fischer überhaupt als Gesprächspartner akzeptiert – mich, den heimgekehrten Obergefreiten aus dem heillosen Krieg, den Kultur-Nachkriegslehrling und romantischen Sinnsucher?

Im Frühherbst 1949, etwa ein Jahr nach der Währungsreform, etablierte sich sehr bescheiden, ja: eher unauffällig die erste Frankfurter Buchmesse in den Rundgängen der gerade wieder hergerichteten Paulskirche und in zwei Trümmer-Etagen des gegenüberliegenden Römer. Niemand ahnte damals, daß sich aus dieser ersten, behelfsmäßigen DM-Repräsentation der deutschen Verlage einmal ein jährliches Buchereignis von internationalem Rang entwickeln würde. Sich wieder zu Wort melden – das war fürs erste das, was die Verleger in Westdeutschland mit ihrer Buchmesse erreichen wollten, nachdem sie ihr traditionelles Buch- und Messezentrum Leipzig durch den deutschen Zusammenbruch und die Teilung in Ost und West eingebüßt hatten.

Im Sommer 1945 bereits hatten sich die Amerikaner, die bei Kriegsende bis über Leipzig hinaus vorgedrungen waren, laut Potsdamer Abkommen wieder hinter die vereinbarten Linien, also nach Hessen, zurückziehen müssen. Thüringen und die bisher von den Amerikanern besetzten Teile Sachsens wurden geräumt. Einigen namhaften Verlagen in ihrem Besatzungsgebiet boten die abziehenden Amerikaner die Evakuierung in den Westen an. Nur ausgestattet mit den wichtigsten Verlagsunterlagen, machten Brockhaus, Bibliographisches Institut, Reclam, Insel, Diederichs und andere von dieser Möglichkeit Gebrauch. Sie fanden zunächst eine primitive Zwischenunterkunft in der Spiegelgasse 9 der Bäderstadt Wiesbaden. Groteskerweise bestand auch die DDR auf dem Standortrecht Leipzig für diese Verlage, so daß es zukünftig zwei Reclams, nämlich in Ost und West, zwei Bibliographische Institute undsoweiter gab. Die rechtlichen Auseinandersetzungen über die Frage, wer denn nun der jeweils authentische Verlag sei, schwelten zum Teil bis über die Zeit nach der Wiedervereinigung von 1990 hinaus. Nur dem Insel-Verlag war es gelungen, seine zurückgelassene Leipziger Dépendance unter eigener Regie, aber unter sehr schwierigen Bedingungen, zu erhalten.

Auch der Börsenverein des Deutschen Buchhandels, seit seiner Gründung im 19. Jahrhundert in Leipzig ansässig, hatte sich als Dachorganisation der deutschen Verleger und Buchhändler nach Westdeutschland abgesetzt und in Frankfurt provisorisch eingerichtet. Angesichts der schwierigen West-Ost-Lage wurde offenkundig, daß auch die traditionsreiche Leipziger Buchmesse einen neuen Platz brauchte. So entstand in Frankfurt 1949 das Pendant, das bald die Leipziger Buchmesse völlig in den Schatten stellte.

Aber so weit war es 1949, wie gesagt, noch nicht. Im Gegenteil: Katzenjammer stellte sich ein, denn die Buchmesse hatte nicht das Echo gefunden, das die mutigen Initiatoren sich von ihr erwarteten. Man erwog sogar, das Unternehmen nicht fortzusetzen. De facto hatte die relative Nähe zur Währungsreform das Interesse an dieser Bücherschau gebremst. Es war schlichtweg noch nicht genug Geld da. Alle mußten mit den Pfennigen haushalten – auch die Buchhändler. Das heißt: man benötigte vorerst einmal Erfahrungen, um mit dem neuen Geld, der D-Mark umzugehen. Handfeste materielle Interessen reklamierten Vorrang.

Schon im Jahr darauf änderte sich die Lage. Die Buchmesse wuchs, und sie wuchs sodann von Jahr zu Jahr. Sie zog die Verlage aus aller Welt magisch an. Frankfurt avancierte zu einem wichtigen Herbsttreffpunkt der Buchwelt. Bald wechselte die Buchmesse dorthin, wohin sie ihrem Namen nach auch hingehörte: auf das Frankfurter Messegelände.

Bücher. Buchmesse. Diese Stichworte erzeugten eine Art Neugier-Fieber. Deutschland suchte wieder Einblick zu gewinnen in die zeitgenössische Weltliteratur – und Anschluß an sie. Aufmerksam und neugierig zog ich als Rundfunkredakteur Jahr für Jahr zur Buchmessezeit von Stand zu Stand und notierte eifrig Titel für Rezensionen oder für spätere Sendungen. Ich kam mit den Verlegern ins Gespräch – mit Ernst Heimeran und Christian Wegner, mit Ernst Rowohlt und Peter Suhrkamp und mit Max Niedermeyer vom Limes-Verlag, dem Verleger von Gottfried

Benn, und mit Herbert Göpfert vom Hanser-Verlag. Aus den Gesprächen an den Verlagsständen entwickelten sich Rundgespräche im Sender – über Bücher, über die Verlegerei und über Autoren. Ich entwarf Verlagsportraits und setzte mich mit Autoren der Verlage vors Mikrophon. Kurzum: ich avancierte in wenigen Jahren zu einem wichtigen Medienpartner für die Verleger, zumal ich in der Mitte der fünfziger Jahre auch in großen Panoramareportagen von der Buchmesse insgesamt und ihrem Geschehen berichtete.

Aber mein Dialog mit den Verlegern beschränkte sich nicht auf die Rolle des Medienpartners. Er nahm vielfach persönliche Formen an und wurde schließlich durch gegenseitiges Vertrauen und kreativen Gedankenaustausch stärker geprägt als durch das Interesse an PR-Multiplikation. Diese Vertrauensbasis sollte mir später, als ich selbst zur Verlegerei überwechselte, sehr zustatten kommen. Ich kannte eben eine ganze Reihe meiner Kollegen schon sehr gut, bevor sie meine Kollegen und Lizenzpartner wurden.

Da gab es zum Beispiel den zurückhaltenden, hager-aufgeschossenen Peter Suhrkamp, von dem angesprochen zu werden ein junger Mensch wie ich als besondere Auszeichnung empfand. Die Querelen mit Gottfried Bermann Fischer und seiner Frau Tutti, der Tochter S. Fischers, die das Weisungsrecht für den S. Fischer Verlag nach ihrer Rückkehr nach Deutschland zurückforderten – das Weisungsrecht für den Verlag, den Peter Suhrkamp unter großen persönlichen Schwierigkeiten über das Dritte Reich hinweggerettet hatte: diese Querelen führten schließlich zur Trennung der Verlage S. Fischer und Suhrkamp. Die Autoren des alten »Suhrkamp-Verlages vormals S. Fischer« konnten sich frei entscheiden, bei welchem Verlagsteil sie zu bleiben wünschten. Hermann Hesse, Bertolt Brecht, G. B. Shaw, T. S. Eliot und Wolf von Niebelschütz (um nur einige Namen zu nennen) entschieden sich damals für Suhrkamp. Thomas Mann und Zuckmayer blieben S. Fischer-Autoren.

Peter Suhrkamp war ein hochgebildeter, sensibler Mann, intellektuell beeindruckbar, doch manieristischer oder experimenteller geistiger Bodenturnerei abgeneigt. Wer bei Suhrkamp ins Programm aufgenommen wurde, nahm einen literarischen Rang ein, der Verläßlichkeit anbot. Das heißt: man konnte sich auf diesen Verleger und sein Urteil verlassen. Max Frisch, Marie Luise Kaschnitz, Walter Benjamin und Hermann Kasack, T. S. Eliot und Theodor W. Adorno gehörten zu den Autoren der frühen fünfziger Jahre, für die sich Suhrkamp einsetzte – von der Herausgabe von Prousts ›Auf der Suche nach der verlorenen Zeit‹ erst gar nicht zu reden.

Zu den vorsorglichsten verlegerischen Entscheidungen Suhrkamps gehörte die frühe Berufung eines jungen Lektors aus dem Ullstein-Verlag in sein Verlagshaus und an seine Seite. Sein Name: Siegfried Unseld. Nach Peter Suhrkamps Tod (er starb, 68 Jahre alt, 1959) führte Unseld das Unternehmen ganz im Sinne seines großen Vorgängers auf hohem Programmniveau über vier Jahrzehnte und sicherte ihm einen signifikanten Platz unter den profilierten Verlagen nicht nur Deutschlands, sondern auch der Welt. Er setzte damit seinem großen Vorgänger ein bleibendes, höchst lebendiges Denkmal.

Als Peter Suhrkamp mit mir Kontakt aufnahm, vollzog sich unsere Annäherung zunächst zögerlich. Ich war unsicher ihm gegenüber. Er wiederum wußte mit mir nichts Rechtes anzufangen: War ich nur einer jener eher lästigen, aber doch werbenotwendigen Medien-Reporter oder steckte vielleicht doch mehr hinter diesem jungen Mann? Erst allmählich brach das Eis. Suhrkamp zog mich häufiger ins Gespräch, erzählte mir von den Unerfreulichkeiten seiner Beziehung zu Bermann Fischer und bezog mich auch gelegentlich in seine Freundschaftsrunde mit Vittorio Klostermann, Hanns W. Eppelsheimer und Dolf Sternberger ein. Daß er mir 1956 meinen Eintritt in das Haus Fischer nicht übelnahm, rechne ich Suhrkamp noch heute hoch an. Wir verkehrten auch nach dem Frühjahr 1956 völlig unverklemmt miteinander, was eine kleine Anekdote belegen mag:

Auf der Buchmesse 1958 – damals war ich schon seit zwei Jahren bei S. Fischer tätig – sprach ich mit Peter Suhrkamp an seinem Verlagsstand, als die Fischers mit Rudolf Hirsch, ihrem Cheflektor, im Gefolge, den Gang entlangkamen. Verlegenheit auf beiden Seiten. Da sagte Suhrkamp zu mir: »Machen Sie die Honneurs...« Nun, ich machte die Honneurs, indem ich auf die Fischers zuging und ihnen sagte: »Herr Suhrkamp hat mich gerade verabschiedet. Er hat eine dringende Verabredung.« Wir gingen, geradeaus blickend, zusammen weiter...

Mit Ernst Heimeran verstand ich mich auf Anhieb. Er war ein lebhafter, freundlich-heiterer Mann, dem immer eine Haartolle ins Gesicht fiel, wenn er agierte. Für seine Tusculum-Reihe mit zweisprachigen lateinischen und griechischen Texten, die mich schon in meiner Gymnasialzeit beeindruckt hatten, engagierte ich mich bei ihrem Wiedererscheinen nach dem Krieg in Rezensionen mehrfach mit humanistischer Begeisterung, und zwar nicht zuletzt auch aus egoistischen Gründen. Ich liebte (und liebe) Griechisch und Latein; aber ich beherrschte diese Sprachen leider nicht so souverän, um die Originaltexte ohne lästige Hängenbleiber lesen zu können. Solchen Sprachschwächen halfen die Zweisprachentexte hervorragend ab. Mit ihrer Unterstützung kann ich bis auf den heutigen Tag die Urtexte der griechischen und lateinischen Autoren mit wenig Mühe entschlüsseln und sie mir damit in ihrer sprachlichen Eigenart und ihrer originalen Schönheit zugänglich machen. Ja, gelegentlich komme ich sogar Übersetzungsfehlern auf die Spur... Das ist dann für mich ein geradezu antikischer Spaß.

Aber nicht nur diese Tusculum-Bücher erregten meine Sympathie für den Verleger Heimeran. Ebenfalls bereits in meiner Schulzeit, in den dreißiger Jahren, las ich auch mit Vergnügen die von Ernst Heimeran selbst verfaßten Bücher. Sie erfreuten sich damals großer Beliebtheit und garantierten dem Verlag wohl auch eine solide wirtschaftliche Basis. Die lebensvergnügten, witzig-gescheiten Texte, die Heimeran schrieb, werden heute leider unter der Rubrik »Plaudereien« eher unterbewertet. Denn Heimeran plauderte nicht nur, sondern erzählte mit augenzwinkernder Selbstironie von den Freuden und Verzwicktheiten der Menschen, ihren Schwächen und vertrackten Alltäglichkeiten mit dem Charme eines Mannes, der sagt: Ist alles nicht so schlimm, man kann's ja auch heiter nehmen... Schon die Titel signalisieren eine literarische Qualität, die heute selten anzutreffen ist: Humor. Sie lauten zum Beispiel: ›Das stillvergnügte Streichquartett‹ oder ›Der Vater und sein erstes Kind‹ oder ›Die lieben Verwandten‹.

Heimeran starb bereits 1955, erst dreiundfünfzig Jahre alt.

Neben dem lebhaft-burschikosen und naiv-heiteren Heimeran wirkte Ernst Rowohlt wie ein mächtiger Satyr. Auch er besaß Humor, und er machte mit dröhnender Lachbegleitung auch reichlich Gebrauch davon. Auf mich wirkte er wie ein alter Haudegen, dem der Zufall den Verlegerberuf zugespielt hatte: ein Hemingway-Typ, der gern lebte und gern leben ließ. Die großen Namen der weltliterarischen Moderne von Thomas Wolfe bis Sartre, von Faulkner bis Camus und von Henry Miller bis zu Theodore Dreiser profilierten das Rowohlt-Programm, das Anfang der fünfziger Jahre (nach dem Vorläufer der »Rowohlts Rotations-Romane« im Zeitungsformat) durch das Erscheinen der rororo-Taschenbücher noch einen besonderen Akzent empfing. Diese Reihe, von Rowohlts *unehelichem* Sohn und späterem Nachfolger mit dem trefflichen Namen Heinz Maria *Ledig* ins Buchleben gerufen, eröffnete das Taschenbuchzeitalter in Deutschland. Titel Nummer eins: ›Fiesta‹ von Ernest Hemingway. Die öffentliche Meinung über diese folgenreiche Buchtat war allerdings sehr, zum Teil sogar polemisch-heftig geteilt. Die Befürworter sprachen (im Sinne Thomas Manns) von einer entscheidenden Demokratisierung des Buches und damit von einer Bildungstat ersten Ranges. Die Gegner beschworen das Menetekel einer einstürzenden Buchkultur und einer Verschleuderung geistigen Human-Besitzes auf dem Markt der Beliebigkeiten. Wie sich später herausstellen sollte, hatten die Argumente beider Lager ebensoviel für wie gegen sich. Das Taschenbuch wurde tatsächlich zu einem Bildungsfaktor ersten Ranges, aber es lieferte sich auch als Objekt der Marktbegierde oft nur allzu leichtfertig dem schieren Umsatz- und Profit-Denken aus.

Zum Kreis meiner Buchmesse-Gesprächspartner Anfang der fünfziger Jahre zählte auch Christian Wegner aus Hamburg, in dessen Verlag gerade die mit Bewunderung begrüßte Hamburger Goethe-Ausgabe, herausgegeben von Erich Trunz, zu erscheinen begann. Auch Wegner war, für einen Hanseaten erstaunlich, ein sehr lebhafter, zuweilen sogar quirliger Mann. Seine Ideen und Projekte, von Begeisterung angefeuert, überschlugen sich manchmal sogar. Er handelte impulsiv und riskierte viel. Aber sein Spürsinn und seine spontane Urteilsfähigkeit garantierten ihm andererseits auch eine verblüffende Geistesgegenwärtigkeit, die nicht zuletzt seinem Wirken in den Gremien des Börsenvereins des Deutschen Buchhandels zugute kam. Christian Wegner ans Mikrophon zu bekommen, war jedes Jahr ein besonderes Vergnügen – für die Gesprächsteilnehmer, für den Moderator, für die Hörer ... Er nahm kein Blatt vor den Mund; aber niemand nahm ihm seine Offenheit übel. Sie verletzte nie.

Neue Goethe-Ausgaben waren in der unmittelbaren Nachkriegszeit keine Selbstverständlichkeit. Es gab nur zwei Verlage, die sich der kontinuierlichen Edition klassischer Werke der Weltliteratur annahmen. Beide hatten ihren Sitz in München: der Hanser-Verlag in der Kolberger Straße in Bogenhausen und der Winkler-Verlag in der Schwabinger Martiusstraße. Es gehörte unternehmerischer Mut und Glauben an die Sache dazu, in jenen Jahren klassische Texte zu drucken. Klassiker gab es immer, auch im Dritten Reich. Was die Leser nach dem Krieg jedoch vorrangig interessierte, war die Literatur der unmittelbaren Vergangenheit und Gegenwart, deren Kenntnis ihnen verwehrt gewesen war. Um so höher mußte man den Verlagen Hanser und Winkler (der heute zu Artemis gehört) anrechnen, daß sie damals das wirtschaftliche Risiko nicht scheuten und sich der klassischen Literatur annahmen. Bei Hanser ergriff Herbert Göpfert, damals Lektor des belletristischen Verlagssektors, die Initiative, und der Winkler Verlag wurde von Frau Winkler im Verein mit Otto

Dickschat mit der alleinigen Absicht gründet, Werke der Weltliteratur in Dünndruckausgaben herauszubringen. Beide Unternehmungen beeindruckten mich sehr, und ich begleitete ihre ersten Marktgehversuche mit engagierten Kritiken, die wiederum zu sehr persönlichen, ja freundschaftlichen Beziehungen zu den Verlagen und ihren maßgeblichen Personen führten. Die Buch-Kritik wurde zum Dialog-Stifter. Ob Max Hirmer oder Gustav Stresow (Prestel-Verlag), ob Lothar-Günther Buchheim oder Max Niedermeyer (Limes-Verlag), ob Klaus Piper oder Gustav End (Beck-Verlag). Sie alle spielten in meinem späteren Leben eine bedeutende, manchmal sogar entscheidende Rolle.

Nach der Währungsreform im Sommer 1948 waren zunächst die Buch- und Theaterkritiken, die ich schrieb, die Haupteinkommensgrundlage unserer familiären Existenz. Ich hatte einen regelrechten Kritik-Service aufgebaut, der von den ›Hessischen Nachrichten‹ in Kassel bis zur ›Rhein-Neckar-Zeitung‹ in Heidelberg, von der ›Rheinischen Post‹ in Düsseldorf bis zur ›WAZ‹ in Essen, vom ›Wiesbadener Kurier‹ bis zu den ›Deutschen Kommentaren‹ (später ›Christ und Welt‹) und vom Frankfurter Sender über den Südwestfunk in Baden-Baden bis zum Bayerischen Rundfunk reichte. Die kritische Auseinandersetzung mit Büchern und mit Theateraufführungen wurde mir im Lauf der Jahre unverzichtbar. Sie ersetzte mir Vorlesungen und Seminare und erlegte mir öffentliche Prüfungen auf – von Text zu Text. Ich mußte mich bewähren vor den prüfenden Blicken des lesenden Publikums. Und ich wollte mich bewähren, indem ich mich mit Wissen und Erfahrung wappnete, um geistige Souveränität zu erringen. Deshalb gab ich auch nach meinem Ausscheiden aus dem Hessischen Rundfunk 1956 diesen Teil meiner Arbeit nicht auf. Sie verwandelte sich zwar in Nebentätigkeit – aber für mich bedeutete sie nach wie vor nichts Nebensächliches. Sie blieb Teil meiner Lehrjahre. Ganz davon abgesehen, daß ich in ungeahntem Ausmaß meine Theaterneugierde stillen konnte – nicht nur im Rhein-Main-Dreieck, sondern auch über die Grenzen hinweg in Salzburg und Zürich, in Wien und im geteilten Berlin.

In Frankfurt leitete in jenen Jahren Harry Buckwitz als Generalintendant Oper und Schauspiel. Er war ein hervorragender Theater-Organisator, ein interessanter Regisseur, ohne wichtigtuerische Interpretationsmanieren, ein Talent-Erspürer und Programm-Herausforderer. Unter seiner Führung erlebte nicht nur die Oper unter Solti, sondern auch das Frankfurter Schauspiel eine große Zeit, zumal ihm bereits Richard Weichert als Schauspielchef den Frankfurter Nachkriegs-Theater-Boden hervorragend (auch durch die Bildung eines kostbaren Ensembles) bereitet hatte. Martin Held und Lola Müthel standen hier auf der Bühne, der junge Klausjürgen Wussow und die junge Doris Schade, Richard Münch, Siegfried Lowitz und Arno Assmann und viele andere, die in der späteren Nachkriegszeit (nicht zuletzt durch das Fernsehen) bekannt und beliebt wurden. Fritz Kortner inszenierte in Frankfurt die Uraufführung von Max Frischs ›Graf Öderland‹, und Heinz Hilpert hatte Zuckmayers ›Des Teufels General‹ Ende der vierziger Jahre in Szene gesetzt – mit Martin Held in der Titelrolle. Buckwitz gab dem jungen Heinrich Koch, dem Creator der »Koch-Platte«, Regie-Chancen, die dieser vornehmlich bei Freilichtaufführungen im notdürftig hergerichteten Innenhof des Karmeliterklosters auf beeindruckende, obgleich gewöhnungsbedürftige Regie-Weise nutzte. Er spielte die Stücke praktisch ohne Dekoration. Die Spielfläche war eine große runde Scheibe, an deren Rand die Schauspieler saßen und auf ihren Auftritt warteten. Auf ihr Stichwort betraten sie das Rund und verwandelten sich in handelnde Personen. Dank der präzisen Personen- und Sprachführung Kochs wirkte das Ganze weder manieristisch noch langweilig. Ob ›Lysistrata‹ von Aristophanes oder ›Turandot‹ von Schiller nach Gozzi – die Scheibe übte eine geradezu magische Kraft aus und beflügelte die Phantasie energischer, als jede Kulisse sie hätte beflügeln können.

Die Koch-Platte wurde legendär. Die Überlieferung dieses Bühnen-Spitznamens verwischte sich jedoch in der Erinnerung der Jahrzehnte. Meist wird der Begriff heute im Zusammenhang mit Wieland Wagners Neu-Bayreuther Bühnenstil gebraucht – und man stellt sich unter ihm vornehmlich eine Küchenherd-Kochplatte als Vorbild vor. Ursprünglich aber hatte die Koch-Platte mit dem Kochherd überhaupt nichts (oder wenn, dann nur im spöttisch übertragenen Sinn) zu tun. Sie ist nach ihrem Erfinder Heinrich Koch benannt, der mit ihr ein wichtiges szenisches Stichwort des Nachkriegs-Theaters lieferte.

Zu Harry Buckwitz' Frankfurter Großtaten gehörte (neben der Berufung Georg Soltis zum Generalmusikdirektor) auch der Widerstand gegen den einsetzenden Boykott der Werke Bertolt Brechts auf den westdeutschen Bühnen. Die fortschreitende Vereisung des west-östlichen Verhältnisses löste nämlich eine schier hysterische Angst vor einer kommunistisch-ideologischen Unterwanderung des Westens aus. Bert Brecht galt in diesem Zusammenhang als einer der verführerischsten Wortführer der kommunistischen Propaganda und als listiger Verfechter einer marxistisch geprägten antikapitalistischen Aufklärung. Stücke von Brecht aufzuführen kam daher einem Verrat an der demokratisch-freiheitlichen Sache des Westens gleich – was immer auch diese Sache sein mochte.

Gewiß: Brecht lieferte Stichworte genug für eine west-östliche Kontroverse. Er war ein sozialistischer Provokateur und kämpferischer Aufklärer – und er wollte auch einer sein. Mit dieser Haltung eckte er übrigens nicht nur im Westen an; auch seine eigenen Genossen wurden von seinen Pfeilen getroffen, was im Winter 1950/51 der Streit um die Aufführung der Oper ›Das Verhör des Lukullus‹ bewies. Paul Dessau hatte die Musik zu diesem Werk geschrieben, Brecht das Libretto. Im März 1951 wurde die Uraufführung in der Ostberliner Staatsoper von den DDR-Oberen endgültig verboten.

1950 noch hatten Brecht und der Regisseur Erich Engel (nach der Modell-Aufführung des Berliner Ensembles) eine szenische Aufführung des Stückes ›Mutter Courage und ihre Kinder‹ für die Münchner Kammerspiele erarbeitet, die, mit der großartigen Therese Giehse in der Titelrolle, jubelnden Beifall fand. Dann wurde es still um Brecht auf dem westdeutschen Theater. Insbesondere der Wiener Remigrant Friedrich Torberg führte die Anti-Brecht-Kampagne an. Brecht habe auf den westlichen Bühnen nichts zu suchen, proklamierte er. Dieser Mann sei einer der gefährlichsten Wortführer des Kommunismus.

Sich dieser zeitgeistigen Tendenz zu widersetzen verlangte Mut. Buckwitz in Frankfurt brachte ihn auf und bereitete für den Herbst 1952 eine Inszenierung des ›Guten Menschen von Sezuan‹ vor, die am 16. November ihre Premiere erlebte – ohne Skandal, mit viel Beifall aufgenommen, auch von der Presse. Der Brecht-Bann war gebrochen. Geschickt hatte Harry Buckwitz nicht die sozialkritische Aggression des Stückes, sondern dessen packende theatralische Kraft und die menschlichen Konflikte der handelnden Personen in den Vordergrund seiner Inszenierung gerückt und damit dem Dichter Brecht gegenüber dem Klassenkämpfer Brecht einen – von diesem vielleicht gar nicht erwünschten – Dienst erwiesen. Er zeigte, daß dieser Mann mehr als nur Klassenkämpfe zu bieten hatte.

Auch mich fesselte diese Frankfurter Aufführung. Sie bestätigte meine Bewunderung für den dramatischen Pragmatiker Brecht – eine Bewunderung, die immer wieder durch die politischen Manifeste des unbeirrbaren, ja oft geradezu vorurteilsbesessenen marxistischen Schulmeisters Brecht ins Wanken geraten war. Ich fand Brechts dramaturgische Thesen vom epischen Theater und vom Verfremdungseffekt zwar interessant, aber theatralisch kontraproduktiv: Dialektisches Lehrtheater zum Zweck sozialistischer Aufklärung – das konnte nicht der Theaterweisheit letzter Schluß sein. Wenn sich das Theater der Politik ausliefert oder sich gar von ihr instrumentalisieren läßt, gibt es sich auf, notierte ich damals.

Meine Tätigkeit im Abendstudio des Hessischen Rundfunks brachte mich auch in unmittelbaren Kontakt zu den Schauspielern des Theaters, denen ich sonst nur in der Distanz zwischen Bühne und Parkett begegnet wäre. Für zahlreiche Sendungen benötigte ich Sprecherinnen und Sprecher, die ich nicht nur aus den

Schauspielensembles in Frankfurt und Darmstadt, sondern auch aus entfernteren Städten für rezitatorische Aufgaben in unserem Abendstudio-Programm verpflichtete – für Lesungen schwieriger Texte, für literarische Zitate oder für Dialoge in Hörspielen, Features und Hör-Essays.

Für die Erstlesung der ›Strahlungen‹ von Ernst Jünger zum Beispiel holten wir Paul Hoffmann, den Schauspieldirektor der Württembergischen Staatstheater in Stuttgart, nach Frankfurt – einen aristokratisch-eleganten, gebildeten Herrn, der vortrefflich den kühlen intellektuellen Charme und die aphoristisch pointierte Diktion der Tagebuch-Texte von Ernst Jünger interpretierte. Es gelang ihm, in mehreren Folgen jeweils eine Stunde lang, die Hörer an den Lautsprechern so zu fesseln, als läse er einen Kriminalroman vor. »Wie machen Sie das?« fragte ich ihn. »Ich folge dem Text«, sagte er. In der Tat: er folgte dem Text, indem er ohne manieristische Beigabe dessen Esprit für sich sprechen ließ. Ohnehin waren Jüngers Tagebuch-Anmerkungen aus dem gerade überstandenen Krieg ein Ereignis für sich. Sie legten ein ebenso distanziertes wie persönliches Zeit-Zeugnis ab über Geschehnisse, in die jeder, der zuhörte, eingebunden war und an denen jeder mitgewirkt hatte. Dementsprechend hoch war die Zahl der Zuhörer. Damals empfahl sich eben der Rundfunk noch als ein kultureller Kommunikator ersten Ranges.

Der Hessische Rundfunk gehörte übrigens nicht zu den Ersten, die mit einer derartigen Großlesung Hörfunk-Furore machten. Zuvor schon erzielte der Hamburger Sender einen Sensationserfolg mit Ernest Hemingways Erzählung ›Der alte Mann und das Meer‹. Den Text sprach Mathias Wieman, ein nobler, zurückhaltender, nachdenklich-gebildeter Mann, der bereits in den dreißiger und vierziger Jahren zu den großen Stars des deutschen Films zählte, aber ein bescheidener, der menschlichen Zuwendung bedürftiger Mann geblieben war.

Auch Wieman arbeitete wie Hoffmann mit einfachen sprachlichen Mitteln. Keine Aufsetzer, keine Überbetonungen oder dramatischen Übersteigerungen, sondern gelassener Erzählfluß, aus dem die aufregenden Passagen nur durch leichte Beschleunigung des Lesetempos oder durch zurückhaltendes Heben der Stimme heraus-akzentuiert wurden. Hemingways Schilderung von dem Zweikampf zwischen Mensch und Fisch gewann eine Existenz-Dimension, die jeden anging.

Die Aufnahme dieses Rundfunk-Ereignisses wurde von den meisten deutschen Sendern übernommen und später auch als Langspielplatte veröffentlicht.

Auf Wieman, diesen genuinen Rundfunkerzähler, durch diese Lesung aufmerksam geworden, überlegten auch Andersch und ich, ob wir ihm einen ähnlich fesselnden Text zur Interpretation anbieten könnten. Wir fanden auch eine Vorlage, nämlich Charles Lindberghs ›Mein Flug über den Ozean‹. Wieder gelang es Wieman durch seine unprätentiöse, aber voll mit-erlebender Spannung aufgeladene Erzählweise, die Zuhörer zu fesseln. Sie hatten (viele schrieben das auch) das Gefühl, teilzunehmen an diesem riskanten Flug, der durch sein Gelingen zu einem Weltereignis wurde: die erste Nonstopüberquerung des Atlantischen Ozeans zwischen Amerika und Europa.

Auch diese Aufnahme wurde als Langspielplatte ebenso bewahrt wie Erich Pontos unvergeßliche Interpretation der Erzählung ›Bergkristall‹ aus Stifters Sammlung ›Bunte Steine‹, deren Einfachheit durch die gelassene Meisterschaft eines großen Interpreten zum Erlebnis wurde.

Mit Mathias Wieman blieben Maria und ich bis zu dessen Tod in enger Verbindung – und mit Paul Hoffmann auch. Dieser erhielt nach seinem Engagement in Stuttgart einen Ruf an das Burgtheater in Wien und avancierte dort sogar für einige Jahre zum Burgtheater-Direktor. Er wurde als großer alter Mann, ja: als Grandseigneur dieses berühmten Theaters in vielen Rollen gefeiert. Sein Begräbnis glich fast einem Staatsbegräbnis. Wir trafen uns oft mit Paul Hoffmann – in Wien und in München und in Salzburg. Stets war es ein Vergnügen, mit ihm über die Fragen, die uns bewegten, zu sprechen – übers Theater, über die Literatur, über die Zeitläufte. Ein besonderer Tag war für mich Paul

Hoffmanns 80. Geburtstag, an dem ich ihm von der Bühne des Wiener Akademietheaters herab gratulieren durfte.

Zu dem bemerkenswerten Ensemble der Frankfurter Bühnen gehörte in den fünfziger Jahren Bernhard Minetti – ein Charakterdarsteller, der in den dreißiger Jahren und bis zum Kriegsende im berühmten Gründgens-Ensemble des staatlichen Schauspielhauses in Berlin mitwirkte und auch in bekannten Filmen aufgetreten war. Minetti: ein hagerer Mann mit kantig ausgeprägten Gesichtszügen und lebhaft leuchtenden Augen. Um ihn war Magie, wenn er auftrat – so, als bewege sich ein Wesen aus einer anderen Welt auf der Bühne. Hatte Minetti schwache Abende, an denen sich diese Magie nicht einstellte, wirkte er eher manieristisch. Er mimte dann nur noch eine Parodie seiner selbst. Er setzte immer auf höchste Intensität des Ausdrucks – das heißt: er setzte, indem er Rollen »verkörperte«, seine eigene Existenz aufs Spiel. Routine kannte er nicht. Erreichte er nicht das Äußerste, blieb nur noch das Äußere.

Minetti zog mich in seinen Bann. Ich wollte, ich mußte ihn kennenlernen. Ich wollte mehr von ihm wissen und seinen Eigenarten. Also bat ich ihn oft zu Sprechaufgaben in den Rundfunk. Wir kamen ganz gut miteinander aus, was jedoch die Arbeit mit Minetti keineswegs erleichterte. Im Gegenteil: Minetti fühlte sich durch unsere Übereinstimmung eher ermutigt, mit mir jeweils über die vorliegenden Texte zu diskutieren, und er begann Theorien über deren Interpretation zu entwickeln. Man mußte in solchen Situationen versuchen, ihn vorsichtig-geschickt wieder an die Realitäten der Aufnahme zu erinnern und ihn zur möglichst unkomplizierten Vermittlung des Textes ermuntern. Dann allerdings erwies auch er sich als ein Meister des Vorlesens; selbst trockene Texte belebte er mit einer persönlichen Anteilnahme, die den Hörer fesselte. Ein rezitatorisches Glanzstück lieferte zum Beispiel Minetti mit dem Vortrag von Pablo Nerudas Südamerika-Epos ›Der große Gesang‹. Er las die ausgewählten Stücke mit einem agitatorisch-poetischen Pathos, das antikische Züge annahm: Höchste sprecherische Disziplin, verbunden mit Leidenschaft der Bilderbeschwörung und dem Fluß epischer Erzählung.

Minetti wohnte mit seiner Frau und seiner Tochter Jennifer in Frankfurt nur wenige Schritte entfernt von uns in der Wolfgangstraße. So konnte nicht ausbleiben, daß wir uns auch außerhalb des Theaters und des Rundfunks begegneten und näherkamen. Die Familien luden einander ein, gingen zusammen im Holzhausenpark spazieren oder unternahmen gemeinsame Ausflüge in den Taunus. Lange Abende erzählte Minetti von seinen früheren Theatertätigkeiten in Berlin und von seiner Zusammenarbeit mit Gründgens. Auch debattierten wir übers Theater im allgemeinen und das Gegenwartstheater im besonderen, wobei wir oft auf das Darmstädter Theater und dessen Intendanten Gustav Rudolf Sellner zu sprechen kamen, mit dessen Theatertheorien wir Verständnisprobleme hatten. Sellner versuchte nämlich, animiert von seinem engsten Mitarbeiter Egon Vietta, einen fortschrittlichen Theaterstil der Zukunft zu entwickeln, indem er die aufzuführenden Stücke nicht nur szenisch zu realisieren, sondern auch intellektuell-kritisch zu reflektieren sich vornahm. Er nannte seinen Aufführungsstil »Geistiges Theater«. Aus dem Abstand eines halben Jahrhunderts gesehen, kann man sagen, daß Sellner damals bereits den unüberhörbaren Prolog zum modernen Regie-, Bedeutungs- und Hinterfragungstheater entwarf.

Ich empfand Sellners dramaturgisches Programm damals als problematisch. Theater ist ein sinnliches Medium, dachte ich. Seine Stärke liegt darin, die geistigen Konzepte und Reflexionen der Dichter sinnlich anschaubar zu machen, sie körperlich zu vergegenwärtigen. Sollte Brechts episches Theater in Darmstadt auf die intellektuelle Spitze getrieben werden? »Glotzt nicht so romantisch!« rief Brecht seinem Publikum zu – aber immerhin belieferte er es dann doch mit handfesten komödiantischen Sozial-Moritaten. Aber »Geistiges Theater« – das schien ein Widerspruch in sich.

Nun wäre es ein Leichtes gewesen, Sellners Theater-Idee als modernistischen Gag zu entlarven, wenn dieser Mann lediglich ein Mittelmaß-Regisseur und wichtigtuerischer Theaterleiter in der sogenannten Provinz gewesen wäre. Aber Sellner war ein szenischer Könner, der mit der Bühne und den Schauspielern so umzugehen wußte, daß auch verquere szenische Lösungen so etwas wie einen »Sinn« konstruierten. Hinzu kam: Sellner hatte PR-Charme. Er war ein Mann, der mit den Medien umzugehen und sie für seine Öffentlichkeitsarbeit zu nutzen wußte. Er sah es gern, daß Egon Vietta nach Premieren in Darmstadt sogar die Kritiker zu sich nach Hause einlud, um mit ihnen bei Häppchen und Wein über den Theaterabend zu diskutieren. Dabei trafen, insbesondere zu vorgerückter Stunde, die Meinungen zuweilen heftig aufeinander – was die kritischen Urteile, die hinterher in der Zeitung standen, eher profilierte als schmälerte. Zu dieser Premieren-Runde gehörten immerhin so prominente Zeitungsleute wie Karl Korn und Albert Schulze-Vellinghausen von der ›FAZ‹, Johannes Jacobi von der ›ZEIT‹, Willy H. Thiem von der Frankfurter ›Abendpost‹, »unser« Joachim Kaiser vom Hessischen Rundfunk oder Karl-Heinz Ruppel von der ›Süddeutschen Zeitung‹ und Georg Hensel vom ›Darmstädter Echo‹ – und auch Maria und ich waren mit von der Partie.

Mit anderen Worten: Sellner gehörte zu den ersten Regisseuren, die schon in den fünfziger Jahren die Stücke der Vergangenheit und Gegenwart und auch die Aufgaben des Theaters unter dem Vorzeichen der Moderne unter die szenische Lupe nahmen – sozusagen im Zuge jener zweiten Aufklärung, die in jenen Jahren durch die dialektischen Aktivitäten der Frankfurter Schule und deren führenden Kopf, Theodor W. Adorno, philosophisch praktiziert wurde.

Die Aufführungen der Stücke von Christopher Fry, von Barlach oder Ionesco (›Die Stühle‹), aber auch großer Klassiker (›Hamlet‹, ›Maria Stuart‹) avancierten in Darmstadt zu bundesweit diskutierten, kritisierten oder auch progressiv beklatschten Ereignissen. Im Landestheater traf sich die Theaterwelt, hier schieden sich aber auch deren Geister.

So fremd mir Sellners Ideen und seine szenischen Experimente auch erschienen, so sehr interessierte er mich als Person. Da er mit Einladungen nicht knauserte, fanden wir bald eine Basis für unseren ganz persönlichen Theater-Diskurs, der bis zu Sellners Tod nicht mehr abbrach. Über das Musiktheater (Sellner wirkte von 1961 bis 1972 als Intendant an der Deutschen Oper in West-Berlin) kamen wir uns sogar in unseren Theateranschauungen wieder näher, zumal Sellners Opern-Inszenierungen keineswegs mehr dem »Geistigen Theater« huldigten, sondern eher durch die Eindeutigkeit ihrer Aussage und ihre Übereinstimmung mit der Musik beeindruckten. Auch Sellners großartige Aufführungen antiker Tragödien bei den Salzburger Festspielen überzeugten in den Bühnenbildern Fritz Wotrubas durch ihre antikische Einfachheit.

Auch im Hessischen Rundfunk hinterließ Sellner Spuren. So führte er Regie in der Hörspielfassung von Tennessee Williams Stück ›Camino Real‹ (mit dem jungen Klausjürgen Wussow in der Hauptrolle) – ein Hörspiel-Ereignis, das damals ein lebhaftes Echo auslöste.

Eine andere denkwürdige Rundfunkaufnahme unter der Regie und mit Sprecher-Mitwirkung Sellners kam im Zusammenhang mit der Verleihung des Büchner-Preises durch die »Deutsche Akademie für Sprache und Dichtung« in Darmstadt zustande. Der Preis ging im Jahr 1951 an Gottfried Benn. Die Preisfeier fand am 21. Oktober 1951 auf der Darmstädter Mathildenhöhe statt. Zum Abschluß wurde der Tetralog ›Drei alte Männer‹ von Benn gesprochen. Vorher hatte sich Benn in einer rührenden Rede bedankt, in der er, gleichsam stichwortartig, noch einmal Büchners gedenkend, sein ästhetisches Glaubensbekenntnis zusammenfaßte. »Die Lebenden und die Toten«, sagte Benn, und er sprach leise, fast verlegen, introvertiert – »Die Lebenden und die Toten, die Generationen hin und her – erst von weitem sieht man, wie es ineinandergreift. Wir fahren durch die Städte, sehen die Fenster aufleuchten, die Bars erstrahlen, die Paare schlängeln sich im Tanz, und in einem der Häuser wohnt nach hinten einer dieser Flüchtigen und schlägt die Welt wie einen Mantel um sein

Herz, um es zu stillen. Tragen sie auch nicht alle ihr Werk wie Büchner seinen Woyzeck ins Sichere und Reine, mangeln sie auch in vielem der Erfüllung, hausen sie auch, um mit Jeremias zu reden, in den Felsen und tun wie die Tauben, die da nisten in den hohlen Löchern – so nisten sie doch in den Reichen, wo das Unverlöschliche brennt, das nicht erhellt und nicht erwärmt, das sinnlos ist wie der Raum und die Zeit und das Gedachte und das Ungedachte und doch allein von jenem Reflex der Immortalität, der über versunkenen Metropolen und zerfallenen Imperien von einer Vase oder einem geretteten Vers aus der *Form* sich hebt unantastbar und vollendet.«

Der harte Schluß-Akkord, den Sellner dann mit der Szene ›Drei alte Männer‹ nach diesem melancholisch vorgetragenen Bekenntnis zur Kunst als dem einzigen Halt in einer blutig sich zerfleischenden Welt setzte – dieser Schluß-Akkord unterstrich Benns einsames, tragisches Kunstverständnis als letzte Möglichkeit, sich vor dem Nihilismus der Epoche zu behaupten. »Sich irren«, heißt es in Benns szenischem Dialog – »sich irren und doch seinem Inneren weiter Glauben schenken müssen, das ist der Mensch und jenseits von Sieg und Niederlage beginnt sein Ruhm. In sich allein bleiben, für seine Zerstörungen keinen verantwortlich machen und sich bei niemandem hinterlassen ...« Das Gespräch endet mit einer Lebensformel, die jenseits der Enttäuschungen und Finsternisse die Hoffnung der Schöpfung aufleuchten läßt: »Trauer und Licht, und wenn die Nacht kommt, werden wir sie ertragen – was ertrügen wir nicht? Bleiben, die Stunde halten! Die Formel lautet: Leben ist nichts, Sein ist alles.«

Meine Ergriffenheit von dieser denkwürdigen Stunde wurde gleich danach leider sehr prosaisch ernüchtert, denn mich ereilte ein traumatisches Mißgeschick – und leider graben sich solche Mißgeschicke ja oft entschiedener ins Gehirn ein als die wichtigeren Ereignisse eines solchen Tages. Erst die Erinnerung schafft sehr viel später wieder den Ausgleich.

Ich war nämlich beauftragt, an diesem 21. Oktober 1951 für den Frankfurter Sender die Büchner-Preis-Feier aufzunehmen

und eine Stunde nach deren Abschluß um 14.00 Uhr einen Zu-
sammenschnitt von fünfundvierzig Minuten mit eingefügtem
Kommentar direkt zu übertragen – aus dem Ü-Wagen vor Ort in
Darmstadt.

Die Zeit zwischen der Beendigung des Festaktes und dem Sen-
determin war knapp. Aber anhand meiner Notizen konnten wir
die Aufnahmebänder zügig und dem Zeitplan entsprechend ein-
richten. Dann geschah das Malheur: beim Zurückspulen sprang
das Magnetband wie eine Windhose hoch. Trotz raschem Stop
hatte sich bereits ein Knäuel gebildet. Es blieb mir, dem Tontech-
niker und seinen Gehilfen nichts anderes übrig, als das Band von
Hand zu entwirren. Unter polizeilicher Abschirmung ging ein
Helfer mit dem Bandende in der Hand die abschüssige Straße
hinunter und befreite auf diese einfache Weise das Knäuel wieder
aus dem Durcheinander. Zum Aufspulen und Rückspulen blieb
allerdings keine Zeit mehr. Deshalb mußte die Sendung direkt
von der Straße her aus der Hand über den Sender gegeben werden, was gottlob auch gelang. Als ich Benn später von dem Malheur erzählte, sagte er sarkastisch »Na, wenn's schiefgegangen
wäre, hätten Sie den Leuten vielleicht was erspart.«

Benns Bemerkung entsprang keineswegs nur einem koketten
Sarkasmus; sie bezog sich vielmehr auf die zeitgeistige Realität
im Hinblick auf Benns Person. Denn Benns Werk, das zunehmend junge Menschen beeindruckte, ja: faszinierte, blieb in der
literarischen Öffentlichkeit immer noch heftig umstritten. Neben Ernst Jünger, Carl Schmitt und Martin Heidegger, obwohl
sehr verschieden von ihnen, galt Benn als einer der geistigen
Wegbereiter einer »konservativen Revolution«, die in den Nationalsozialismus mündete. De facto gehörte Benn jedoch, trotz
seiner Schriften, in denen er 1933 den »neuen Staat« als Hoff-
nungszeichen begrüßte, schon ab 1934 zu den schärfsten Kritikern des Dritten Reiches, wie nicht zuletzt seine Briefe an Oelze
beweisen. Aber von diesen Dokumenten war damals noch nichts
bekannt. Um so mutiger erscheint der Entschluß der »Deutschen
Akademie für Sprache und Dichtung« in Darmstadt, diesen

Mann 1951 mit dem Büchner-Preis auszuzeichnen und sich damit zu ihm zu bekennen.

Anfang Mai 1951 hatte ich Gottfried Benn just an dessen 65. Geburtstag schon einmal vor dem Mikrophon. In Frankfurt nahm ich Gedichte und Prosa, von ihm selbst gesprochen, auf. Wie immer sprach er leise, in sich gekehrt und fast ohne jegliche Betonung. Nach der Aufnahme aber gab er sich heiter und gesprächig wie selten – vor allem beim Imbiß in unserer bescheidenen Wohnung in der Eschersheimer Landstraße. Später bedankte er sich, ganz Kavalier der alten Schule, mit einem reizenden Brief bei Maria und mir für die Einladung und die Bewirtung. Er schreibt darin:

> Lieber Herr Friedrich,
> nach meiner Rückkehr nach Berlin möchte ich Ihnen und Ihrer Gattin nochmals herzlich danken für die so überaus freundliche Aufnahme in Ihrem Heim. Schöne Eier, schöner Fleischsalat und eine so spannende Unterhaltung, wie ich sie hier in Berlin kaum je erlebe, und wir wollen den Kafé nicht vergessen, schwarz und stark!

Ganz Kavalier – in der Tat, das war Gottfried Benn. Er gehörte zu den höflichsten, zurückhaltendsten und zuvorkommendsten Menschen, die meine Frau und ich in unserem langen Leben kennenlernten. Eher klein, leicht pyknisch, mit einem schwer anmutenden Kopf und mit melancholisch verhangenem Blick, erweckte er mehr den Eindruck eines freundlichen Landarztes als den eines poetischen Intellektuellen, der an den Menschen und Zeiten leidet – und der diesem Leiden oft sogar erbarmungslos zynisch-aggressiven Ausdruck verlieh, um dann wieder in lyrische Melancholie säkularen Ausmaßes zu versinken.

> Durch so viel Formen geschritten,
> durch Ich und Wir und Du,
> doch alles blieb erlitten
> durch die ewige Frage: wozu?

Das ist eine Kinderfrage.
Dir wurde erst spät bewußt,
es gibt nur eines: ertrage
– ob Sinn, ob Sucht, ob Sage –
dein fernbestimmtes: Du mußt.

Ob Rosen, ob Schnee, ob Meere,
was alles erblühte, verblich,
es gibt nur zwei Dinge: die Leere
und das gezeichnete Ich.

Es gibt kaum ein Gedicht von Benns Hand, das tiefere Einblicke in das Wesen dieses Dichters und seine Einsamkeit in seiner Zeit gewährt. Was ihn vor der Kapitulation in dieser schier ausweglosen inneren Lage schützte, war, wie er selbst schrieb, die »formfordernde Gewalt des Nichts«. Das heißt: er zog die letzten, die heroischen Konsequenzen aus der klassischen Ästhetik, die dem säkularisierten Spätzeitmenschen die Kunst als einzig verbleibende metaphysische Heimat anbot.

Man spürte den Zwiespalt zwischen alltäglicher Normalität und säkularer Wehmut fast körperlich, wenn man Benn gegenübersaß. Er war der freundliche Nachbar von nebenan und dennoch weltenweit getrennt vom Hier und Heute.

Im Gegensatz zu Benn, mit dem ich zwischen 1950 und 1956 öfter zusammentraf, begegnete ich Thomas Mann nur einmal, und zwar im November 1952 in der Frankfurter Oper. Dort hielt er, in Anwesenheit von Margarete Hauptmann, die Gedenkrede auf Gerhart Hauptmann zu dessen 90. Geburtstag. Der elegante Herr, der an das Rednerpult auf der Bühne trat, genoß offensichtlich die stehenden Ovationen, die das Publikum ihm darbrachte, bevor er auch nur ein Wort gesprochen hatte. Und er enttäuschte die Erwartungen nicht. Obwohl er, nach eigenem Bekenntnis, in Hauptmanns Werk nicht allzuviel Gemeinsames entdecken konnte, hielt er es doch für seine Pflicht, ebenfalls nach eigener Aussage, in Sachen Hauptmann etwas »wiedergutzumachen« – nämlich bezüglich der Figur des Mynheer Peeperkorn aus dem Roman ›Der Zauberberg‹. Dieser Mynheer trug nämlich so offensichtlich karikierte Wesenszüge von Gerhart Hauptmann und dessen Sprechweise, daß sich dieser seinerzeit sehr betroffen fühlte. Die »Affaire« war noch immer nicht ganz ausgestanden. Aber jetzt stellte sich Thomas Mann auf charmant-geistreiche Weise diesem »Fall« Hauptmann und würdigte seinen großen Zeitgenossen nicht ohne Ironie, aber doch mit Bewunderung für dessen Werk. Er entschuldigte sich für seine Romanfigur, die er allerdings auch als eine Art Huldigung für Gerhart Hauptmann verstanden wissen wollte.

Ob man wollte oder nicht: Man geriet unversehens in den Bann dieses Wortzauberers und seines (so paradox das auch klingen mag:) »sinnlichen Esprits«. Die artifiziellen Satz- und Wort-Manierismen verwandelten sich in literarische Köstlichkeiten, und die scheinbare Leichtigkeit, mit der Thomas Mann auch die schwierigsten Fragen behandelte und die vertracktesten Zusammenhänge klärte, bestach. Ich jedenfalls büßte an jenem Vormittag viele meiner Vorbehalte gegen Thomas Mann ein – und das zugunsten vieler zukünftiger Lese-Stunden in Sachen Thomas Mann.

Thomas Mann starb im August 1955. Gottfried Benn starb im Juli 1956 und Bertolt Brecht im August des gleichen Jahres. Ihr Tod markierte mehr als einen Lebensabschied. Er signalisierte so etwas wie eine Epochen-Dämmerung. Die kulturellen Überlieferungen des 18. und 19. Jahrhunderts, die selbst noch im Werk eines Bertolt Brecht gleichsam kontradiktisch ihre Spuren erkennen ließen, verloren von Jahr zu Jahr an aktivierender Kraft. Zwei Weltkriege hatten die bürgerliche Welt nicht nur erschüttert, sondern auch bereits teilweise zum Einsturz gebracht. Nun drängten jüngere Generationen in die Nachkriegszeit, um aus ihr die eigene, die neue Zeit, politisch und kulturell, zu formen.

Aber sie wirkten zunächst ziemlich ratlos und erhoben diese Ratlosigkeit sogar zum Programm. Wer sollte ihnen auch Rat geben? Sie wollten sich den Rat, den sie brauchten, selbst suchen und vorgeben. Die eigene Existenz als Prüfstein – das war die letzte Fluchtburg, in die sich das »gezeichnete Ich« zurückziehen konnte. Die Forderung nach äußerster individueller Freiheit stand auf dem Programm – bei hoher sozialer Verantwortung. Aber Freiheit wozu? Das war hier die Frage.

Epochen-Übergänge ereignen sich nicht von heute auf morgen – selbst dann nicht, wenn eine verheerende Geschichts-Katastrophe sie auslöst oder beschleunigt. Zwar hatte der Zusammenbruch Deutschlands im Frühjahr 1945 die vom Dritten Reich favorisierten Autoren ins literarische Niemandsland hinweggefegt, aber die Traditionslinien zur Vergangenheit wurden nicht radikal unterbrochen. Autoren wie Werner Bergengruen oder Stefan Andres, Frank Thiess, Kasimir Edschmid, Hermann Kasack, Bruno E. Werner, Erich Kästner oder Elisabeth Langgässer (um nur einige Namen zu nennen), oder die damals noch jungen Autoren Hans Egon Holthusen, Rudolf Hagelstange, Wolf von Niebelschütz und Ernst Kreuder waren gefragt und wurden bewundert. Sie vermittelten den »unbehausten Menschen« (so ein Buchtitel von Holthusen) des Katastrophen-Zwischenzeitalters eine Art geistigen Heimatgefühls; man kehrte mit ihnen sozusagen in das alte, vertraute Europa zurück – mit ihnen und mit den großen Zeitgenossen der europäischen Weltliteratur, mit Gide, Valéry und Claudel, mit Auden und Eliot oder mit Joyce und Camus.

Obwohl die ratlosen Sucher nach einem neuen, nach einem zukünftigen Europa nur die Verstörtheit der eigenen Existenz in ihre Vorstellungen einbringen konnten, lösten sie allmählich doch ein bescheidenes öffentliches Echo aus. Sie wurden wahrgenommen. In dem ziemlich diffusen Schreibgewirr der sogenannten »jungen Generation« tauchten da und dort, ablesbar z.B. an den Tagungen der »Gruppe 47«, Talente auf, die aufhorchen ließen. Von Wolfgang Koeppen und Heinrich Böll, von Siegfried Lenz und Wolfdietrich Schnurre, von Max Frisch und Friedrich Dürrenmatt bis hin zu dem jungen Hans Magnus Enzensberger und schließlich zu Uwe Johnson und Günter Grass reicht, nur an wenigen Namen verdeutlicht, das Panorama der damals jungen deutschen Literatur, das in den späteren Nachkriegsjahrzehnten als Zeitzeugnis einer Generationen-Existenz zwischen den Zeiten in die deutsche Nachkriegsgeschichte einging. Dabei spielte die »Gruppe 47« als ein Forum junger Autoren eine bedeutende Rolle. In den ersten Jahren ihres Bestehens fand die Gruppe zwar auch schon in Presse und Rundfunk Beachtung, aber allgemein galt sie doch eher als Randerscheinung der zeitgenössischen Literatur und wurde als solche auch von den etablierten Literaten belächelt oder ironisiert. Friedrich Sieburg beispielsweise, der kritische Literaturpapst der fünfziger Jahre und Chef des Literatur-Blattes der FAZ, bewertete das, was die »Gruppe 47« repräsentierte und bot, mehr als Literatur-Abfall denn als Literatur. Weder den Kahlschlags-Proklamationen noch dem magischen Realismus und auch nicht den Existenznotstandsmitteilungen, konnte er Nennenswertes abgewinnen. Er bemühte sich gar nicht erst, zu dem Geschreibe dieser jungen Literatur-Herumtreiber einen Zugang zu finden, zumal die Tagungen der Gruppe ja auch oft einen ziemlich zwiespältigen Eindruck hinterließen. Viel Überflüssiges, auch Ärgerliches wurde vorgelesen, und nicht selten beherrschte zeitgeistige Interessantmacherei aus der zweiten Talentreihe die Szene. Ein literarisches Programm oder gar eine Stil-Richtung konnte aus der Summe solcher Texte kaum herausgelesen werden. Im Gegenteil: Hans Werner Richter weigerte sich, bestimmte Richtungen zu fördern oder gar zu favorisieren. Ihm, dem liberalen Sozialisten, ging es vorrangig darum, die »Gruppe 47« als einen Sammlungs- und auch Versammlungsort der jungen Literatur zu etablieren und ihrem existentiellen Widerstand, ja Protest gegen die Zeichen restaurativer gesellschaftlicher Entwicklungen ein Sprachrohr zu verschaffen. Wie hätten, wäre dem anders gewesen, auch Autorinnen und Autoren wie Ilse Aichinger und Ingeborg Bachmann neben Kolbenhoff, Wolfgang Koeppen und Uwe Johnson, neben Günter Grass und Martin Walser ihren Platz in der Gruppe finden und von dieser Gruppe sogar noch preisgekrönt werden können? Ein einheitliches Bild dieser Gruppe zu entwerfen, ist daher schlechthin unmöglich. In der

Vielfalt der literarischen Szene lag ihr Reiz. Gerade deswegen fällt auch schwer, ihr zuzugestehen, daß sie, was gelegentlich behauptet wurde und auch noch behauptet wird, die junge deutsche Literatur erst ermöglicht habe. Sie hat sie nicht ermöglicht, aber sie – und das heißt: in erster Linie dieser großartige Kommunikator Hans Werner Richter – schuf eine Plattform, von der aus sich die jungen Literaten der deutschen Nachkriegsöffentlichkeit empfehlen konnten. Die Gruppe war ein öffentlichkeitswirksamer Multiplikator, doch ein Creator war sie nicht.

Mein Verhältnis zur »Gruppe 47«, zu deren Mitbegründern ich ja gehörte, war von Anfang an auch etwas zwiespältig. Ich suchte die Nähe und damit den Dialog zu den kreativen Individuen unter meinen jungen Zeitgenossen; aber die Gruppen-Kumpanei lag mir ebensowenig wie die intellektuelle Schaustellerei, die gelegentlich auf den Tagungen die Szene beherrschte. Ich spürte andererseits schier körperlich den existentiellen Notstand, der aus manchen vorgelesenen Texten sprach – und ich war dann enttäuscht, wenn die Kritik sich an formalen Schwächen einer Arbeit festbiß, anstatt sich von ihrem bewegenden Gehalt und Inhalt bewegen zu lassen! Vor allem aber irritierte mich die immer wieder dominierende Meinungs-Tendenz der Gruppe, daß sich das Leben nach der gerade erlebten Katastrophe und den mit ihr verbundenen Untaten nicht mehr (entgegen der Aussage Nietzsches) »ästhetisch rechtfertigen« ließe. Die Demaskierung des »edlen Menschen« als Voraussetzung einer zukünftigen Humanität – das erschien mir nicht als der anthropologischen Weisheit letzter Schluß. Ich fühlte mich etwas isoliert und war es auch.

Dennoch blieb ich der Gruppe treu, weil ich sie als Herausforderung brauchte – und weil die Freundschaften, die sie mir eintrug, jenseits der Gruppen-Ereignisse jenen schöpferisch-förderlichen Dialog eröffneten, den ich mir bei der Gründung dieser Gemeinschaft erhofft hatte. Denn jeder Autor (und je bedeutender er sich profilierte, um so stärker kam dieses Charakteristikum zum Vorschein) reklamierte für sich eine eigene Schreib-

Autorität, die sich individuelle Ausdrucksformen und Dimensionen schuf. Ob Dichtung entlarvt oder verklärt, wenn sie Dichtung ist – und das heißt: wenn sie gestalterisches Format gewinnt und ausdrucksstark verdichtet, was sie mitzuteilen wünscht oder sogar mitzuteilen sich kreativ gezwungen sieht – dann spielen die sogenannten »Absichten« keine Rolle mehr. Das Werk spricht für sich und rechtfertigt ästhetisch, was es zu sagen hat. Meine Freundschaften mit Böll und Lenz und Schnurre, aber auch der manchmal schwierige Dialog mit Günter Grass profitierten von dieser Einsicht.

Hans Werner Richter, dem Spiritus rector der Gruppe, gelang es zwanzig Jahre hindurch, die Gruppen-Paradoxien und Widersprüche, die Banalitäten und Höhenflüge auszubalancieren und durch den »Preis der Gruppe 47« sogar einen Qualitätsmaßstab aufzurichten, der sich nicht durch Parteilichkeit korrumpieren ließ.

Stets erinnerte ich mich in meinen Zweifeln an meine Gespräche mit Alfred Andersch und dessen Memento: »Auf einem bestimmten Niveau kann man über alles reden, auch über die ganz entgegengesetzten Ansichten.« In der Tat: Auf einem bestimmten, hoch angesetzten Niveau verbindet sich, wenn man mit anderen redet und sich mit ihnen nicht nur auseinander-, sondern auch zusammensetzt, auch das Eigene mit dem Entgegengesetzten. Denn schließlich streben auf diesem Niveau alle uneigennützig das Gleiche an, nämlich: den Menschen zu helfen, mit sich ins Reine zu kommen. Allmählich begann ich damals zu ahnen, daß meine Lehrjahre nicht nur dem beruflichen Fortkommen, sondern mehr noch und vornehmlich dem einzigen Ziel zustrebten, mit sich und den anderen ins Reine zu kommen.

Meine Wanderjahre

Rückblickend erscheinen diese fünfziger Jahre, meine Lehr- und Wanderjahre, wie ein großes Wunder nach der katastrophalen Existenz-Verwirrung zwischen 1945 und 1950. Niemand konnte sich im Sommer 1946 inmitten der Trümmerlandschaft Deutschland vorstellen, wie nach einigen Jahren die Städte nicht nur vom Schutt befreit sein würden, sondern auch wieder im Ganzen Kontur anzunehmen begannen. Vor allem aber: Deutschland erholte sich wirtschaftlich. Die viel gelästerte, als konservativ-kapitalistisch-reaktionär etikettierte Regierung Adenauer mit ihrem weitblickenden Wirtschaftsminister Erhard brachte allen Unkenrufen zum Trotz das Kunststück fertig, nicht nur die Voraussetzungen für ein Vereinigtes (West-)Europa zu schaffen, sondern Deutschland auch wieder zu einem internationalen Wirtschaftsfaktor erstarken zu lassen. Die Wunden des Krieges waren zwar noch nicht verheilt – sie schmerzten noch sehr, seelisch und materiell. Aber der Wille, wieder auf die Beine zu kommen, besiegte den Schmerz. Das »Trotzdem«, das uns der Krieg erbarmungslos gelehrt hatte, aktivierte auch das Wunder des Wiederaufbaus. Daß uns Deutsche im Westen von Jahr zu Jahr entschiedener dieses Wunder vom Osten trennte, ja: uns in eine Front gegen diesen Osten und seine kommunistisch-imperialen Ansprüche eingliederte, empfanden viele als bittere, vielleicht sogar folgenschwere politische Beigabe.

Noch waren allerdings, bis Anfang der sechziger Jahre, die Grenzen nicht durch Mauern und Elektrozäune abgeriegelt. Das sozialistische Regime im Osten verhieß allerdings nichts Gutes. Deshalb nahm die Zahl der Flüchtigen, die sich über die Demarkationslinie nach Westen absetzten, ständig zu. Unter sowjetischer Oberhoheit von einem vergleichsweise primitiven deutschen Sozialisten-Regime reglementiert zu werden, schien vielen Ost-Bürgern unerträglich. Im August 1961 machte die Mauer in Berlin und setzten die Grenzsicherungen entlang der DDR-Demarkationslinie diesem Exodus ein jähes Ende.

Für die Ostdeutschen schlossen sich die Grenzen, für die Westdeutschen öffneten sie sich. – Maria und ich, wir überschritten sie mit staunenden Augen und erlebnishungrigen Gefühlen, halb Beklemmung, halb Euphorie. Zwar hatte ich schon »Ausland« erlebt – in Polen, in Litauen, Lettland und Rußland. Aber was ich gesehen und erkundet hatte, war »besetztes« Ausland, dessen Normalität ich nur zu ahnen vermochte. Nun überschritt ich Grenzen ohne Waffe in der Hand und zog friedlich meinen Ausweis aus der Tasche: Kein Eroberer, sondern ein Besucher, ein Gast.

Fast verstört wanderte ich damals, Mitte der fünfziger Jahre, durch das unzerstörte Zürich wie durch eine Film-Kulisse der Welt von gestern. Die makellosen Fassaden, die Plätze, die Promenaden am See, die Luxushotels – das alles kam mir derart »alt« vor, daß ich vor mir selbst erschrak. Hatten mich die deutschen Trümmer-Landschaften so tiefgreifend desillusioniert, daß mich eine unbeschädigte Stadt eher peinlich berührte als erfreute? Ich wurde dieses zwiespältige Züricher Gefühl vorerst nicht los.

Nicht die Stadt kam mir nahe, sondern Menschen, die in dieser Stadt lebten. Und mit ihnen wuchs mir auch die Stadt zu – und öffnete mir ihren spröden Charme. Die Menschen: Da gab es zunächst und an erster Stelle Max Frisch, den ich in Frankfurt in Zusammenhang mit einem Rundfunkgespräch kennengelernt und öfter zu Gast hatte. Mit ihm verstand ich mich gut, auch wenn er in seinen Romanen für mein Dafürhalten manchmal doch zu sehr mit dem Zeitgeist paktierte und dadurch seine epische Überlegenheit aufs Spiel setzte. Wir mochten uns sehr und trafen uns regelmäßig in einem Café, wenn ich nach Zürich kam. Sehr gesprächig war er nicht, aber wenn er in Fahrt kam und sich für eine Sache, einen Gedanken, einen Plan engagierte, entpuppte sich der wortkarge, oft nur ironische Stichworte in die Debatte werfende Max Frisch als ein leidenschaftlicher Argumentator – egal, ob ihm dabei die Pfeife ausging oder nicht...

Leider nahm unsere Beziehung einmal einen tragikomischen Verlauf. Ich besuchte wieder einmal Zürich und rief bei Frisch an. Seine Frau war am Apparat. »Grüezi!« sagte sie. »Ich grüße Sie auch. Wie geht es Ihnen?« antwortete ich. »Nicht gut«, erwiderte sie mit dem unverkennbaren schwyzerdütschen Einschlag. »Warum denn nicht?« fragte ich und bekam zur Antwort: »Das sage ich Ihnen nicht.« Ich war verdutzt und fragte unvermittelt: »Ist der Max da?« »Nein«, sagte sie schroff. »Wann kommt er denn wieder?« wollte ich wissen. »Das weiß ich nicht«, sagte sie. Darauf ich: »Ist er denn länger weg?« Darauf sie: »Das weiß ich nicht.« »Ja, aber...«, stotterte ich. Da brach es aus ihr hervor: »Jetzt sag ich's Ihnen doch: der Max und ich, wir sprechen nicht mehr miteinander!« Sprach's und legte auf. Max Frisch entschwand durch seine neuen Lebensverhältnisse vorübergehend auch mir. Später begegneten wir uns zwar noch etliche Male, in durchweg freundlicher Atmosphäre – aber die alte entente cordiale wollte sich nicht wieder herstellen. Trotzdem: er gehört zu den Menschen, die mich dadurch, daß sie mir die Teilnahme an ihrem Werk ermöglichten und durch ihre Geistes-Gegenwart vieles anregten, herausforderten und auch bereicherten.

Grenzüberschreitungen. Sie wären in dieser Erlebnisfülle ohne unseren geliebten Volkswagen, den wir seit 1952 besaßen, nicht möglich gewesen. Er fuhr uns ohne Motor-Murren quer durch Europa – von Wien und Klagenfurt nach Paris und Rom und Neapel – und Maria und ich spürten, daß wir uns keineswegs nur rhetorisch als Europäer fühlten, sondern daß wir tatsächlich Europäer waren – bei allen nationalen Besonderheiten und Eigenwilligkeiten. Der geistige Raum der Nation Europa barg uns gleichermaßen: wo wir auch hinkamen – wir fanden eigene Wurzeln wieder.

Am stärksten erregte uns der geschichtliche Schicksalsraum

Mittelmeer, zuerst durch Streifzüge durch Italien, später, Ende der fünfziger Jahre, durch Griechenland mit dem Höhepunkt Athen, Sommer 1960.

Das griechische Charisma hatte uns bereits im Frühjahr 1958 ergriffen, als wir zum ersten Mal griechischen Tempeln gegenüberstanden in Paestum und erlebten, was keine Abbildung vermitteln kann: Die unaufgeregte Größe und Gelassenheit eines souveränen Stils und das im Ernst heitere, in der Heiterkeit ernste Verhältnis zur Transzendenz. Diese Tempel stehen fest auf ihrem irdischen Fundament und sind zugleich offen für die Atemzüge des Kosmos. Das war das Land der Griechen, das auch ich seit meiner humanistischen Schulzeit hinter den Vokabeln und der Grammatik des Griechischen »mit der Seele suchte«.

Rom wirkte im Gegensatz zu Paestum fast ernüchternd auf Maria und mich. Uns beeindruckte die Größe und Monumentalität der antiken Stadtreste. Aber diese Monumentalität besaß keinen künstlerisch-stilistischen Charme, sie war durch Macht charakterisiert und weniger durch Geist. Wo diese Architektur die Griechen nachahmte, wirkte sie wie aus zweiter Hand, überdimensioniert und diesseitig-imperial.

Dennoch: Rom ist Rom. Es lebt nicht allein und vornehmlich von den Trümmer-Zeugnissen seiner antiken Vergangenheit, sondern auch und vor allem von lebensfreudiger Italianità seiner Gegenwart, die alle Zeugen der Vergangenheit von den Staufern über die Renaissance und das Barock in eine Pancomedia der Geschichte einbezieht. Man braucht nur den Vorhang aufzuziehen, und sie ist präsent.

Ermöglicht hatte uns diese erste große »Bildungsreise« im April des Jahres 1954 die »Gruppe 47«, die zu ihrer Frühjahrstagung nach San Felice am Cap Circeo zwischen Rom und Neapel einlud. Wie diese Einladung zustande kam und wer sie initiierte, weiß ich nicht mehr. Erinnern aber kann ich mich noch lebhaft an die Erregung, die Maria und mich ergriff, als wir den verführerischen Brief von Hans Werner Richter erhielten. Sollten wir, dürften wir diese weite Reise in ein Land wagen, das wir

Vor dem Ceres-Tempel in Paestum am 19. April 1958

nur aus Büchern und aus Zeitungen kannten – ganz auf uns selbst gestellt? Hielt das Auto die Strapazen aus? Vor allem aber: Wie konnten wir diese Expedition bezahlen?

Nun: den Reise-Etat bekam ich mit einiger Mühe zusammen, indem ich den Rundfunk und mehrere Zeitungen dazu überreden konnte, mir Aufträge zur Berichterstattung über die Tagung zu erteilen. Im übrigen kauften wir aus amerikanischen Armee-Lagerbeständen reichliche Vorräte an sogenannten »eisernen Rationen« billig ein, die uns tatsächlich auf Hin- und Rückfahrt über die schlimmsten Lebensmittel-Engpässe halfen.

So also fuhren wir nach »Arkadien« – über Basel, den Gotthard, Mailand, Genua, Pisa, Florenz und Rom. Maria hatte sich gründlich per Reiseführer und Kunstliteratur vorbereitet, so daß sie an allen Orten mit wertvollen Informationen dienen konnte. In Rom wußte sie sogar über die Wege zum Hotel Bescheid – und über die Sehenswürdigkeiten, die an diesen Wegen lagen, von der Piazza del Popolo über die Spanische Treppe bis zum Pantheon.

Nichts war uns fremd in diesem Rom. Unsere Phantasie verband uns enger mit dieser abendländischen Weltstadt als wir selbst ahnten. Und die Wirklichkeit dieser Stadt hielt dem Phantasiebild nicht nur stand, sondern übertraf es durch die Selbstverständlichkeit, mit der sie das Alte durch die Gegenwart belebte. Wie gesagt: Pancomedia.

Die literarischen Ereignisse in San Felice am Cap der Circe rückten angesichts unserer einzigartigen Italien-Erlebnisse in Florenz, Rom und Paestum an den Rand unserer Wahrnehmungen. Zu groß war die Erlebnis-Kluft zwischen dieser ungemein lebendigen Präsenz der Vergangenheit und den Texten, die inmitten einer gerade frühlingshaft aufblühenden Mittelmeer-Landschaft vorgelesen wurden. Die meisten Werke bewiesen, im Gegensatz zu mancher früheren Tagung der Gruppe, durchaus Rang. Alfred Andersch stellte seine Erzählung ›Diana und der Flötenspieler‹ vor, Heinrich Böll las ein Kapitel aus seinem Roman ›Haus ohne Hüter‹ und Ingeborg Bachmann rezitierte eige-

ne Gedichte aus der Reihe ›Das Spiel ist aus‹. Auch Wolfgang Hildesheimer beteiligte sich an den Lesungen mit seinem Hörspiel ›Turandot‹. Den »Preis der Gruppe 47« erhielt der Holländer Adriaan Morriën.

Eine durchaus ansehnliche Repräsentanz der jungen deutschen Literatur erschien hier also. Und dennoch: In diesem Erst-Erlebnis-Rahmen Italien erschien mir das Vorgelesene zweitklassig wie abgetragene Kleider. Gewiß: das waren »unsere« Themen, die hier, auf der Tagung, behandelt und zur Diskussion gestellt wurden. Aber mußten diese Themen nicht auch gemessen werden an dem Maßstab, den uns die kultur-schöpferischen Menschen der Vergangenheit vorgaben? Können, dürfen wir uns wieder zurückdrängen lassen in die Hilflosigkeiten zeitgeistiger Räsonnements? Wurden wir noch den Kultur-Ansprüchen gerecht, die wir als aufgeklärte Menschen an uns selbst stellen mußten?

Zweifelnde Gedanken wie diese waren damals und sind sicher auch noch heute ungerecht. Dennoch drängten sie sich auf und ließen Skepsis aufkommen gegenüber einer Gegenwart, die ihrer Katastrophe so wenig tragische Größe abgewann. Wieder verspürte ich auch Enttäuschung über bestimmte oberflächliche literarische Strömungen in der Gruppe und schämte mich zugleich meiner Undankbarkeit angesichts der einzigartigen Italien-Erlebnisse, die mir das Treffen beschert hatte.

Anmerkung des Herausgebers

Mit den nebenstehenden Zeilen endet das letzte als Manuskript auffindbare Kapitel von Heinz Friedrichs Autobiographie.

Es folgen nun, wie im Nachwort näher erläutert, drei ergänzende Kapitel (zusammengestellt aus Texten von Heinz Friedrich), die seine Tätigkeiten als Programmdirektor von Radio Bremen (1959–1961), als Mitbegründer und Verleger des Deutschen Taschenbuch Verlags und als Präsident der Bayerischen Akademie der Schönen Künste (1983–1995) autobiographisch beschreiben.

Radio Bremen

In dem Jahrzehnt nach 1945 spielte der Rundfunk in allen Teilen Deutschlands eine wichtige kommunikative Rolle. Die Kulturabteilungen der einzelnen Sender waren Radarstationen kultureller Vermittlung und Orientierung. Zwar hatten die Sender keine großen Reichweiten, doch durch den Austausch der Produktionen, aber auch durch die Mitarbeit der Autoren an den verschiedenen Stationen ergab sich eine aufregende Vielfalt des Programmangebots. Jenseits von Nachkriegsnot und politischer Einschränkung tat sich ein Freiraum des Geistes auf, der wieder an das glauben ließ, was schon verloren schien: Europa.

Hören konnte man den Sender Bremen in Frankfurt, wo ich meine ersten Rundfunk-Schritte zu machen begann, nicht. Aber *von* ihm hören, das konnte man. Was ich vom Sender Bremen erfuhr, machte mich neugierig, und ich beschloß, diese Neugier zu testen. Ich schickte ab 1950 häufiger Manuskripte, und sie wurden in Bremen gesendet. Es entspann sich ein reger Briefwechsel, mit Dr. Oskar Wessel, dem Leiter der Hauptabteilung Wort, mit Dr. Liselotte von Reinken von der Abteilung Buchbesprechung und vor allem mit dem Programmgestalter »Wort«, Dr. Lutz Besch, der mir zum Brieffreund wurde.

Damals war der Austausch von Manuskripten mehr als redaktionelle Routine. Mit dem Text schickte man auch eine Botschaft an den anderen – und eine Aufforderung zum Gedankenaustausch. Denn wir waren uns unserer Kultursache durchaus noch nicht sicher. Man bedurfte des Erfahrungsaustausches mit den Kollegen, und man bedurfte deren Anregungen.

Bremen war und lag mir fern; München lag meiner süddeutschen Natur näher. Aber München blieb mir zunächst fern, denn von dort ereilte mich kein Ruf, aber aus Bremen. Er kam von Lutz Besch, der mich eines Tages, es war Sommer 1958, in Frankfurt vertraulich anrief und mich fragte, ob ich daran interessiert sei, am Bremer Sender Programmdirektor zu werden. Ich fungierte damals (nach den sieben Jahren redaktioneller Tätigkeit im Hessischen Rundfunk) als Cheflektor der neugegründeten »Fischer Bücherei« (Fischer-Taschenbücher) – eine Position, die sich als ebenso aufregend wie verdrießlich erwies. Im Spannungsfeld von Rudolf Hirsch, Gottfried Bermann Fischer und Tutti Fischer zu arbeiten, war für niemanden einfach – und für einen kreativen jungen Lektor schon gar nicht. Zwar waren die drei Jahre, die ich das Fischer-Taschenbuchprogramm leitete, eine Lehrzeit par excellence, in der sich außerdem die Erfolge »meiner« Bücher überschlugen. Auch die beginnende Konkurrenz durch die Taschenbuch-Reihen der Verlage List und Goldmann änderte daran nichts. Das Ehepaar Fischer verlangte allerdings seinen Mitarbeitern nicht nur engagierten Einsatz für den Verlag ab, sondern strapazierte auch zunehmend deren Nerven. Bermann Fischer war durchaus ein echter Patriarch voller Bedächtigkeit, selten jedoch neigte er zu cholerischen Anfällen. Zumeist reagierte er auf die Meinung und den Rat seiner Gesprächspartner ganz aufgeschlossen und ließ gelegentlich sogar väterliche Gefühle seinen jungen Partnern gegenüber erkennen. Seine Frau, Tutti Fischer, war als lebhafte, intelligente, überaus sprunghafte Person ein kaum berechenbarer Faktor im täglichen Programmbetrieb, da sie leicht beeindruckbar war und in ihrer Begeisterung ebenso überschwenglich wie in ihrer Abneigung agierte und regierte. Der wirtschaftlichen Seite des Unternehmens gegenüber verhielt sie sich oft ziemlich gleichgültig, um nicht zu sagen: ignorant.

Euphorische Aufschwünge und bittere Ärgernisse kennzeichneten Monat für Monat das Arbeitsverhältnis im Fischer-Verlag. Die Frage aus Bremen, ob ich Programmdirektor des Rundfunks werden wolle, erreichte mich in einer Phase der Ärgernisse. Ich zeigte mich recht interessiert. Und so kam, was kommen mußte: Ich stellte mich dem Intendanten, Heinz Kerneck, vor. Er fand

Seit 1947 war Heinz Friedrich immer wieder für den Rundfunk tätig, u. a. von 1959 bis 1961 als Programmdirektor von Radio Bremen.

Gefallen an mir. Ich stellte mich dem Rundfunkrat und dem Verwaltungsrat vor; beide Gremien gaben mir ihr Votum. Anfang April 1959 saß ich am Schreibtisch des Programmdirektors von Radio Bremen und versammelte zum ersten Mal meine Mitarbeiter um mich – an ihrer Spitze just jener Dr. Lutz Besch, dem ich dies alles verdankte. Damals war ich mir allerdings noch nicht sicher, ob ich Grund zur Dankbarkeit haben würde. Der Sender war enttäuschend klein, und die Sendeleistung ebenso enttäuschend schwach (20 Kilowatt). Praktisch war Radio Bremen ein Stadtsender. So hatte ich mir das eigentlich nicht vorgestellt.

Aber sehr bald lernte ich diesen »Stadtsender« kennen: Man konnte aus ihm viel machen, und zwar völlig unkonventionell. Er war strukturell noch nicht öffentlich-rechtlich verkrustet. Und die Mitarbeiter waren kreativ motiviert wie an kaum einem anderen Sender. Die zwei Jahre, die ich in Bremen verbrachte, waren dementsprechend zwei Jahre produktiver Erfüllungen. Das von mir begründete Nachtstudio mit dem Namen »Studio Bremen« machte mir besondere Freude.

Daß ich Bremen dann trotzdem wieder verließ, hatte nichts mit Radio Bremen und nichts mit der Stadt zu tun, sondern mit der neuen Aufgabe, die mir angeboten wurde – und überdies in München stattfinden sollte, meiner Traumstadt. Ich schied mit Wehmut von Bremen und blieb dem Sender treu, indem ich noch zwei Jahre lang das »Studio Bremen« von München aus leitete und einige Sendereihen selbst konzipierte und betreute. Viel Beachtung fand etwa die aus einer Umfrage unter zeitgenössischen Schriftstellern formierte Reihe »Schwierigkeiten, heute die Wahrheit zu schreiben. Eine Frage und einundzwanzig Antworten«, die unter diesem Titel dann 1964 als Buch erschien.

Deutscher Taschenbuch Verlag

Daß ich nach Tätigkeiten als Journalist, Schriftsteller und Rundfunkredakteur zur Verlegerei kam, ist, die Anfänge betrachtend, einem Zufall zu verdanken, der allerdings nur auf meiner Seite einer war. Ihn führte nämlich Gottfried Bermann Fischer herbei. Er hatte 1956 den Mut, den Rundfunkredakteur Friedrich damit zu beauftragen, die »Fischer Bücherei« auszubauen, also ein eigenständiges, großes Taschenbuchprogramm zu schaffen. Ich wurde Cheflektor und konnte den gesamten Taschenbuchzweig wie ein gesondertes Unternehmen entwerfen und verwirklichen, so daß Bermann Fischer mich später auch Verlagsleiter nannte. Als ich ihn rückblickend fragte, was ihn eigentlich bewogen habe, mich, einen außenstehenden Verlags-Unkundigen, mit dieser verantwortungsvollen Aufgabe zu betrauen, sagte er, ich hätte ihn während meiner Rundfunkzeit mehrmals sehr intelligent interviewt. Das hätte ihn von meinen Qualitäten überzeugt. So einfach war das ...

Die Interviews auf der Buchmesse, die er meinte, waren in der Tat frühe Annäherungen an die Verlegerei. Ich habe die Buchmessen in Frankfurt von 1949 bis heute miterlebt. Nur zwei Mal war ich verhindert. Also über 50 Mal konnte ich die Buchmesse mitmachen, zunächst als Journalist und Rezensent, dann als Rundfunkredakteur und Kommentator, schließlich als Lektor und Verleger auf der Seite der »Büchermacher« direkt mitwirkend.

Die Welt der Bücher war mir ohnehin nie verschlossen, im Gegenteil: sie war für mich das Tor zur Welt von Jugend an. Doch bis zur verlegerischen Tätigkeit war es ein weiter Weg, ja oftmals ein Umweg. Der Zufall machte mich nicht nur zum Fischer-Taschenbuch-Verleger, er führte auch Regie, als ich der erste Chef des DTV wurde, eines Verlages, den es ja noch gar nicht gab. Und daß er gegründet wurde, war alles andere als selbstverständlich. Die Planung stieß auf Ablehnung und gewaltige Skepsis.

Es gibt Ereignisse, die erst dadurch, daß sie stattfinden, beweisen, daß sie notwendig waren. Notwendig erschien 1960 dieser Verlag nicht. Es gab für damalige Verhältnisse genug Taschenbuch-Verlage. Sie waren erfolgreich, aber sie gerieten auch bereits an die Grenze ihrer Möglichkeiten. Die Buchhändler beklagten die Überforderung des Marktes durch Billigbücher. Jeden Versuch, eine neue Reihe zu gründen, beantworteten sie mit Skepsis, auch mit Widerstand.

Obwohl der DTV nicht als notwendig empfunden und anfangs ebenfalls mit großer Zurückhaltung bedacht wurde, setzte er sich auf einen Schlag durch und strafte die Lügen, die ihm einen Fehlstart oder doch zumindest einen Absturz kurz nach dem Abheben von der Startbahn prophezeit hatten.

Natürlich haben auch die, die den Verlag gründeten, nicht gewußt, ob sie einen Treffer erzielen würden oder nicht. Zwar entwickelte sich die Idee nicht aus heiterem Buchhimmel, aber ein wenig irrational war sie doch. Sie entsprang einer Verdrossenheit – der Verdrossenheit nämlich von Verlegern, die bisher die verschiedenen Taschenbuchreihen mit Lizenzen zu niedrigen Bedingungen versorgt hatten. Sie schauten mit etwas säuerlicher Miene dem Erfolg zu, den andere Verlage mit ihren Büchern erzielten. Damals lagen die Startauflagen für Taschenbuchtitel bei 50 000 Exemplaren (in der Regel!); Erstauflagen von 40 000 oder 30 000 Exemplaren galten bereits als problematisch. Angesichts der sehr knappen Kalkulation und der ebenso niedrigen Ladenpreise waren sie es auch. Aber die Menge brachte es – und die niedrigen Lizenzgebühren.

Dieser »Taschenbuch-Frust« regte in manchen Verlagshäusern Überlegungen an, selbst Taschenbuchreihen einzurichten. Aber die Investitionen wären erheblich gewesen, und der Apparat, der für den Vertrieb von Taschenbüchern hätte aufgebaut werden müssen, auch. Hinzu kam die Schwierigkeit, daß das eigene Titel-

Reservoir kaum ausgereicht hätte, um über Jahre hinaus ein Taschenbuch-Programm zu speisen. Das bedeutete: Wer neue Taschenbücher etablieren wollte, war auf Zulieferung von anderer Seite angewiesen. Das Risiko war dementsprechend groß und erstickte die meisten Taschenbuch-Blütenträume schon im Keim.

Auch die Buchgemeinschaften hatten seit den fünfziger Jahren bedeutenden Boden gewonnen und drohten, auf Kosten der Originalverleger und versorgt durch deren Lizenzen, zu einer Konkurrenz der buchhändlerischen Vertriebswege zu werden. Um dieser Entwicklung entgegenzuwirken, schlossen sich damals neunzehn Verleger zu der Gemeinschaft »Bücher der 19« zusammen, mit dem Ziel, durch die monatliche Herausgabe jeweils eines zugkräftigen Titels als Sonderausgabe ein preisgünstiges Konkurrenz-Angebot zu unterbreiten. Die »Bücher der 19« waren ein auflagenstarker Erfolg.

Bestärkt durch diese Erfahrung keimte im Kreis der Verleger der »19« der Gedanke auf, Ähnliches auf dem Gebiet des Taschenbuchs zu versuchen. Der Initiator dieser Idee, Joseph Caspar Witsch, hatte dank seiner temperamentvollen Überredungskraft bald elf Verlage beisammen, die bereit waren, gemeinsam einen Taschenbuch-Verlag zu gründen. Man dachte dabei zunächst an eine Zusammenfassung taschenbuchfähiger Titel aus den elf Verlagen – es handelte sich um Artemis, Beck/Biederstein, Deutsche Verlags-Anstalt, Hanser, Hegner, Insel, Kiepenheuer & Witsch, Kösel, Nymphenburger, Piper und Walter. Schon die ersten Gerüchte, die über das Vorhaben in die Öffentlichkeit drangen, lösten entweder mitleidiges Achselzucken oder höhnisches Kopfschütteln aus, nach dem Motto: die werden schon sehen, was sie sich einbrocken…

Doch es blieb keineswegs bei der Absichtserklärung der elf Verleger. Vielmehr folgten der Absicht Taten. Taten des Zufalls, Taten der Notwendigkeit, Taten des Kalküls? Oft fügt sich, wenn man kräftig und entschlossen A sagt, das B wie von selbst an. Der Zufall ist dann kein Zufall mehr, sondern eine höchst merkwürdige Art von Notwendigkeit. Konjunktivisch ausgedrückt: Hätte ich nicht während einer Fernsehkonferenz in München im Winter 1959/60 einen freien Abend gehabt und wäre ich nicht auf die Idee gekommen, Klaus Piper anzurufen und ihn zu fragen, ob er zufällig auch einen freien Abend habe, dann wäre die Konstellation nicht eingetreten, die de facto eingetreten ist. Nämlich: bei der zweiten Flasche Wein kam Klaus Piper auf ein Unternehmen zu sprechen, das es noch gar nicht gab, und von dem ich auch noch nie etwas gehört hatte: ein Taschenbuchverlag der Verlage. Er entwickelte mir beredt die Idee, die dem Plan zugrundelag – und ich improvisierte mit der Unbefangenheit dessen, der mit alledem nichts zu tun hat, meine Vorstellungen und Visionen der Möglichkeiten eines solchen Verlags. Es machte mir einfach Freude, gedanklich wieder einmal in das verlegerische Metier zurückzutauchen, in dem ich mich bis vor einem Jahr getummelt hatte. Klaus Piper und ich, wir steigerten uns gegenseitig in Vorstellungen hinein, wie sie nur eine angenehme Weinlaune hervorbringen kann. Wir trennten uns mit der Gewißheit, einen angenehmen Abend angenehm verplaudert zu haben.

Zwei Wochen später sollte sich herausstellen, welche Folgen jener Abend in München tatsächlich gezeitigt hatte. Klaus Piper rief mich an und sagte kurz und bündig: er habe mit seinen Kollegen in Sachen Taschenbuch gesprochen und ihnen von unserem fröhlichen Gespräch erzählt – sie seien übereinstimmend mit ihm alle der Meinung, daß man mich fragen sollte, ob ich vielleicht der Verleger dieses neuen Unternehmens werden wolle…

Dieses »Vielleicht« trieb mich mehrere Wochen lang um, denn ich war als Programmdirektor in Bremen für längere Zeit im Wort, und ich wollte mein Wort nicht brechen. Andererseits lockte mich die neue Aufgabe, und was mich noch mehr lockte: daß dieser Verlag just in München, wohin es mich zeit meines Lebens gezogen hatte, angesiedelt werden sollte.

Was mich weniger verlockte, war das Angebot einer Teilhaberschaft als Gesellschafter. Ich hatte kein Geld und mußte zu der Ungewißheit eines höchst gewagten Beginns noch das Risiko erheblicher Schulden eingehen. Und was noch schwerer wog: ich

mußte eine sichere Stellung (samt Pensionsberechtigung und ARD-Karriere) aufgeben und damit auch die Sache meiner Familie auf weniger als nichts, nämlich auf Schulden stellen. Fast hätten diese Aussichten zusammen mit der Verpflichtung zur Teilhaberschaft mein Interesse an dem neuen Projekt abgewürgt. Was ich allerdings sah und worin mich Maria mit einem geradezu abenteuerlichen Vertrauen bestärkte, das waren meine Chancen, die in der neuen Aufgabe lagen – die kreativen unternehmerischen Chancen, und zwar weniger in Hinsicht auf den wirtschaftlichen als im Hinblick auf den programmatischen Effekt. Denn wirtschaftlich waren in der Tat auf dem Taschenbuch-Markt keine großen Perspektiven mehr auszumachen. Selbst die sogenannten Marktnischen erschienen besetzt. Mit Geldeinsatz allein war da wenig auszurichten.

Es gab deshalb nur eines: den Markt programmatisch herauszufordern und diese Herausforderung als Überraschungsmoment einzusetzen. Denn der Markt ist oft gleichgültig gegen die Vermehrung dessen, was er schon kennt. Das, was er nicht kennt, kann auf ihm jedoch möglicherweise Furore machen. Möglicherweise…

Noch während meiner Tätigkeit in Bremen hatte ich die ersten Mitarbeiter für den Verlag zusammen: Wolfgang Josephi, den ich noch von Fischer her kannte und der inzwischen im Scherz-Verlag arbeitete, als zukünftigen Vertriebsleiter, Konrad Jost, mit dem ich in der Sammlung Dieterich eines meiner ersten Bücher gemacht hatte, als Herstellungs- und Verwaltungs-Chef, Horst Bienek als Lektor für Belletristik und Erhard Klöss von der Fischer-Bücherei als Lektor für Wissenschaft und Sachbuch sowie meine alte Schulfreundin Lieselotte Büchner, die bisher im Steingrüben-Verlag gearbeitet hatte.

War es Zufall, war es Notwendigkeit, daß Bruno Mariacher vom Artemis-Verlag einen Schweizer Grafiker für die Ausstattung der ersten Bände vorschlug, der zwar in seiner Heimat als Plakatkünstler bereits einen Namen hatte, hierzulande aber ein unbeschriebenes Blatt war? Nachdem A gesagt war und auch B, ergab sich dieses C ebenfalls als eine Art höherer Notwendigkeit. Celestino Piatti hatte den genialen Einfall, eine funktionale, klare Schrift (Berthold-Grotesk) rechtsbündig (!) auf einen weißen Umschlaguntergrund zu stellen, eine für das jeweilige Buch kreierte Grafik hinzuzufügen und daraus ein Markenzeichen zu machen. Er stellte damit alle buchgrafischen Normen beinahe auf den Kopf.

Zunächst kannte keiner von uns Piatti – außer den Kollegen in der Schweiz natürlich. Die zukünftigen Gesellschafter des DTV nahmen in Augenschein, was von Piatti vorlag. Was sie sahen, war beeindruckend: Vom Ausstellungsplakat bis zur Werbung für Mineralwasser beherrschte dieser Grafiker souverän die Technik, eingängige Informationen durch einfache optische Signale zu vermitteln. Seine Farben waren kräftig, sein Strich derb. Die Struktur der Bilder wurde durch breite Konturen, meist in Schwarz nach Rouault-Art, herausgearbeitet.

Ich war auf Anhieb fasziniert, andere in unserem Kreis waren es nicht. Schließlich überwog die Meinung, den Versuch mit Piatti zu wagen. Um das Wagnis zu besprechen, traf ich zum ersten Mal mit Celestino Piatti zusammen. Er war ein Mann in meinem Alter, der bäuerisch anmutete in Gestalt und Verhalten. Den Eindruck eines Künstlers machte er nicht, und er gab sich auch keine Mühe, diesen Eindruck zu erwecken.

Das Gespräch machte allerdings bald klar, daß Piatti zwei künstlerische Tugenden besaß, die unschätzbar waren: er verfügte über eine schier unbegrenzte Bildphantasie einerseits und über einen Sinn für das praktisch Machbare andererseits, wie ich das bisher in solcher Übereinstimmung noch nie bei einem Grafiker erlebt hatte: Der Künstler als Handwerker, und der Handwerker als Künstler. Als Grafiker mit Sinn für das Naheliegende, Praktische kam er fast auf Anhieb auf die verblüffende Idee, statt eines Emblems für den neuen Verlag die Bücher selbst als Signet zu benutzen und entwickelte seine Idee der weißen Umschläge. Wir gaben Piatti die ersten Titel des DTV-Programms mit nach Hause. Nach dem Grundmuster, auf das wir uns nach anfänglichem

Zögern mit ihm geeinigt hatten, sollte er die ersten Umschlagbilder gestalten.

Diese Umschlagbilder brachten uns zur Verzweiflung. Wir trugen uns mit dem Gedanken, mit anderen Grafikern zu verhandeln. Was war geschehen? Piatti hatte auf die kleinformatigen weißen Umschläge Embleme gemalt, die jedem Plakat zur Zierde gereicht hätten, aber die Dimension eines Taschenbuch-Umschlages rigoros sprengten. Man mußte fünf Meter zurückgehen, um die aufgestellten Entwürfe ertragen zu können. Aus diesem Abstand allerdings gewannen sie, das mußte man zugeben, Format – und zwar im unmittelbarsten Sinn des Wortes.

Wir sahen uns nach diesem Schock dann doch nicht spontan nach einem neuen Grafiker um, sondern suchten zuerst einmal ein Gespräch mit Piatti. Dabei stellten wir fest, daß Piatti nicht nur ein Mann mit hohen künstlerischen Fähigkeiten war, sondern auch einer, mit dem sich nicht nur reden ließ, sondern der im Gegenteil das schöpferische Gespräch suchte und herausforderte. Er brauchte und braucht es als Stimulans, mit dessen Hilfe er die Dimension seiner unerschöpflichen Phantasie ausmißt und in handwerklich-grafische Taten umsetzt.

Piatti begriff sofort unser Problem: es war auch das seine. Es hieß: Wie wird ein Plakatkünstler zu einem Buchkünstler? Piatti wäre nicht Piatti gewesen, wenn er auf diese Frage die schöpferische Antwort schuldig geblieben wäre. Er hat sie dann rund fünftausendmal gegeben. Er gab sie im Dialog mit den Büchern selbst. Indem er die Buch-Inhalte auf eine Bild-Pointe brachte, wurde er ihnen gerecht. Man muß ein Buch verstehen, um es zu pointieren. Die ausgedehnten Programmgespräche mit ihm waren immer ein reines Vergnügen, weil sie allen Teilnehmern an der Runde jene schöpferische Lust vermittelten, die sokratisches Fragen nach den wesentlichen Charakteristika der vorgelegten Bücher erzeugt. Wer mit Piatti redete, mußte sich ihm stellen; Klappentext-Wischiwaschi entlarvte er rasch als solches. Sachlicher Klartext war gefordert.

Mit Lust probierte er von Jahr zu Jahr gestalterische Varianten aus – und er zögerte auch nicht, andere Grafiker in sein Experimentierfeld einzubeziehen und ihnen die Möglichkeit zu eröffnen, sich mit der vorgegebenen grafischen Grundstruktur der DTV-Reihe nach eigenem künstlerischen Ermessen und Können auseinanderzusetzen.

Allerdings hätten auch diese Voraussetzungen von 1961 auf Dauer nicht ausgereicht, um den Markt für das neue Unternehmen zu gewinnen, wenn die Gesellschafter des Unternehmens nicht von vornherein einsichtig und bereit gewesen wären, dem DTV einen eigenständigen verlegerischen Status zuzugestehen. Das Konzept einer Rechte-Verwertung aus dem Bestand der elf Verlage konnte nicht halten, was es zu versprechen schien. Auch elf Verlage wären zusammen nicht in der Lage gewesen, eine Taschenbuch-Reihe sinnvoll und vor allem überzeugend zu bestücken. Deshalb wurde von Anfang an auch die eigenverlegerische Initiative (Originalausgaben) betont; außerdem wurden

September 1986 im Deutschen Taschenbuch Verlag:
Heinz und Maria Friedrich mit Celestino Piatti

Rechte von Verlagen hinzugewonnen, die nicht dem unmittelbaren Gesellschafterkreis angehörten. Die Kollegialverfassung bestand ihre erste produktive Bewährungsprobe.

Also: nach A, B und C wurde auch D gesagt.

Aber das Alphabet reicht nicht nur bis D, sondern es endet erst mit Z. Viele Faktoren waren notwendig, um einen Verlag wie diesen durchzusetzen, voranzubringen und am Leben zu erhalten. So ist ohne einfallsfrohe Mitmacher auch der beste Chef nur mittelmäßig. Die DTV-Mitarbeiter der Anfangszeit gaben jedoch stets entscheidende Impulse. Ich hatte eine kreative, auch eigenwillige Crew. Da waren Wolfgang Josephi, der schwerblütige, treue und redliche, aber auch bauernschlaue Ostpreuße mit sensiblem Gemüt, Konrad Jost, der gewitzte Hesse aus Darmstadt, ein Mann der schnellen Auffassungsgabe und der handwerklichen Praxis, improvisatorisch begabt und fair im Verhandeln (er traf Abmachungen lieber mit Handschlag als durch Verträge), und daneben der quirlige, neugierige, originelle und ungemein phantasievolle Horst Bienek, der die redaktionelle Fünf gern gerade sein ließ, wenn es um mehr ging als um Fußnotengenauigkeit. Rudolf Sommer war als Werbeleiter ein Berserker der PR. Er arbeitete wie ein Besessener, sprühte von Ideen und plazierte Anzeigen im Tausch gegen Werbung in unseren zukünftigen Büchern, von denen wir gar nicht wußten, ob sie je erscheinen würden. Und Maria führte zusammen mit Lilo Büchner sozusagen den verlegerischen Haushalt – als Beraterin, Anregerin, Mitmacherin und Besänftigerin, wenn es mal hoch herging. Daß sie zehn Jahre später, als Leiterin von »dtv junior«, auch »offiziell« in den Verlag eintrat, war fast selbstverständlich. Wir bildeten eine verschworene Gemeinschaft, eine Familie, in der viel gestritten, aber immer ein produktiver Konsens gefunden wurde.

Und natürlich nicht zu vergessen die ersten drei Verlagsvertreter Friedrich Traumann, Walter Josephi und Axthelm Keller, die landauf und landab zogen und sich abrackerten, um die Buchhändler davon zu überzeugen, daß diese neue Reihe (und nur diese!) auf dem Buchmarkt bisher vermißt worden sei. In West-Berlin bemühte sich Helga Hartwig für uns.

Am 15. Januar 1961 nahm der Verlag offiziell seine Tätigkeit auf. Er bestand zu diesem Zeitpunkt aus den beiden Prokuristen Jost und Josephi sowie einer Sekretärin, die wir samt Mobiliar von der Firma übernommen hatten, die uns die Räume in der Schwabinger Franz-Joseph-Straße 2 (Ecke Leopoldstraße) vermietete. In diesen Räumen im dritten Stock hatte von 1905 bis 1910 einst Thomas Mann gelebt…

Ein Glücksfall wie die Mitarbeiterschaft war gewiß auch der Name, der schließlich für den Verlag gefunden wurde und den uns mancher Kollege übelnahm: »Deutscher Taschenbuch Verlag«. Ich erinnere mich genau an die Beratungen im Vorfeld der Verlagsgründung. Von Apollo bis Hermes wurde die griechische Mythologie abgeschritten, und von Kristall bis Kaleidoskop die physikalische Welt durchstreift, auch die Tierwelt wurde bemüht von Albatros bis Delphin. Schließlich lieferten auch die Münchner Stadtteile wenig Anregung – und da schon »Bücher der 19« vorhanden waren, wollte man sich auch nicht zu einem »Verlag der 11« zusammenschließen. Schließlich warf ich das Wort »Deutscher Taschenbuch Verlag« in die Debatte. Die ›Deutsche Allgemeine Zeitung‹, für die ich damals Kritiken und Essays schrieb, gab es (als eine Art Nachfolgerin der alten Tageszeitung ›DAZ‹) als Wochenblatt. Beide Titel waren mir im Laufe unserer Überlegungen in den Sinn gekommen – und ich hatte dann einfach den Faden bis hin zum Verlag weitergesponnen, weil ich mir sagte: Was der ›Deutschen Zeitung‹ recht ist, das kann diesem Verlag auch billig sein. Auf Anhieb stimmten mir die Gesellschafter zu.

Arroganz und totaler Taschenbuch-Gebietsanspruch beseelten uns bei der Namensgebung nicht. Elf Verlage, und namhafte dazu, aus dem deutschen Sprachbereich – was lag schließlich näher, als sie unter dem Wort »deutsch« zusammenzufassen?

Wie gesagt: es gab manchen Ärger wegen dieses Titels, es gab aber auch Skepsis wegen der unmöglichen Konsonantenverbindung in dem Kürzel: d-t-v. Galt es doch als Sakrileg, in einer Abkürzung auf ein »d« ein »t« folgen zu lassen. »dtv« – das war der Zungenbrecher schlechthin. Einen Monat nach Erscheinen der ersten dtv-Bücher hatte sich weder jemand die Zunge gebrochen noch war jemand über die Konsonantenfolge überhaupt gestolpert. Über Nacht war das Signet zu einem Begriff geworden.

Aber was wären alle diesen Faktoren wert gewesen, wenn nicht das Programm selbst eine Herausforderung dargestellt hätte? Konzipiert unter dem Vorzeichen, eine eigene verlegerische Leistung zu erbringen und sich dementsprechend nicht in gängigen Taschenbuch-Bahnen zu bewegen, forderte der DTV gleich zu Beginn seiner Geschichte seine Leser durch besondere Programmakzente heraus. Die Edition einer 45bändigen Goethe-Ausgabe war für damalige Taschenbuch-Verhältnisse eine ähnliche Sensation wie 1984 die Herausgabe des ›Deutschen Wörterbuchs‹ der Brüder Grimm. Und eine Reihe mit schwierigen Werken der modernen Weltliteratur (heute nennt man das klassische Moderne) einzurichten, das war fast Kühnheit, die sich zu überschlagen drohte. Else Lasker-Schüler, Barlach, Ezra Pound, Georges Bataille, Hans Henny Jahnn und schließlich James Joyce – diesen Autoren war bis dato auf dem Taschenbuchmarkt keine Chance eingeräumt worden. Nun jedoch erreichten sie ein immerhin erstaunlich großes Publikum – und sie erreichen es noch heute. Hier vollbrachte der DTV eine Pioniertat, die bald auch von anderen Verlagen genutzt wurde – zum literarischen Wohle aller, die vom Buchmarkt mehr erwarten als nur die Bereitstellung von Zeitvertreib. Weitere Stationen auf dem DTV-Weg nach oben waren die Atlanten, die heute noch unangefochten, weil in ihrer Art einmalig, zu den großen Eigenleistungen des Verlags gehören und die inzwischen zu einem »Bildungsgut« geworden sind: Generationen von Schülern haben aus diesen Atlanten auf höchst einfache und einprägsame Art Wissensbereicherung und Wissenssicherung gewonnen.

Die Gesellschafter des DTV hatten zu Beginn in das Unternehmen 500 000 DM Kapital eingebracht. Der Verlag C. H. Beck

*Bei der Vorstellung des Grimmschen Wörterbuchs auf der Buchmesse
am 8. Oktober 1984 mit Bundespräsident Richard von Weizsäcker*

verschaffte uns darüber hinaus mit einem großzügigen, nur durch
Vertrauen abgesicherten Kredit seiner Druckerei in Nördlingen
(die noch heute den Hauptteil der DTV-Produktion druckt) den
Handlungsspielraum bei unseren Startvorbereitungen. Und die
Auslieferungsfirma Koch, Neff & Oetinger, die bis heute die
Bücher ausliefert, schuf die organisatorische Basis, von der aus
wir den Start wagen wollten und konnten.

Auf diese Weise vorbereitet, nahmen wir das erste Halbjahres-programm, das mit dem 1. September 1961 begann, in Angriff. Wir investierten aber nicht nur in das Programm, sondern auch in eine Verlagswerbung, wie sie bis dahin noch nicht stattgefunden hatte. Großanzeigen in überregionalen Zeitungen, Plakat-Aktionen an den Litfaß-Säulen größerer Städte in Deutschland sowie Monatsanzeigen im ›SPIEGEL‹ – das war neu und überraschend und im ganzen auch überzeugend. Anders läßt sich der Anfangserfolg des Verlags entgegen den Unkenrufen des Buchhandels und der Kollegen nicht erklären. Angefeuert durch diese Großwerbung vor Erscheinen der Bücher änderte nämlich der Buchhandel seine Zurückhaltung und ließ sich von dem Elan des Verlags anstecken. Über 1000 Sonderfenster des Buchhandels zum Start des DTV waren das Ergebnis. Selten hat sich wohl ereignet, was sich in den September-Tagen 1961 auf dem Buchmarkt ereignete: mit einem Schlag war ein neuer Verlag bekannt, und mit einem Schlag hatte er sich durchgesetzt.

Das hört sich im nachhinein erfolgreicher und gesicherter an, als man es als Hauptverantwortlicher damals empfand. Ich werde nie den Augenblick vergessen, als mir Konrad Jost Anfang September 1961 auf der Pressekonferenz zum Erscheinen der ersten Bände, zu der wir in unsere bescheidenen Räume in der Franz-Joseph-Straße 2 gebeten hatten, mit einem Glas Sekt in der Hand entgegentrat und mir auf gut Hessisch sagte: »Unser nächstes Gehalt müsse mer uns selwer verdiene.« Ich schaute ihn erschrocken an und sagte: »Wieso?« Antwort: »Die fünfhunnertdausend sin weg.« In diesem Augenblick war mir zumute wie dem Reiter über dem Bodensee, der das Ufer noch nicht ganz erreicht hat und hinter dem das Eis schon kracht. Denn mir wurde plötzlich bewußt, daß wir in einer Art Rausch gearbeitet hatten – wie gesagt: wir hatten, ohne uns dabei etwas zu denken, die 500 000 DM und den Druck-Kredit auf eine einzige Karte gesetzt. Ich dachte an den Abend mit Klaus Piper: Würde es uns gelingen, den Visionen und Spinnereien Realität abzutrotzen …?

Der erste DTV-Monat erwirtschaftete nicht nur unser Gehalt,

sondern garantierte dem Unternehmen auch Rang und Ruf, programmatische Unverwechselbarkeit und die innere Sicherheit, die notwendig war, um dem Signum DTV über Jahrzehnte Lebenskraft zu verleihen – eine Lebenskraft, die stets ausreichte, um auch den Mut zur Veränderung und Erneuerung zu nähren. Denn ohne diesen Mut zur Veränderung und Erneuerung ist jedes Unternehmen zum Siechtum verurteilt. Unternehmen leben davon, daß sie etwas unternehmen. Ob ein Verlag jung geblieben ist, läßt sich an dem ablesen, was er immer noch zu wagen bereit ist – aber auch daran, ob er dem Gesetz, nach dem er angetreten ist, produktiv treu bleiben konnte.

Taschenbücher zu verlegen, ist ein schwieriges Geschäft, und ein hartes dazu. Die damit verbundenen Risiken sind groß, und die Gefahr, sich zu verkalkulieren, ist noch größer. Ohne die ökonomische Grundlage kann kein Verlag, weder ein kleiner noch ein großer, existieren. Das Kunststück der verlegerischen Arbeit besteht darin, die wirtschaftliche Notwendigkeit in einen sinnvollen Einklang mit der kulturellen Verantwortung zu bringen. Taschenbuch-Programme sind pluralistische Programme, sie zeichnen sich aus durch Offenheit gegenüber den geistigen Strömungen der Zeit und durch Toleranz gegenüber kontroversen Meinungen. Offenheit und Toleranz dürfen aber die Kriterien der Qualität nicht verwischen.

Geistige Produktivität und Qualität – das klingt einfach, aber de facto erweist es sich als schwierig. Je mehr ein Verlag wächst, desto heftiger droht die Gefahr der Beharrung und der Schwerfälligkeit. Ein Großtanker ist weniger manövrierfähig als ein Schnellboot, auch die Bremswege sind länger. Es muß immer wieder verhindert werden, daß unternehmerische Intuition vom schieren »Management« verdrängt wird, wenn das Unternehmen wächst. Schon mancher Verlag ist an diesem Problem entweder gescheitert oder hat sich, um ihm auszuweichen, bis zur Gesichtslosigkeit verformt.

Auch der DTV durchlebte schwierige Phasen der Anpassung, stand sie aber durch und ging gestärkt und mit neuem Elan aus ihnen hervor. Die kollegiale Verfassung, von der die Gründergeneration sich soviel versprach und von der die Unken meinten, sie überdauere kein Jahr, bewährte sich über alle Jahrzehnte hinweg – allerdings auch mit Veränderungen, wie sie mit der Zeit nicht ausbleiben. Gesellschafterverlage schieden aus (Insel, Piper, Nymphenburger), neue traten hinzu (Hoffmann und Campe, Ellermann). Sogar eine ganze Gruppe von Verlagen wurde 1970 in den Verbund der Gesellschafter aufgenommen: die Jugend-Taschenbuch-Union mit den Verlagen Georg Bitter, Boje, Cecilie Dressler, Franckh'sche Verlagshandlung, Hoch, Erika Klopp, Friedrich Oetinger, Hermann Schaffstein, K. Thienemanns und Union. Diese Gruppe trägt den »dtv junior«, einen wichtigen Verlagszweig innerhalb des Gesamtprogramms des DTV. Kooperationen mit verschiedenen Verlagen trugen ebenso Früchte (Beck, Thieme, Enke, Bärenreiter, Klett-Cotta, List/Südwest) wie enge kollegiale Zusammenarbeit mit dem Residenz Verlag in Salzburg und dem Siedler Verlag in Berlin.

Der DTV empfand sich immer als ein »junger« Verlag. Das Durchschnittsalter lag 1961 um die 30 Jahre. Nun: Das änderte sich natürlich, aber die jüngeren Jahrgänge überwiegen noch immer. Ein Verlag, der lebt, braucht junge Kräfte, die den Blick nach vorn richten, und die nun ihrerseits ihre Träume und Visionen an der Realität zu messen wünschen.

Tradition hat nur dann einen Sinn, wenn sie als kreativer Aneignungs-Prozeß aufgefaßt wird – und das heißt: wenn diejenigen, die sie akzeptieren, den Mut haben, sie auch in Frage zu stellen. Ein Verlag wie der DTV hat sich nie auf seinen Lorbeeren ausgeruht, sondern er hat mit diesen Lorbeeren (um ein Wort von Heinrich Böll abzuwandeln) immer neue Suppen gewürzt. Die Variationsbreite des Programms ist vielgestaltig. 1961 erschienen sechs Bände im Monat, heute sind es rund 50, die großen Editionen nicht eingerechnet. Und 1961 begann der Verlag mit 12 Mitarbeitern, heute sind es etwa 100. Eine Familie ist er trotzdem geblieben, mit allen Vor- und Nachteilen, die in einer Großfamilie auftreten. Aber die Vorteile überwiegen bei weitem.

Entscheidend für das Gedeihen und die Wirkung eines Verlags ist und bleibt das Programm und die Herausforderung, die es darstellt. Solange ein Verlag die Vitalität besitzt, sich als Herausforderung zu empfehlen, ist er originell, und solange er originell ist, ist er auch erfolgreich im besten Sinne des Wortes. Der Deutsche Taschenbuch Verlag ist ein Verlag, der mit der Demokratisierung der Literatur ernst machte. Er lief dem Publikum aber nicht hinterher, sondern forderte es durch Qualität heraus. Ich blieb meiner Programm-Idee treu, die manche vielleicht in die Ecke der elitären Verlegerei abgeschoben hätten – eine Programm-Idee, deren anvisierter Niveaupegel von vornherein wirtschaftlich rentable Großauflagen auszuschließen schien, aber

Juli 1992 im DTV: Nach 30 Jahren Verlagsleitung genießt Heinz Friedrich seinen begonnenen »Ruhestand«.

doch über drei Jahrzehnte breitesten Erfolg hatte, mit einer drei-stelligen Millionen-Gesamtauflage. So konnte ich beweisen, daß geschäftlicher Erfolg auch im verlegerischen Berufsstand nicht nur durch Konzessionen an geistige Bequemlichkeit erreicht wird, sondern daß auch die Herausforderung durch Niveau bedeutende Chancen hat.

Präsident der Bayerischen Akademie der Schönen Künste

Es folgt nun Heinz Friedrichs Wirken als Mitglied und langjähriger Präsident der Bayerischen Akademie der Schönen Künste. Er wurde 1977 zum Mitglied der Akademie berufen – in die Sektion Literatur. 1983 wurde er zum Präsidenten gewählt und begann sogleich, eine Reformierung und grundlegende Stärkung der Akademie der Schönen Künste vorzunehmen. Eine der markantesten Neuerungen, die Friedrich einführte, war die neue Abteilung »Darstellende Kunst«, mit der erstmals auch die Schauspieler in der Akademie vertreten waren.

Die nachstehenden Texte sollen in Grundzügen die Zeit von Friedrichs Akademie-Präsidentschaft beleuchten. Neben Zeitungs-Interviews wird auf Reden und Akademie-Jahrbuch-Vorworte von Heinz Friedrich zurückgegriffen.

Aus einem Gespräch mit der Süddeutschen Zeitung (Fragen von Gottfried Knapp und Albrecht Roeseler), erschienen am 2. Juli 1986:

SZ: Sie sind, Herr Friedrich, als Präsident der Bayerischen Akademie der Schönen Künste für weitere drei Jahre in Ihrem Amt bestätigt worden. Als Verleger haben Sie Erfahrung damit, daß langfristige Projekte eben ihre Zeit dauern. Welche Vorhaben konnten Sie verwirklichen, welche ruhen noch in verschiedenen Stadien der Vorbereitung?

Heinz Friedrich: Zunächst habe ich bestätigt gefunden, daß drei Jahre notwendig sind, um mit einer Sache, die man übernimmt, vertraut zu werden und mit ihr einigermaßen souverän umgehen zu können. Außerdem hatte ich kein Programm, als ich mein Amt vor drei Jahren zum erstenmal antrat. Die Akademie war das Programm. Und das Programm war nicht schlecht. Es krankte nur an einer schleichenden Auszehrung durch Geldmangel. Deshalb galt meine entschiedenste Aufmerksamkeit zunächst diesem Problem. War es gelöst, konnten größere Planungen ins Auge gefaßt werden.

SZ: Der Ihnen verfügbare Etat ist heuer auf rund 300 000 Mark erhöht worden. Welche Projekte werden davon profitieren können?

Heinz Friedrich: Wir verwenden diese Etat-Erhöhung zunächst für eine Grunderneuerung unserer Einrichtungen in der Residenz, von der unzumutbaren Mikrophonanlage bis zur Renovierung wertvollen Mobiliars und zur Anschaffung zeitgemäßen Ausstellungsmaterials. Diese Generalüberholung ist dringend notwendig, denn seit Bezug der Räume in der Residenz mußte notgedrungen alles beim alten bleiben – und das wurde immer älter. Erst in den nächsten Jahren wird sich die Erhöhung dann auch deutlich erkennbar auf die »geistigen« Aktivitäten der Akademie auswirken.

SZ: Bekanntlich ist das Archiv Hans Werner Richters über die »Gruppe 47« der Berliner Akademie vermacht worden. Wäre das nicht in München auch gut aufgehoben gewesen?

Heinz Friedrich: Ich gehöre zu den wenigen, die in der »Gruppe 47« von Anfang an mitgewirkt haben, deshalb kann ich mir vorstellen, welche literatur- und zeitgeschichtlich bedeutsamen Zeugnisse das Archiv von Hans Werner Richter birgt. Daß dieses Archiv der Stadt München verlorenging, ist ein Jammer. Dieser Jammer brachte mich auf die Idee – mehr ist es zur Zeit nicht –, ein Kulturarchiv München anzuregen, das keinesfalls als Konkurrenz zu den bestehenden Archiven, sondern im Zusammenwirken mit diesen wertvolle Dokumente des geistigen und künstlerischen Lebens dieser Stadt systematisch sammelt und bewahrt. Was liegt näher, als diese geistige Gegenwart auch als geistige Vergangenheit an einer solchen Stelle lebendig zu erhalten?

SZ: Ein Teil Ihres Extra-Etats entstammt der Baur-Stiftung.

Heinz Friedrich: Das Ehepaar Baur (Baur-Versandhaus) hat durch eine Stiftung die Universität zu vier Fünfteln und die Akademie zu einem Fünftel zu Nutznießern des Baur-Erbes eingesetzt. Die Akademie hat in den vergangenen Jahren, als der staatliche Etat fast nur die Verwaltungskosten deckte, den größten Teil ihrer Veranstaltungen aus den Baur-Mitteln bestritten. Ein hervorragendes Beispiel von Mäzenatentum also, von dem öffentlich kaum gesprochen wurde. Um so deutlicher möchte ich darauf hier einmal hinweisen.

SZ: Seit anderthalb Jahren sieht die Münchner Öffentlichkeit eines der schönsten Erbstücke der Wittelsbacher-Zeit, den Hofgarten der Münchner Residenz, durch den geplanten Neubau der Bayerischen Staatskanzlei bedroht. Die Akademie, die ja viele Kunsthistoriker, Architekten und Städteplaner in ihren Reihen zählt, war eine der ersten künstlerischen Instanzen, die zu dem Problem in einer öffentlichen Diskussionsveranstaltung und in Briefen und Bitten an den Bauherrn Stellung genommen hat. Wie wurden die Vorschläge, die in Fachgesprächen der Akademie erarbeitet wurden, und Ihre persönlichen Versuche, mit dem Ministerpräsidenten ins Gespräch zu kommen, von oben beantwortet?

Heinz Friedrich: Leider muß ich antworten: mit Unverständnis. Weder einer Regierung noch einer politischen Partei ist klarzumachen, daß abgeschlossene und einstimmig abgesegnete Verwaltungsakte dennoch falsch sein können. Aus meinem beruflichen Leben weiß ich, weil ich das oft genug praktizieren muß, daß wohlabgewogene Entscheidungen auch nach dem sogenannten letzten Augenblick noch aus besserer Einsicht zurückgenommen werden müssen. Auf der politischen Ebene ist ein solcher Vorgang offenbar unvorstellbar.

SZ: Die Stadtbaukunst ist die politischste unter den Künsten. Darum werden fachliche Stellungnahmen auf diesem Gebiet von den Angegriffenen häufig als parteipolitische Machenschaften diffamiert. Das muß für jemanden wie Sie, der an die Kraft der Vernunft und die Macht des Wortes glaubt, besonders ärgerlich und deprimierend sein.

Heinz Friedrich: Sie sprechen die schmerzliche Erfahrung an, die ich in diesem Zusammenhang zu machen gezwungen war. Es ist verhängnisvoll, daß in einer derart wichtigen ästhetischen Sachfrage die parteipolitischen und parteitaktischen Überlegungen jeden Ansatz von Vernunft und damit auch jeglichen Konsens im Keim ersticken. Wenn es zur Demokratie als Staatsform keine Alternative gibt (ein Wort, das viel für sich hat) – zu dieser Art von Verelendung der Demokratie müßte es eine geben.

SZ: Das Gespräch der von Professor Gerd Albers geladenen internationalen Städtebau-Praktiker in der Akademie hat ein eindeutiges Votum gegen die derzeitige Monumental-Bebauungspläne gebracht. Was kann die Akademie tun, damit dieser Appell an die Vernunft seinen Adressaten erreicht?

Heinz Friedrich: Was wir tun können? Nun, die Veranstaltung wird dokumentiert, die Dokumentation wird veröffentlicht – und sie wird der Staatskanzlei, wie alle anderen Appelle in gebührender Form vorgelegt. Die Diskussion will weder eine Staatskanzlei verhindern noch eine Regierung in Schwierigkeiten bringen noch außerparlamentarische Opposition betreiben, sondern ein besonders bemerkenswertes Areal dieser Stadt vor Verelendung schützen.

Von 1983 bis 1995 war Heinz Friedrich Präsident der Bayerischen Akademie der Schönen Künste, hier bei der Amtsübernahme am 7. Juli 1983.

SZ: Welche Funktionen der Akademie liegen Ihnen besonders am Herzen: das Präsentieren (für eine große, aber möglichst feine Öffentlichkeit), das Sammeln (für eine noch unbekannte Benutzergruppe) oder die sogenannte geistige Ausstrahlung durch das Schaffen eines besonderen Podiums für Köpfe mit Ideen?

Heinz Friedrich: Mit Sicherheit nicht das Präsentieren und Repräsentieren. Wollte ich repräsentieren, so bräuchte ich nur die zahlreichen Einladungen zu absolvieren, die mich aus Protokollgründen erreichen. Für die Akademie wäre dann kaum noch Zeit. – Die Akademie darf nicht akademisch sein. Das ist ein Grundsatz, der uns alle, die wir in der Akademie sind, bewegt. Deshalb finde ich unter unseren Mitgliedern auch so viele freundschaftlich-tatkräftige Mitstreiter. Die geistige Ausstrahlung, die wir anstreben, ist keine »sogenannte«, vielmehr soll sie durch die Resonanz, die sie auslöst, bekunden, daß hier nicht angegraute, mehr oder weniger würdige Herren einem Staatsbegräbnis entgegensinnen, sondern daß hier geistige Einmischung betrieben wird. Kultur ist der Kitt, der die Gesellschaft zusammenhält. Dazu ein Ferment beizutragen, ist des akademischen Schweißes wert. Apropos: »feine Öffentlichkeit«. Was ist das? Ich kenne nur eine interessierte Öffentlichkeit – und für diese sind unsere Räume inzwischen leider viel zu klein und eng geworden.

SZ: Wenn ein Präsident träumen dürfte, er hätte viel Geld und alle Leute machten mit: Was würde er sich wünschen, daß in der Akademie zur Sprache komme?

Heinz Friedrich: Ein Präsident träumt nur solange von dem, was er gern als Präsident machen würde, solange er keiner ist. Ist er einer, dann versucht er mit seinen Confrères das zu verwirklichen, was ihm vorschwebt – oder er läßt es. Was er machen möchte (und vielleicht auch machen wird), das ist eine Ausstellung mit dem nicht originellen Arbeitstitel: München um 1900 (analog zu Berlin und Wien), aber speziell mit dem Schwerpunkt: Die Avantgarde der Moderne aus der Perspektive von 1987 oder 1988. Also: von der Avantgarde zur Postmoderne. Untertitel: Was blieb vom Aufstand der Kunst gegen das Jahrhundert?

Aus Anlaß des vierzigjährigen Gründungstages der Bayerischen Akademie der Schönen Künste führte die Süddeutsche Zeitung erneut ein Gespräch mit Heinz Friedrich (Fragen von Albrecht Roeseler), das am 28. Juni 1988 erschien und hier in Auszügen wiedergegeben sei:

SZ: Das Haus, dessen Präsident Sie seit fünf Jahren sind, besteht heuer vierzig Jahre. Wußten Sie damals, als Sie kandidierten, genau, auf was Sie sich da einlassen?

Heinz Friedrich: Ich habe die Akademie schon kennengelernt, als ich 1960 nach München kam. Sie residierte damals noch im Prinz-Carl-Palais. Die Mitglieder marschierten zur Jahressitzung noch in Talaren ein; 1973 hat der damalige Präsident Holthusen die Talare abgeschafft. Jetzt zeigen wir uns nur noch mit Amtskette oder Medaille. Ich sehe noch den zierlichen Präsidenten Preetorius vor mir, der in seinem langen Gewand beinahe ertrank. Das war alles sehr feierlich und ein wenig komisch. Auch ohne die Studentenbewegung von 1968 wäre es Zeit gewesen, die Talare abzuschaffen. Keiner fühlte sich so recht wohl darin. Ich selbst wurde 1977 in die Akademie berufen. Ich war stolz darauf, zumal ich nicht als Verleger, sondern als einer der schreibenden Zunft berufen worden war. Auch heute noch ist es eine Ehre, in die Akademie gewählt zu werden; und verständlicherweise finden diejenigen, die nicht Mitglieder sind, es ziemlich unzeitgemäß, sich in ein solches Gremium wählen zu lassen.

SZ: Die Zeiten und die Ziele der Akademie haben sich gewandelt. Würden Sie auch heute noch stolz darauf sein, in die Akademie gewählt zu werden, deren Präsident Sie jetzt sind?

Heinz Friedrich: Ich glaube, ja. Sogar mehr als damals, denn seither hat diese Akademie eine viel größere Breitenwirkung erreicht. Wir können mehr Veranstaltungen disponieren, weil wir von der Friedrich-Baur-Stiftung mehr Mittel erhalten als in den

Jahren zuvor. Der bayerische Staat hat zwar die Akademie gegründet, sie aber nie so ausgestattet, daß sie nach außen sehr wirksam in Erscheinung treten konnte. Bei der Gründung schwebte dem Staat wohl eher eine Akademie im Geist des 19. Jahrhunderts vor, ein Gremium, in dem erlauchte Personen des Kulturlebens zu Sitzungen zusammentreten, deren Mitglieder man gelegentlich befragen und um ein Gutachten bitten kann. Ab und an ein gelehrter Vortrag – mehr ist, glaube ich, in der damaligen Stiftungsidee nicht enthalten gewesen.

SZ: War nicht der ursprüngliche Gedanke ein sehr luxuriöser? Nicht was die Ausstattung, aber was das Ziel einer gewissen schöngeistigen Selbstbefriedigung anlangt. In dieser vornehmen selbstgefälligen Form des Tiefschlafes, unterbrochen von einigen interessanten, hochbesetzten Vortragszyklen, ist das Haus jahrzehntelang verharrt. Mittlerweile ist es unter Ihrer Präsidentschaft erwacht und entwickelt so viele Aktivitäten, daß man meint, sie gefalle sich in der neugewählten Rolle als Impresario. Kurz gesagt: Die Akademie will ein breiteres Publikum ansprechen; welches Publikum hat sie dabei im Sinn?

Heinz Friedrich: Die Akademie hat schon früh viele wichtige Programm-Ideen entwickelt – unter Preetorius, unter Holthusen und auch unter meinem Vorgänger Albers. Kontinuität herzustellen war vielleicht schwer, weil zu wenig Mittel vorhanden waren, um eine kontinuierliche Arbeit in die Öffentlichkeit hinein zu leisten. Inzwischen ist ein fortwährender Dialog mit einem interessierten Publikum möglich geworden. Wir vermitteln ja nicht beliebige Veranstaltungen wie ein Impresario, sondern entwickeln die Ideen zu unseren Veranstaltungsreihen selbst, innerhalb der einzelnen Klassen – der Literatur, der bildenden Kunst, der Musik und der darstellenden Kunst. Indem wir hier etwas in Gang setzen, glauben wir, daß wir auch etwas vom Geist vermitteln, der diese Akademie beseelt. Nehmen Sie zum Beispiel die Reihe »Kammermusik der Gegenwart und Lyrik«, entstanden aus einer Idee des Komponisten Günter Bialas. Oder nehmen Sie den Zyklus »Theater und Gesellschaftskunst« der Klasse der darstellenden Kunst: Warum machen wir das, was wir machen? fragten sich die Mitglieder dieser Klasse in einer ihrer Sitzungen und setzten sich mit ihrem Direktor, Dieter Dorn, zusammen und begannen laut und entschieden über ihr Metier nachzudenken.

Vicco von Bülow alias Loriot, Maria und Heinz Friedrich in der Akademie der Schönen Künste im Februar 1992

SZ: Die Akademie als öffentliche Psychiaterpraxis?

Heinz Friedrich: So würde ich das nicht bezeichnen. Der schöpferische Mensch äußert sich ja nicht in Neurosen, sondern versucht dieselben kreativ umzusetzen. Wir haben nicht ein simples Symposion veranstaltet zu der Frage »Wozu das Theater?«, sondern Texte gesucht und gefunden, die – von Lessing bis heute – Antwort auf diese Frage zu geben versuchen, und Schauspieler haben diese Texte vorgetragen. Das ist keine wissenschaftliche, sondern eine produktive Auseinandersetzung der Praxis mit der Theorie.

SZ: Ist es also ein falsches Bild, anzunehmen, daß die Akademie in ihren Sitzungen vornehmlich mit sich selbst hantiert, ins Gericht geht, sich auf die Schulter schlägt, Probleme sich selbst stellt und sie selbst löst ...

Heinz Friedrich: Das sehen Sie, glaube ich, zu ironisch-schabloniert. Wie stellen Sie sich das eigentlich vor, daß die Akademie von sich selbst Kenntnis gibt, indem sie unablässig verlautbart, daß es sie überhaupt gibt? Sie kann nicht in einem abgeschlossenen Kreis für sich und ihre Reputation leben. Was soll sie denn mit sich selber anfangen?

SZ: Sie könnte doch eine höhere Art wissenschaftlich-schöngeistiger Debattier-Club sein ...

Heinz Friedrich: Das würde sicherlich keines der Akademiemitglieder befriedigen, abgesehen davon, daß in unserer kommunikationsfreudigen Welt elitäre Zirkel nicht mehr gefragt sind. Heute kann sich die Akademie nicht in ihr akademisches Schneckenhaus zurückziehen. Sie muß versuchen zu wirken, muß versuchen, bestimmte Gedanken und Vorstellungen zu entwickeln – vornehmlich solche, die an anderen Orten nicht angeboten werden. Die Musik-Lyrik-Reihe habe ich erwähnt. Ein weiteres Beispiel: Horst Bienek, der Leiter der Literaturklasse, hat es fertiggebracht, vier bedeutende sowjetische Schriftsteller in die Akademie zu bringen und dort zu präsentieren, dann hat er eine Reihe »Philosophieren heute« ins Leben gerufen mit einer großen Anzahl bedeutender Köpfe, die Vorträge gehalten haben, vor überfülltem Haus ... Solche Abende machen den Wert einer Akademie aus, die lebendig zu wirken wünscht, anstatt Profilneurosen nachzuhängen.

SZ: Die Aufgaben sind doch von zweierlei Art: Hier der Kreis erlauchter Köpfe, die immer, wenn sie sich zur Straße, zum Publikum hin wenden, von ihrer Substanz etwas abgeben, von ihrer Autorität verlieren. Die andere Aufgabe: ein Gremium vernünftiger Menschen, das Stellung nehmen kann, Veto einlegen mag, Gedanken und Projekte empfehlend zu unterstützen oder warnend zu verhindern trachtet. Ich denke an die beiden wohl von Ihnen initiierten Aktionen: durch Geheimdiplomatie den im Groll geschiedenen Generalmusikdirektor Celibidache wieder heim in die Landeshauptstadt zu holen; zweitens durch öffentliche Warnungen die Öffentlichkeit vor der massiven Zerstörung des Hofgartens durch den Neubau der Bayerischen Staatskanzlei zu behüten. Nach dem Glauben: Wir sind vernünftige Menschen, und die Summe dieser versammelten Vernunft wird für oder wider eine Sache nutzbar gemacht.

Heinz Friedrich: In dieser Rolle sieht sich die Akademie natürlich auch, gemäß ihren Statuten, worin es heißt, »über die Kunst zu wachen und die Kunst zu pflegen«. Sie soll und muß als Gutachter und als Einsprecher tätig werden. Das geht hin bis zu der Frage an uns, welcher Kopf denn nun als nächstes in der Walhalla aufgestellt werden und wer diesen Kopf denn meißeln solle. Manchmal erhält man bei öffentlichen Einmischungen natürlich auch Beifall oder Zuspruch von unerbetener Seite, was der Sache wenig förderlich ist. Ich könnte mir vorstellen, daß ich mit dem bayerischen Ministerpräsidenten ohne das anhaltende Feldgeschri von außen an einem bestimmten Punkt der Staatskanzlei-Debatte noch zu einer möglichen Verständigung hätte gelangen können. Doch als die Angelegenheit einen stark parteipolitischen Einschlag bekommen hatte, war es aus. Kaum haben sich irgendwelche politischen Fronten gebildet, ist es mit den Sachargumenten vorbei – eine bittere Erfahrung. Deshalb versuchen wir in der Akademie, unsere Arbeit aus dem politischen Spannungsfeld herauszuhalten. Zwischen Kultur und Staat muß ein ambivalentes, gelegentlich auch antagonistisches Verhältnis vorherrschen. Kultur ist für jeden Staat immer eine »Herausforderung«, deshalb bin ich gar nicht besonders glücklich, wenn der Staat die Kultur allzu sehr umarmt und sie ganz zur kulturpolitischen eigenen Sache macht. Unlängst hieß es in einer Verlautbarung, der Staat »unterhalte« unsere Akademie. Vom Unterhalten bis zum »Aushalten« ist es nur ein kurzer Weg, und rasch ist man ausgehalten und damit abhängig. Der Staat wäre gut beraten, wenn er jene, die ihn beraten sollen, nicht so vereinnahmt, daß der sachliche Rat nur im zustimmenden Fall als solcher empfunden wird.

Grundlegendes über sein Verständnis der Akademie und über die Richtung, die er als Präsident einschlug, hat Heinz Friedrich in einem Leserbrief geäußert, der am 6. September 1993 in der Süddeutschen Zeitung erschien. Daraus die wichtigsten Passagen:

Das Thema »Akademie« ist ambivalent, zumal in einer Zeit, in der das akademische Etikett inflationiert. Jede Fachhochschule oder Fortbildungsstätte greift inzwischen nach der akademischen Lorbeer-Krone, um sich höherer Weihen zu versichern. Von der Wein- bis zur Handels-Akademie, von der Handwerker- bis zur Manager-Akademie spannt sich inzwischen der akademische Bogen. Das heißt: Mit dem Etikett »Akademie« ist kaum mehr elitärer und solitärer Staat zu machen.

In diesem Sinn können und wollen die Akademien, die sich den Künsten widmen, weder als Walhalla-Verein der Lebenden noch als Friedhofswärter der antiquarischen Gräber auftreten, sondern als eine Gemeinschaft, die den Dialog zwischen den Künsten und den Künstlern anregt, und die wiederum die Gesellschaft, soweit sie am kulturschöpferischen Prozeß zu partizipieren wünscht, an diesem Dialog auch teilnehmen läßt oder sie gar in diesen Dialog einbezieht.

Mit anderen Worten: die Akademien der Künste rechtfertigen sich weder durch das oft ironisch als »altehrwürdig« apostrophierte Etikett, das ihnen wohlmeinende Politiker nach dem Desaster von 1945 aufklebten, noch durch selbstverliehene Würden, durch die sich sogenannte Kulturträger wie in einer Art Akademie-Sonnenstudio die Bräune kultureller Prominenz einzubrennen versuchen. Sie rechtfertigen sich einzig und allein durch das, was sie tun und vermitteln und vielleicht sogar bewirken. Keine Amtskette und keine Medaille kann diese höchst präsente und Jahr für Jahr neu herausgeforderte Rechtfertigung ersetzen.

Kunst kann und darf sich nicht in Elfenbeintürmen verschanzen (auch Protest- und Verweigerungskunst igelt sich oft in dieselben elitär ein!). Sie braucht die Offenheit der Gesellschaft, und zwar nicht nur als Zustimmung, sondern auch als Kritik.

Schwer haben es die Akademien, gegen die Vorurteile anzukämpfen, die sich mit ihrem Namen verbinden. Akademie – das ist fast schon das Synonym für eine konservative Kunstwelt von gestern. Daß die Akademien jedoch interessante, ja aufregende zeitgenössische Kulturarbeit leisten, wird oft auf geradezu beschämende Weise ignoriert.

Um mit einem Beispiel pro domo aufzuwarten: Die Bayerische Akademie der Schönen Künste war über Jahrzehnte hinweg (und bis heute) eine geistige, aber auch physische Heimat für viele Schriftsteller im Exil, und zwar vornehmlich aus dem Osten – von der ehemaligen DDR bis nach Polen, die Tschechoslowakei, Ungarn oder Rußland. Sie stiftete sogar einen Exilpreis, um auf das Schicksal dieser Autoren aufmerksam zu machen. Unvergessen bleiben in diesem Zusammenhang die von Horst Bienek arrangierten Treffen zwischen russischen Schriftstellern, die noch in Rußland lebten und schrieben, und russischen Autoren, die hier in Deutschland und speziell in München im Exil lebten. Von der vermittelnden Passion, mit der sich die Akademie für die zeitgenössische Musik einsetzt, erst gar nicht zu reden …

Die Bayerische Akademie ist weit mehr als »nur« bayerisch; sie fühlt sich nicht nur weltoffen, sondern sie ist es auch. Hier findet europäischer Gedankenaustausch statt (obwohl sie sich keineswegs ihres Fundamentes in dieser Stadt München und in diesem Land Bayern schämt). Die Liste der korrespondierenden Mitglieder legt ebenso beredt Zeugnis für diese Weltoffenheit ab wie die Eigenart und der Charakter ihrer Veranstaltungen, mit denen die Akademie ihr Publikum zum kulturellen Dialog herausfordert – und zwar nicht nur durch das Medium der Literatur. Die verschiedenen Künste erst schaffen im Zusammenwirken das schöpferische Kunst-Panorama, in dem sich kulturelle Zeitgenossenschaft konstituiert. Die zeitgenössische Musik und die Bildende Kunst sowie das zeitgenössische Theater sind daher mit der Literatur zusammen in der Akademie gleichrangig vertreten.

Über Heinz Friedrichs Zeit und sein Wirken in der Akademie der Schönen Künste folgt nun ein Gesamtrückblick, der aus seinen Vorworten in den Akademie-Jahrbüchern 6 und 7 von 1992 und 1993 sowie aus seiner Rede vom 28. Februar 1993 zusammengestellt ist.

Alle reden derzeit von Kultur. Selbst diejenigen, die gar nicht wissen, wovon sie reden, reden von Kultur. Denn von Kultur zu reden ist »in«. Ob man sie hat, erscheint gleichgültig – Hauptsache, man redet von ihr, über sie oder auch (kokett, versteht sich) gegen sie.

Der Mann von Welt trägt Kultur – als Politiker, als Wirtschafs-

Am 15. Juni 1987 verlieh Heinz Friedrich als Vorsitzender der Ernst von Siemens-Musikstiftung den Siemens-Musikpreis an Leonard Bernstein.

manager oder als Werbestratege. Es ist nicht nur zeitgemäß, also »chic«, über Kultur zu reden, sondern man will auch »etwas für die Kultur tun«. Das Kultur-Sponsoring steht dementsprechend hoch im Kurs. Man läßt es sich etwas kosten, Arm in Arm mit der Kultur in der Öffentlichkeit gesehen und bestaunt zu werden. So droht Kultur zu einem Objekt der wirtschaftlichen Begierde zu verkommen – und schließlich ihr Opfer zu werden. Die Gefahr, die hier einer organischen Wechselwirkung von freier Kulturentwicklung und deren gesellschaftlicher Herausforderung droht, ist evident.

Den Dialog zwischen Kultur und Gesellschaft kann der Dialog zwischen Kultur und Wirtschaft weder ersetzen noch fördern. Wird die Kunst durch das Kapital majorisiert, verliert sie nicht nur ihre Unschuld, sondern auch ihre Unabhängigkeit. Der zündende Funke, der die kulturellen Energien entbindet, ist die gesellschaftliche Neugier, nicht das Geld. Um Mißverständnissen vorzubeugen: Maecenas war kein Sponsor, sondern, eben: ein Mäzen. Er förderte die Künste, ohne damit wirtschaftlich-öffentliche Interessen zu vertreten.

Wie gesagt, alle reden von Kultur und viele reden dabei auch vom Markt. Aber ist der Markt tatsächlich der rechte Ort, um über Kultur nicht nur zu reden, sondern sie auch zu vermitteln? Natürlich sind Geld und Kultur nicht voneinander zu trennen. Dies zu leugnen, wäre realitätsfern und unsinnig. Das Sprichwort besagt sogar, die Kunst ginge nach Brot. Bettelt sie allerdings um Brot oder verleugnet sie gar ihre Unabhängigkeit um des Brotes willen, dann ist es um die Kunst und die Kultur im allgemeinen geschehen.

Alle reden von Kultur. Wir, die Akademie, auch. Und zwar aus ihrem Selbstverständnis heraus. Sie versteht sich weder als Markt noch als Sponsor, noch als Mäzen, sondern als Akademie im alten, griechischen Sinn. Sie ist der Ort, wo Gedanken ausgetauscht und Werke vorgestellt werden. Sie ist der Ort, an dem ein interessiertes Publikum am schöpferischen Prozeß der Kunst teilnehmen kann.

Wir möchten nicht um jeden Preis modern sein, und wir möchten auch nicht um jeden Preis Aufsehen erregen. Was wir möchten, das ist: Aufmerksamkeit herausfordern, auch für schwierige Sachverhalte der zeitgenössischen Kunst, und das Verständnis fördern. Denn nichts ist verhängnisvoller als die Entfremdung von Künstler und Gesellschaft. Auch dort, wo der Künstler die Gesellschaft attackiert, setzt er sich für die Gesellschaft durch Aufklärung über sie ein. Dieser Akt künstlerischer Auseinandersetzung mit der Gesellschaft sowie die Sinngebung der Gesellschaft durch kulturelle Gestaltung bedürfen der Freiheit – auch der Freiheit zum Irrtum oder zur Sackgasse. Kunst ist nichts Fertiges; sie liefert Entwürfe, die sie erprobt. Vieles sinkt zurück in den Humus, den der Zeitgeist aufhäuft, aber einiges gewinnt Dauer und Zukunft.

In der Akademie lösen die geistigen Generations-Konflikte, die eine Kultur braucht, um sich lebendig zu entwickeln, schöpferische Impulse aus. Sie stellt sich dem Konflikt zwischen Alt und Neu, Jung und Alt, Tradition und Moderne, um ihn produktiv zu nutzen.

Kultur gestaltet die Welt nach Menschenmaß. Der Mensch grenzt sich aus der Schöpfung aus, indem er eigenverantwortlich gleichsam eine zweite Schöpfung entwirft und ihr reale Gestalt zu geben versucht. Diese reale Gestalt ist labil und verletzlich. Sie muß unentwegt sowohl gegenüber der Schöpfung, von der sie sich ablöste, als auch gegenüber den Menschen, für die sie entworfen wurde, behauptet werden. Behaupten heißt nicht beharren. Menschliche Wirklichkeiten, die kulturell Gestalt gewinnen, bedürfen der Befragung, um ihre Zuverlässigkeit und auch Zuständigkeit zu beweisen. Der Mensch, der die vom Menschen geschaffene Wirklichkeit befragt und in Frage stellt, muß bereit sein, neue Wirklichkeiten zu schaffen. Erlöscht diese Bereitschaft, findet nur noch Kultur-Gerede statt. Statt Umgestaltung ereignet sich Auflösung.

Die Kultur ist das Grundkapital jeder menschlichen Gesellschaft. Grundkapital darf man nicht verspielen. Man muß es produktiv arbeiten lassen. Eine Gesellschaft, die diese Grundregel mißachtet und zum Kulturverbrauch und damit zum Kulturmißbrauch verleitet, verzehrt, um eines vordergründigen und sehr kurzlebigen Gewinnes willen, ihr Kapital. Man nennt das in der Wirtschaft »Bankrott«. Was dieser Bankrott hinterläßt, ist ein Scherbenhaufen aus vieltausendjähriger Weltkultur, den zusammenzukitten zukünftige Generationen kaum die Kraft aufbringen werden – ganz davon abgesehen, daß archäologischer Kitt nie die Gegenwart und Vergegenwärtigung kulturschöpferischer Tradition ersetzen kann.

Hier fällt, wie ich meine, einer Institution wie der Akademie eine wichtige Aufgabe zu, nämlich die Aufgabe, die grassierenden Kultur-Mißverständnisse in Verständnisse zurückzuverwandeln. Sie muß Zeichen setzen. Sie kann und muß Orientierung geben und Exempel statuieren. Vor allem: sie muß zeigen, daß sich eine autonome Institution dem kulturwetterwendischen Zeitgeist entziehen kann, indem sie Gegenpositionen durch das bezieht, was sie tut. Die Bayerische Akademie der Schönen Künste ist, wie ihr Name besagt, eine Akademie Bayerns in Bayern, mit Sitz in München. Aber sie sieht sich zugleich in der Rolle einer europäischen Akademie im Sinne der abendländischen kulturellen Tradition, die jenseits blutiger Auseinandersetzungen auf diesem Kontinent jene überwölbende und sichernde Ozonschicht des Geistes garantiert, die Versöhnung durch Übereinstimmung möglich macht. Kein Krieg, kein Gemetzel, kein Mord und Totschlag hat auf Dauer die geistige Kommunikation zwischen den Menschen dieses Kontinents und den Bekundungen des Weltgeistes, sprich der Weltkulturen, gestört oder gar zerstört. Das Universum des Geistes verbindet die Kulturen der Menschen, deren physische Aggression sie untereinander entzweit. Sie garantiert auch in der übelsten Barbarei stets noch die Hoffnung auf Veredelung des Menschengeschlechts. Geben wir diese Hoffnung auf, dann geben wir uns selbst auf.

Garant für die Erhaltung dieser geistigen Ozonschicht der Menschheit ist das, was wir seit den Tagen des hellenischen Altertums »Bildung« nennen. Bildung – dieser Begriff ist inzwischen fast ebenso ruiniert wie der Begriff Schönheit. Wird von Bildung geredet, sind die Bildungsphilister und der Bildungsspießer nicht weit, und der Ruf nach privilegierter Mittelmäßigkeit auch nicht. Aber zur Bildung gehört der Wille, Mittelmäßigkeit zu überwinden und mehr zu werden als nur, um mit Nietzsche zu sprechen, »ein geldverdienendes Wesen«.

Das heißt: Auch Bildung ist nicht das, was ihre Verächter ihr unterstellen, nämlich schöngeistig verbrämter Wille zur gesellschaftlichen Macht. »Bildung macht frei« und »Wissen ist Macht« – das waren Schlagworte des späten 19. Jahrhunderts. Sie hatten Berechtigung angesichts der materiellen und geistigen Verelendung der Arbeiterschicht in der industriellen Gesellschaft. Hundert Jahre später ist Bildung in diesem klassenkämpferischen Sinn längst keine Mangelware mehr; vielmehr droht Bildung heutigen Zuschnitts durch Überanstrengung der intellektuellen Fähigkeiten und durch Informations-Verstopfung eher unfrei zu machen als zu befreien. Wissen droht zu einem Faktor zu hypertrophieren, der nicht mehr nur Macht ist, sondern fast schon Terror ausübt. Die materielle Zugewinn-Gemeinschaft geriert sich auch als Wissens-Zugewinn-Gemeinschaft. Das Wissen wächst, aber de facto bringt es immer weniger ein.

Kultur, so sagen wir, sei das Grundkapital jeder menschlichen Gesellschaft. Es bedarf, um zu arbeiten, der sorgsamen Pflege und der umsichtigen Vermehrung sowie der klugen Umschichtung, den jeweiligen geistigen Verhältnissen entsprechend. Die Akademien sind entschiedene und oft auch entscheidende Mitverwalter dieses Grundkapitals oder sollten dies zumindest sein – und zwar im Sinne eines Kulturverständnisses, das sich weder durch den Zeitgeist irritieren noch durch den Fortschritt überholen, noch durch kulturpolitische Rücksichten korrumpieren läßt. Sie sind aufgerufen, Einspruch einzulegen gegen drohende geistige Um- und Innenwelt-Katastrophen. In ihnen sammelt sich (oder sollte sich sammeln) die Opposition gegen den Zeitgeist und damit gegen die Verflachung der kulturellen Horizonte.

Bildung ist, wie gesagt, viel mehr als Ausbildung. Bildung fordert die Phantasie und Kreativität des Individuums heraus. Bildung tut not, die sich jenseits von Fachwissen und vorwärtsstürmendem positivistischen Forscherdrang auf die Welt-Zusammenhänge nicht nur besinnt, sondern auf diese Zusammenhänge als Exempel und auch als Menetekel aufmerksam macht, sie bewußt macht. Das Unbehagen an unseren Bildungsanstalten, das Friedrich Nietzsche vor 120 Jahren formulierte, ist seither beängstigend gewachsen. Inzwischen rufen die Kultur-Auguren angesichts der Bildungslawinen, die auf uns herunterdonnern, neue Bildungsnotstände aus, ohne jedoch Rezepte für deren Bewältigung vorweisen zu können.

Jetzt steht die Politik ziemlich hilflos vor den Ansprüchen der Wissenschaft und der Technik; noch versucht sie monetär, zu deutsch: indem sie Schulden auftürmt, ihrer Probleme Herr zu werden. Aber mit dem ökonomischen Kapital wird leider auch das geistig-kulturelle Kapital verbraucht. Was nützen Akademien und Literaturhäuser und Kulturhallen und Medien-Orgien, wenn sich deren Inhalte zu Spurenelementen der Kultur verflüchtigen?

Die Akademie kann den Gang der Welt nicht verändern und sie kann die Welt nicht verbessern. Ihr Einfluß ist gering, ihre Tatkraft beschränkt.

Sie wetteifert auch nicht mit anderen Kultureinrichtungen um Besucherquoten und Resonanzböden. Aber sie legt Wert darauf, als Institution, wenn nicht ernst-, so doch wahrgenommen, das heißt: in ihren Aussagen als wahr hingenommen zu werden. Und es heißt: selbstbewußt subjektiv, aber stets mit Blick auf die Sache der Kunst gerichtet, für die zu streiten und sich einzusetzen sich lohnt gerade in einer Zeit, die das Wahre für unwahr, das Gute für ungut und das Schöne für abscheulich hält. Eine Akademie der Schönen Künste, die auf ihrem Namen beharrt, zeigt durch das, was sie tut, daß unter dem Begriff »schön« etwas ganz anderes verstanden werden kann und verstanden werden muß als das, was sich aufgeregte Zeitgeistintellektuelle darunter vorzustellen wünschen.

Die erfolgreiche Präsidentschaft Heinz Friedrichs in der Bayerischen Akademie der Schönen Künste endete im Sommer 1995. Unter der Überschrift »Den Nobelklub fürs Publikum geöffnet« erschien am 5. Juli 1995 im Münchner Merkur ein Gespräch mit dem scheidenden Präsidenten, das Sabine Dultz führte.

»Zwölf Jahre sind doch eine lange Zeit. Wenn man 74 wird, ist man an einem Punkt, wo einem alles nicht mehr so leicht fällt. Und nur an einem Amt kleben bleiben, um eine gewisse Prominenz zu erhalten, das mag ich nicht.« Am Donnerstag, 6. Juli, vormittags zehn Uhr, übergibt Heinz Friedrich, 12 Jahre Präsident der Bayerischen Akademie der Schönen Künste, sein Amt an Wieland Schmied und zieht sich in den Ruhestand zurück. Ruhestand? Davon kann bei einem Mann wie Friedrich, Ex-Verleger (DTV), Autor, Kunstliebhaber, keine Rede sein.

MM: Was werden Sie mit Ihrer gewonnenen Zeit anfangen?

Heinz Friedrich: Auf jeden Fall nicht in der Sofaecke sitzen bleiben. Ich will versuchen, etwas Zusammenfassendes zu schreiben, nicht zuletzt über mein Leben, das nicht ganz uninteressant war. Nicht weil ich meine, selbst so interessant zu sein, sondern es sind die Figuren der Nachkriegsepoche. Wer die Erfahrung der Katastrophe gemacht und sie überlebt hat, der war auch bereit, sich Überdurchschnittliches abzuverlangen. Darin liegt der Erfolg dieser Bundesrepublik. Wenn ich daran denke, daß ich alles, was ich gemacht habe, dadurch gelernt habe, daß ich's gemacht habe! Ich habe ja keinen erlernten Beruf. Ich habe keinen einzigen Tag studiert.

MM: Doch Sie haben im Laufe Ihres Lebens faszinierende Persönlichkeiten kennengelernt. Wer hat Sie am meisten beeindruckt?

Heinz Friedrich: Es wäre ungerecht, das zu beantworten. Aber: Mich haben die Künstler von klein auf fasziniert. Das hängt vielleicht auch damit zusammen, daß es mir nie gelungen ist, selber einer zu werden.

MM: Welche Kunstgattung hat es Ihnen besonders angetan?

Heinz Friedrich: Das Theater als Gesamtkunstwerk. Ich hatte mir auch immer vorgestellt, daß mir so etwas mal beschieden sein würde.

MM: Haben Sie es denn einmal versucht?

Heinz Friedrich: Ich bin vom Wege abgekommen, weil ich Verleger geworden bin.

MM: Und dann kam auch noch die Akademie...

Heinz Friedrich: Ich habe immer ein berufliches Doppelleben geführt und mir meinen Freiraum aufrechterhalten, um über Kunst, Literatur, Theater, Musik reflektieren zu können. Ich bin ja 1977 auch nicht als Verleger in die Akademie aufgenommen worden, sondern – und darauf bin ich sehr stolz – als einer, der Literatur schreibt.

MM: 1983 wurden Sie dann Präsident der Akademie. Sind Sie zufrieden mit dem, was Sie in dieser Zeit erreicht haben?

Heinz Friedrich: Es waren 12 sehr schöne, interessante und auch ertragreiche Jahre. Vor allem deswegen, weil es uns gelungen ist, mit etwas angereicherten Mitteln das zu machen, was eine Akademie aus dem Stand der ehrwürdigen Nobelklubs der Geisteswelt heraushebt und einem Publikum öffnet. So daß die Akademiemitglieder ein Podium haben, von wo aus sie wirken können.

Ernst Jünger und Heinz Friedrich am 6. Dezember 1996 bei einer Kapitelsitzung der Maximiliansordensträger in der Münchner Residenz.

MM: Ihr wichtigster Erfolg?

Heinz Friedrich: Wir haben in zehn Monaten 65 bis 70 Veranstaltungen. Fast alle sind überfüllt. Besonders freut mich, daß auch so schwierige Sachen wie zeitgenössische Musik einem Publikum nahegebracht werden konnten. Und es ist mir gelungen, die Sparte »Darstellende Kunst« durchzusetzen, weil ich der Meinung bin, die Schauspieler gehören dazu. Sie haben das Akademieleben sehr bereichert.

MM: Welche Rolle spielt die Bayerische Akademie der Schönen Künste innerhalb Deutschlands?

Heinz Friedrich: Sie spielt insofern eine Rolle, als wir ja keine bayerische Inzucht betreiben. Neben der Berliner sind wir sicher die, von der man weiß und spricht. Nur, wir sind weniger im Gerede, weil hier die politische Spannung nicht so explosiv ist wie in Berlin. Und vielleicht auch, weil wir einen Etat von einer Million, die Berliner aber einen von 12 Millionen Mark haben. Künstler, die bei uns auftreten, kommen nicht wegen des Geldes, sondern wegen der Atmosphäre.

MM: Sie sind ein Mann von Einfluß, werden gefragt, wenn es um kulturelle Entscheidungen geht. Hätten Sie manchmal nicht auch gern direkt gewirkt?

Heinz Friedrich: Ja, schon. Wenn mir so was angeboten würde wie die Kammerspiele und ich 20 Jahre jünger wäre, hätte ich unbedenklich als Autodidakt zugegriffen.

MM: Befindet sich aus Ihrer Sicht die aktuelle Kunst auf der Höhe ihrer Zeit?

Heinz Friedrich: Sie befindet sich auf der Höhe der Krise der Zeit.

MM: Ihre Prognose?

Heinz Friedrich: In meinen dunklen Stunden habe ich manchmal die Befürchtung, daß die Kunst im Zeitalter des absoluten Informationsaustausches, im nächsten Jahrhundert nicht mehr gebraucht wird, um die Kommunikation unter den Menschen herzustellen. Damit ginge ein wesentlicher Teil von Humanität verloren. Ein ausgekühltes Leben – ob das noch Leben ist? Aber – als Protestant und Lutheraner werde ich mich doch immer zu dem Apfelbäumchen bekennen, das es noch zu pflanzen gilt.

FAZ-Fragebogen

Den berühmten »Fragebogen« im »Frankfurter Allgemeine Magazin« füllte auch Heinz Friedrich aus. Seine Antworten erschienen in der Ausgabe vom 9. Januar 1981 und bilden hier den Schluß seiner Autobiographie:

Fragebogen

Heinz Friedrich
Verleger

Was ist für Sie das größte Unglück? Daß Intelligenz selten vor Torheit und noch seltener vor Dummheit schützt und dadurch oft größeres menschliches Unheil auslöst als verhindert.

Wo möchten Sie leben? Da, wo ich lebe: in München und im Chiemgau.

Was ist für Sie das vollkommene irdische Glück? Daß es kein vollkommenes irdisches Glück gibt.

Welche Fehler entschuldigen Sie am ehesten? Die mit guter Absicht begangen werden.

Ihre liebsten Romanhelden? Julien Sorel (Rot und Schwarz), Stechlin, Lucien (Verlorene Illusionen), Pip (Große Erwartungen).

Ihre Lieblingsgestalt in der Geschichte? Friedrich II. von Hohenstaufen und Friedrich II. von Preußen.

Ihre Lieblingsheldinnen in der Wirklichkeit? Die Mütter von heute. Sie sind die Unterprivilegierten der modernen Wohlstandsgesellschaft.

Ihre Lieblingsheldinnen in der Dichtung? Natalie (Prinz von Homburg), Cecile (Fontane), Anna Karenina (Tolstoi).

Ihre Lieblingsmaler? Altdorfer, Brueghel, Turner, Chagall.

Ihre Lieblingskomponisten? Beethoven, Schubert.

Welche Eigenschaften schätzen Sie bei einem Mann am meisten? Treue und Fairneß.

Welche Eigenschaften schätzen Sie bei einer Frau am meisten? Charme und Herzensklugheit.

Ihre Lieblingstugend? Verantwortungsbewußtsein.

Ihre Lieblingsbeschäftigung? Lesen.

Wer oder was hätten Sie sein mögen? Dirigent.

Ihr Hauptcharakterzug? Sinnliche Beeindruckbarkeit und geistige Neugier.

Was schätzen Sie bei Freunden am meisten? Offenheit.

Ihr größter Fehler? Vertrauensseligkeit.

Ihr Traum vom Glück? Ihn träumen zu dürfen.

Was wäre für Sie das größte Unglück? Ohne meine Frau leben zu müssen.

Was möchten Sie sein? Ein Igel im Wald.

Maria Friedrich war seit 1939 mit Heinz Friedrich befreundet und seit 1946 seine Frau sowie berufliche Lebensbegleiterin.

Ihre Lieblingsfarbe? Gelb.

Ihre Lieblingsblume? Die Rose Queen Elizabeth.

Ihr Lieblingsvogel? Eisvogel.

Ihr Lieblingsschriftsteller? Dickens.

Ihr Lieblingslyriker? Mörike.

Ihre Helden in der Wirklichkeit? – – –.

Ihre Heldinnen in der Geschichte? Jeanne d'Arc, Katharina von Siena, Königin Luise von Preußen.

Ihre Lieblingsnamen? Julia, Dorothea, Benedikt, Johann.

Was verabscheuen Sie am meisten? Mediokrität.

Welche geschichtlichen Gestalten verachten Sie am meisten? Die Demagogen jeglicher Richtung.

Welche militärischen Leistungen bewundern Sie am meisten? Die Staatsreform Friedrichs II. von Hohenstaufen, Luthers Reformation.

Welche natürliche Gabe möchten Sie besitzen? Ein dikkeres Seelenfell als das, was ich habe.

Wie möchten Sie sterben? Ohne zu leiden und im Bewußtsein, das halbwegs getan zu haben, was mir zu tun möglich war.

Ihre gegenwärtige Geistesverfassung? Besorgt um die menschliche Lage, aber dennoch heiter.

Ihr Motto? Wenn ich wüßte, daß morgen die Welt unterginge, würde ich heute noch einen Baum pflanzen (Luther).

Anhang

Nachwort des Herausgebers

Herausgeber-Nachworte sollten so kurz wie möglich sein. Völlig entbehrlich sind sie zumeist allerdings nicht.

Bei der Autobiographie von Heinz Friedrich gilt es, dem Leser einige Umstände ihrer Entstehung und ihrer Edition zu erklären. Erläuterungsbedürftig ist schon die Tatsache, daß überhaupt ein Herausgeber am Werke war. Der Grund ist ebenso einfach wie betrüblich: Friedrich starb, bevor er seine Autobiographie selbst veröffentlichen konnte. Über ein Jahrzehnt schrieb er an seinen Lebenserinnerungen, oft in seinem stillen Refugium in der Nähe des Chiemsees, umgeben von seiner rund 45 000 Bände umfassenden Büchersammlung und seinem großen, seit der Kriegszeit zusammengetragenen Privatarchiv, das sein auf so vielen Gebieten schöpferisches Lebens wiederspiegelt.

Über seinen bekanntesten Lebensabschnitt, den des DTV-Verlegers seit 1961, hatte er freilich schon oft in Reden, Artikeln und Interviews berichtet. Er entschloß sich, in seiner Autobiographie den Zeitraum von seiner Kindheit bis 1961 zu schildern. Dieses Werk konnte er beinahe vollenden. Im Jahr seines 80. Geburtstages, 2002, ruhte die weitere Arbeit an seinem Lebensrückblick. Ein gekürztes Kapitel trug er als Lesung in der Akademie der Schönen Künste im Oktober vor. Ab dem Herbst 2003 hinderte ihn schließlich eine ausbrechende schwere Krankheit daran, das Buch fertigzustellen. Noch auf dem Krankenbett beschäftigte er sich mit der Reihenfolge und Anordnung der geschriebenen Kapitel. Er starb am 13. Februar 2004.

Seine nun posthum erscheinende Autobiographie schließt eine Lücke in seinen Schriften. Während seine glanzvollste Tätigkeit, die als »Europas größter Taschenbuch-Verleger« (Joachim

Kaiser), hundertfach von ihm selbst und vielen anderen beschrieben wurde, existierten biographische Darstellungen seines Lebens v o r der Gründung des DTV nur vereinzelt und verstreut. Abgesehen von seinem 1987 erschienenen Büchlein ›Mein Dorf‹ gab es keine eigenständige Schilderung der früheren Lebensabschnitte, welche auch und gerade zum Verständnis seiner verlegerischen Leistungen bedeutsam sind und auch für sich betrachtet aller Rede wert erscheinen: Direkt nach dem Abitur 18jährig in den Krieg eingezogen, schwerstens verwundet, mit zerplatzten Trommelfellen, verkrüppeltem Arm und achtzehn Narben am zerfetzten Körper aus russischer Gefangenschaft zurückgekehrt, begann Heinz Friedrich nach der »Stunde Null« einen imponierenden kulturellen Lebensweg. Ohne jede Berufsausbildung, allein von einem unerschütterlichen Willen zu geistigschöpferischer Tätigkeit und riesigem Fleiß beseelt, wurde er Journalist und Schriftsteller, gründete die »Freie Darmstädter Künstlervereinigung«, war mit 25 Jahren bereits Feuilleton-Chef einer Wochenzeitung und Mitbegründer der literarischen »Gruppe 47«, anschließend Rundfunkredakteur und Leiter des legendären »Abendstudios« im Hessischen Rundfunk, dann mit 34 Jahren Chef-Lektor und Verlagsleiter der Fischer-Taschenbücher und 37jährig Programmdirektor von Radio Bremen. »Ich habe keinen erlernten Beruf. Ich habe alle meine Berufe erlernt, indem ich sie ausgeübt habe«, pflegte er rückblickend zu sagen. Seine instinktsicheren Erfahrungen und Erfolge im Kulturleben der jungen Bundesrepublik sowie seine kontaktfreudige, begeisterungsfähige Art waren auch die Voraussetzungen für seine dann folgenden Berufe: Gründungsverleger des DTV, Präsident der Bayerischen Akademie der Schönen Künste und Universitäts-Professor.

Ohne seinen Erfahrungsschatz und seine Schlüsselstellung im kulturellen und wissenschaftlichen Leben der Nachkriegszeit hätte Heinz Friedrich 1961 den Aufschwung mit dem Deutschen Taschenbuch Verlag nicht schaffen können. Dem DTV sagten die meisten – Konkurrenten wie Wohlmeinende – kein Gelingen, ja ein rasches Scheitern voraus. Sie wurden Lügen gestraft. Als Gründungsverleger schuf Friedrich ein so gelungenes Startprogramm, daß bereits vor dem Erscheinen der ersten Titel der Erfolg verbürgt war. Unter seinem die bundesweit intensiv betriebene Verlagswerbung beherrschenden Leitspruch »Das Taschenbuch für Anspruchsvolle« sammelte er bis zum Start auf der Buchmesse 1961 eine runde Million (!) Vorbestellungen und verkaufte bis Ende 1962 schon 4,7 Millionen DTV-Bücher. Resonanz und Anerkennung des neuen Verlages waren gewaltig. In den ersten sechs Wochen erschienen 320 Presseberichte. Der geradezu kometenhafte Aufstieg dieses universalprogrammatischen Taschenbuchverlages war unaufhaltsam. Nicht trotz, sondern gerade wegen der konsequenten Ausrichtung auf geistiges Niveau wurde Friedrichs verlegerischer Bücherkosmos eine kulturelle wie wirtschaftliche Erfolgsgeschichte sondergleichen: in dreißig Jahren verlegte er über 6400 Titel in rund 16 000 Auflagen – insgesamt mehr als 250 Millionen Taschenbücher. Davon entfielen rund 1100 Titel mit 37 Millionen Gesamtauflage auf den von Maria Friedrich geleiteten Verlagszweig »dtv junior«. Bei Erscheinen dieser Autobiographie wird der DTV insgesamt über 14 000 Titel und rund 400 Millionen Exemplare erreicht haben.

Heinz Friedrichs Lebenserinnerungen zeigen, wie früh sich seine Literatur- und Kulturbegeisterung regte und wie konsequent, von geradezu schicksalhafter Fügung getragen, eine durchgehende Linie seines Lebensweges bestand – bei allen äußeren Wirren, Zufällen, Schwierigkeiten und Umwegen. Schon als Kind begeisterte sich der in bescheidenen Verhältnissen Aufgewachsene für die Bücher und deren geistigen Kosmos. Er spart Groschen für Groschen, um eigene Bände zu kaufen. In der Hessischen Landesbibliothek in Darmstadt ist er Dauergast. Seinen Schulkameraden fällt er als introvertierter, aber auch mitreißender Denker auf. Er schreibt Gedichte und Dramen.

In die bedrängende Wirklichkeit des Militärs und der Ostfront gestoßen, kann er doch in »Nischen« viele Zeitungen und Bücher verschlingen, darf, von gebildeten Vorgesetzten gefördert, Rezitations-Abende und sogar Kultursendungen im Rundfunk veranstalten. Der junge Büchermensch verkehrt – während einer Erkrankung – in Königsberg in der größten Buchhandlung Europas und hört Vorlesungen an der Universität. Wieder genesen, wird er zur Frontleitstelle Dünaburg versetzt und kann sich neben dem Dienst noch mit Literatur, Theater und Musik beschäftigen, dank einer Frontbuchhandlung und den Editionen der Heeresgruppe Nord sogar viele russische Dichter kennenlernen. Seine Begabung spricht sich herum, der Soldatensender Riga engagiert ihn für Lyrik- und Musiksendungen, auch im dortigen Theater organisiert er Kulturabende, und er korrespondiert mit Eugen Roth und Georg Kolbe. Nach längerem Fronteinsatz erhält er den Auftrag, eine Divisions-Chronik zu schreiben und Dichterlesungen abzuhalten – dies rettet ihm wahrscheinlich das Leben. Beim Rückzug, wieder in vorderster Front, gibt er weiterhin zwischendurch Leseabende in kleinen ostpreußischen Dörfern und Truppenunterkünften. Noch im März 1945, im längst sowjetisch umzingelten Königsberg, richtet er eine Soldatenzeitung ein, die in noch nicht zerstörten Kellern gedruckt wird und er, man glaubt es kaum, produziert aus Archivbändern zusammen mit Schauspielern musikalisch-literarische Rundfunksendungen, die aus dem Untergeschoß des Funkhauses noch ausgestrahlt werden und die eingeschlossenen Menschen der Stadt erreichen.

Doch aller Wille zur Kultur, alles verzweifelte Festklammern an dichterischen und musikalischen Verbürgungen von Humanität kann schließlich die ständige Bedrohung durch Tod und Vernichtung nicht besiegen: der noch nahezu unverletzte Heinz Friedrich, bisher wie durch ein Wunder allen russischen Panzern, Tieffliegern und Geschossen knapp entkommen, geht am 7. April beim Großangriff auf die »Festung Königsberg« im apokalyptischen Granathagel unter. In einem Keller betrachtet er gerade ein aufgelesenes Buch, Stefan Zweigs ›Amok‹, als die Mauern detonieren. Von Granatsplittern durchsiebt, mit geplatzten Trommelfellen regungslos und bald ohnmächtig, wird er von Kameraden durch Keller, in denen die Bücher der untergegangenen Universitätsbibliothek brennen, in Katakomben gebracht, wo er nach einer ersten Notoperation im Blut der Sterbenden liegt und zwei Tage später die Russen wahllos die Verwundeten ermorden. Die Mündung geht an Friedrich vorbei und tötet den neben ihm Liegenden.

Auch in der Gefangenschaft noch in ständiger Lebensgefahr durch die Verletzungen und Krankheiten, beinahe verhungernd, gelähmt, ohne medizinische Versorgung, klammert er sich an Gedichte und Bücher, an das einzig noch mögliche Glück geistiger Sphären.

Nach der abenteuerlichen Rückkehr nach Hessen in Güterzügen und auf LKW-Ladeflächen sieht der Dreiundzwanzigjährige, der sich seit neun Monaten nicht mehr auf den Beinen halten kann, auf einem Verwundeten-Transporter liegend draußen die Überreste seiner vom Bombenkrieg in eine Trümmerwüste verwandelten Heimat Darmstadt. Die Stadt ist ausradiert. Gymnasium, Museum und Theater sind Asche und Steinhaufen. Der Heimkehrer bleibt regungslos. Er hat von der Umgebung Sankt Petersburgs bis nach Berlin eine Stadt nach der anderen in Trümmer sinken sehen.

In seinem Heimatdorf beginnt er, skelettös abgemagert und in viele Verbände gewickelt, über Monate langsam wieder Kraft zu schöpfen. Es erstarkt seine nun existentiell gesteigerte Sehnsucht nach Bildung und Humanität. Im Angesicht des materiell zerstörten Europa verschreibt sich der gerade der Katastrophe entronnene, fürs weitere Leben gezeichnete Heinz Friedrich kompromißlos den unzerstörbaren geistig-humanen Werten, dem als Rettung empfundenen »Gegenglück« des Geistes (Gottfried Benn).

Dieses »Gegenglück«, im bekannten Gedicht ›Einsamer nie‹ von Benn als Credo künstlerischer Einsamkeit gemeint, wird Heinz Friedrich zu einem Lebens-Motiv der unaufhörlichen Begeisterung für die Kultur – vor allem auch für die Kultur-Vermittlung und den mitmenschlichen geistigen Dialog. Ihm bedeutet Kultur ganz elementar die Bewahrung vor Barbarei, Krieg, Aggression und Zerstörung, also vor den Gefahren der nicht auszurottenden Inhumanität des Homo sapiens. »Jede Existenz weist Abgründe auf, die Schauder erregen. Sie machen uns bewußt, daß uns das Humanum keineswegs eingeboren ist, sondern wir es in einem immerwährenden Prozeß Tag für Tag und Stunde für Stunde selbst herstellen und behaupten müssen. Jeder lebt mit dem beträchtlichen Restrisiko der Barbarei. Dieses Restrisiko stellt seit Jahrtausenden die eigentliche Bedrohung der Menschheit dar.« (Friedrich: ›Vom Gegenglück des Geistes‹, München 2002, S. 7 f.)

Als älterer Mann spricht Friedrich oft von der Kultur als »der geistigen Ozonschicht«, die uns vor der Vernichtung bewahrt, aber selbst höchst gefährdet ist.

Der auf den ersten Blick naiv anmutende Kultur-Enthusiasmus des jungen Heinz Friedrich entspringt dem Trauma jahrelanger Kriegsteilnahme voller Leidenserfahrungen von tödlichem Ernst. 1946, dank der Hilfe seiner Partnerin Maria Friedrich wieder einigermaßen bei Kräften, gründet er, auf primitive Mittel und Möglichkeiten angewiesen, die »Freie Darmstädter Künstlervereinigung«. Innerhalb kurzer Zeit schafft er ein wirkmächtiges Podium der Zusammenführung von Dichtung und Musik, Theater und Bildenden Künsten. Die Menschen strömen zu den Lesungen und Veranstaltungen. Das junge Ehepaar Friedrich, nur mit Fahrrädern beweglich, fährt auch über die Dörfer, Papp-Kulissen und Requisiten im Gepäck, und bietet Sprech-Aufführungen der ›Antigone‹ in der Hölderlin-Übersetzung. Auch Komödien, neuere Weltliteratur, Kammermusik, Kunstausstellungen und Lyrik-Rezitationen finden in rastloser Folge statt. Die Künstlervereinigung in Darmstadt ist Heinz Friedrichs erste »Akademie«. Er versteht es glänzend, viele verschiedene Künstlercharaktere, aber auch Journalisten, Schauspieler und Personen des öffentlichen Lebens produktiv zu vereinen. Er schreibt tausende Briefe im Jahr, hat bald Verbindung zu Gleichgesinnten auch in den entfernteren Teilen des zerstörten Deutschlands.

Heinz Friedrich bei einem Waldgang in der Nähe seines Landsitzes in Roitham bei Seeon (Sommer 1994)

An der Gründung der »Gruppe 47« wirkt er mit, bereits als Feuilleton-Chef einer Wochenzeitung ein auf Verbreitung angelegtes Medium beherrschend, mit eigenen und von vielen anderen bezogenen Kulturbeiträgen jonglierend, stets solidarisch und offen für Neues wie Traditionelles eingestellt. An den Grundzügen seiner intendierten »Akademie« ändert sich im Verlaufe seines Lebens nichts mehr. Seine vielbeschworene geistige Neugier, seine Toleranz und Herzlichkeit, aber auch seine Ansprüche an Niveau und Qualität und sein ökonomisch begabter Sinn für das Praktische, Machbare wirken genauso in der Anfangszeit, als er die Künstlervereinigung aufbaut, wie später in seinen Redaktionen in Presse und Funk. Von 1951 bis 1956 leitet er die »Abendstudio«– und Feature-Redaktion im Hessischen Rundfunk – längst hat er die Naturwissenschaften und die Philosophie mit den Spielarten von Kunst und Kultur in großangelegten Sendereihen ergänzend und kontrastierend verknüpft und zu einem breiten Bildungsprogramm gemacht. Genauso enzyklopädisch und pädagogisch geht er vor, als er von 1956 bis 1959 den Fischer-Taschenbuchverlag zu einem breiten Fundus der Literatur-, Kultur- und Wissenschaftsgebiete ausbaut.

Eigentlich nur die Wirksphären Rundfunk und Verlag wechselnd, führt er sein Kultur-Programm schöpferisch fort, als er 1959, nun schon knapp unterhalb der Intendanten-Ebene, Programmdirektor von Radio Bremen wird und wiederum mit einer Neugründung, dem »Studio Bremen«, eine kulturphilosophische »Akademie« ganz nach seinen Wünschen einrichtet.

1961 stellt er als DTV-Chef auf der Buchmesse die ersten Bände eines Programms vor, das europäische Verlagsgeschichte schreiben wird. Schon beim Auftakt ist die erste Goethe-Gesamtausgabe im Taschenbuch vertreten – allein Friedrichs Vorliebe für kulturelle Taten zu verdanken wie später der erste Neudruck des Grimmschen Wörterbuches oder der erste erschwingliche Reprint der Weimarer Ausgabe von Goethes Werken (146 kartonierte Bände) oder Nietzsches ›Sämtliche Werke‹ und ›Sämtliche Briefe‹ in historisch-kritischer Edition. Die programmatischen Höhepunkte der drei Jahrzehnte von Friedrichs DTV, »dem besten Taschenbuchverlag der Welt« (K. G. Saur), in gedrängter Form aufzuzählen, ist nahezu unmöglich, nicht einmal die zahlreichen Reihen und Kombinationen lassen sich überblicksweise erfassen. Die Verknüpfungen, die Zusammenhänge, die kulturellen Grundmuster in der Literatur wie in der Wissenschaft oder der Bildenden Kunst – sie erscheinen auch in dieser

Universal-Akademie der »Taschenbücher für Anspruchsvolle« in Friedrichs Handschrift. Joachim Kaiser hat dies mit dem schönen Satz ausgedrückt, wo andere die Sterne sehen, da erkenne Heinz Friedrich ganze Sternbilder, also zusammenhängende Formationen.

Die Gesamtschau, die ordnende Kombination und Organisation, die Zusammenführung und kreative Verbindung, das waren Heinz Friedrichs Vorlieben und Stärken bei allen seinen kulturellen Berufsfeldern und Aktivitäten. Lebenslang war er Schöpfer, Bewahrer und vor allem auch Vermittler von Kultur. Bereits als Schüler darauf zusteuernd, wurde er im Militär und dann ab 1946 immer wieder ein bestechender Organisator von Akademie-Programmen. Als Krönung seines kulturellen Lebensweges kann die Führung der Bayerischen Akademie der Schönen Künste gelten. Schon als DTV-Verleger wurde er deren Präsident und blieb es, 12 Jahre lang, bis 1995. Unmittelbar akademisch wirkte er auch seit 1991 als Honorarprofessor für Germanistik und Buchwissenschaft an der Ludwig-Maximilians-Universität München mit Vorlesungen und Seminaren. Leider existiert über seine Tätigkeit als Universitätslehrer kein einziger autobiographischer Text.

In seinen letzten Lebensjahren beschäftigte Heinz Friedrich immer stärker die Frage, wie sein Lebenswerk, veranschaulicht in Gestalt seiner großen Privatbibliothek und seines Archivs, auf Dauer sinnvoll lebendig bewahrt werden könnte. Er verfolgte den Plan, eine Kulturstiftung zu gründen, die neben wissenschaftlichen Kolloquien vor allem seine Bibliothek der Öffentlichkeit zugänglich machen und in den Mittelpunkt eines Kollegs oder einer Akademie stellen sollte. Noch vom Krankenbett aus verpflichtete er wenige Wochen vor seinem Tod Vorstandsmitglieder und Kuratoren für die Heinz-Friedrich-Stiftung. Ihre Gründung hat er nicht mehr erlebt. Inzwischen hat die Stiftung – mit seiner Frau als Kuratoriumsvorsitzenden – ihre Arbeit aufgenommen und wird hoffentlich viel von dem Bewahrenswerten und Zeitlos-Wichtigen lebendig erhalten, das Heinz Friedrich am Herzen lag.

Zuletzt einige Bemerkungen zum Editorischen:

Grundlage der hier veröffentlichten Fassung der Autobiographie sind die kapitelweise erstellten Typoskripte und Manuskripte aus Heinz Friedrichs Nachlaß sowie die zahlreich vorliegenden Gliederungsübersichten und -entwürfe. Vergleichend wurden die Fassungen auf Computer-Disketten und die Vortrags- und Druckfassungen der in früheren Jahren von Friedrich auszugsweise im Rundfunk und in der Bayerischen Akademie der Schönen Künste vorgetragenen Kapitel herangezogen. Vollständig zu sichten waren umfangreiche Materialsammlungen und handschriftliche Notizen zu den einzelnen Zeiträumen und Lebensabschnitten. Ebenso wurden verschiedene kurze Gesamtschilderungen seines Lebens und seiner Generation verglichen, die er in anderen Zusammenhängen verfaßt und überwiegend auch publiziert hatte.

Maßgeblich erschien stets die letzte von Friedrich überarbeitete Fassung, mit Ausnahme von Änderungen, die allein zum mündlichen Vortrag eines Auszuges vorgenommen worden waren. Die einzelnen Kapitel existierten in sehr unterschiedlichen Bearbeitungszuständen – viele in endgültiger Gestalt sauber getippt, andere mit zahlreichen handschriftlichen Änderungen und Anmerkungen, weitere nur als diktierte Rohfassung und das Kapitel »Meine Wanderjahre« nur in einer handschriftlichen Erstfassung. Trotz der Schlußredaktion des Herausgebers ist beim Lesen durchaus erkennbar, daß bestimmte Teile des Werkes einer mündlich erzählten, diktierten Form noch sehr nahestehen.

Zur Klärung mehrerer hundert Stellen mit sachlich-inhaltlichen Unklarheiten wurde alles herangezogen, was geeignet, insbesondere zuverlässig erschien, also das gesamte Privatarchiv von Heinz Friedrich, etwa Briefwechsel, Manuskripte, Artikel und speziell die seit 1946 erhaltenen Terminkalender – in anderen Fällen wurden Zeitzeugen und andere Quellen befragt.

Die sich mit Gewißheit ergebenden notwendigen Ergänzungen, oft von Friedrich in den Diktatfassungen absichtlich offengelassen, und zwingenden Änderungen wurden stillschweigend im Text vorgenommen. Zumeist handelt es sich um die Berichtigung offensichtlicher Fehler, etwa bei Jahreszahlen, Namen oder Ortsbezeichnungen, aber auch der schlicht-faktischen Reihenfolge von Geschehnissen. Auch erfolgte eine durchgehende Überprüfung und Vereinheitlichung von Schreibungen.

Außer diesen, in der Summe beträchtlichen, aber stets evidenten Berichtigungen war an einigen Stellen ein behutsamer redaktorischer Eingriff auch in inhaltlicher und stilistischer Hinsicht angebracht. Beherrschend für die gesamte Herausgebertätigkeit war natürlich absoluter Respekt vor dem von Heinz Friedrich geschriebenen Werk. Da es allerdings in unfertiger, bearbeitungsbedürftiger Form hinterlassen vorlag, erwies sich eine verantwortungsvolle Herausgeber-Überarbeitung des Ganzen schließlich als sinnvoll.

Der Herausgeber fühlte sich auch dadurch zu der einen oder anderen minimalen Glättung oder knappen erläuternden Einfügung berechtigt, daß er über viele Jahre in Friedrichs Auftrag dessen Texte und ganz besonders die Vortragsfassungen der Autobiographie-Kapitel vor der Veröffentlichung durchsah und zu Verbesserungen ermuntert wurde. Die sparsamen Änderungsvorschläge bestanden zumeist aus eingefügten Verdeutlichungen der Zusammenhänge, Kurzerläuterungen der Funktion oder Tätigkeit von heute nicht mehr allgemein bekannten Personen und aus anderen den Lesern dienenden Klärungen. Die Tatsache, daß Friedrich diese minimalen Änderungsvorschläge praktisch ausnahmslos aufgriff und wörtlich übernahm, sprach nun auch im Falle der posthumen Gesamtveröffentlichung der Autobiographie für eine im selben Geiste stattfindende vorsichtige Überarbeitung derjenigen Stellen, die danach verlangten. Ohnehin unumgänglich waren stärkere Eingriffe dort, wo Friedrich im Manuskript selbst entsprechende Vermerke angebracht hatte, etwa »Muß gekürzt werden« bei längeren Dokumenten, die er zitieren wollte. Unbeabsichtigte Wiederholungen hingegen, die sich häufig nicht nur in den bloß als Diktatfassung existierenden Kapiteln zeigten, wurden nur da entfernt, wo sie beim Lesen als störend empfunden wurden, andernfalls belassen. Daß das eine oder andere Faktum an mehreren Stellen geschildert oder erwähnt wird, dient durchaus der Verständlichkeit, da der Leser genausowenig jede Einzelheit, die an späterer Stelle erneut bedeutsam wird, behalten kann, wie sie Friedrich beim Schreiben und Diktieren noch präsent war.

In allen Zweifelsfällen, in denen manches f ü r und manches g e g e n einen Eingriff sprach, wurde die Textfassung belassen. Insgesamt stellt das hier veröffentlichte Werk annähernd das dar, was Heinz Friedrich selbst gutgeheißen hätte, wenn er die Herausgebertätigkeit hätte erleben können. Allerdings wäre dann wiederum gar kein Herausgeber nötig gewesen und Friedrich hätte selbst noch ein letztes Kapitel verfaßt, das die Schilderung seiner Lebensgeschichte abrundend an die Gründungszeit des Deutschen Taschenbuch Verlags herangeführt hätte. Eine längere Behandlung seiner Zeit im S. Fischer Verlag und vor allem seiner beiden Jahre als Programmdirektor von Radio Bremen (April 1959 bis April 1961) waren das, was in der hinterlassenen Fassung seiner Autobiographie schmerzlich vermißt wurde. Um seine Absicht, autobiographisch sein Leben bis etwa 1961, eben bis zur Gründung des DTV, zu schildern, einigermaßen zu verwirklichen, mußte ein Ergänzungskapitel aus anderen von Friedrich verfaßten Berichten und Rückblicken zusammengestellt werden. Hier war also der Herausgeber kreativ gefordert.

Auf begründeten Wunsch des Verlages und mit lebhafter Zustimmung von Maria Friedrich wurde dann beschlossen, in der gleichen Weise aus vorhandenen Texten noch zwei weitere Ergänzungskapitel herzustellen, die die 30 Jahre beleuchten, die Heinz Friedrich Verleger des DTV war, und über die 12 Jahre berichten, die er die Bayerische Akademie der Schönen Künste als Präsident leitete. Bei allen drei Kapiteln des Ergänzungsteils wurden die erläuternden Worte des Herausgebers so kurz wie irgend möglich gehalten, um den Lesefluß nicht zu stören.

Eine Zeittafel als Überblick, ein Literaturverzeichnis der Bü-

cher Heinz Friedrichs sowie ein Register der Personennamen ergänzen den Band.

Natürlich hat der Herausgeber vielfachen Dank abzustatten.
Die Sichtung und Bearbeitung der aufgefundenen Kapitel dieser
Autobiographie geschahen mit rastloser Hilfe von Maria Friedrich. Ihr habe ich zuallererst ganz besonders und herzlich zu
danken, als der ständigen Arbeits- und Lebens-Partnerin von
Heinz Friedrich, mit dem sie 65 Jahre befreundet und 58 Jahre
verheiratet war. Dank für vielerlei Auskünfte schulde ich auch
Herrn Prof. Dr. Joachim Kaiser, der seit 1952 Friedrichs Freund
und Wegbegleiter war.

Verbindlichster Dank gebührt sodann dem Deutschen Taschenbuch Verlag für die gute Zusammenarbeit, dem es als
Heinz Friedrichs altem Verlag eine Ehre war, dieses Buch in seiner »Premium«-Reihe herauszubringen. Namentlich erwähne
ich unter den vielen, die für das Werk tätig wurden, den Verleger
Wolfgang Balk, die unermüdliche Lektorin, Maria Schedl-Jokl
mit ihrer Mitarbeiterin Astrid Erb, Frau Christa Neumann (von
der Rechte-Abteilung), Frau Lilo Büchner (seit 1961 für den
DTV tätig!) und Frau Dr. Ulrike Ehmann, die die Korrektur
lasen, Herrn Dieter Brumshagen (Umschlaggestaltung) und den
überaus hilfsbereiten Leiter der Herstellungsabteilung, Herrn
Fritz P. Steinle (seit 1964 im DTV!) mit seiner Mitarbeiterin
Stephanie Lütje.

Besonderer Dank geht an die Fotografen, die das Bildmaterial
für das Buch lieferten und Hinweise zur Datierung gaben. Für
hilfreiche Auskünfte in letzter Minute vor Drucklegung bedan-
ke ich mich bei Prof. Dr. Friedhelm Kemp, Prof. Dr. Jens Malte
Fischer und Dr. Oswald Georg Bauer. Dank sage ich auch Birte
Sebastian.

München, im Oktober 2005   Björn Göppl

An den Schluß sei ein Gedicht von Heinz Friedrich gestellt,
geschrieben im Dezember 2000:

Alter

Kürzer die Jahre,

länger die Tage.

Sie zu leben,

ohne Zukunft,

aber vertrauend

auf Ewigkeiten

– das genügt.

*Das letzte Foto von Heinz Friedrich: auf dem Weg zur Friedenspreis-
Verleihung am 12. Oktober 2003 vor der Frankfurter Paulskirche*

Zeittafel

14.2.1922	In Roßdorf bei Darmstadt geboren
1932–1940	Besuch des Ludwig-Georgs-Gymnasiums in Darmstadt. Im März 1940 Abitur; dann sofort zum Wehrdienst eingezogen.
1940–1945	Soldat im Zweiten Weltkrieg (Obergefreiter).
1945	In Königsberg eingeschlossen, schwer verwundet und in russische Kriegsgefangenschaft geraten.
Ende 1945	Rückkehr nach Hause.
1946	Eheschließung mit Maria Maser. Gründung der Freien Darmstädter Künstlervereinigung.
1946–1961	Ständiger Theaterkritiker für Aufführungen im Rhein-Main-Dreieck für verschiedene Zeitungen.
1947	Im Gründungskreis der »Gruppe 47«, Feuilleton-Chef der Wochenzeitung ›Die Epoche‹, Frankfurt/Main.
1948	Erste Buchveröffentlichung ›Die Straße Nirgendwo. Eine dramatische Vision‹. Stahlberg Verlag, Karlsruhe. Gedichte in ›Bänkelsang der Zeit‹, Stahlberg Verlag, und in ›Deine Söhne, Europa‹. Kriegsgefangenenlyrik (Hrsg. Hans Werner Richter). Nymphenburger Verlagshandlung, München. Neuauflage 1982. dtv, München.
1949	Redakteur am Hessischen Rundfunk. Begründung der Sendereihen: »Volkstümliches Wissen«, »Lebendiges Wissen« und »Hier spricht die Wissenschaft«.
1950	›Lebendiges Wissen‹ (Hrsg.). Dieterichsche Verlagsbuchhandlung, Wiesbaden.
1951	Geburt der Tochter Ulrike.
1951–1956	Abteilungsleiter der Abteilung Abendstudio und Feature im Hessischen Rundfunk als Mitarbeiter und Nachfolger von Alfred Andersch.
1954	›Wirkungen der Romantik‹. Eremiten-Presse, Frankfurt/Main.

1955	›Lebendiges Wissen. Neue Folge‹. Alfred Kröner Verlag, Stuttgart. Geburt der Tochter Ute-Sabine.
1956–1959	Cheflektor der »Fischer Bücherei« im S. Fischer Verlag, Frankfurt/Main.
1958	›Film. Rundfunk. Fernsehen.‹ Reihe: Das Fischer-Lexikon (Hrsg.). »Fischer Bücherei«, Frankfurt/Main.
1959	Zweiter Wohnsitz im Chiemgau, Roitham bei Seeon.
1959–1961	Programmdirektor von Radio Bremen. Gründung und Leitung von »Studio Bremen«.
1961–1990	Geschäftsführender Gesellschafter des Deutschen Taschenbuch Verlags, München. Zahlreiche Veröffentlichungen zur Buchhandelssituation sowie Essays in Rundfunk und Zeitschriften. Kulturkritik.
1962–1985	Mitarbeiter in verschiedenen Gremien des Börsenvereins des Deutschen Buchhandels und des Bayerischen Landesverbandes der Verlage und Buchhandlungen. Mitglied des Aufsichtsrats der Ausstellungs- und Messe-GmbH des Börsenvereins des Deutschen Buchhandels.
1964	›Schwierigkeiten, heute die Wahrheit zu schreiben‹, (Hrsg.). Nymphenburger Verlagshandlung, München.
1968	›Mensch und Tier‹ (Hrsg.). Mit Beiträgen von Konrad Lorenz, N. Tinbergen, Karl von Frisch, Otto Koehler, Erich von Holst u. a. 4. Auflage 1974. Übersetzungen in England, Frankreich, Italien, Spanien und Japan.
1972	›Im Narrenschiff des Zeitgeistes‹. Marginalien. C. H. Beck Verlag, München. 2. Auflage 1973.
1977	Ordentliches Mitglied der Bayerischen Akademie der Schönen Künste.
1978–1984	Mitglied der Jury des »Friedenspreises des Deutschen Buchhandels«.
1979	›Kulturkatastrophe. Nachrufe auf das Abendland‹. Hoffmann und Campe Verlag, Hamburg. Veränderte Neuausgabe mit dem Titel ›Kulturverfall und Umweltkrise‹, dtv, München 1982. Verleihung des Bayerischen Verdienstordens.
1982	Gedichte. (Ausgewählt von Horst Bienek) Privatdruck. ›Hommage à Maria Friedrich‹ (Hrsg.). Privatdruck. Johann-Heinrich-Merck-Ehrung der Stadt Darmstadt.

Perthes-Medaille des Börsenvereins des Deutschen Buchhandels.

1983 Bundesverdienstkreuz am Bande.

1983–1995 Präsident der Bayerischen Akademie der Schönen Künste.

Mitglied, später Vorsitzender des Kuratoriums der Ernst von Siemens-Stiftung.

1985 ›Hommage à Fischer-Dieskau. 28. Mai 1985‹ (Hrsg.). Privatdruck.

›Manès Sperber. Sein letztes Jahr‹. (Hrsg.) dtv, München.

1986 Medaille »In honorem fautoris« in Gold der Volkshochschule München.

›Chamissos Enkel‹. Zur Literatur von Ausländern in Deutschland (Hrsg.). dtv, München.

1987 ›Aufräumarbeiten. Berichte, Kommentare, Reden, Gedichte und Glossen aus vierzig Jahren‹. dtv, München.

›Mein Dorf‹. Siedler Verlag, Berlin. Taschenbuchausgabe Goldmann-btb, München 1996.

›Leben ohne Zukunft – Gedanken über die Hoffnung‹. Festgabe zur Rotary World Convention in München (Hrsg.).

Febr. 1987 Ehrenmitglied des Verbandes Bayerischer Verlage und Buchhandlungen.

Medaille »München leuchtet« in Gold, für besondere Verdienste um die Stadt München.

Juli 1987 Ehrenkreuz Erster Klasse für Wissenschaft und Kunst der Republik Österreich.

22.7.1987 Ehrendoktorwürde der Universität Regensburg, Fakultät für Sprach- und Literaturwissenschaften.

Okt. 1987 Ehrenmedaille der Deutschen Bücherei Leipzig.

21.5.1988 Verleihung des Großen Bundesverdienstkreuzes des Verdienstordens der Bundesrepublik Deutschland.

Seit 1989 Lehrauftrag für Neue deutsche Literatur und Buchwissenschaft an der Universität München.

29.11.1989 Kulturpreis der Bayerischen Landesstiftung.

30.6.1990 Beendigung der Tätigkeit als Verleger des Deutschen Taschenbuch Verlags.

Okt. 1990 ›Dein Brief kam wie gerufen …‹. Heinz Friedrich als Verleger. Hrsg. von Wolfram Göbel zum Abschied von HF vom dtv.

1991	Honorarprofessor der Ludwig-Maximilians-Universität München.
	Silberne Mozart-Medaille der Internationalen Stiftung Mozarteum, Salzburg.
Okt. 1991	›Aller Anfang ist heiter‹. Ein Goethe-Brevier (Hrsg.). 2. Auflage 1999 als dtv 12 678.
1992	›Weiß der Löwe, was er denkt?‹ Philosophisches Lesebuch (Hrsg.). dtv, München.
1993	Bayerischer Maximiliansorden für Kunst und Wissenschaft.
1994	›Weisheit für Übermorgen‹. Auswahl aus Nietzsches Nachlaß (Hrsg.), 2. Auflage 1999 als dtv 30 733.
1995	Im Namen des Dionysos. Friedrich Nietzsche – Philosophie als Kunst (Hrsg.). Oreos-Verlag Waakirchen Neuausgabe mit dem Titel ›Friedrich Nietzsche. Philosophie als Kunst. Eine Hommage‹. dtv, München 1999.
	Bayerischer Literaturpreis.
	Bayerische Verfassungsmedaille in Silber.
2002	›Vom Gegenglück des Geistes. Zeit und Zeitgenossen‹. dtv 12 949.
2003	Vorbereitung der Heinz-Friedrich-Stiftung.
13.2.2004	Heinz Friedrich stirbt nach schwerer Krankheit einen Tag vor seinem 82. Geburtstag.

Bücher von Heinz Friedrich

Heinz Friedrich hat insgesamt rund 1000 Arbeiten veröffentlicht.
Ein Gesamtverzeichnis ist in Arbeit und kann bei der Heinz-Friedrich-
Stiftung im Internet eingesehen werden.
Adresse: **www.friedrich-stiftung.de**

I. Eigene Bücher

Die Straße Nirgendwo. Eine dramatische Vision. Reihe Ruf der Jugend.
Eine Schriftenreihe aus der jungen Dichtung der Zeit. Band VIII.
Stahlberg-Verlag Karlsruhe 1948.

Bänkelsang der Zeit [Gedichte]. Reihe Ruf der Jugend. Eine Schriftenreihe aus der jungen Dichtung der Zeit. Band X. Stahlberg-Verlag
Karlsruhe 1948. [Coautoren Walter Hilsbecher und Wolfgang Lohmeyer.]

Die Inschrift [Erzählungen]. Eremiten-Presse Frankfurt am Main 1951.

Wirkungen der Romantik. Ein Beitrag zum Problem der poetischen
Wirklichkeit. Reihe Geist und Gegenwart. Beiträge aus dem Abend-
studio des Hessischen Rundfunks. Eremiten-Presse Frankfurt am
Main 1954.

Im Narrenschiff des Zeitgeistes. Unbequeme Marginalien. Verlag C. H.
Beck München 1972. 2. Auflage 1973.

Kulturkatastrophe. Nachrufe auf das Abendland. Verlag Hoffmann
und Campe Hamburg 1979.

Kulturverfall und Umweltkrise. Plädoyers für eine Denkwende. Deutscher Taschenbuch Verlag München 1982. [Veränderte Taschenbuchausgabe von ›Kulturkatastrophe‹ (1979)]

Gedichte. Ausgewählt von Horst Bienek. Privatdruck München 1982.

Aufräumarbeiten. Berichte, Kommentare, Reden, Gedichte und Glossen aus vierzig Jahren. Herausgegeben von Lutz-W. Wolff. Deutscher
Taschenbuch Verlag München 1987.

Mein Dorf. Siedler-Verlag Berlin 1987. Taschenbuchausgabe Goldmann-btb München 1996.

Wie erlebt man Geschichte? Privatdruck München 1989.

Vom Gegenglück des Geistes. Zeit und Zeitgenossen. Deutscher Taschenbuch Verlag München 2002.

Erlernter Beruf: Keiner. Erinnnerungen an das 20. Jahrhundert. Herausgegeben von Björn Göppl. Deutscher Taschenbuch Verlag München 2006.

II. Herausgegebene Bücher

Lebendiges Wissen. Dieterichsche Verlagsbuchhandlung Wiesbaden 1950.

Geist und Gegenwart. Beiträge aus dem Abendstudio des Hessischen Rundfunks. Eremiten-Presse Frankfurt am Main 1954.

Lebendiges Wissen. Berichte aus Natur- und Geisteswelt. Neue Folge. Alfred Kröner Verlag Stuttgart 1955.

Film, Rundfunk, Fernsehen. Reihe Das Fischer Lexikon. Fischer-Bücherei Frankfurt am Main 1958. [Mitherausgeber Dr. Lotte H. Eisner.]

Schwierigkeiten, heute die Wahrheit zu schreiben. Eine Frage und 21 Antworten. Nymphenburger Verlagshandlung München 1964.

Mensch und Tier. Ausdrucksformen des Lebendigen. Deutscher Taschenbuch Verlag München 1968. 4. Auflage 1974. [Übersetzungen in England, Frankreich, Italien, Spanien und Japan.]

Hommage à Maria Friedrich. Privatdruck München 1982.

Hommage à Dietrich Fischer-Dieskau. 28. Mai 1985. Privatdruck München 1985.

Manès Sperber. Sein letztes Jahr. Deutscher Taschenbuch Verlag München 1985.

Chamissos Enkel. Zur Literatur von Ausländern in Deutschland. Deutscher Taschenbuch Verlag München 1986.

Maria Friedrich. 4. Juli 1987. Kleine Geburtstagsnachlese. Privatdruck München 1987.

Leben ohne Zukunft? Gedanken über die Hoffnung. Deutscher Taschenbuch Verlag München 1987. Englische Ausgabe: Facting the Future. Hope in the Modern World. Rotary World Convention 1987.

Mein Kopfgeld. Die Währungsreform – Rückblicke nach vier Jahrzehnten. Deutscher Taschenbuch Verlag München 1988.

Johann Wolfgang von Goethe. Aller Anfang ist heiter. Ein Brevier. Deutscher Taschenbuch Verlag München 1991. Neuausgabe 1999.

Weiß der Löwe, was er denkt? Ein Lesebuch für Optimisten und Pessimisten. Deutscher Taschenbuch Verlag 1992.

Friedrich Nietzsche. Weisheit für Übermorgen. Unterstreichungen aus dem Nachlaß. Deutscher Taschenbuch Verlag 1994. Neuausgabe 1999.

Im Namen des Dionysos. Friedrich Nietzsche – Philosophie als Kunst. Oreos-Verlag Waakirchen 1995. Neuausgabe Deutscher Taschenbuch Verlag München 1999.

Nachweise

Fotos:

Deutsche Presse-Agentur, Frankfurt am Main: S. 10
Karlheinz Egginger, München: S. 417
Werner Gabriel, Düsseldorf: S. 449
Hessischer Rundfunk, Frankfurt am Main: S. 331, S. 383
Lutz Kleinhans, Frankfurt am Main: S. 397
Martin Joppen, Frankfurt am Main: S. 389
Stefan Moses, München: S. 315, S. 401, S. 425, S. 441
Isolde Ohlbaum, München: S. 281, S. 407
Hans Piper, Berlin: S. 430
Christine Strub, München: S. 411
Hilde Zemann, München: S. 393

Zitate:

Alfred Andersch
S. 328: Auszug aus: Öffentlicher Brief an einen sowjetischen Schriftsteller, das Überholte betreffend. Diogenes Verlag, Zürich 1977.
S. 322: Bleistiftnotizen zur Gottfried-Benn-Sendung. Privatarchiv Heinz Friedrich. Mit freundlicher Genehmigung des Diogenes Verlags, Zürich.
Für alle Texte von Alfred Andersch Copyright © Diogenes Verlag AG Zürich.

Gottfried Benn
Zitiert nach: Gottfried Benn. Sämtliche Werke. Stuttgarter Ausgabe. In Verb. mit Ilse Benn hrsg. von Gerhard Schuster (Bände I–V) und Holger Hof (Bände VI+VII). Klett-Cotta, Stuttgart 1986–2003.
S. 295: Sieh die Sterne, die Fänge. S. 364f.: Nur zwei Dinge. In: Band I: Gedichte 1, 1986.
S. 361f.: Auszüge aus: Rede in Darmstadt. In: Band VI: Prosa 4. (1951–1956). 2001.
S. 362: Auszüge aus: Drei alte Männer. In: Band VII/1: Szenen und andere Schriften, 2003.
Mit freundlicher Genehmigung des Klett-Cotta Verlags, Stuttgart.

Günter Eich
S. 273f.: Inventur. Aus: Günter Eich. Gesammelte Werke, Band 1. Suhrkamp Verlag, Frankfurt am Main 1991.

Interviews mit Heinz Friedrich
S. 403ff.: Geistige Einmischung erwünscht. Von Gottfried Knapp und Albrecht Roeseler. Süddeutsche Zeitung, 2. Juli 1986.
S. 409ff.: Vernünftige Wirkung durch den Dialog. Von Albrecht Roeseler. Süddeutsche Zeitung, 28. Juni 1988.
S. 423ff.: Den Nobelklub fürs Publikum geöffnet. Von Sabine Dultz. Münchner Merkur, 5. Juli 1995. Mit freundlicher Genehmigung von Sabine Dultz.

Namensregister